U0939041

中国交通教育研究会职业教育分会推荐教材
高等职业院校船舶技术类专业教学用书

高等职业教育规划教材

船舶电力拖动

（第二版）

【船舶电气工程技术专业】

王瑞云　主　编
王立军　副主编
刘明伟　主　审
李　晶　副主审

CHUANBO
DIANLI
TUODONG

人民交通出版社

内 容 提 要

本书是高等职业教育船舶技术类船舶电气工程技术专业中国交通教育研究会职业教育分会船舶技术专业委员会规划教材之一，按照《船舶电力拖动》课程标准的要求编写的。

本书根据船舶电气技术专业所对应的船舶电气施工、调试、质量管理和生产工艺设计等岗位职责，立足于高等职业教育特征和高端技能型专门人才的成长规律，将该课程内容划分为五个部分，包括十二个相对独立的教学项目，分别为：船舶电力拖动基本的控制线路，锚机系统的电力拖动控制，船舶起货机系统的电力拖动控制，船舶救生艇、救助艇系统的电力拖动控制，船舶舵机系统的电力拖动控制，船舶空压机系统的电力拖动控制，船舶辅助锅炉系统的电力拖动控制，船舶制冷系统的电力拖动控制，船舶空调系统的电力拖动控制，船舶焚烧炉系统的电力拖动控制，船舶油水分离器系统的电力拖动控制，船舶低硫油系统的电力拖动控制。

本教材可作为船舶电气技术专业全日制高职学校的专业教材，也可作为船员的考试培训和船厂职工的自学以及其他形式的职业教育用书。

图书在版编目(CIP)数据

船舶电力拖动/王瑞云主编. --2版. --北京：人民交通出版社，2013.2

ISBN 978-7-114-10360-5

Ⅰ.①船…　Ⅱ.①王…　Ⅲ.①船舶-电力拖动-教材　Ⅳ.①U665.1

中国版本图书馆CIP数据核字(2013)第034974号

书　　名：船舶电力拖动(第二版)
著 作 者：王瑞云
责任编辑：张　淼
出版发行：人民交通出版社
地　　址：(100011)北京市朝阳区安定门外外馆斜街3号
网　　址：http://www.chinasybook.com
销售电话：(010)64981400,59757915
总 经 销：北京交实文化发展有限公司
印　　刷：北京鑫正大印刷有限公司
开　　本：787×1092　1/16
印　　张：18.5
字　　数：580千
版　　次：2006年7月　第1版　2013年2月　第2版
印　　次：2013年2月　第2版　第1次印刷
书　　号：ISBN 978-7-114-10360-5
印　　数：0001-2000册
定　　价：48.00元

高等职业院校“十二五”船舶规划教材
编审委员会名单

前言

QIANYAN

为规范高等职业教育船舶技术类专业的教学，积极推进课程改革与教材建设，提高教学质量，更好地满足我国船舶工业快速发展的需要，中国交通教育研究会职业教育分会船舶技术专业委员会组织全国开办有船舶技术类专业的职业院校及其骨干教师，编写了“十二五”高职船舶规划教材。

这些教材分别适用于船舶工程技术专业、轮机工程技术专业和船舶电气工程技术专业，以及船舶检验、船舶舾装、焊接技术及自动化、游艇设计与制造等船舶技术类专业。

“十二五”高职船舶规划教材大部分是在“十一五”高职船舶规划教材的基础上修订而成。本规划教材注重以就业为导向，以职业能力培养为核心，面向行业企业，充分体现职业教育的特色，满足高素质实用型、技能型船舶技术类专业高等职业人才培养的需要。

本规划教材主要是针对高等职业教育编写的，其他形式的职业教育、职工培训、专业考证训练以及相关技术人员也可参考使用。

《船舶电力拖动》在实施过程中，以船舶电气建造任务为依据，根据教学项目的性质设置相应的教学情境、采取相应的教学方法，融知识传授、能力培养和素质教育为一体，充分体现“项目为载体、能力为目标、理实一体化”的目标。通过项目训练，不仅要求学生能在船舶电力拖动系统安全操作及应急处理方面能够提供支撑，更希望学生在船舶系泊试验和航海试验阶段能够按照正确的工艺完成电气调试过程，并且做到知法、守法，团结协作，相互配合。

参加本书编写工作的人员有：主编渤海船舶职业学院王瑞云（编写绪论、项目三、项目五、项目七、项目十一），副主编渤海船舶职业学院王立军（编写项目六、项目八、项目九、项目十），参编渤海船舶职业学院管旭（编写项目二、项目十二），渤海船舶重工有限责任公司王绍刚（编写项目四），江苏海事职业技术学院王刚华（编写项目一），本书由渤海船舶职业学院刘明伟担任主审，渤海船舶重工有限责任公司李晶担任副主审。

本教材编写过程中，得到了渤海船舶重工有限责任公司史鸿屿、李志东的大力支持和帮助，编者还参考了相关院校有关船舶电力拖动的教学标准与课程标准、教材和相关的网络教学资源，同时也得到了有关船舶修造公司、海事部门专家的帮助，在此一并表示感谢。

限于编者经历和水平，书中难免疏漏与不足之处，恳请读者批评指正，以便修订时完善。

中国交通教育研究会职业教育分会船舶技术专业委员会

2012 年 12 月

目录
MULU

绪 论

一、船舶电力拖动系统概述

在工业、农业、交通运输、国防等各部门中,广泛使用着各种各样的机械设备。要使生产机械产生满足不同工艺过程要求的运动,就需要有产生这种运动的原动机,如电动机、蒸汽机、内燃机、液压机等。所谓拖动,就是运用各种原动机使生产机械产生直线运动或者旋转运动,以完成一定的工作任务。我们把以电动机作为原动机的拖动方式称为电力拖动,又称电气传动。电气传动就是电动机把电能转换成机械能,驱动生产机械的工作机构产生所需要的运动。在这里,工作机构是电动机的负载。

在各类船舶上,常用电动机拖动各种工作机械,称为船舶电力拖动系统。船舶电力拖动系统又分为甲板电力拖动控制系统和舱室机械电力拖动控制系统。甲板电力拖动控制系统是指锚机、绞缆机、舷梯、起艇机、起货机和甲板起重设备等系统;舱室机械电力拖动控制系统是指为主机服务的辅机,如滑油泵、海水冷却泵、淡水冷却泵、风机、生活用水泵、消防泵,以及辅锅炉、冷库、空调等系统,舱室机械电力拖动控制系统还包括油水分离器、分油机、低硫油及焚烧炉等防污染系统。

船舶电力拖动系统通常由电动机、传动装置、控制设备、工作机构和电源5个基本部分组成。

控制设备是控制电动机起动运转的设备,它是由各种控制电器(如开关、熔断器、接触器、继电器、按钮等)、控制电机、自动化元件或计算机等按照一定要求和规律组成控制线路和设备,用于控制电动机的运行,即控制电动机的起动、运转、制动、反转和调速。控制设备按其操作方式分为手动控制、半自动控制、全自动控制。目前普遍使用的是半自动控制,即包括新型器件组成的各种继电器—接触器控制系统。与过去不同的是,随着科技发展,越来越多的自动化元件或各种传感器及智能化装置应用到电力拖动自动控制系统中,推动了科研的发展。

二、船舶机械的种类

船舶机械的种类是很多的,除了直接用作船舶推进的船舶主机外,还有完成各种特定任务的辅助机械,因此工程上一般把它们分为两大类:船舶主机和船舶辅机。这些除了主机外的为数众多、类型各异的辅机(包括船舶发电机在内),在船舶安全航行中起着必不可少的作用。根据服务对象的不同,船舶辅机分为:

(1)为船舶主机服务的主要有:空气压缩机、燃油输送泵、润滑油泵、海水泵、淡水泵、油水分离机、盘车机等。

(2)为船舶提供各种电源的有:柴油发电机组或汽轮发电机组、变流机组、变频机组,还有变压器组、整流装置、逆变器等。

(3)为船舶航行和安全服务的主要有:舵机装置、起锚机、绞缆机、吊艇机、舷梯、可调螺距

螺旋桨装置、侧推装置、减摇装置、消防总用泵、应急消防泵、压载水泵、舱底水泵、机舱送风抽风机组、废气锅炉等。

(4)为船舶货运服务的主要有:起货机、舱口盖机、通风机、装载泵、驳油泵、洗舱泵、惰性气体监控装置等。

(5)为船员与旅客生活服务的主要有:燃油辅助锅炉、空调装置、食品冷藏制冷装置、海水淡化装置、淡水快速净化装置、淡水泵、卫生水泵、厨房机械、升降机等。

(6)为船舶防污染服务的主要有:油水分离器、生活污水处理装置、焚烧炉、污水舱的油含量微机监控处理系统等。

由于船舶辅机服务对象的多样性、特定要求的复杂性,又由于可能以多种工作方式来完成所规定的任务,再加上科学技术进步使各种机型与控制方法不断发展,所以船舶辅机种类繁多。

三、船舶电力拖动控制系统常用低压控制电器及常用电工测量仪表

1. 常用低压控制电器

船舶常用的低压控制电器主要有各种类型的主令电器、熔断器、继电器、接触器及可编程序控制器等,这些低压电器在电气控制技术这门课学习,在学习本门课程之前应认真复习。

(1)主令电器是切换控制线路的单极或多极电器,其触头容量小,不能切换主电路。主令电器主要包括按钮、万能式转换开关、行程开关、主令控制器等。

(2)低压熔断器是低压配电系统中起安全保护作用的一种电器,广泛应用于电网保护和用电设备保护,主要作短路保护。

(3)继电器是根据电量(如电流、电压)或非电量(如时间、温度、压力、转速等)的变化而对电路进行控制的电器,常用于信号传递和多个电路的扩展控制。主要包括中间继电器、时间继电器、热继电器、压力继电器、速度继电器和温度继电器等。

(4)接触器是利用电磁吸力原理用于频繁地接通和切断大电流电路(即主电路)的开关电器。具有控制容量大、可远距离操作、能实现连锁控制的特点,并有失压及欠压保护,广泛应用于自动控制电路,其主要控制对象是电动机,也可用于控制其他电力负载。接触器可分为交流接触器和直流接触器,两类接触器在触头系统、电磁机构、灭弧装置等方面均有所不同。

(5)可编程序控制器是一种数字运算操作的电子系统,采用可编程序的存储器,通过数字式和模拟式的输入和输出,控制各种类型的机械。现代船舶空调、锅炉及焚烧炉等系统大都采用 PLC 控制系统,并且集成化程度高。

2. 常用电工测量仪器、仪表

船舶上常用的电工测量仪表有万用表、兆欧表(手摇式)、钳形电流表、交(直)流电压表、交(直)流电流表、功率表、功率因数表、频率表及交流并车屏上的同步表等。

(1)万用表是一种多用途仪表,通常用来直接测量直流电流、直流电压、交流电压及电阻等电量,还可以初步测量晶体管、电容等元件的好坏,有的还可以测量交流电流、电容量、电感量等,它是船舶电气管理人员必备的工具之一。目前常用的有模拟式和数字式两种。

(2)兆欧表(手摇式)主要用来测量和检测电机、电气设备、电缆的绝缘电阻,是电气管理人员必备的主要测量仪表之一。兆欧表使用简便,携带方便,测量时不需要其他辅助设备,不

需要外接电源,可直接读出测量结果。

(3)钳形电流表是由电流互感器和电流表组成:钳形电流表使用方便,但准确度不高,通常只用在不便于拆线或不能切断电路的情况下进行交流电流的测量、了解设备或电路的运行情况,如使用钳形电流表测量三相异步电动机的起动电流及运行电流。

(4)配电板式电压表一般安装在主配电板及电气设备的控制箱上,主要用来测量和监视发电机、电网或电气负载的电压。便携式电压表主要用于电气设备检修时电压的测量。

(5)配电板式电流表一般安装在主配电板及电气设备的控制箱上,主要用来测量发电机或电气负载的工作电流。便携式电流表主要用于电气设备检修时电流的测量。

(6)功率表有单相功率表和三相功率表之分。三相功率表又分两元三相功率表和三元三相功率表,并有直通式(直接接入)和间接式(配互感器)两类。主配电板上的三相功率表是用来测量发电机的输出功率,只要发电机主开关合闸供电,功率表即指示其实际输出功率值。便携式功率表主要用于电气设备检修时功率的测量。

(7)主配电板上的功率因数表是用来测量发电机运行时功率因数用的,只要发电机主开关合闸供电,功率因数表即指示其实际功率因数值。

(8)主配电板上的频率表用来测量和监视电网的频率。

(9)同步表(整步表)一般安装在主配电板的并车屏上,有数字式和电磁式两种,用于同步发电机并车操作时指示待并机与电网的电压相位差和频率差。

四、船舶电力拖动控制系统对电源参数的要求

1. 电流种类

船舶供电系统有交流和直流两种电制。交流电制具有许多优点,被船舶广泛采用。目前,干货船、液货船、集装箱船、客船和科学调查船大都采用交流电制。只有一些特殊船舶和小型船舶还采用直流电制。

2. 电压

目前各种规范和规则对船舶供电系统的额定电压和最高电压均有明确的规定,具体要求可参阅IEC92—201《系统设计规则》,低压船舶大多采用380 V或440 V,中压采用1 000 ~ 10 000 V。

3. 频率

船舶供电系统的频率,各规范均以50 Hz和60 Hz作为标准频率。这一规定不包括弱电设备所需的特殊频率以及海上平台等特殊设备的频率。

4. 配电系统

按IEC92—201的规定,直流配电系统和交流配电系统是有区别的,其规定如下:

(1)标准的直流配电系统主要有:双线绝缘系统,以船体为回路的单线系统,一极接地的双线系统,中线接地但不以船体为回路的三线系统,中线接地并以船体为回路的三线系统。

(2)交流配电系统通常分为一次配电系统和二次配电系统。标准的一次配电系统主要采用三相三线绝缘系统和中性点接地的三相三线系统,对于500 V及以下的所有电压还可以采用中点接地但不以船体为回路的三相四线系统、单相双线绝缘系统、一极接地的单相双线系统。标准的二次配电系统主要采用三相三线绝缘系统和中点接地的三相三线系统,对于500 V以下的所有二次配电系统还可以采用中点接地但不以船体为回路的三相四线系统、单相双线

绝缘系统、一极接地的单相双线系统、对照明和插座供电用的中线接地的单相双线系统、中线接地但不以船体为回路的单相三线系统。

此外,各有关规范还有一些具体的规定,必须予以充分的重视。例如中国船级社《钢质海船入级规范》规定:1 600 总吨及 1 600 总吨以上船舶的动力、电热及照明系统,均不采用利用船体作为回路的配电系统。又规定钢铝混合结构的船舶,严禁利用铝质部分作为导电回路。

对于油船、化学品船等液货船及其他特殊船舶,必须注意其配电系统的特殊要求,如油船可以采用的配电系统只限制在直流双线绝缘系统、交流单相双线绝缘系统和交流三相三线绝缘系统。

船舶供电系统的交流电压和频率可参阅 IEC92—201。对于超过 1 000 V 的交流供电的有关限制,可参阅 IEC92—503《船舶电气设备专用:电压范围为 1 kV 以上至 11 kV 的交流供电系统》。

5. 额定电压和额定频率

船用电气设备的额定工作电压和额定工作电流组合,确定了船用电气设备的用途,各种使用类别以及相应的试验都与其有关。对于单极船用电器,一般规定跨极两端(例如触头断开位置)的电压为额定工作电压,对于多极船用电器,一般以相间的电压为额定工作电压。按我国现行《船用低压电器基本要求》的规定,船用电器一般采用表 0-1 规定的额定电压和额定频率。

船用电器额定工作电压和额定频率

表 0-1

电流种类	额定工作电压(V)	额定频率(Hz)
DC	12、24、36、110、220、440、750	
AC	24、36、(110)、220、660 380(440)	50 或(60) 50(60)

6. 介电性能

电气设备的介电性能,是电气设备的重要参数之一。船舶电力系统的绝缘配合是建立在瞬时过电压被限制在规定的冲击耐受电压优先系数的基础上,外来的瞬时电压必须低于或限制在低于船舶电源系统规定的冲击耐受电压,而船舶电力系统中电器或设备产生的瞬时过电压也必须低于船舶电源系统规定的冲击耐受电压。因此,船用低压电器用于船舶电源系统的条件为:

(1)船用电器的额定绝缘电压不应低于船舶电源系统的额定电压;

(2)船用电器的额定冲击耐受电压不应低于船舶电源系统的额定冲击耐受电压;

(3)船用电器产生的瞬时过电压不应高于船舶电源系统的额定冲击耐受电压。

船用电器在设计时,一般都考虑了适用于多种船舶电源系统和适用于一种或几种安装类别,因此,船用电器的额定冲击耐受电压应按预期使用的多种电源系统中相对最高电压和最高安装类别来确定。

7. 附加要求

船用电子式电气设备除了满足一般通用要求外,还应满足下面附加要求。

(1)船用电子设备的电子组件,应在 0 ~ 55℃的环境空气温度范围内正常工作。若预期安装在会出现特别高温的场所(如直接邻近主机、锅炉等位置),应作特殊考虑。如果安装在有

发热器件的箱柜内，应保证在 +70℃温度时不失效；若预期安装在可能出现低温的处所，如露天甲板、无保温措施的甲板室内，应能在 -25℃环境温度下正常工作。

(2)所有自动化设备应能在下列相对湿度下正常工作：温度达 +45℃时，湿度 95% ±3%；温度高于 +45℃时，湿度 70% ±3%。

五、船舶电力拖动系统的工作条件及防护要求

船舶的环境条件比陆地差，船舶电气设备的损坏及绝缘性能与船舶航行的区域、空气温度、空气中的盐雾和油雾有直接关系，船舶的摇摆与振动也会造成电气设备的损坏。船用环境条件的特殊性，决定了对船用电气设备的特殊要求。对于船舶电力拖动控制设备的要求归纳起来有以下几点：

1. 可靠性和可维修性

根据船舶使用条件要求，船用电气设备要做到寿命长且故障少，具有较高的可靠性与可维修性，以保证安全航行。设计时要有防止发生误动作与防止发生误操作的连锁机构，还要考虑到维护修理容易、更换零部件方便及适量的备品备件。因而船舶电力拖动自动控制设备和系统采用冗余设计，多数装置具有备用设备和备用系统；遇到故障时，自动转换备用系统并迅速切除、隔离故障部分；重要设备多路供电、多种工作方式保证持续供电和连续运转；装置设计有必要的参数、状态、工况显示和报警系统；为了提高其维修性，能简单、快速地进行故障诊断，还要考虑设置必要的适用的维修通道等。

2. 环境适应性

船用电气设备应在下列环境条件下正常工作：

(1)根据中国船级社《钢质海船入级规范(2006)》要求，船舶航行于无限航区，其封闭处所内 0 ~45℃，开敞甲板 -25 ~45℃。除热带海区以外的有限航区，其封闭处所内 0 ~45℃，开敞甲板 -25 ~45℃。

(2)对于应急电气设备、开关设备、电器和电子设备：纵倾纵摇 ≤ ±10°，横倾横摇 ≤ ±22.5°；除此以外的其他设备纵倾 ≤ ±5°，纵摇 ≤ ±7.5°，横倾 ≤ ±15°，横摇 ≤ ±22.5°。装载液化气体和化学品的船舶，其应急电源还应在船舶进水以至于最终横倾达 30°的极限状态下能保持供电；纵倾、横倾可能同时会出现。

(3)正常航行中产生的振动和冲击。

(4)潮湿空气、盐雾、油雾、霉菌处所。

3. 标准化、通用性

为保证设备完好率和尽量少备件，以减少体积和重量，要求设备及零部件通用性要好。应采用国家标准规定的标准化产品系列，同一用途的设备具有同一规格，以保证良好的互换性，提高经济效益。

4. 电源波动适应性

船舶电网电压或频率偏离额定值时，在规定允许波动值范围内应可靠地工作：

(1)电压稳态变化值：±10% U_N。

(2)电压瞬态变化值：±20% U_N，恢复时间 1.5s。

(3)频率稳态变化值：±5% f_N。

(4)频率瞬态变化值: ±10%f_N,恢复时间1.5s。

5. 电磁兼容性

设备采用适当措施后,可限制所产生干扰电压和电流不超过允许值,并保证电力拖动系统中电子装置在船舶电磁环境中正常工作。

6. 外壳防护等级

电气设备的外壳防护形式,应符合IEC29号出版物《外壳防护等级分类》或与其等效的国家标准的规定。表示防护等级的标志由特征字母IP及后面两位数字组成。特征数字表示的防护等级规定,可参阅有关书籍。

六、船舶电力拖动系统检验

船上的所有电气设备安装结束以后,都应该进行通电试验。尽管各种设备在出厂时已经通过各种试验,但是装船后,仍然要做试验,目的是检验设备在拆卸、运输、安装在船上后其性能的完好性。检验的时间和程序,可以根据设备试验完成的程度决定。有些与船舶航行保障没有直接关系的设备,原则上可以在系泊试验时完成检验;有些设备在系泊试验后仍然需要在航行试验中做效用试验。电气设备的系泊试验一般有三个过程,就是外观检验、绝缘检验和性能试验。

1. 外观检验

控制的要素包括表面保护层的光洁度、所有指示牌指示的正确性、设备的外壳防护等级是否符合安装场所的要求。外观检查的重点是检查防护形式和等级是否符合要求。对此,各国船级社都有具体的、明确的规定。中国船级社规定:电气设备的外壳防护形式,应符合IEC529号出版物《外壳防护形式的分级》或与其等效的国家标准的规定,并且标出外壳防护等级的最低要求。

2. 绝缘检验

绝缘检验是所有电气设备通电以前必须完成的工作,它既为了人身的安全,又为了设备的安全。对于检测中所使用的仪器,目前一般采用兆欧表。大致遵守的原则是:额定电压36 V以下的设备,使用100 V兆欧表测量;额定电压在36~500 V的设备,用500 V兆欧表测量;额定电压在500~1000 V的设备,用1000 V兆欧表测量;额定电压在1000 V以上的设备,用2500 V兆欧表测量。对于绝缘程度的标准,国际电工委员会(IEC)的标准中指出:"由于绝缘电阻值取决于进行试验的气候条件,要订出最低限度的绝缘电阻值是不现实的,但一般情况下应达到1 MΩ的最低限度。"所以,在检验中也要考虑到气候、温度、湿度对绝缘的影响。对于新设备来说,其测量的绝缘值越高越好。

3. 性能试验

由于各类设备在出厂前均有相应船级社颁发的证书,所以,检验时应按照技术规格书的要求进行试验。

第一部分　船舶电力拖动基本的控制线路

此部分中包含有一个项目,项目为“船舶电力拖动基本的控制线路”。学习这个部分,会分析电动机的基本控制线路和船舶典型泵类控制线路,能安装与调试电机各种控制线路,并且能对照电气原理图排除电路常见故障,会撰写电气控制系统检修维护报告书。

项目一　船舶电力拖动基本的控制线路

● **教学目标**

能力目标

1. 能安装与调试电机各种控制线路;
2. 能对照电气原理图排除电路常见故障;
3. 撰写电气控制系统检修维护报告书。

知识目标

1. 学会识读船舶电气原理图及规范;
2. 会分析电动机的基本控制线路;
3. 会分析船舶典型泵类控制线路;
4. 能分析电机各种控制线路故障。

情感目标

1. 具备良好的职业道德;
2. 具备严谨的工作态度;
3. 具备实事求是的道德品质;
4. 具备高度责任感。

船舶电力拖动控制线路是根据一定的控制要求,以控制电器为基本元件,按一定的逻辑关系构成的继电器-接触器控制线路。为了满足生产工艺和各种类型拖动机构的要求,控制线路的结构及形式是多种多样的,但是它们都有着一些基本环节及类似的控制原则和方法。本项目通过对船舶电力拖动系统基本的控制环节的分析,掌握一些电气控制的典型环节和控制方法,为分析和设计复杂的控制线路打下坚实的基础。

任务一　船舶电力拖动控制线路图及图形字母符号认识

继电器-接触器控制线路主要由控制电器和执行元件组成。控制电器在线路中承担着信号元件和控制元件的作用。信号元件用以开关信息的发令、检测与变换,作为系统的主令控制

信号，这类元件包括主令电器、信号继电器等。控制元件将信号元件的开关信息进行逻辑运算并加以传递，以控制执行元件按要求进行工作，控制元件包括继电器、接触器等。执行元件是用以操纵机械的执行机构，这类元件包括电动机、电磁阀、电磁铁等。为了满足一定的控制要求，上述元件必须用导线按一定的规律连接成电气控制线路图。

为了便于阅读和理解电气控制线路图，国家颁布了统一的图形和文字符号。图形符号用来表示控制线路中各个器件和部件，它是逐步演变过来的，各国的图形符号有所差异，但由于象形和习惯，有些类似。

文字符号为电气控制线路各种器械或部件提供字母代码和功能字母代码。国家标准GB7 159—1987《电气技术中的文字符号制订通则》规定了电气工程图中的文字符号，它分为基本文字符号和辅助文字符号。基本文字符号有单字母符号和双字母符号。单字母符号表示电气设备、装置和元件的大类，例如 K 为继电器类元件这一大类；双字母符号由一个表示大类的单字母与另一个表示器件某些特性的字母组成，例如 KT 即表示继电器类器件中的时间继电器，KM 表示继电器类器件中的接触器。辅助文字符号用来进一步表示电气设备、装置和元件的功能、状态和特征。表 1-1 为常用电气图形和文字符号新旧对照表。

常用电气图形、文字符号新旧对照表 表 1-1

名称		新标准		旧标准	
		图形符号	文字符号	图形符号	文字符号
一般三极电源开关			QK		K
低压断路器			QF		UZ
位置开关	常开触头		SQ		XK
	常闭触头				
	复合触头				
熔断器			FU		RD
按钮	起动		SB		QA
	停止				TA
	复合				AN
线圈					
接触器	主触头		KM		C
	常开辅助触头				
	常闭辅助触头				

续上表

名称		新标准 图形符号	新标准 文字符号	旧标准 图形符号	旧标准 文字符号
速度继电器	常开触头		KS		SDJ
	常闭触头				
时间继电器	线圈		KT		SJ
	常开延时闭合触头				
	常闭延时打开触头				
	常闭延时闭合触头				
	常开延时打开触头				
热继电器	热元件		FR		RJ
	常闭触头				
其他继电器	中间继电器线圈		KA		ZJ
	欠电压继电器线圈		KU		QYJ
	过电流继电器线圈		KI		CLJ
其他继电器	欠电流继电器线圈		KI	与新标准相同	QLJ
	常开触头		相应继电器符号		相应继电器符号
	常闭触头				
转换开关			SA	与新标准相同	HK
制动电磁铁			YB		DT
电磁离合器			YC		CH
电位器			RP	与新标准相同	W
桥式整流装置			VC		ZL
照明灯			EL		ZD
信号灯			HL		XD
电阻器		或	R		R
接插器			X		CZ
电磁铁			YA		DT

续上表

名称	新标准		旧标准	
	图形符号	文字符号	图形符号	文字符号
电磁吸盘		YH		DX
串励直流电动机		M		ZD
并励直流电动机				
他励直流电动机				
复励直流电动机				
直流发电机		G		ZF
三相笼式异步电动机		M		D

名称	新标准		旧标准	
	图形符号	文字符号	图形符号	文字符号
三相绕线式异步电动机		M		D
单相变压器		T		B
整流变压器				ZLB
照明变压器				ZB
控制电路电源用变压器		TC		B
三相自耦变压器		T		ZOB
半导体二极管		V		D
PNP 型三极管				T
NPN 型三极管				T
晶闸管(阴极侧受控)				SCR

为了便于设计、阅读、安装和维修,电气线路图可绘制成不同的形式。图 1-1a)所示是一个液位控制的电动机自动起动、停止控制系统示意图。图中在水箱上部安装一个液位继电器 SL,作为系统的液位检测元件,当水位达高限位或低限位时,继电器触头相应断开或接通,通过控制元件线路接触器 KM 传递后使执行器件电动机停止或运转。显然,这样的系统示意图无论从电路角度分析工作原理、或从工艺角度安装维修或安装敷设电缆都是不方便的,随着系统复杂程度的提高,将更是如此。因此根据不同使用要求,电气线路图通常绘制成电路图(原

理线路图)、电器元件布置图、电气安装接线图3种不同形式。

一、电路图

电路图又称原理线路图或简称原理图,是电气线路图的主要形式。将图1-1a)所示控制系统示意图画成电路图,如图1-1b)所示。电路图用以说明控制系统的作用原理,图中应按规定的图形符号画出整个控制系统的电机、控制电器和其他器件,并用电路表示出各种电气元件本身的作用以及元件间的相互关系。电路图按通过的电流的不同分成主电路和控制电路。主电路包括电动机的电枢电路,接触器的主触点及电流继电器的线圈等通过大电流的电路。控制电路包括接触器和电压继电器的线圈,接触器的辅助触点,继电器和其他控制电器的触点及自动装置的其他部件。控制电路中还包括信号电路、保护电路及各种联锁电路等。

由图1-1b)表示的特征并作进一步推广,可将电路图的特征及其绘制规则归纳为以下几点:

(1)电路图应以规定的图形和文字符号表示出控制系统中的全部电机、电器和其他器械的带电部件或它们之间的电气联系。

(2)电路图中主电路和控制电路分两部分分别绘制,将图中器件的各个部件连线,以便于阅读和分析原理的原则进行安排,同一器件的不同部件可以画在电路的不同部位,不必考虑它们的实际位置。为了表明是属于同一器件,不同部位的这些部件应以相同的文字符号表示。

(3)图中电器触点的开闭状态均以吸引线圈未通电,衔铁未吸合、手柄置于零位、按钮没有受到外力作用、生产机械处于原始位置作为原态。例如衔铁未吸合时,触点呈“开断”状为常开触点,触点呈“闭合”状为常闭触点。

(4)为了阅读查找,电路图常采用在图的下方沿横坐标方向划分图区,并以数字表示,同时在图的上方沿横坐标方向划区并注明该图区电路的功能。电路编号特别适用于多分支电路,如继电控制和保护电路,每一编号代表一个支路。编制方法是对每个电路或分支电路按照一定顺序(自左至右或自上至下)用阿拉伯数字编号,从而确定各支路项目的位置。

①横坐标标注法。采用横坐标标注法,线路各电器元件均按横向画法排列;各电器元件线圈的右侧,由上到下标明各支路的序号,并在该电器元件线圈旁标明其常开触头(标在横线上方)、常闭触头(标在横线下方)在电路中所在支路标号,以便阅读和分析电路时查找。例如,接触器KM,常开触头在主电路有三对,控制回路2支路中有一对;常闭触头在控制电路3支路中有一对。电动机正反转横坐标图示法电气原理图如图1-2所示。

②纵坐标标注法。采用纵坐标标注法,线路各电器元件均按纵向画法排列,编制方法是对每个电路或分支电路按照自左至右的顺序用阿拉伯数字编号,从而确定各支路项目的位置。例如,图1-3a)有8个电路或支路,在各支路的下方顺序标有电路编号1~8,图上方与电路编号对应的方框内的“电源开关”等字样表明其下方元器件或线路功能。

继电器和接触器的触头位置采用附加图表的方式表示,图表格式如图1-3b)所示。此图表可以画在电路图中相应线圈的下方,此时,可只标出触头的位置(电路编号)索引,也可以画在电路图上的其他地方。以图中线圈KM1下方的图表为例,第一行用图形符号表示主辅触头种类,表格中的数字表示此类触头所在的支路的编号。例如第2列中的数字“6”表示KM1的一个常开触头在第6支路内,表中的“×”表示未使用的触头。有时,所附图表中的图形符号也可以省略不画。

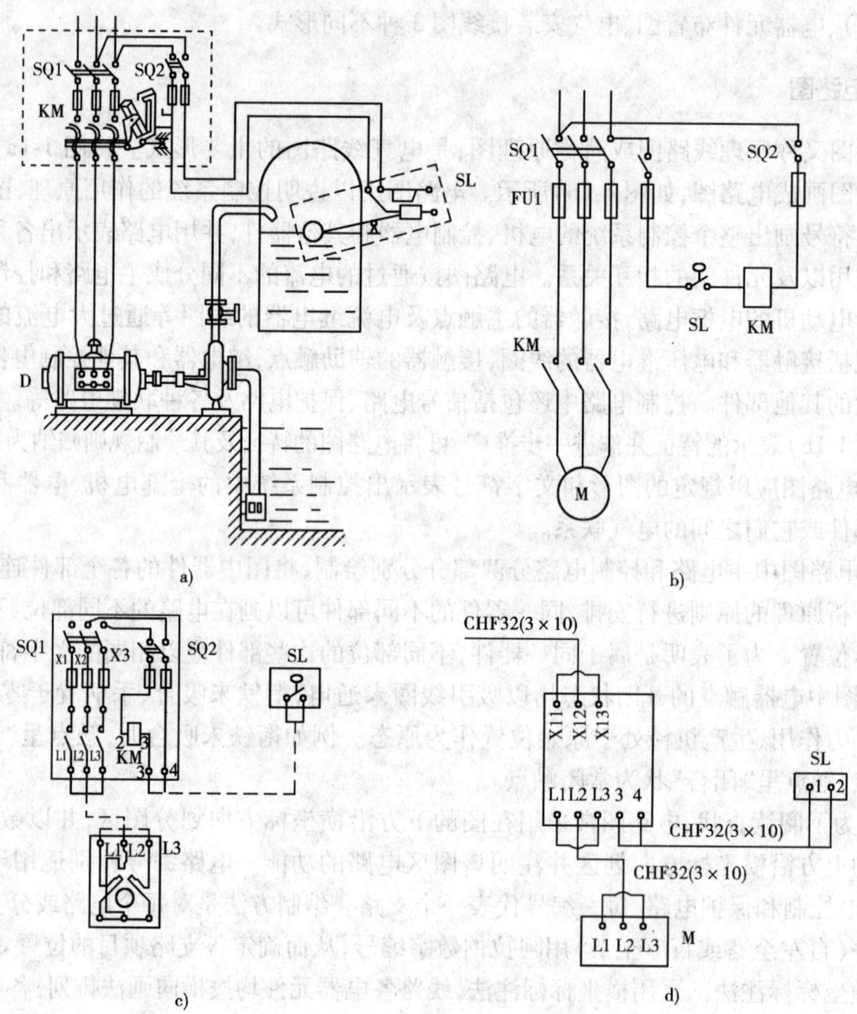

图 1-1　液位控制系统

a）系统示意图；b）原理线路图；c）安装接线图；d）外部接线图

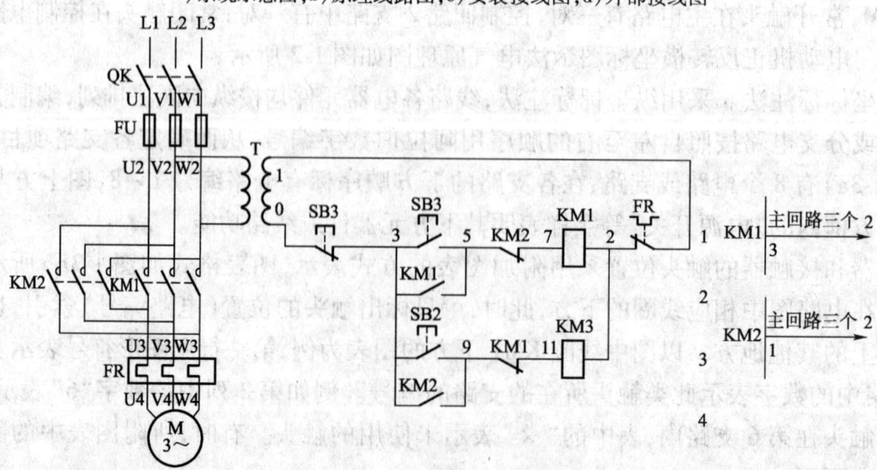

图 1-2　采用横坐标标注法的三相异步电动机控制电路

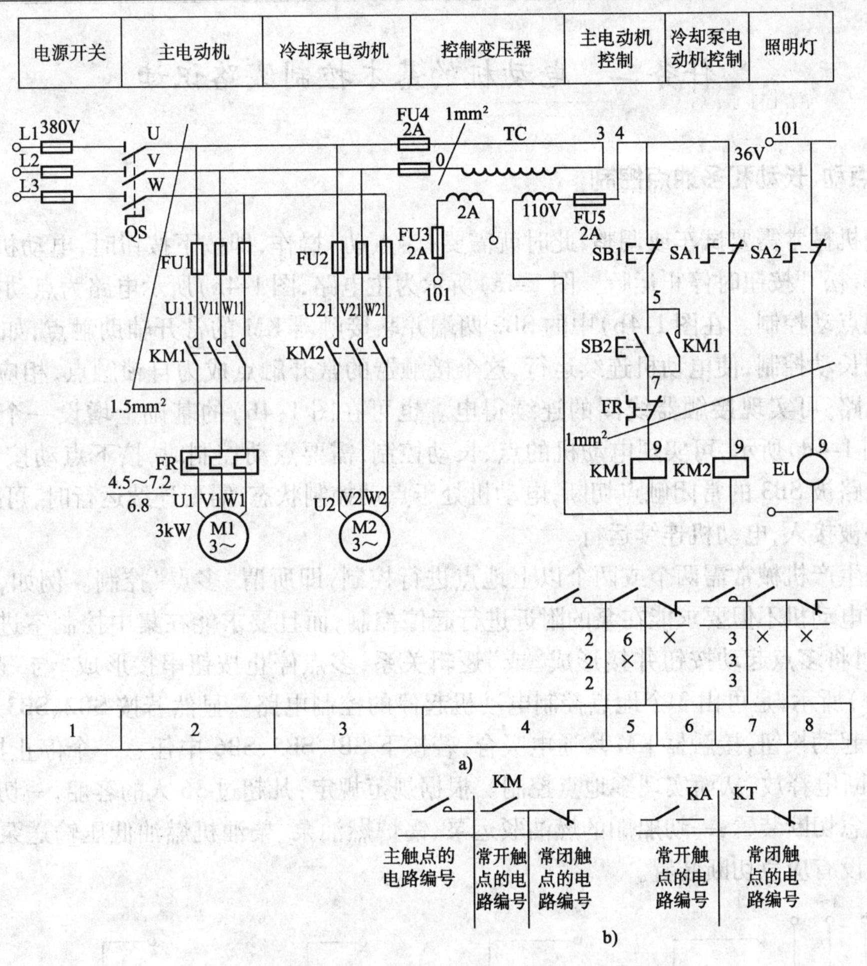

图 1-3　采用纵坐标标注法的三相异步电动机控制电路原理图

二、布置图

图 1-1c)所示为图 1-1a)的电气元件布置图，主要用来表明电气设备上所有电机、电器的实际位置，是机械电气控制设备制造、安装和维修必不可少的技术文件。布置图根据设备的复杂程度或集中绘制在一张图上，或将控制柜与操作台的电器元件布置图分别绘制。绘制布置图时机械设备轮廓用双点划线画出，所有可见的和需要表达清楚的电器元件及设备，用粗实线绘制出其简单的外形轮廓。电器元件及设备代号必须与有关电路图和清单上的代号一致。对于较为简单的控制线路，往往不另画布置图，而由电路图代之。

三、电气安装接线图

将图 1-1a)所示的系统绘制成电气安装接线图如图 1-1d)所示。此图表示同一系统的各个装置，例如控制箱、电动机、液位开关等之间的外部联系。图中应标明系统处于不同地点的各个装置的进线与出线端头及其编号，装置之间连接电缆的牌号、线径等。此图用于不同地点的器件之间电缆敷放及外部接线。

任务二　电动机的基本控制线路识读

一、点动、长动和多地点控制

生产机械常需要试车或调整,此时就需要有“点动”操作,即按下按钮时,电动机驱动生产机械运行,松开按钮时停止运行。图 1-4a)所示为主电路,图 1-4b)所示电路为点动控制电路,即能实现点动控制。在图 1-4b)中的 SB2 两端并联接触器 KM 的常开辅助触点,如图 1-4c),即可实现长动控制,使电动机连续运行,这个接触器的常开触点成为自锁触点,相应的电路成为自保电路,可实现接触器线圈的连续得电。也可在图 1-4b)的基础上增设一个复合按钮 SB3,如图 1-4d)所示,可实现电动机的点、长动控制,需要点动控制时,按下点动按钮 SB3,由于自保电路被 SB3 的常闭触点切断,电动机处于点动控制状态,需要连续运行时,可按下 SB2,自保电路被接入,电动机连续运行。

有些生产机械常需两个或两个以上地点进行控制,即所谓“多点”控制。例如,船内机舱许多泵浦电动机不但要求能在泵的附近进行起停控制,而且要求能在集中控制室进行遥控操纵,为此可将多点起动按钮并接形成“或”逻辑关系,多点停止按钮串接形成“与”逻辑关系。如图 1-4e)所示,是可由 3 个地点控制电动机起停的控制电路。显然若按 SB2、SB3、SB4 中的任意一个起动按钮,接触器 KM 均通电吸合;若按下 SBl、SB5、SB6 中任意一个停止按钮,接触器 KM 均断电释放,从而实现多地点控制。根据规范规定:凡超过 36 人的客船,一切通风机均应设有应急切断装置;一切船舶的燃油驳运泵、锅炉燃油泵、柴油机燃油低压输送泵及燃油分离器也应设有应急切断装置。

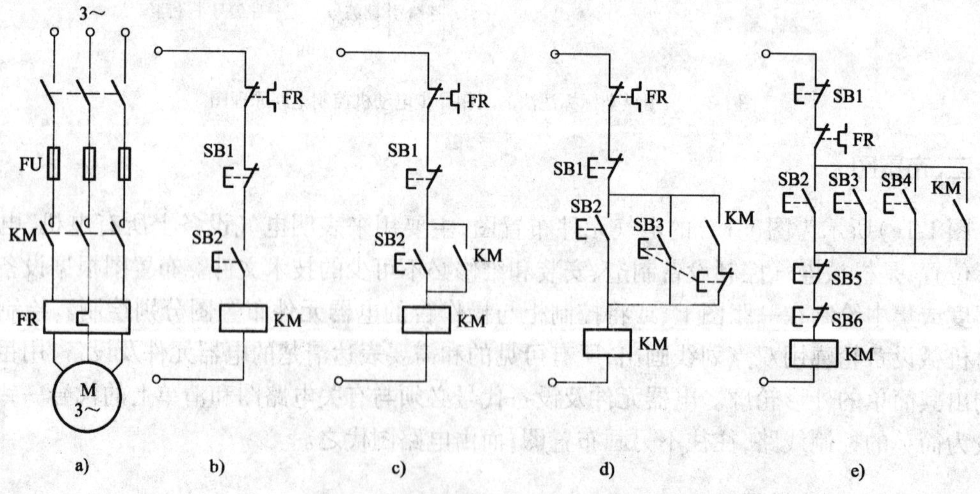

图 1-4　电动机的点动、长动和多地点控制

a)主电路;b)点动控制;c)长动控制;d)点、长动控制;e)多地点控制

二、交流三相异步电动机正反转控制

有些生产机械既需要正向运转,又需要反向运转。例如起锚机的起锚和抛锚作业,起货机

提升货物与下放货物等,这就要求控制线路能保证电动机可靠地正转与反转。

实现异步电动机正反转控制的线路如图 1-5 所示。在主电路中,正转接触器 KM1 和反转接触器 KM2 的两个主触点所接的电源相序不同。在控制电路中增加了一条反转接触器 KM2 线圈的并联电路。由于增加了这些电气设施,就能改变电动机的转向,既能控制电动机正转,又能控制电动机反转。

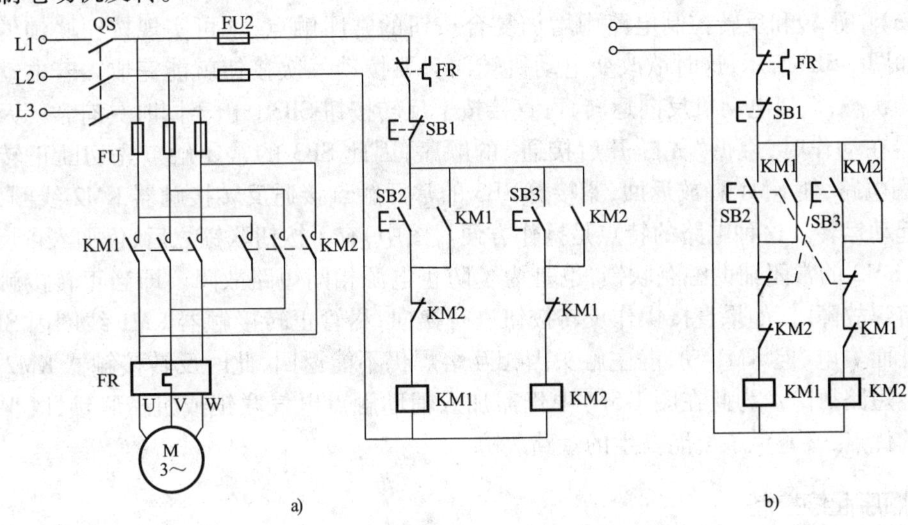

图 1-5　接触器连锁的正反转控制线路

a)方案一;b)方案二

如图 1-5a)所示,欲使电动机正向运转,可按下正转起动按钮 SB2,正转接触器线圈 KM1 通电吸合,主触点 KMl 闭合,接入电动机定子绕组的电源相序为 L1-U、L2-V、L3-W,电动机正向运转,与此同时正转接触器常开辅助触头闭合实现“自保”。反转时线路的工作过程与正转时相似。在电动机停止状态下按下反转按钮 SB3 后,反转接触器 KM2 通电吸合,此时接入电动机的电源相序为 L1-W、L2-V、L3-U,电动机便反向起动运转。

欲需在电动机运转时改变它的转向,即在正转时欲变为反转(或在反转时欲变为正转),应先按下停止按钮 SBl 使正转控制电路断开,然后才能按反转按钮 SB3 起动电动机反转。这是因为在反转控制回路中串联了正转接触器 KMl 的常闭辅助触点,因此在电动机正转控制电路接通时,直接按下反转起动按钮,反转接触器线圈无法通电,电动机是不会反转的。控制电路如此安排排除了接触器 KM1 和 KM2 线圈同时通电吸合的可能性,实现了电源的极间短路保护。

因为一旦接触器 KMl 和 KM2 同时通电吸合,它们的主触点便同时闭合,由于它们其中两个主触点的下端连接在两相电源上,这样就造成了两相短路故障。为此,在正转与反转控制电路中必须分别串联反转接触器 KM2 和正转接触器 KMl 的常闭触点,接触器 KM1 和 KM2 这两对常闭触点在电路中所起的作用称为电气联锁,这两对常闭触头就称为联锁触头,联锁环节是正反转控制线中的重要环节。除了在电路上设置电气联锁环节外,对于需经常正反转的电动机控制线路,为了确保安全,通常还在正转与反转接触器的衔铁间设置一机械连杆,当任一接触器通电吸合后,衔铁就带动连杆将另一接触器的衔铁锁住在释放位置,此时即使另一接触器

线圈通电，它也无法吸合，因此两个接触器就不可能同时闭合，这种联锁称之为机械联锁。

电器间的联锁控制基本上有以下两种形式。

(1)当电器甲动作后，不允许乙电器动作，为此将甲的常闭触头串接在乙的线圈电路中。

(2)当电器甲动作后，才允许乙电器动作，为此将甲的常开触点串接在乙的线圈电路中。

上述电路的缺点是操作不太方便，因为要改变电动机的转向，必须先后按动两次按钮。若把图 1-5a)中正转和反转控制电路中增加复合按钮的常闭触点，就可实现按钮联锁的正反转控制。如图 1-5b)所示，这时欲改变电动机转向只要按动一次按钮就能完成。若电动机处于正向运转状态，欲使电动机反向运转，可直接按下反转按钮 SB3。由于同时具有常闭及常开触点的电器在动作时，遵循"先断开后接通"的顺序，因此 SB3 的常闭触点先切断正转接触器 KM1 线圈电路，使 KM1 释放返回，紧接着 SB3 的常开触点接通反转接触器 KM2 线圈，使电动机反向起动运转。这种电路的特点是操作方便。图中，有了按钮联锁之后，仍加入正反转接触器 KM1、KM2 的常闭辅助触点联锁，也是为了防止电源相间短路故障。即当正转接触器主触点发生熔焊故障时，如果直接操作反转按钮进行换向，尽管正转接触器 KM1 线圈因 SB3 常闭触点断开而失电，但 KM1 动、静主触头因相互熔焊仍不能返回，此时反转接触器 KM2 通电吸合便发生短路故障。为此在图 1-5b)中仍需加入辅助触点电气联锁或机械联锁，既保证了操作方便的优点，又避免了可能发生的短路故障。

三、顺序起停控制

具有多台拖动电动机的生产机械常有各台电动机顺序起停要求。例如拖动压缩机的主电动机通常必须在为其鼓风的通风电动机运转后才能起动运行，通风电动机则必须在主电动机停车后才能停止运行。图 1-6 是能满足上述要求的顺序起停控制电路，电路能满足起动时 M1 先于 M2，顺序起动，停止时 M2 先于 M1 逆序停止的要求。

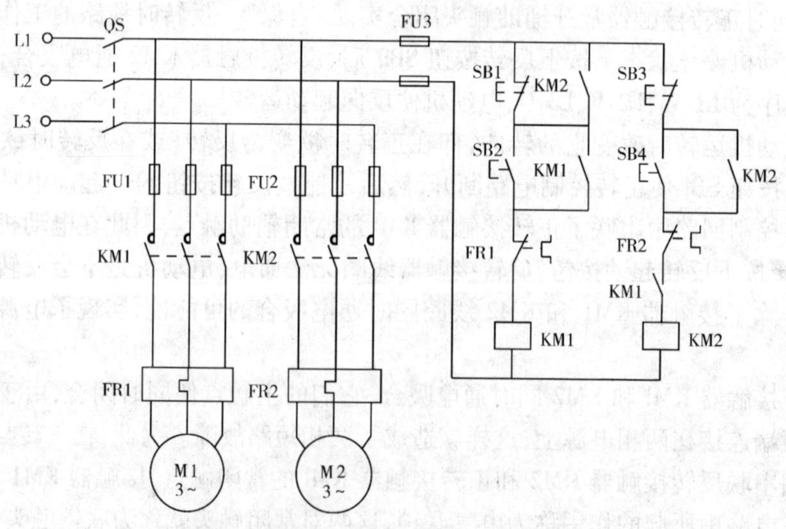

图 1-6　两台电动机顺序起动停止的控制线路

如图 1-6 所示，在 M2 的接触器 KM2 线圈电路中串联 M1 的接触器常开辅助触点 KM1，即只有在接触器 KM1 吸合 M1 起动运转后，起动 M2 才有可能，这样仅满足了 M1 先于 M2 的顺

序起动要求。此外在 M1 的停止按钮 SBl 的两端并联接触器 KM2 的常开触点。这样当接触器 KM2 吸合 M2 运转时，M1 的停止按钮被短接，亦即在 M2 运行期间，SBl 失去了停止功能，只有当接触器 KM2 释放、M2 停车后，SBl 才恢复停止功能，这样便满足了 M2 先于 M1 的逆序停止要求。

四、限位和行程控制

某些生产机械要求限制机械运行的行程。例如船舶在航行时，舵机右舵左舵的行程须限制在左右 35°以内，又如生产车间内的行车，其行程必须限制在允许的轨道范围内等。这种限制机械运动行程的方法为限位控制。实现限位控制是相当简单的，只要将行程开关安置在需要限制的位置上，其常闭触点与控制线路中的停止按钮串联，则当机械移到此极限位置时，行程开关被撞击，常闭触点断开，与按下停止按钮同样的效果，电动机便停车。显然限位控制是一种限位保护，使生产机械避免进入异常位置。

若要求生产机械在两个行程位置内来回往返运动，则可将两个自复位行程开关 SQ1、SQ2 置于两个行程位置，并在行程的两个极限位置安放限位开关 SQ3、SQ4、如图 1-7a）所示，组成图 1-7b）所示的控制电路。起始时若要工作台向右移动，可按正转起动按钮 SB2，正转接触器 KM1 通电吸合，电动机便带动工作台向右移动。当工作台移动到右端行程位置时，便碰撞行程开关 SQ2，其常闭触点 SQ2-2 断开，切断了正转接触器 KM1 的线圈电路，常开触点 SQ2-1 闭合、接通了反转接触器 KM2 的线圈电路，电动机便反转带动工作台向左移动。当工作台离开右端行程位置后，SQ2 自动复位，为下次工作做好准备。工作台移至左端极限位置后的换接过程与移至右端时的工作原理类似。当左右往返行程控制失灵，工作台超过原定的行程移动范围，碰撞左端 SQ3 或右端 SQ4 时，接触器断电释放，实现了限位保护功能。

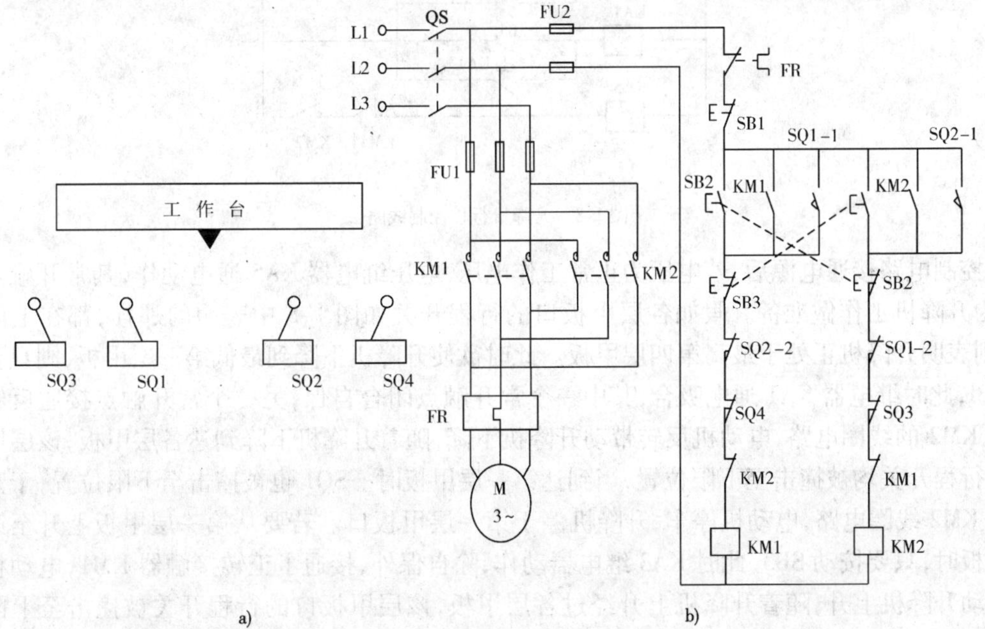

图 1-7　行程开关控制的正反转控制线路

图1-8为船舶上装载粮食、弹药等货物的升降机行程自动控制电路，该电路能按操作人员的控制命令，在升降机上升或下降到指定甲板位置时自动停止。图1-8中，正反转接触器KM1和KM2分别使电动机正转或反转以拖动升降机上升或下降。双滚轮非自动复位行程开关SQl～SQ4分别安置在上下各层甲板口，当升降机上行时，每到达一层甲板口，该层甲板的行程开关被撞击至“上限”位置。当升降机下行时，每到达一层甲板口，该层甲板的行程开关被撞击至“下限”位置。按钮SBl～SB4及中间继电器KA1～KA4，也分别与各层甲板相对应。KA5为电压继电器，检测控制电路电压是否为正常工作电压。

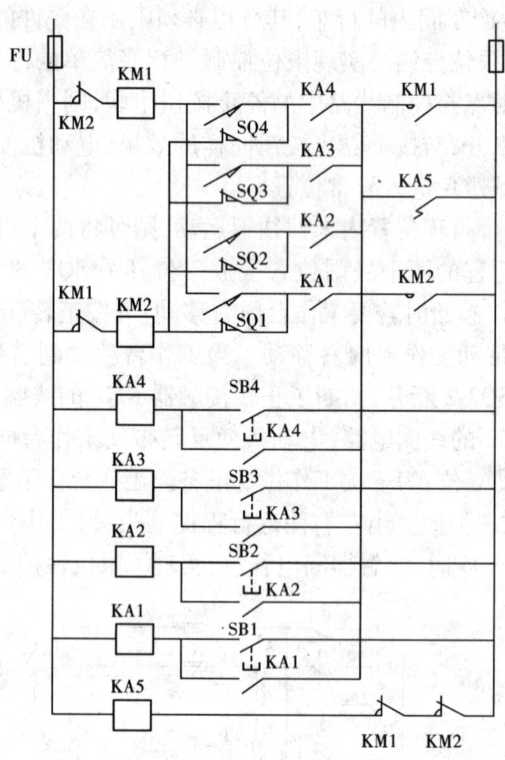

图1-8 升降机行程控制线路

控制电路接通电源后，若电压为正常工作电压，电压继电器KA5通电动作，其常开触点闭合，为升降机工作做准备。假如各层甲板口的行程开关如图1-8中表明的那样，都在上限位置，则表明升降机正处于最高第四层甲板。此时欲使升降机下降到最低第一层甲板，则只要按动SBl，此时继电器KA1通电吸合，其中一个常开触点闭合自保，另一个常开触点接通反转接触器KM2的线圈电路，电动机反转带动升降机下降，随着升降机下降到达各层甲板，该层甲板口的行程开关均被撞击至下限位置，当到达第一层甲板时。SQ1也被撞击至下限位置，于是切断了KM2线圈电路，电动机停车，升降机停于第一层甲板口。若要从第一层甲板上升至第三层甲板时，只要按动SB3，此时KA3继电器动作，除自保外，接通了正转接触器KM1，电动机正转带动升降机上升，随着升降机上升经过各层甲板，该层甲板口的行程开关被撞击至上限位置，为升降机的再次下降作好了准备。当升降机上升至第三层甲板时，SQ3切断了正转接触器KM1线圈电路，电动机停车，升降机便停在第三层甲板口。

五、主令控制

某些起重机械，如船舶上电动起货机、锚机等在运行时都需要频繁地起动、制动和反转，这时用主令控制器操作比按钮更为方便可靠。它具有操作形象化的特点，不用看着主令控制器便能正确地进行正反转及其变速操作。

主令控制器是一种主令电器，它可以有不同的手柄工作位置和控制电路数，以满足不同的控制要求。主令控制器的接触系统、凸轮及其内部结构与万能转换开关有点类似，它也是借助于不同形状的凸轮随轴转动时构成不同的触点闭合规律。由于主令控制器需要换接控制电路，触点允许通过的持续电流、接通电流和断开电流都比万能转换开关要大，所以它的体积与外形和万能转换开关大不一样。又由于主令控制器大多安装于露天场合，如船舶甲板等现场，因此对它有紧固的外壳及防水密封要求。

主令控制器的触点及其在各个位置的通断状况，通常以触头闭合表的方式表示，为此在控制线路中应附以触点闭合表，如图 1-9c）所示。此外，也可以用图形符号表示，见图 1-9b）。图中纵列虚线表示手柄的不同位置，其中的黑点表示手柄在此位置时对应的触点是闭合的。

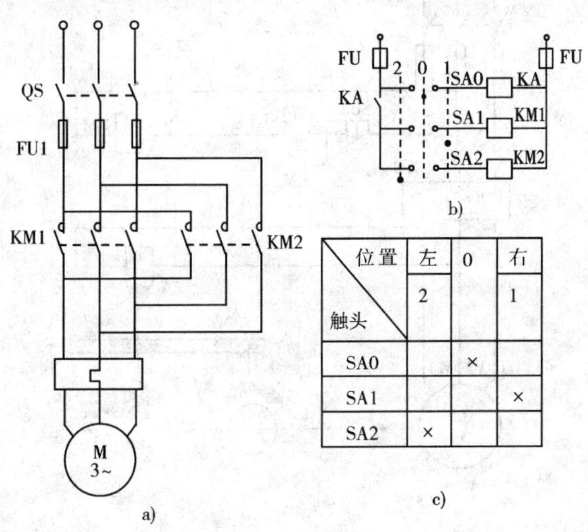

位置 / 触头	左 2	0	右 1
SA0		×	
SA1			×
SA2	×		

图 1-9　主令控制器可逆线路

图 1-9a）为主令控制器控制的正反转电路，其中主令控制器有 3 个触点 SA0、SA1、SA2，手柄有 3 个工作位置，分别为零位、左位、右位。

如图 1-9 所示，当主电路和控制电路的电源开关 QS 合上后，主令控制器处于中间零位，触点 SA0 闭合，零压保护用电压继电器 KA 通电吸合，闭合其常开触点，实现自锁保护。主令控制器手柄离开零位时，触点 SA0 断开，控制电路则经过 KA 的触点得到供电。当手柄向右扳动时，主令控制器的触点 SAl 闭合，接通正转接触器 KM1，使电动机正向运转；当手柄向左扳动时，主令控制器触点 SA2 闭合，接通反转接触器 KM2，电动机则反向运转。在电动机运转时，若电源电压突然消失，则电压继电器 KA 释放，当电压重新恢复时，不论主令控制器的手柄处于正转还是反转位置，电动机均不会在无人过问的情况下自行起动。若需重新起动电动机，必须首先将主令控制器手柄扳回零位，待电压继电器 KA 再次吸合后线路才能继续工作，这样就实现了零位保护。

六、交流电动机的机械制动控制

利用机械装置,使电动机在脱离电源后迅速停转的方法,称为机械制动。在本节介绍电磁抱闸和电磁离合器机械制动。

1. 电磁抱闸制动控制

电磁抱闸主要由两部分组成:制动电磁铁和闸瓦制动器。制动电磁铁由铁芯、衔铁、线圈三部分组成,一般有单相和三相之分。闸瓦制动器由闸轮、闸瓦、杠杆、弹簧等组成,闸轮与电动机装在同一转轴上。制动强度可通过调整机构来改变。电磁抱闸又有断电制动控制与通电制动控制两种。

(1)电磁抱闸断电制动控制线路。图 1-10 制动控制线路属于断电制动控制类型,当主电路通电时,抱闸线圈获电使闸瓦与闸轮分开,电动机运转;当主电路断电时,闸瓦与闸轮抱住,电动机停车制动。线路工作原理简述如下:

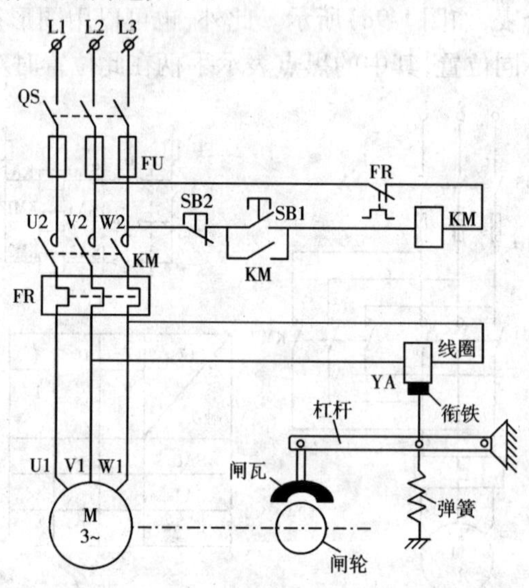

图 1-10　电磁抱闸断电制动控制线路

合上电源开关 QS,按下起动按钮 SB1,接触器 KM 线圈得电动作,辅助(常开)触头闭合使 KM 自保,同时主触头闭合,电动机通电起动,同时电磁抱闸线圈也获电,吸引衔铁,使它与铁芯闭合,衔铁克服弹簧拉力,迫使制动杆向上移动,从而使制动器的闸瓦与闸轮分开,电动机进入正常运行。当停车时,按下 SB2,接触器 KM 线圈断电释放,主触头断开电源,电机失电,电磁抱闸线圈也失电,使抱闸衔铁与铁芯分开,在弹簧拉力作用下,闸瓦与闸轮紧紧抱住,电动机和工作机械被迅速制动而停转。

这种制动在起重设备上被广泛采用。当重物吊到一定高度时,按动停止按钮 SB2,电动机断电,电磁抱闸立即抱住闸轮,由于电动机迅速制动而停转,吊起的重物在空中被准确定位。突出优点是可以防止重物自由跌落。即电动机在工作时,如果电源故障突然失电时,电磁抱闸迅速使电动机制动,防止重物自由跌落和倒拉反转事故发生。但是这种制动器线圈通电时间与电动机工作时间同时,故很不经济;而且有些设备要求电动机制动停转后能调整位置,则不

能采用此种制动方法，而要采用通电制动控制方法。

(2)电磁抱闸通电制动控制线路。通电制动控制线路如图1-11所示。当主电路有电流流过时，电磁抱闸线圈无电，这时闸瓦与闸轮松开；当主电路断电而通过复合按钮SB2的常开触头的闭合使KM2线圈有电，使电磁抱闸线圈获电时，抱闸闸瓦与闸轮抱紧呈制动状态。在电动机不转动的常态下，电磁抱闸线圈无电，抱闸与闸轮也处于松开状态。

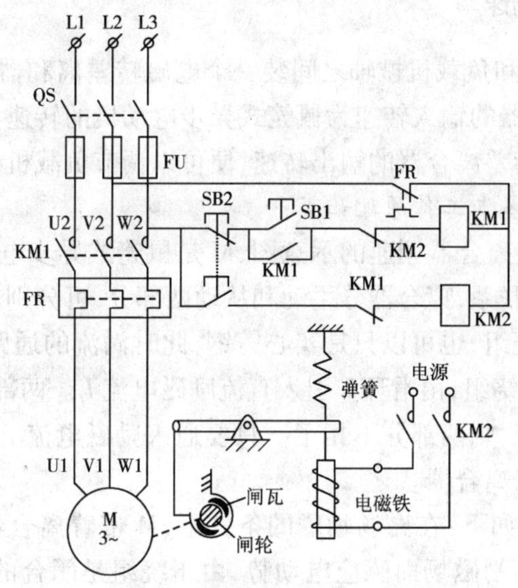

图1-11　电磁抱闸通电制动控制线路

控制线路动作原理，读者可自行分析，需要提醒一下，在图1-11的控制线路中，只有将停止按钮SB2按到底才有制动作用。线路的设计，可供根据实际工况的需要，掌握选择制动与否，可以延长电磁抱闸和机械设备的使用寿命。

2. 电磁离合器制动控制

电磁离合器制动，又称为圆盘式电磁制动器，其原理与以上讨论的电磁抱闸制动原理类似。图1-12所示为电磁离合器结构示意图，它属于断电制动类型，其结构及制动原理简述如下：

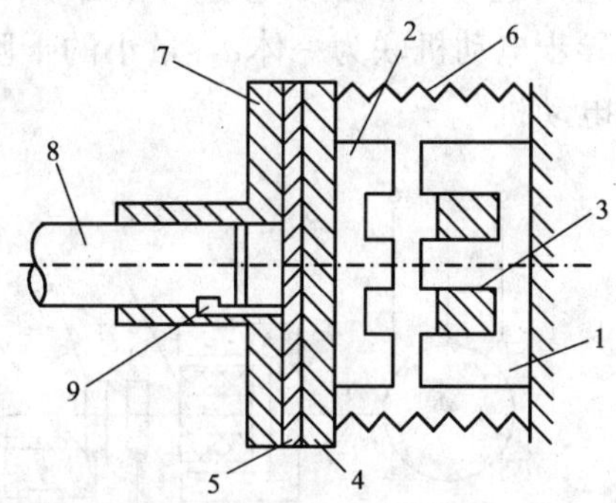

图1-12　断电制动式电磁离合器结构示意图
1-静铁芯；2-动铁芯；3-激磁线圈；4-静摩擦片；5-动摩擦片；6-制动弹簧；7-法兰；8-轮轴；9-键

电磁铁的静铁芯1，是靠导向轴（图中未画出）连接在制动器车体上的，而动铁芯2与静摩擦片4固定在一起，它只能做轴向移动而不能转动，与电动机共轴的轮轴8，通过连接法兰与动摩擦片5固定在一起。在静止时，制动弹簧6将静摩擦片4紧紧地压在动摩擦片5上，此时电动机通过轴8被制动。同断电制动或电磁抱闸制动原理一样，当电动机通电运转时，并联在电动机端子的电磁铁励磁线圈3也通电励磁，电磁铁的动、静铁芯立即吸合，使和动铁芯固定在一起的静摩擦片4与动摩擦片5分开，于是动摩擦片5在电动机的带动

下起动运转。当电动机断电时，刹车励磁线圈3失电，制动弹簧6立即将静摩擦片4连同动铁芯推向因惯性而转动着的动摩擦片5，强大的弹簧张力使动、静摩擦片之间产生足够大的摩擦力，使电动机在断电后立即制动停车。电磁离合器控制的制动线路与前述图1-10所示电磁抱闸断电制动控制线路相同。

七、电磁转差离合器调速

在电动机（鼠笼式）轴和负载机械轴之间装一个电磁转差离和器，可实现对电机转速进行无级调速。电磁转差离和器的输入转速为鼠笼式异步电动机的转速，基本不变，调节转差离合器的励磁电流，即可调节转差离合器的输出转速，便可以调节负载机械转速。

1. 电磁转差离合器的基本工作原理如下：

图1-13为电磁场转差离合器调速的示意图，M是鼠笼式异步电动机，电动机M与负载4之间用电磁场转差离合器联系，离合器分主动和从动两部分，可分别旋转。主动部分的电枢与M同轴连接，其上有鼠笼绕组，也可以只是实心铸钢，此时涡流的通路起鼠笼导条的作用。从动部分是磁极1，绕有励磁绕组，由滑环2引入直流励磁电流I_f。两部分在机械上是分开的，当中有气隙，如无励磁场电流，则两部分不相干。只要通入励磁电流I_f，两者就因电磁场作用互相联系起来，所以叫电磁场离合器。

其工作原理可以分析如下：在磁场励磁的条件下，M带着离合器电枢逆时针旋转时，电枢的鼠笼绕组（或铁心）切割磁场而感应电动势，由于绕组是闭合的，故有电流流过，其方向按右手定则确定，如图1-14所示。这些电流与磁场相互作用产生电磁转矩，按左手定则可知转矩为顺时针方向，此电磁转矩与电动机的拖动转矩相平衡，但反作用转矩T则是逆时针方向加在磁极上。反作用转矩使磁极随电枢同方向旋转。一般情况下两者的转速必然有差异。否则两者之间便无相对运动，就不会感应电动势，也就不产生转矩了。电枢与磁极之间的转速差$\Delta n = n - n_2$（式中：n为电枢转速即输入转速，n_2为磁极转速即输出转速），这原理和异步电动原理相似，靠转速差工作，因此叫做“电磁转差离合器”。它经常与异步电动机联为一体，容量小的干脆装在同一机壳内，总称“滑差电机”或“电磁场调速异步电动机”。

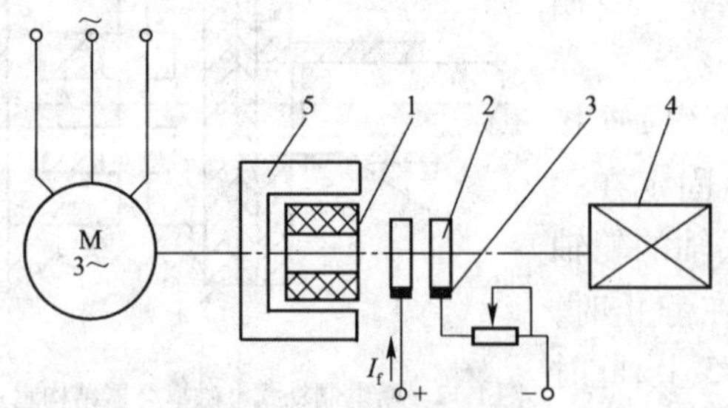

图1-13　电磁场转差离合器调速

1-磁极；2-滑环；3-电刷；4-负载；5-电枢

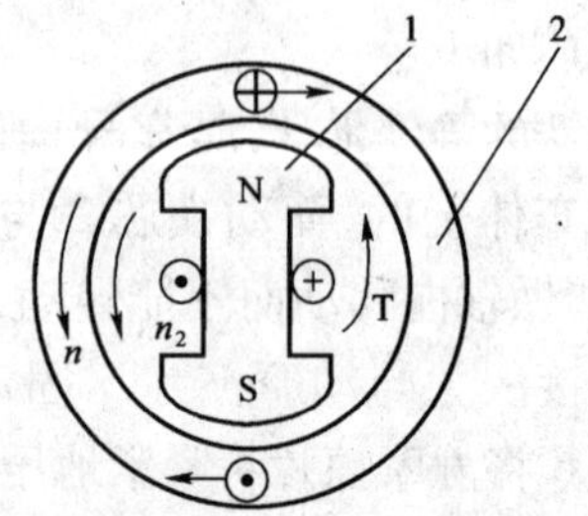

图1-14　电磁场转差离合器转矩图

1-磁极；2-电枢

电磁转差离合器设备简单，控制方便，可以平滑调速（平滑调节励磁电流时）。适用于调速范围不大的设备，对通风机负载比较合适。对其他负载可采用转速反馈的闭环系统，不但使

特性变硬，且使调速范围扩大到 $D=10$ 左右。

任务三　船舶小型辅机系统电力拖动控制线路识读

船舶上有许多小型辅机电力拖动系统，结构简单，设备虽小，但都能完成各种特定任务，对于船舶安全航行中起着必不可少的作用。如燃油输送泵、润滑油泵、海水泵、淡水泵、消防总用泵、应急消防泵、压载水泵、舱底水泵、机舱送风抽风机组、驳油泵、卫生水泵等。本任务选取典型船舶电力拖动控制线路，叙述其电力拖动控制原理。

一、船舶管隧排风机的电气控制线路

图 1-15 为船舶管隧排风机（PIPE TUNNEL EXH. FAN）的电气控制线路。船舶管隧排风机主要排出管隧中的废气。电动机为 3.7kW，电动机为直接起动，电路原理为：

合上低压断路器 MCCB，变压器输出 220V 电压，灯 WL 亮，指示电源通电。合上互联开关，空间加热器指示灯亮，加热器给电机绕组加热除湿。

按下起动按钮 PB1，接触器 88 线圈得电，88 的常闭辅助触点断开，加热器停止加热。接触器主触点闭合，通风机电动机起动并运行，88 的常开辅助触点闭合实现自锁，88 的另一常开辅助触点闭合，灯 GL 亮，指示风机运行。

按下停止按钮 PB2，接触器 88 线圈失电，主触点断开，通风机电动机停转。电路有热继电器 OL 做过载保护，熔断器 F 做短路保护。C1 和 C2 间的按钮为遥控装置。

二、船舶厨房通风机的电气控制线路

图 1-16 为船舶厨房通风机的电气控制线路。船舶厨房通风机主要为厨房通风换气。GALLEY SUPPLY FAN 电动机为 0.75kW，电动机为直接起动。电路原理为：

合上 MCCB，变压器输出 220V 电压，WL 灯亮，指示电源通电。合上互联开关，空间加热器指示灯 BL 亮，加热器给电机绕组加热除湿。按下起动按钮 PB1，接触器 88 线圈得电，88 的常闭辅助触点断开，加热器停止加热。接触器主触点闭合，通风机电动机起动并运行，88 的常开辅助触点闭合实现自锁，88 的另一常开辅助触点闭合，GL 灯亮，指示风机运行。

按下停止按钮 PB2，接触器 88 线圈失电，主触点断开，通风机电动机停转。

电路有热继电器 OL 做过载保护，熔断器 F 做短路保护。

C1 和 C2 间的按钮为遥控装置，RUN 为遥控按钮指示灯。ES-6 为应急切断按钮，SHT 为电源开关 MCCB 的脱扣线圈，当按下 ES-6，SHT 得电，MCCB 断开，风机停止工作。当发生火灾时，通风机械应停止工作。通风机械有机舱风机、机舱油泵、舱室风机、泵舱风机（油轮上有，货轮上没有），分别由不同的应急切断按钮控制。

分油机室排风机的基本控制线路与图 1-16 电路相同，只是应急切断按钮不同。分油机室排风机的作用是当分油机室废油和废气浓度高、温度高时，为分油机室通风换气。

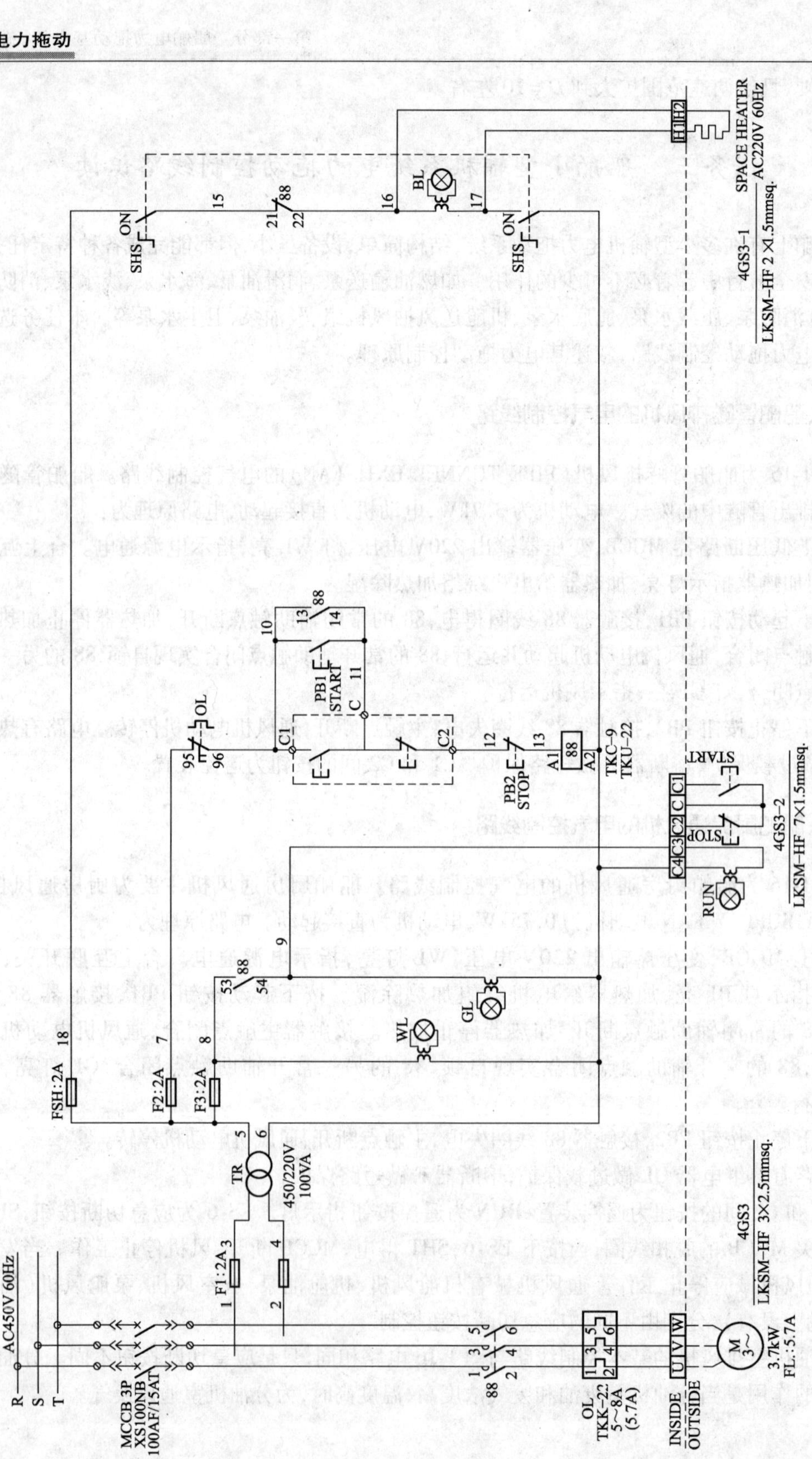

图 1-15 船舶管隧排风机的电气控制线路图

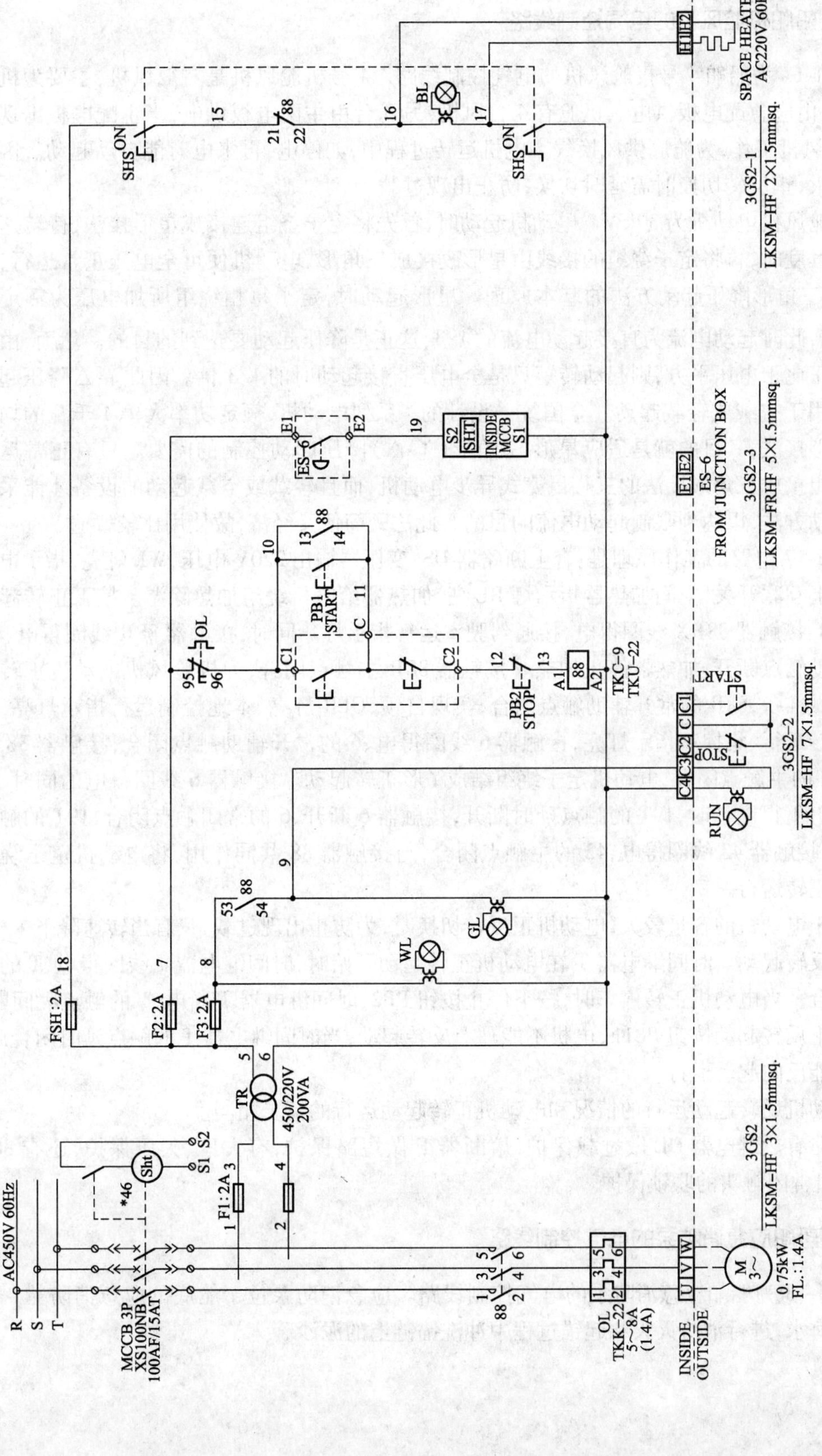

图 1-16　船舶厨房通风机的电气控制线路图

三、船舶机舱风机的电气控制线路

图1-17为船舶4号机舱风机的电气控制线路。4号机舱风机是右舷风机，主要为机舱通风换气，由应急配电板供电。机舱有4台风机，另3台由主配电板供电，当主配电板出现故障时，4号风机工作，为舱底供风换气。电机运转过程中，如停电，再来电时能自动起动。因为电机容量大，正反转切换时需延时切换，防止出现过载。

机舱风机电动机为30kW。电动机起动时，首先将定子绕组连接成星形接法，待转速上升到一定程度时，再将定子绕组的接线由星形改接成三角形，电动机便可全电压正常运行，这就是星形-三角形降压起动方法的基本原理。星形起动时，定子每相绕组所加电压为额定电压$1/\sqrt{3}$倍，此时起动电流为直接起动电流的1/3，这正是降压起动要达到的目的。然而，由于起动转矩正比于电压平方，则起动转矩只是全电压直接起动时的1/3倍。因此Y-△降压起动方法只适用于空载或轻载起动。全国统一设计的Y系列电动机，额定功率大于4千瓦的均设计成三角形接法，其目的就是适应星形-三角形（Y-△）降压起动控制的需要。只有正常运转时定子绕组接成三角形接法的三相鼠笼式异步电动机，而且轻载或空载起动的设备才能采用此降压起动方法，以达到限制起动电流的目的。此法既简便又经济，故使用比较普遍。

图1-17电路的工作原理是：合上断路器DS，变压器输出220V电压，WL灯亮，指示电源通电。合上互联开关，空间加热器指示灯BL亮，加热器给电机绕组加热除湿。按下正转起动按钮PB1R，接触器88RX线圈得电，接通驾驶室运行指示灯。同时，接触器88R线圈得电，88的常闭辅助触点断开，加热器停止加热。接触器88R主触点闭合，为机舱风机电动机正转起动和运行做准备，88R的常开辅助触点闭合，实现自锁、GLR灯亮、本地控制运行指示灯亮，指示风机正转运行、集控室指示灯亮，接触器6线圈得电、6的常开辅助触点闭合，接触器88线圈得电，88的主触点闭合，电动机定子绕组结成Y形正转起动。接触器6线圈得电的同时，时间继电器19T得电计时，19T的触点延时断开，接触器6断开，6的常闭触点闭合，19T的触点延时闭合，接触器42线圈得电，42的主触点闭合，与接触器88共同作用，将电动机定子绕组结成△形正转运行。

由于电动机的容量较大，电动机正反转切换时，为防止出现过载，只有当转速降下来，电动机才能反转起动。时间继电器T在电动机正转起动开始时，时间继电器T线圈得电，T的触点延时闭合。当电动机正转停车时，按下停止按钮PB2，时间继电器T断电，T的触点瞬间断开，此时按下反转起动按钮PB1F，电机不能马上反转起动，当时间继电器T的触点延时闭合后，电动机才能反向起动运行。

电动机反转起动运行的情况和电动机正转起动运行的情况相同。

电路有热继电器OL做过载保护，熔断器F做短路保护，有失压、欠压保护，还有88R1、88F通过常闭触头的联锁保护。

四、船舶应急消防泵的电气控制线路

图1-18为船舶应急消防泵的电气控制线路。应急消防泵位于舱底的应急消防舱。主要用于打海水，进行消防灭火和起锚过程中冲洗锚链上的泥沙。

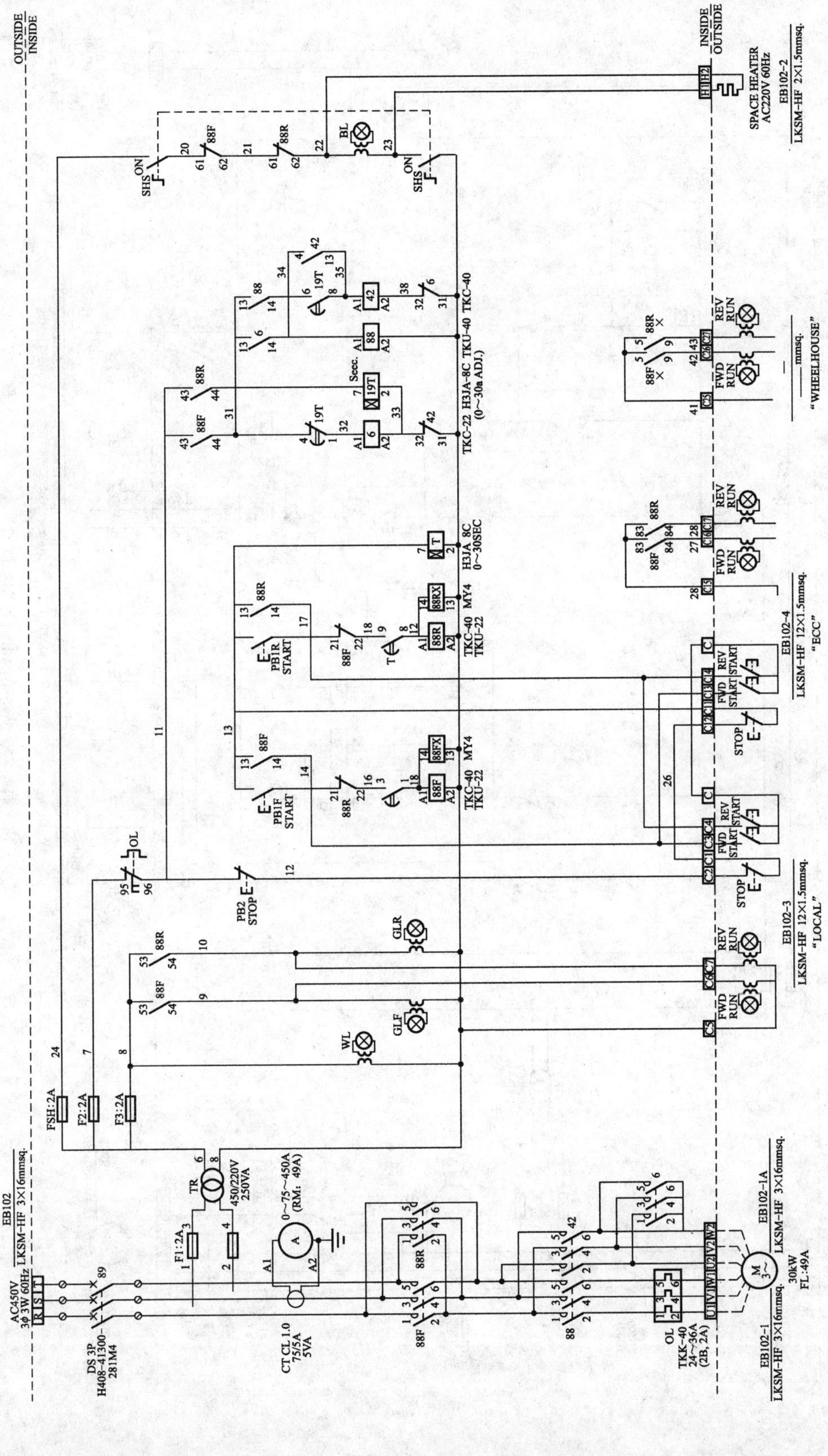

图 1-17　船舶 4 号机舱风机的电气控制线路图

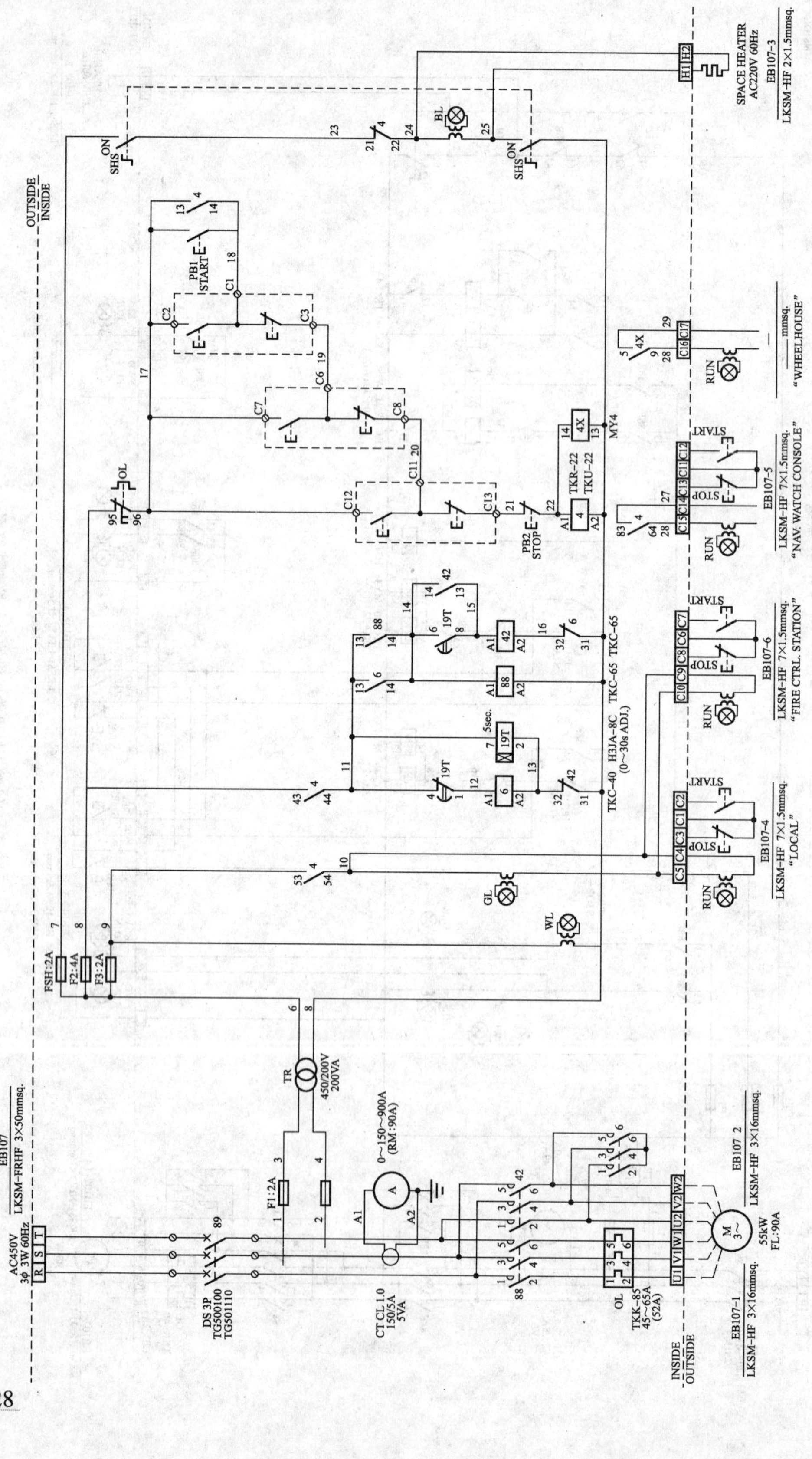

图 1-18　船舶应急消防泵的电气控制线路图

应急消防泵电动机为55kW。电动机起动时，首先将定子绕组连接成星形接法，待转速上升到一定值时，再将定子绕组的接线由星形改接成三角形，电动机便可全电压正常运行。

图1-18电路的工作原理是：合上断路器DS，变压器TR输出220V电压，WL灯亮，指示电源通电。合上互联开关，空间加热器指示灯BL亮，加热器给电机绕组加热除湿。

按下起动按钮PB1，继电器4X线圈得电，接通驾驶室运行指示灯。同时，继电器4线圈得电，4的常闭辅助触点断开，加热器停止加热。4的常开辅助触点闭合，接触器6线圈得电，6的常开辅助触点闭合，接触器88的主触点闭合，电动机定子绕组结成"Y"形起动。接触器6线圈得电的同时，时间继电器19T得电计时，19T的触点延时断开，接触器6断电，6的常闭触点闭合，19T的触点延时闭合，接触器42线圈得电，42的主触点闭合，与接触器88共同作用，将电动机定子绕组结成"△"形运行。

电路有热继电器OL做过载保护，熔断器F做短路保护；有失压、欠压保护，还有驾驶室、应急控制室等控制及指示。

五、船舶压载泵的电气控制线路

位于舱底的压载泵的作用：船舶在空载或轻载时，如螺旋桨或者舵在水面，不能正常航行，就需要打海水压载，满足正常的航行条件，还可代替舱底总用泵，打锚链水，冲洗锚链。另外舱底有水时，可用于抽舱底水向舱外排水。

压载泵带有自吸装置，向排水管路中送风，使管路形成真空状态，将水自吸排除。如图1-19所示。当管路压力达到一定值时，压力开关PS动作，关闭电磁阀SV，切断风路。

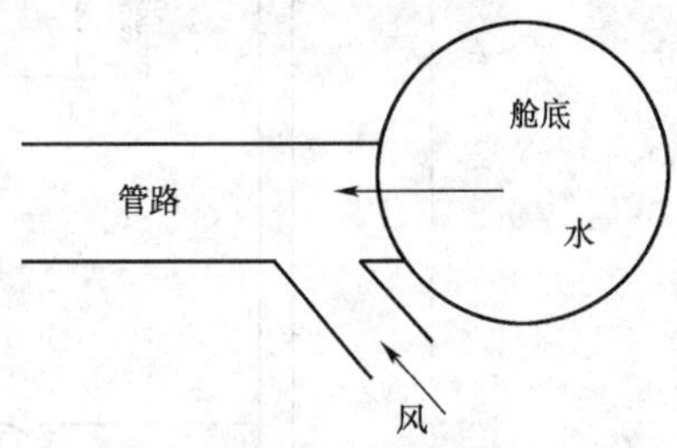

图1-19　压载泵自吸系统示意图

压载泵电动机额定功率为315kW，电动机采用自耦变压器降压起动。自耦变压器又称补偿器，利用自耦变压器来降低起动电压，达到限制起动电流的目的。自耦变压器降压起动分手动控制与自动控制，手动控制的自耦变压器抽头电压分别是电源电压的65%、80%；自动控制的自耦变压器抽头电压分别为电源电压的40%、60%和80%，相应的变比K分别为2.5、1.67和1.25。

图1-20为船舶舱底的压载泵的基本控制线路。其工作原理为：

合上电源开关DS，合上互联开关SHS，空间加热器给电机定子除湿，同时绕组加热指示灯BL亮。按起动按钮PB1（带指示灯GL），STRQ线圈得电，STRQ的常开辅助触点闭合，FCT线圈得电，延时1sec后，FUT的常开触点闭合，PB IN NO.1 GSP指示灯亮，FCT得电同时STAV线圈得电，STAV的常开辅助触点闭合（4-8），中间继电器4的线圈得电，4的常开辅助触点闭合（43-44），时间继电器KTX线圈得电，KTX的常开触点延时闭合，起动指示灯GL亮，同时接触器6-1线圈得电，时间继电器1T开始计时，6-1的主触点闭合，自耦变压器接成"Y"形，6-1的常开辅助触点闭合，接触器6-1X和6-1X1线圈得电，接触器6-2线圈得电，6-2的主触点闭合，电源接入自耦变压器原边，自耦变压器副边接电动机定子绕组，接触器6-1和6-2的主触点共同接通使电动机自耦变压器降压起动。当1T触点延时断开，接触器6-1线圈失电，常闭触点恢复闭合，再加上1T触点延时闭合，接触器88线圈得电，88的主触点闭合，电动机全压运行，同时6-2和1T同时断电。

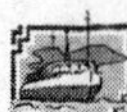

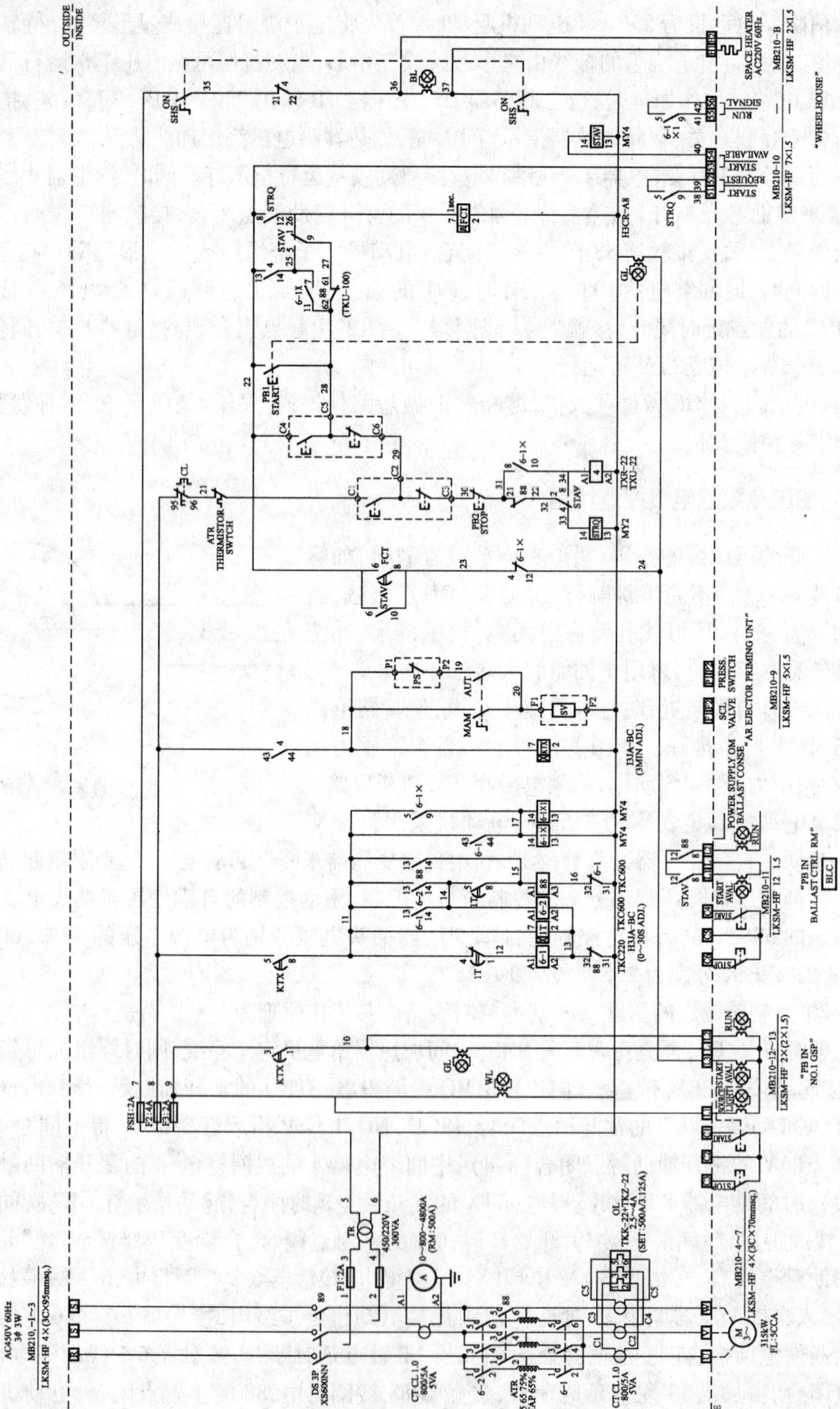

图 1-20　船舶舱底的压载泵的电气控制线路

要停车,只需按动停止按钮 PB2。

六、泵组的自动切换控制线路

现代船舶自动化机舱中重要的泵除了就地操作方式外,主要采用位于集控室主控制台或主配电屏的计算机液晶控制触摸屏、组合起动屏上进行遥控操作和自动运行方式。自动运行方式中,自动运行的泵一旦出现故障,同组的备用泵能够自动起动并实现自动切换,各组泵依据事先设定好的次序逐台重新自动起动等。

1. 组合起动屏

绝大部分泵和舱室风机类电动机的起动控制采用新颖的组合起动屏形式,组合范围从几屏至十几屏不等,每一屏中独立地安装了一台电动机的起动控制单元及其元器件。组合起动屏将原先分散在机旁的就地起动控制单元集中起来,集中馈电,集中管理,便于维护保养。如我国 5 400 TEU 集装箱船舶机舱将为主机、辅机和锅炉服务的主要泵的起动控制单元,集中在编号为 GSP1、GSP2 和 GSP3 的三组组合起动屏中。

在 GSP1 组合起动屏中配置了一个特殊的 PLC 控制单元,通过现场总线使安装在屏内泵起动控制单元能与计算机控制系统建立通信联系,实现在液晶触摸屏上的起停泵控制。PLC 控制单元 I/O 电路还接收受控泵的压力或液位控制信号。这样,这些泵不仅可以在多点进行起动和停止,而且一旦运行的泵出现故障,在 PLC 控制下根据压力或液位信号的变化自动切换备用泵。具备自动切换控制功能的泵主要有下列几组:主机燃油供给泵、主机燃油循环泵、给水泵、中央冷却淡水泵、主冷却海水泵、缸套冷却淡水泵、主滑油泵、艉轴套滑油泵、凸轮轴滑油泵、锅炉水循环泵等。

PLC 控制单元采用冗余结构,配置两套可编程控制器 PLC1、PLC2,I/O 电路,PLC 自动切换电路和自诊断电路。PLC1 和 PLC2 互为备用,一旦运行的一套 PLC 出现故障,PLC 自动切换电路立即使备用的一套 PLC 获电,并投入运行。

2. 控制线路原理和运行分析

泵的自动切换控制原理基本相同,现以主滑油泵为例进行分析。图 1-21 和图 1-22 所示为 No.1 主滑油泵控制线路,图中 LP 为检测同组两台主滑油泵出口压力的压力开关,连接至 PLC 控制屏的 I/O 电路,用于监测运行滑油泵的出口压力信号。整个控制线路由起动器控制单元(Starter Control Unit)、继电 - 接触器电路和主电路组成。

(1)起动器控制单元(SCU)。组合屏中绝大部分起动控制单元的硬件结构,由核心单元 PLC 和中间继电器组成。通过设置起动控制单元中的 DIP 开关、代码开关和编程,可以实现不同的控制功能,满足各类泵、通风机等运行机械的不同要求。主滑油泵的起动控制单元具有如下功能:多点遥控,欠压保护,自动状态下电源恢复后自动延时起动,电动机故障时自动停止,滑油压力过低时备用泵自动切换,“MAN/LINK”转换。

主滑油泵电动机的额定容量为 240 kW,为了减小电动机起动过程中的冲击电流对电力系统的影响,主滑油泵电动机采用按时间原则的自耦变压器降压起动方式。手动起动和停止可以在以下几个地点实现:集控室或主配电屏触摸屏、组合起动屏和就地控制箱。

主滑油泵的起动控制单元包含了 4 个继电器:起动继电器 4、停止继电器 5、运行继电器 88X 和自动继电器 AUT。每当起动控制单元接收到起动主滑油泵的操作命令时,起动继电器 4 获电,

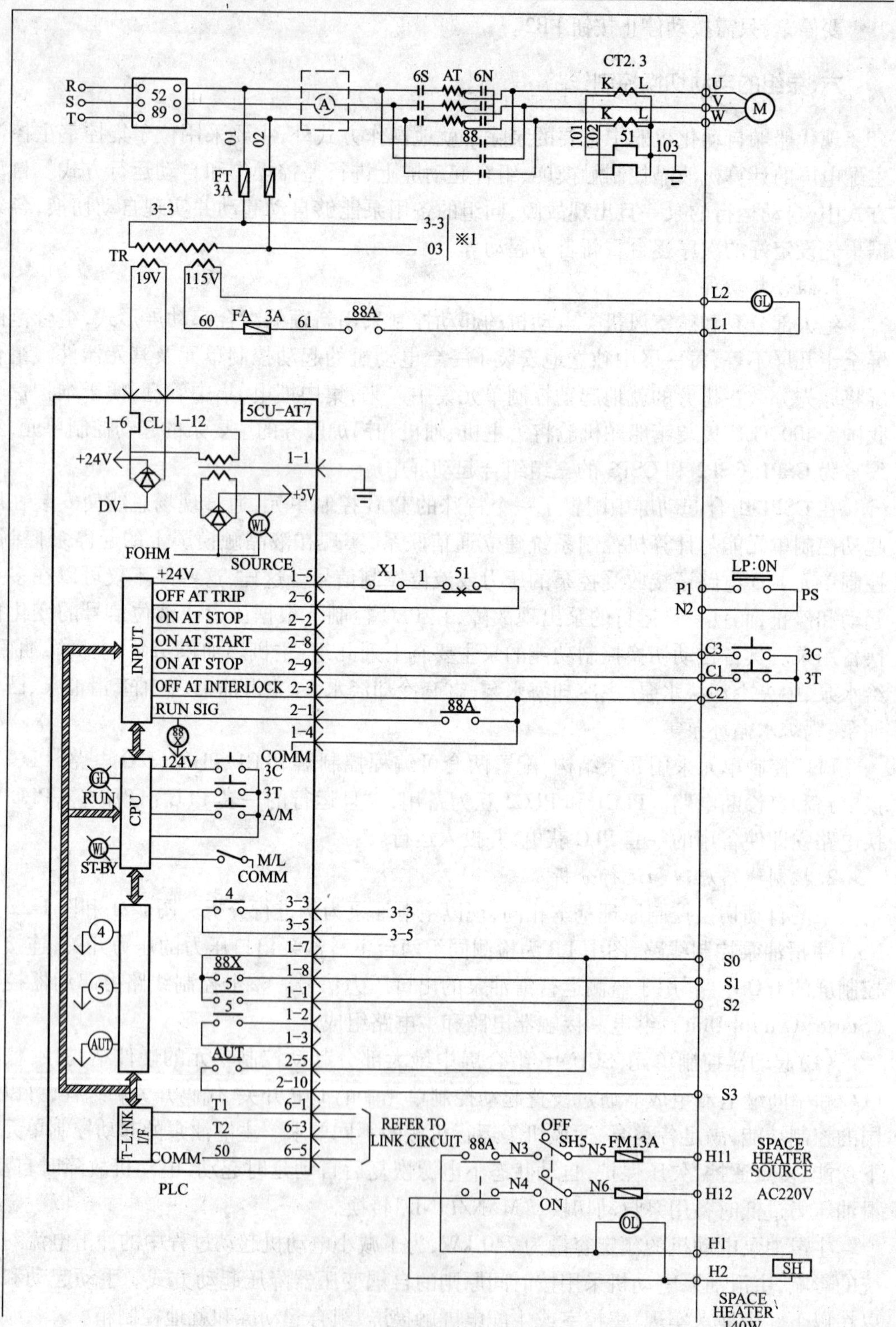

图 1-21 主滑油泵控制线路

AT-自耦变压器；CT2.3-电流互感器；51-过载继电器；GL-运行指示灯；LP-压力继电器

其1对常开触点(3-3、3-5)闭合;每当接收到停止命令时,停止继电器5获电,其2对常开触点(1-3、1-2和1-7,1-1)闭合;当主滑油泵处于正常运行状态时,运行继电器88X获电,常开触点(1-8、1-7)闭合;当主滑油泵的控制线路处于自动状态时,自动继电器AUT获电,常开触点(2-5、2-10)闭合。

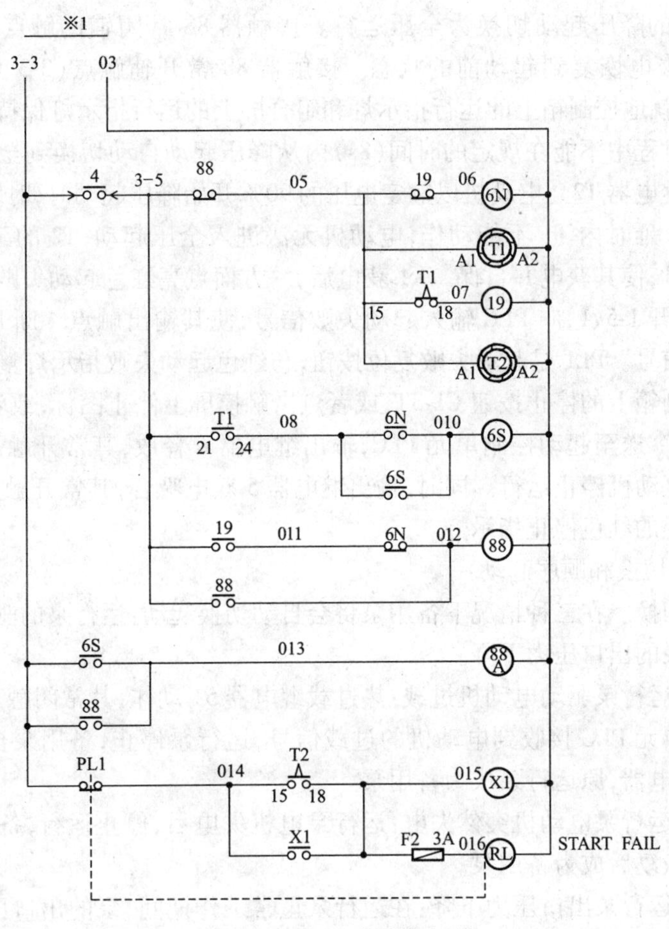

图1-22　主滑油泵控制线路(续)

(2)手动起动和停止。按下就地控制箱上的起动按钮C3-3C,或者点击触摸屏上起动图标,或者按下组合屏上起动按钮,起动命令送至控制单元的PLC,起动控制单元PLC的绿色运行指示灯(RUN)被点亮,同时,PLC的输出触点4(3-3、3-5)闭合。接触器6N、时间继电器T1和T2同时获电,T1的瞬时闭合触点接通21、24两端,6N的常开辅触点(08、010)闭合,接触器6S获电。

接触器6N和6S的主触头接通主回路中的自耦变压器AT,主滑油泵电动机以额定电压的90%开始降压起动。6S的辅触点(3-3、013)闭合,接触器88A获电,引发如下3个动作:

图1-21中88A常开触点(61、Ll)闭合,点亮就地控制箱上的绿色运行指示灯(GL);88A常开触点(2-1、1-4)闭合,PLC的逻辑继电器88X获电吸合,88X常开触点(1-8、1-7)闭合,点亮组合屏上的运行指示灯;88A的常闭触点断开,切除主滑油泵电动机定子绕组内的加热电阻(SH)电源。

在降压起动期间，图1-22中，6N的常闭辅触点(011、012)保持断开，确保接触器88不会获电，实现降压起动和正常全压起动的连锁。8s后，T1的延时结束，其延时闭合触点(15、18)闭合，继电器19获电。继电器19的常闭触点(05、06)断开，使继电器6N失电；继电器19的常开触点(3-5、011)闭合，使接触器88获电并实现自保。接触器88获电动作后，其主触头闭合，电动机从原先的降压起动切换为全压运行。接触器88常闭辅助触点(3-5、05)断开，使6N、T1、19和T2失电恢复到起动前的状态。接触器88常开辅触点(3-3、013)闭合，继电器88A继续获电，使就地控制箱上的运行指示灯和组合屏上的运行指示灯保持点亮。

为防止起动过程中不能在规定的时间(8s)内从降压起动自动切换到全压运行，在起动线路中设置了时间继电器T2。电动机以额定电压的90%开始降压起动时，时间继电器T2获电，如果在T2的15 s延时内T1不能动作，电动机无法进入全压起动，T2的延时闭合触点(15、18)接通继电器X1，使其获电并自保。X1获电后，一方面点亮红色起动失败(START FAIL)指示灯，另一方面断开1-5、1，向PLC输入起动失败信号，使其输出触点4断开，终止起动，并发出起动失败报警信号。PL1是起动失败复位按钮，与红色起动失败指示灯整合为一体。

按下就地控制箱上的停止按钮C1-3T，或者点击触摸屏上停止图标，或者按下组合屏上的停止按钮，停止命令送至起动控制单元PLC，输出继电器4释放，其常开触点(3-3、3-5)断开，接触器88失电，电动机停止运行。同时，输出继电器5获电吸合，其常开触点(1-1、1-7)闭合，点亮组合起动屏上的红色停止指示灯。

(3)泵的自动切换和顺序起动：

①泵的自动切换。在三种情况下备用泵将会自动切换起动：运行泵的驱动电动机过载、突然失电以及运行泵的出口压力下降。

第一种情况，运行泵驱动电动机过载：热过载继电器51动作，其常闭触点(1、2-6)断开，运行泵的起动控制单元PLC接收到电动机的过载信号，运行泵停止，备用泵自动起动。待故障排除后，复位热继电器，原运行泵成为备用泵。

第二种情况，运行泵电动机突然失电：运行泵电机失电后，停止运行，备用泵自动起动，待原运行泵的电源恢复后成为备用泵。

第三种情况，运行泵出口压力下降：在运行泵正常工作期间，泵的出口压力由压力继电器LP监视，当出口压力下降至某一值时，LP断开。因某种原因泵的出口压力下降，并持续2s以上时，LP将出口压力下降信号送至PLC控制屏，运行泵立即停止并自动起动备用泵。经过15s延时后，如果出口压力恢复正常，则按一下原运行泵的停止按钮，复位起动控制单元的状态，使其成为备用泵；否则，停止备用泵的运行，并且阻塞起动信号，防止出现备用泵和运行泵轮流起动的严重后果。

②泵的顺序起动。因某种原因电网失电后，所有泵都停止运行，电网恢复供电后，各组原来运行的泵应按事先设定的时间顺序逐台起动，防止电网超负荷。要使主滑油泵实现上述的功能，必须将其起动控制单元SCU中的“MAN/LINK”双位开关置于“LINK”，与PLC控制屏之间能够进行通信，每台泵的顺序起动时间由PLC控制屏设定。如果将“MAN/LINK”双位开关置于“MAN”，电网失电后，只具备失压保护功能，当电网恢复供电后，无法实现顺序起动。

阅读控制线路时，可先分析执行器件线路。一般可先从电动机主电路着手，查看有哪些控制元件的主触点、电阻等，根据其组合规律大致可知电动机是否具有正反转控制、制动控制等。

然后在控制电路中按主电路中控制元件主触点的文字符号找到相应的控制环节以及环节间的联系。分析控制电路通常是由上往下,并结合元件表进行查阅,一般通过操作主令电器查对线路,分析操作主令电器时控制元件的动作顺序及开关触点信号的传递过程,并随时注意控制元件触点使执行器件有何运动或动作,进而拖动被控机械有何运动。若有自动循环控制的话,还要继续查阅执行器件带动机械运动时,将使哪些信号元件的开关状态发生变化,又将引起哪些控制元件开关状态的变化,又如何影响执行器件及其拖动机械。运用查线读图法阅读、分析控制线路直观性强,容易掌握,因而得到广泛的采用。它的缺点是分析复杂线路时容易出错,叙述也显得繁琐冗长。

任务四　电气控制线路故障分析检测

一、电气控制线路的故障排除

根据原理电路图或安装接线图,可以用看图查线的方法查找和确定故障位置并排除故障。

1. 电气控制线路的主要故障现象

(1)该通的不通:要求接通的接点接触不良或断开、线圈断线等。

(2)该断的不断:要求断开的地方没有断开,主要表现为短路、接地、触头熔焊、线圈短路、绝缘电阻过小等。

(3)电压不正常:表现为失压、缺相、电压过低等。

(4)元件参数变化过大:如电阻值过大或过小,各种参数整定不当等。

2. 电气控制线路的故障排除方法

排除故障时首先应根据故障现象确定故障在主电路还是在控制电路,是开路故障还是短路故障,然后确定故障的具体位置,并根据实际情况按先易后难的顺序逐步排除故障。

若控制某电器设备电源通断的接触器动作正常,但该电器设备不能正常工作时,可大致断定故障在主电路,反之故障在控制电路。在断定了主电路(或控制电路)故障后,可逐段测量各线间电压并与正常相比较以找到故障点。

若确定是发生了短路故障,此时应查明是哪个熔断器烧坏,并据此查明短路原因,排除短路源,再用相同的熔断器更换之。

若确定是发生了断路故障,可用看图查线法确定断路点,并使之恢复正常。

1. 主电路故障的检查与排除方法

一般来说,主回路线路中只有主触点、接线螺柱、各种电器的电流线圈或互感器线圈等,电路比较简单。检查时,首先确认电动机绕组没有故障,然后再检查线路。

如图1-23所示,如果按下起动按钮,接触器KM动作,但电动机不起动。若检查得到电源电压正常,主回路的熔断器或空气开关正常,这时表明可能主回路线路中有断路故障。先切断电源,再用万用表测量主回路的线路是否断路。测量时用手推动接触器衔铁使主触头闭合。找出断路相后,再用前述办法找出断路点。

2. 控制线路故障检查与排除方法

以图1-23所示电动机的控制线路为例,简单说明控制回路故障检查方法。检查故障时应

注意图中一路从熔断器经接触器 KM 线圈，再经起动按钮 SB-R、停止按钮 SB-STP、熔断器回到电源。

(1)通电检查。若按起动按钮 SB-R 时电动机不起动，经检查电源供电正常，电动机拖动系统无卡死，且观察到接触器 KM 不动作，可见控制回路有断路故障。其检查方法是：

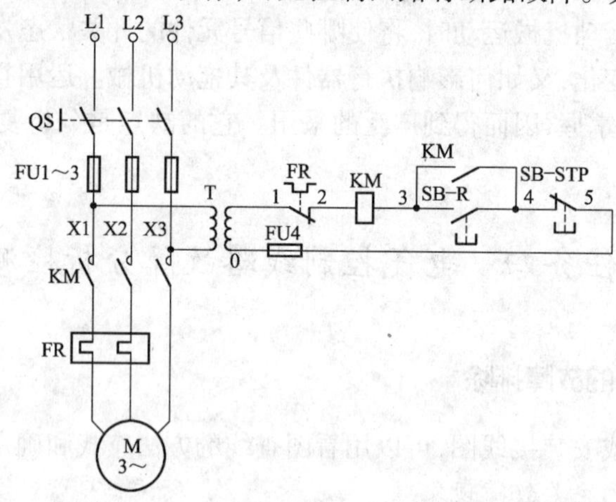

图 1-23　三相异步电动机单向启/停控制电路电气原理图

①先用万用表(或校验灯)检查熔断器是否良好，若两熔断器正常，则断路故障发生在后面的线路中；

②熔断器正常则继续检查起动按钮 SB-R、停止按钮 SB-STP 等触点是否接触良好，若正常后进行下一步检查；

③按钮 SB-R 按下后用万用表电压档试笔依次接触各元件端钮，若跨接到 KM 线圈两端时，万用表电压指示值为电源电压值，则说明 KM 线圈内部导线有断路；

④若 KM 正常，按钮 SB-R 按下后，万用表试笔接触到哪两个端钮间时，万用电压指示值为电源电压值，断路点就在哪两个端钮之间；

⑤找到断路点线路后，断开电源，仔细检查两端钮间的线路和元件，找出准确的断路点。控制线路断路故障发生较多，常见的有螺钉松动、触点接触不良、线圈或绕组引出线断路等等。

通电测量时是带电操作，要特别注意两点：一是不能使用万用表的电阻档而应使用交流电压档，而且电压表的量程必须大于所测电路的实际电压；二是要防止测量过程中发生短路和人体触电。

(2)断电检查。首先断开电源，确保被测电路断电后方可进行测量。

①将电源开关 QS 断开，把万用表打到欧姆档(R×1)，调好零位，按图进行测量。把万用表的一根表笔放在端子 1 上，用另一根表笔碰接触器 KM 的线圈端子 2，如果表针指零，则说明热继电器 FR 的触点是通的；

②再将表笔碰端子 3，若表针不为零也不为无穷大，则说明接触器 KM 的线圈是正常的；

③再将 A 表笔放在端子 0，B 表笔接触端子 5，表针指向零说明熔断器 FU4 正常，若表针指向无穷大，说明熔断器 FU4 已烧毁，应更换；

④将 B 表笔接触端子 4，表针应指零，按下停止按钮，表针指向无穷大，说明停止按钮 SB-STP是好的；

⑤将 B 表笔接触端子 3，电阻应为无穷大，按下起动按钮 SB-R 后电阻为零，说明起动按钮正常。如此逐点测量，直到找到断路故障点。

二、船用电气控制箱的维护保养要求

1. 控制箱的技术要求

(1)控制箱应采用防水式结构，要有良好的水密性；

(2)控制箱的各种电气绝缘应能耐油、防潮、防霉和防盐雾；

(3)机械机构动作要灵活，并能在船舶摇摆、振动下正常工作；

(4)符合电气技术要求，有必要的保护环节，如过载保护、短路保护、欠压保护等；

(5)操作方便，安全可靠，有必要的状态指示；

(6)便于维修和保养。

2. 控制箱的维护与保养要求

控制箱应定期进行检查，在航行中要对停用设备的起动箱或备用设备的起动箱进行检查，停靠码头或锚泊时，可以检查为主机服务的各类泵的起动箱。对起动箱进行检查时应切断电源。对远离起动箱的电源开关要挂上修理告示牌，写明“进行检修严禁合闸”等字样，除放置人员外，任何人不得移动告示牌，以保证检修安全。控制箱的维护与保养内容包括：

(1)除锈。控制箱内电器等装置的零件有腐蚀生锈的地方，必须用砂布或刮刀等除锈。刮磨时应尽量除去氧化物，而少磨去金属。对不导电和不受摩擦的零件表面，刮磨之后可涂以凡士林或润滑脂。涂漆零件上防锈层剥落时，可在除锈后涂以防锈漆，禁止在接线柱、摩擦接触的平滑面、螺纹、弹簧等上面涂漆。

(2)应保持接触器触头接触面贴合良好。所有导电接触面必须洁净光滑，露出金属光泽，便于接触导电。触头的初压力、终压力和超行程都应符合规定。

触头接触面上的氧化物或烧灼的熔化物可用细锉或玻璃砂布擦磨，擦磨时禁止使用金刚砂布。银制触头可用干布或沾少量清洁剂的拭布抹去灰尘和污物，不宜用砂布等。擦磨时应尽量少磨去金属，磨后应用干布将擦磨面擦拭干净，禁止用任何滑油或其他油涂抹触头，以防接触不良。擦磨触头时应保持触头原来形状，不可用力过猛使触头等部件变形。

三相触头中如果有一相的主触头与另外两相的主触头有比较大的磨损时，可将该相主触头的动触头桥臂弯曲，以调整触头间隙。修整后应保持三个触点同时接触。当触头磨损烧灼严重而无法修整时，应及时更换同类型的备用触头。

(3)检查接触器的电磁机构、灭弧系统和弹簧。检查电磁机构在吸合和释放时，其行程是否符合要求。吸合时应使触头的接触压力、贴合情况等达到要求。释放时应保证动、静触头间有足够的间隙。衔铁芯的接触面应贴合良好，若接触面上有灰尘、油污或铁锈时，应清除干净。使用中的电器的各铁磁性接触面上不得涂抹任何防锈油脂。

灭弧罩应安装牢固，灭弧栅片数不得缺少，当灭弧罩有振裂损坏或灭弧栅烧损严重时，应予及时更换。

弹簧在长期使用后，有可能疲劳断裂或失去弹性，也会随着船舶的振动或由于弹簧本身的

弹力而脱落，在维护保养起动箱时，应细心检查，根据情况修理或换新。

(4)检查各部分机械连接情况。仔细检查有无零件脱落掉入箱内，有无螺母松动，如果发现破损和脱落的零件，应及时配好。检查起动箱内导线连接情况，如有松脱，应按照接线图正确接好并紧固。起动箱内可动部分零件的动作应保持灵活自如。

(5)定期测量接触器线圈和线路的绝缘电阻。电器线圈的绝缘电阻在冷态下不得低于1MΩ，否则应进行烘潮处理。

(6)保持控制箱的水密性。经常检查出线孔和箱盖的水密封垫，有损坏或变质时应及时更换。

(7)保持控制箱内清洁。定期用吸尘器或电吹风清除箱内灰尘，如有油污应用干净抹布擦干净，不得使用棉纱。

三、船用电气控制箱的故障检修

船用电气控制箱的常见故障可分为电动机本身故障和控制系统故障两大类，在此仅讨论控制系统的故障。常见的故障有：不能起动，起动按钮复位后电动机即停转，起动后运行时电动机突然停转，起动后电气控制箱内噪声大，指示灯不工作等。

1. 系统不能起动故障检修

系统不能起动的故障原因有：电动机本身故障、电动机无电源、机械卡死。

电动机本身故障和机械卡死在此不做分析。

电动机无电，如图1-24所示。由主电路故障引起的可能原因有：线路停电、QS未闭合、KM未闭合(或KM衔铁卡死无法闭合)。

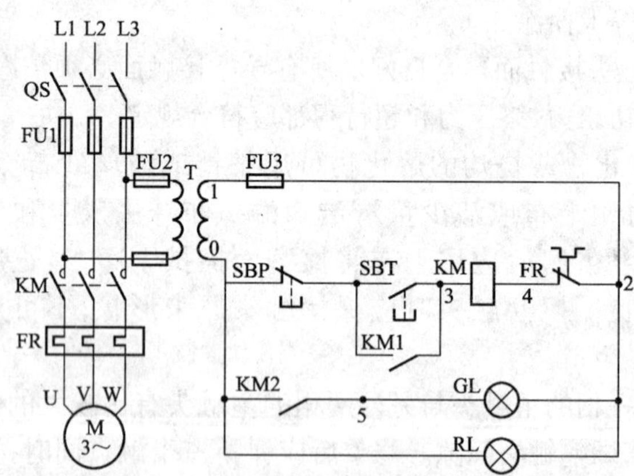

图1-24　磁力起动器原理图

由于控制电路故障引起的可能原因有：起动按钮SBT失效合不上(按下后不能接通)，停止按钮SBP开路，短路保护熔断器断开，接触器KM线圈故障(或接触器KM线圈不能得电)，过载保护热继电器FR开路(或常闭触头断开动作后未复位)。

2. 起动按钮SBT复位后电动机停转故障检修

从原理图(见图1-24)可以看出，造成该故障的唯一原因是并联在按钮SBT两端的自锁触头KM失去作用。这种故障出现时应检查自锁触头KM 1的触点是否完好、引线是否松脱、触头接触是否良好。

3. 电动机运行中突停故障的检修

检查是否由 FR 动作而导致电动机运行中突停故障的出现。在电动机过热、过载情况下,FR 动作是正常的,在这种情况下,应减小负载(或机械有卡死、轴承损坏等,应及时排除);若电动机不发热,没有过载迹象,FR 动作不正常,需调整 FR 的整定值(或 FR 本身已损坏,需更换);如果 FR 没有动作,而电动机运行中突停,须按"系统不能起动故障检修"进行检修。

4. 起动后起动箱噪声大的故障检修

起动箱噪声主要是由接触器产生的。应根据交流接触器故障进行检修。

四、船用电气控制箱的调试和检验

船用电气控制箱经船厂大修之后或新安装正式使用前,应进行试车前的验收检查。由于目前船舶大多数采用交流电制,所以我们在这里只讨论交流船用电气控制箱的调试方法。

1. 正式通电前的检查

检查起动箱是否符合要求,起动箱的型号、容量与配套的电动机应一致。检查起动箱内外应完好无损,无油垢污物。内部接线应与图纸符合。同时检查外部接线,并仔细检查接触器动作是否灵活。若接触器衔铁受阻不能很好吸合,会造成线圈电流过大而烧坏线圈。

用 500 V 兆欧表测量起动箱导电部分的绝缘电阻,其阻值不得低于 2 MΩ。检查熔断器熔件容量是否符合要求。检查外接线路的各元器件,包括各遥控按钮、压力继电器、温度继电器以及行程开关等接线是否正确:检查机械部分、联轴器应转动灵活,无卡住、过紧或时松时紧的现象。此外还要根据拖动机械的要求,确定各阀门的开启与关闭,以使电动机尽可能在空载或轻载下起动。

2. 调试步骤

电动机的转动方向应符合被拖动机械的要求。如果被拖动机械允许反转,可起动一下,观察其转向是否正确;如果被拖动机械不允许反转,必须脱开联轴器,起动电动机,确认转向正确后,再装好联轴器。

起动电动机,观察起动过程。若是降压起动应能准确切换,应能按技术要求起动。用钳形电流表检测起动电流,注意其量程应在额定电流的六倍以上。当起动后,用钳形表检测三相电流是否平衡。

起动时应检查接触器有无噪声。若噪声很大,应检查铁芯贴合面是否清洁,短路环是否断裂和脱落。

负载实验。使电动机带上额定负载进行起动,观察起动过程,测量额定负载下的电动机的电流以及运行情况。在必要时,对保护电器的整定值进行调整,并做好记录。

观察运行情况,一切正常后,记下冷态绝缘电阻值。额定运行 2h 后,测量起动箱的热态绝缘电阻,记录各数据。同时检查起动箱中各电器线圈发热情况,该触头闭合情况。

思考与练习 SIKAO YU LIANXI

1.1 什么叫自锁、互锁控制环节？它们在控制线路中分别起什么作用？

1.2 什么叫多地点控制环节？它们是怎样实现的？试绘图说明。

1.3 试画出三相异步电动机既能连续工作、又能点动工作的继电接触器控制线路。

1.4 如何实现两台三相异步电动机的顺序起动和逆序停止控制？

1.5 图1-5a)控制电路有什么缺点？如何改进？

1.6 笼式三相异步电动机采用Y-△法起动的前提是什么？这样做的目的是什么？在起动加速过程中，如果始终不能转换△接法，会有什么后果？你认为故障主要出现在哪些元件上？

1.7 简述船用电气控制箱的故障检修内容。

1.8 简述船用电气控制箱的调试和检验内容。

第二部分 船舶甲板机械电力拖动控制

甲板机械(deck machinery)是安装在露天甲板上的机械设备的统称,是船舶的重要组成部分。甲板机械是为了保证船舶正常航行及船舶停靠码头、装卸货物、上下旅客所需要的机械设备和装置。船舶甲板机械可以分为大小甲板机械。大甲板机械主要包括:起锚机和绞车、液压舱口盖、艏侧推、克令吊(crane)。小甲板机械主要包括导缆器、带缆桩(系揽桩)、导缆滚轮等等。此部分中包含有三个项目,分别是"锚机系统的电力拖动控制"、"船舶起货机系统的电力拖动控制"、"船舶救生艇、救助艇系统的电力拖动控制"。学习本部分可以掌握船舶甲板机械拖动控制系统的组装和调试、能对照船舶甲板机械的电气原理图排除电路常见故障以及能撰写船舶甲板机械的电气控制系统检修维护报告书。

项目二 锚机系统的电力拖动控制

● **教学目标**

能力目标

1. 能安装与调试三速电动锚机控制线路;
2. 能安装与调试电动液压锚机系统的控制线路;
3. 能对照电气原理图排除电路常见故障;
4. 能撰写电气控制系统检修维护报告书。

知识目标

1. 了解锚机系统的作用、结构;
2. 掌握锚机的运行特点;
3. 学会识读船舶电气系统图、原理图、接线图及规范;
4. 会分析三速电动锚机系统的控制线路;
5. 会分析电动液压锚机系统的控制线路;
6. 会三速电动锚机系统的调试及故障排查;
7. 会分析电动液压锚机系统的调试及故障排查。

情感目标

1. 具备良好的职业道德;
2. 具备严谨的工作态度;
3. 具备面对险情,冷静思考的能力;
4. 具备高度责任感;
5. 具备团队合作精神。

任务一　锚机系统认识

船舶在停泊时,受到风力、水力以及船体摇摆时的惯性力的作用。锚机(windlass)和系缆设备就是为了平衡这些力,使船舶安全地停泊在水面或系留于码头或浮筒上。

船舶的起锚、抛锚和系缆的操作是由锚机和系缆设备完成的。由锚机和系缆设备组成一个联动机,在锚机上装有绞缆筒可用来起锚和系缆。近年来建造的船舶使用液压锚机的较多。

一、锚设备的组成和布置

锚设备的主要组成部分有锚、锚链、锚链筒、掣链器、弃链器、锚链轮、锚链管、锚链舱等,如图2-1所示。通常主锚位于船首的两侧舷,因为从船首抛锚停泊时,船体所受的风力、水流作用力最小。

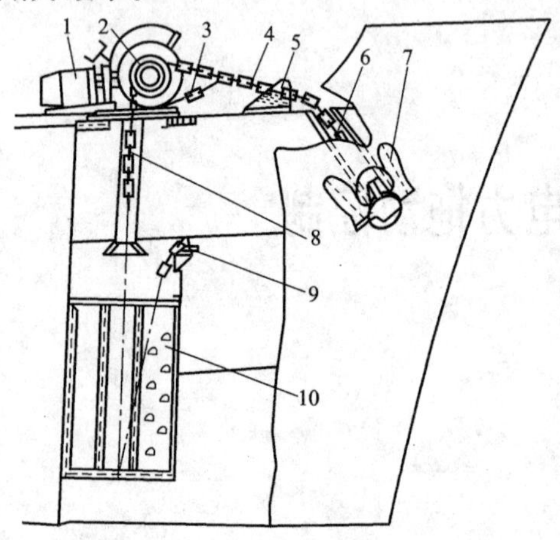

图2-1　锚设备的组成布置图

1-电动机;2-绞盘;3-掣链钩;4-锚链;5-掣链器;6-锚链筒;7-锚;8-锚链管;9-弃链器;10-锚链舱

(1)锚设备的布置应注意,锚链筒、锚链舱和锚机(或绞盘)相互位置要适当,操作要方便;应保证掣链器的位置恰当,为减少锚链工作长度,固紧锚链用的掣链器应尽可能靠近锚链筒,锚链管应安置在锚链舱中央,可略有倾斜,锚设备应与系缆和拖曳设备配合。

(2)锚链是连接锚和船体的链索。锚泊时,锚链将锚的抓力传递到船体上。用来起锚和回收锚。目前中小型船舶还有采用钢索和麻索作锚链的,但是大多数船舶的主锚链都采用链环。它由许多铸造、锻焊或电焊制成的单独链环连接而成。在船舶上获得了广泛应用。锚链长度以节为单位。每节的标准长度为27.5m。

(3)锚链末端应牢固地与船体连接,而在必要时又能迅速地与船体脱开。这就需要有脱钩装置和弃链器。脱钩位置的安排,应使船员能使锚链安全地解脱。弃链器是更完善而便捷的脱钩专用装置,它有横插式和螺旋式两种型式。图2-2为脱钩装置示意图。

(4)为了防止锚链下滑和脱出,在锚链筒与锚链之间设置掣链设备。

链钩式掣链器也可用来掣锚,如在船舶航行时固定锚,使收到锚链筒中的锚拉紧,以免在风浪中碰击船舷。又称掣锚器。链式掣链器是应用较多的一种掣锚器。滑钩可以使掣锚器迅速解开。松紧螺旋扣能使锚完全贴紧锚链筒。图2-3为链式掣锚器示意图。

(5)锚链筒主要是供收放锚和收藏无杆锚使用的。

(6)锚链舱是收藏锚链的地方,通常位于防撞舱壁的前后部和艏尖舱。其位置应尽可能放低些,以免影响船舶的稳心高度。锚链舱的形状以方形和圆筒形较为合适。

(7)锚链管是引导锚链出入锚链舱的装置,一般为管状。其内径约为锚链的7~8倍。锚

链管应位于锚链舱顶的中央,呈垂直状。若受地位限制,可稍微倾斜。

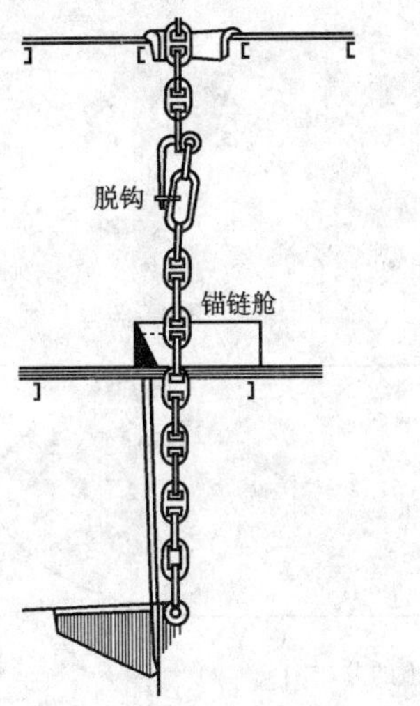

图 2-2　脱钩装置和弃链器

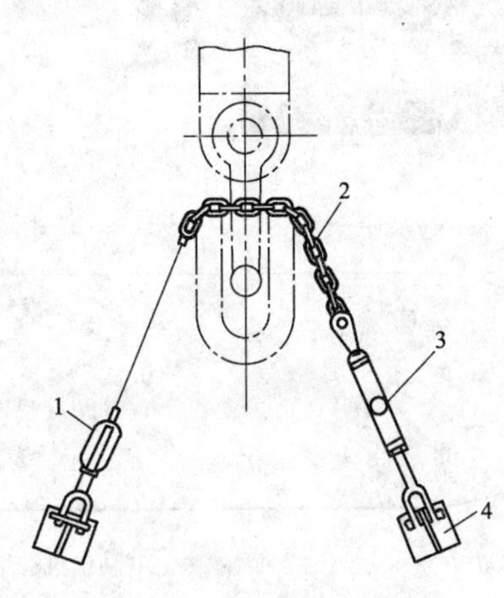

图 2-3　链式掣锚器示意图
1-滑钩;2-小链条;3-松紧螺旋扣;4-眼板

二、锚机的类型及其特点

1. 锚机的类型

锚机按驱动机构能源分:手动锚机、蒸汽锚机、电动锚机(直流电动锚机、交流电动锚机)、液压锚机(高压型液压锚机、中压型液压锚机、低压型液压锚机)。

按链轮轴中心线方向分:卧式锚机、立式锚机(绞盘)。

按布置方式分:普通(整体)式锚机、单侧(独立)式锚机、联合式锚机。

2. 各类锚机的特点

(1)手动锚机。对重量不超过 250kg 的锚,根据工作情况,若能适合使用,可以配置手动锚机。手动锚机目前仅在内河小型船舷上应用,它应有防止手柄打伤人的措施。

(2)蒸汽锚机。蒸汽锚机曾在蒸汽机船上得到广泛应用,目前用于巨型油船,其结构坚固,工作可靠,无引起水灾的危险,但是蒸汽机效率低,结构庞大,在甲板上敷设很长的管道时热量损失大,甲板上蒸汽机汽缸内的工作压力一般不超过 0.8MPa,操作管理麻烦,在严寒季节天冷时,使用前要充分暖机,要泄放残水。

(3)电动锚机。电动锚机目前在船舶上应用较为广泛。

按船舶所用电制不同,电动锚机有直流电动锚机和交流电动锚机。直流电动锚机调速特性好,使用效率高,但初置费用高,电刷需定期保养。

交流电动锚机调速性能差,通常只能有级调速,依靠变极或依靠电动机与锚机间的一套减速机构来获得若干速度档次。这套减速传动机构,由于需要的减速比相当大,并考虑变速装置和锚机工作的可靠性等问题,结构比较复杂,重量和占用甲板的面积较大。减速传动装置常采用球面蜗杆蜗轮传动、正齿轮传动、行星齿轮传动等传动方式。一般来说,行星齿轮减速传动机构的重量轻,体积小,传动效率高,维护保养简便,因而目前应用较多。图 2-4 为电动锚机在

甲板上的分布图。

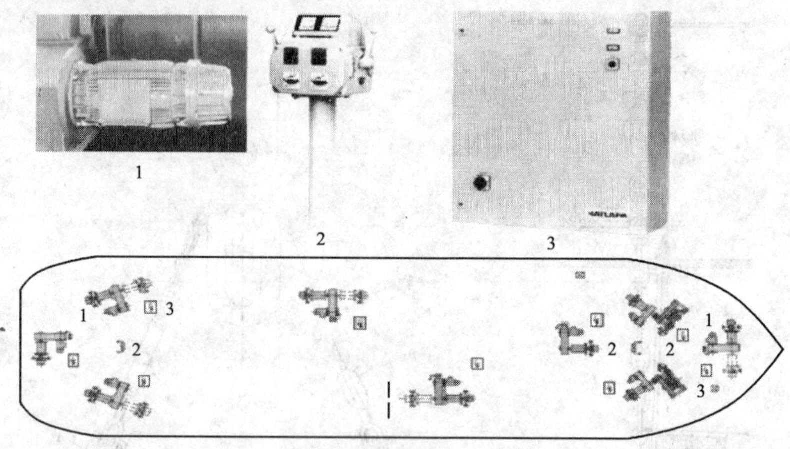

图 2-4　电动锚机在甲板上的分布图

(4)液压锚机。液压锚机是主要依靠液压装置来执行和控制动作的锚机。液压锚机因其液压能源来自电动机驱动的油泵装置,又称电动液压锚机。它具有下列特点:

①具有与直流电动锚机相当的良好调速性能。

②通常采用低速大扭矩液压马达,转速低,输出力矩大,不再需要设置庞大的机械减速器,可以直接驱动锚链轮。

③液压传动具有自制动性能,工作安全可靠。

④结构紧凑,单位功率的重量和尺寸小。

⑤操作方便,保养维护简单。

⑥易于实现遥控和自动化。

对于大型,自动化程度高的船舶,采用液压锚机对船舶的经济性、可靠性更为有利。

液压锚机由三个主要部分:电气部分、液压部分和起锚机械设备组成。电动机和油泵组成能源装置,称为油泵机组。油泵机组输出高压油液,驱动油马达旋转,带动锚链轮或卷筒转动,实现起锚(收缆)或抛锚(放缆)控制。油泵机组一般和电气设备放在舱室内,油马达和起锚机械设备置于甲板上,两者之间利用管路连接。图 2-5 为卧式液压锚机的组成示意图。

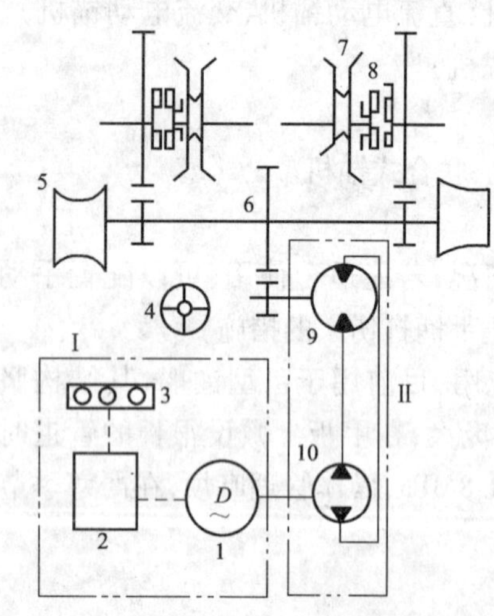

图 2-5　卧式液压锚机的组成示意图

Ⅰ-电气部分;Ⅱ-液压部分;1-电动机;2-电源箱;3-控制按钮;4-操纵手轮;5-卷筒;6-传动齿轮;7-锚链轮;8-离合器;9-油马达;10-油泵

(5)卧式锚机(绞盘)。卧式锚机的链轮轴和卷筒轴中心线平行于甲板,整套锚机设备装设在甲板上,操作管理比较方便。但是设备占用甲板面积大,并容易遭受风浪侵蚀。一般商船较多采用卧式锚机。

(6)立式锚机(绞盘)。立式锚机的链轮轴和卷筒轴中心线垂直于甲板,原动机和传动机构都放在甲板下面,仅链轮和卷筒伸出在甲板上,由立轴导动。没有卧式锚机占用甲板面积大,但容易遭受风浪侵蚀,同时锚链轮的立轴承受着很大的弯曲力矩,管理也不太方便。只有军舰上多用立式锚机。图 2-6 为电动立式锚机的组成示意图。

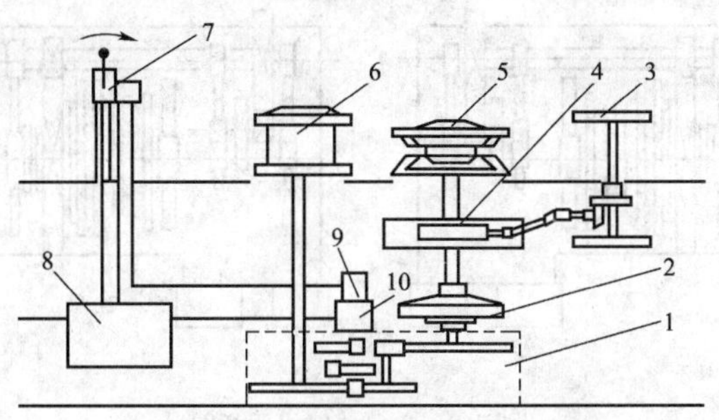

图 2-6　电动立式锚机的组成示意图

1-齿轮箱;2-离合器;3-制动手轮;4-锚链轮制动器;5-锚链轮;6-绞缆筒;7-制动手柄;8-控制箱;9-电力制动器;10-电动机

(7)普通(整体)式锚机。一台或两台原动机居中,两个锚链轮分别配置于左右两侧。若原动机和锚链轮共用一个底座,则称为整体式锚机,若原动机和锚链轮的底座分开,则称为分离式普通锚机。图 2-7 为锚机型式示意图。

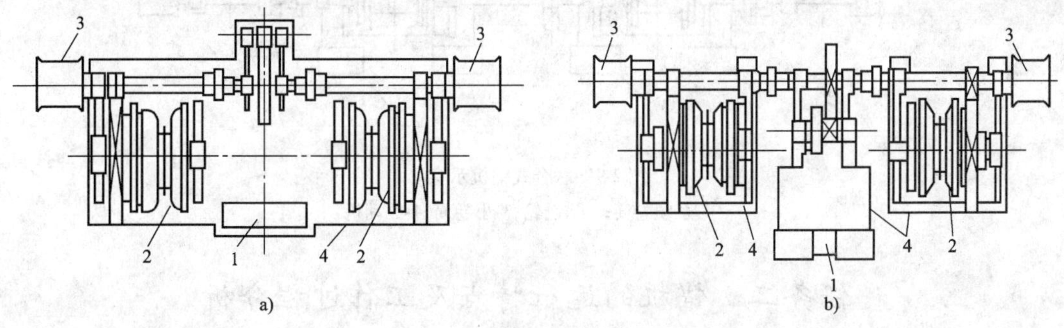

图 2-7　锚机型式示意图

a)整体型普通锚机;b)分离型普通锚机

1-原动机;2-锚链轮;3-绞缆筒;4-底座

(8)单侧(独立)式锚机。一台原动机只配置一个锚链轮、卷筒和刹车装置,组成独立机组,称为单侧式锚机。又称独立式锚机。单侧式锚机布置在船首甲板的两侧。根据位置的不同,有右侧式锚机和左侧式锚机之分,图 2-8 为单侧式锚机示意图。

(9)联合式锚机。将两台单侧式锚机联合起来组成一个整体,称为联合式锚机。任一侧的锚链轮既可由其中任一原动机驱动,也可由两台原动机同时驱动,这样增强了锚机的生命力,图 2-9 为联合式锚机示意图。

(10)自制动锚机。锚和锚链的下落具有自由落体性质。锚下水越深,下落速度越快。在深水抛锚时,锚碰到坚硬的水底,冲击很大,容易发生损伤。下落速度加快,锚链在链轮上跳动剧烈,增加了"滑链跳槽"的可能性,同时还可能产生火花。对大型船舶来说,锚和锚链的重量很大,一般锚机的制动设备已不能有效地控制下落速度,特别是深水抛锚作业,长时间剧烈摩擦,会导致锚机发热和烧毁。在这种情况下,需用自制动锚机。自制动锚机常在锚机设备中加装液力制动器。

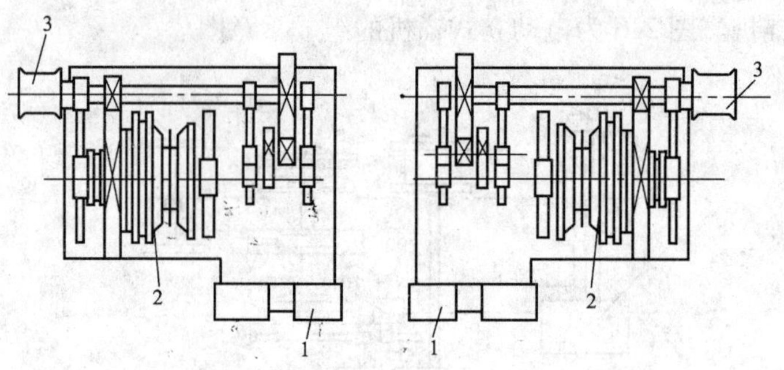

图 2-8 单侧式锚机示意图

1-原动机;2-锚链轮;3-绞缆筒

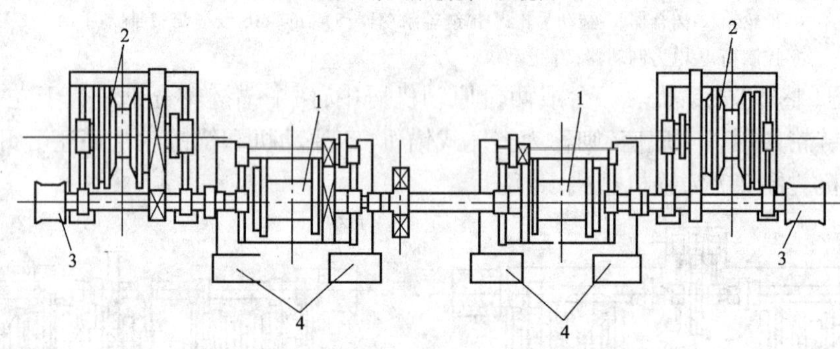

图 2-9 联合式锚机示意图

1-系缆卷筒;2-锚链轮;3-小卷筒;4-原动机

任务二 锚机的运行特点及工作过程分析

一、起锚的工作过程

铁锚只有在离开船舶有一定距离时,锚链呈倾斜状态,才有能够固定船舶的拉力。所以起锚时首先就是解决这个问题。起动锚机收紧锚链,船舶就向铁锚的方向移动,当锚链接近垂直时,铁锚就被收起。如果前后锚都被放下,则先放松一个锚链,收紧另一个锚链,起出一个铁锚,然后再起另一个铁锚。

起锚时,锚机必须有足够的力矩克服风、水流及锚链的阻力,收紧锚链。锚机在运行中有正常起锚和应急起锚两种工作情况。

1. 正常起锚过程

正常起锚过程如图 2-10 所示,整个过程按拉力的变化特性可分为五个阶段。

第一阶段:收起躺在海底的锚链。锚机以全速收起躺在海底的一段锚链,此时认为锚链悬垂部分的形状不变,只作平行移动。船舶在锚机收链的拉力 F_1 的作用下慢慢接近抛锚点,此时锚机轴上的负载转矩 T_1 是不变的如图中“Ⅰ”所示。

第二阶段:收紧锚链。此时锚爪紧紧抓住锚地泥土或石头,锚机将锚链拉紧,船在此力的作用下前进,负载转矩逐渐增加,转速下降,拉力由 F_1 增至 F_2。如图中“Ⅱ”所示。

第三阶段:拔锚出土。在锚链拉紧后开始拔锚出土,这时电动机的负载转矩突然增大,若电动机的拉力尚不能使锚出土,电动机便进入堵转状态。为防止电动机因较大的堵转电流而烧坏,要求锚机电动机的堵转力矩为额定力矩的两倍,并能承受一定的堵转时间,此时可靠主机推进船舶前进拔锚出土,如图中"Ⅲ"所示。

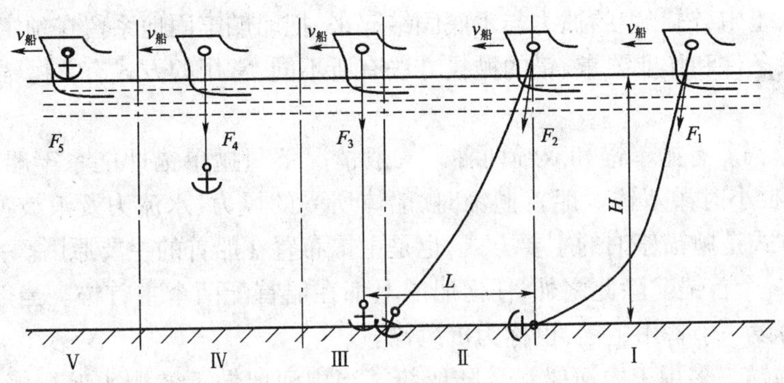

图 2-10　正常起锚过程

第四阶段:收起悬在水中的锚及锚链。锚出土后,电动机的负载力矩突然降低,随着锚链长度不断缩短,拉力逐渐减小,电动机的负载力矩逐渐下降,如图中"Ⅳ"所示。

第五阶段,将锚拉入锚链孔中。锚出水面后电动机应以很低的速度将锚拉入锚链孔,这时由于锚与锚链孔间的摩擦,电动机的负载力矩有所增大,如图中"Ⅴ"所示。

2. 应急起锚

抛锚深度如大于锚链全长时,则锚将抛不到海底,锚机电动机应将悬于水中的锚及锚链(全长一般为 200m 左右)收起,称为应急起锚状态。此时电动机的工作状态很繁重。(如每节锚链为 27.5m、重 1.5 吨时,全长 10 节、重 15 吨)

二、抛锚的工作过程

当船舶抛锚时,如水不太深,则可松开锚机的制动器,依靠锚及锚链的自重进行重力抛锚,此时可由手动带式制动来控制抛锚速度,当海水较深时,锚及锚链的自由下落速度很快,手动制动器难以控制抛锚速度,为避免过大的抛锚速度需要采用机械抛锚,这时电动机工作在再生制动状态,以获得稳定的抛锚速度。抛锚是让锚抓住海底(BOTTOM),牵引船舶在一定范围内活动,相对来说位置固定。

1. 锚地选择

锚地选择的好坏,将直接影响抛锚的成效和船舶的安全。应考虑以下几个方面:

(1)气象情况。及时收听当地气象报告,注意天气变化,根据风向、风力等天气情况来选择锚地,以免受到风浪的袭击,尤其在台风季节中,更应注意。

(2)水深和底质情况。宜选择水流不太急或无回流、花水现象出现和海底比较平坦地方。根据船舶吃水情况应选择适当水深,一般应大于吃水的 20 倍(如果可以选择的话)。底质好坏直接影响锚的抓力,抓力最佳是粘土,泥沙次之。如海底坡度极大或底质为砂砾、小石块、贝壳、岩石等抓力差的海区,一般不适合锚泊,水深超过 70m,一般不适宜锚泊,可能造成锚不易被绞起。

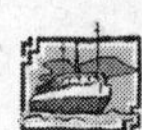

(3)周围环境。锚地应有足够地位供船舶抛锚和起锚时方便操纵,并尽量不妨碍他船航行,其周围应无暗礁、浅滩。避风锚地应有合适的陆地或岛屿作遮蔽。

2. 锚的抛投方式

船舶抛锚停泊是常用停泊方法。其过程大致是:船上以锚链或锚索连接的锚抛入水中着地,并使其啮入土中,锚产生的抓力与水底固结起来,把船舶牢固地系留在预定的位置,根据不同的水域、气象条件和作业要求、锚的抛投方法有所不同,常用的方式有首抛锚、尾抛锚及首尾抛锚。

(1)船首抛锚。有抛单锚和双锚两种。一般情况下只抛单锚即能系牢船只,只有在风浪特别大和锚地狭小时抛双锚。船首抛锚时,船体所受的风力、水流力及浪波冲击力等外力最小,所以这种方式是抛锚停泊的主要方式,也是主锚布置在船首的主要原因。一般很小的船上和渔船上只配一个首锚。除此之外,任何船舶上都在船首配两个主首锚。当船长达一定程度时,船上还应另设一个备用主锚,也称为抗风锚。

(2)船尾抛锚。多用于内河船和登陆船艇。当内河船向下游顺水航行停泊时,为保障安全和避免掉头、常采用船尾抛锚。在登陆舰艇退滩作业中,在主机的配合下,依靠锚机的拉力将搁滩的舰艇拉下滩头。

(3)首尾抛锚。若想使停泊的船舶总是以船舷对着风向时,就采用首尾抛锚方式。首尾抛锚的方法,一般是将主锚从顶风方向抛出,从船尾把一根缆索绕过船舷外边与已抛出的主锚链联结,然后再放出一些主锚链即可。另一种方法是,在首部主锚抛出后,再从尾部抛出尾锚。尾锚通常用小艇运出抛下,尾锚一般比主锚小,约为主锚的1/3。

3. 锚泊操作应注意要点

(1)顶流和顶风为原则,并保持抛锚安全余速,即缓慢前进或后退速度(对地来讲)。

(2)左右锚要轮流使用:因锚链长久存放在锚链仓内,容易生锈变脆,减少锚链使用寿命。

(3)风浪大时锚泊,船底下要有足够水深,以防船舶在风浪中触底。在浅水中抛锚应防止锚碰船底,更不宜采用航进抛锚法。当船底下水深少于1m时,不要采取应急抛锚停船办法(“振奋9”船低潮在临时锚地抛锚,由于水深不够造成锚爪钩船底事故)。

(4)锚泊在不理想的锚地或者天气可能变坏的时候,不宜检修主机等,以免紧急时无法使用。

(5)保持抛锚安全余速:由于船舶操作不当,常发生锚机刹车带被烧坏失效或锚链被拉断,其主要原因在于船速没有控制好。抛锚安全余速就是指船舶在抛锚前的实际速度(船在水中速度+流速),不会由于锚链万一刹不住或锚卡底无法拖动而造成上述事故。

(6)锚地有许多锚泊船时,宜在他船的下风抛锚,如需顺流掉头,宜在他船下游抛锚掉头。

(7)深水抛锚原则和抛锚注意事项:一般25m以上作为深水抛锚处理较为妥当。抛锚方法先用锚机倒出部分锚链后,然后用刹车将锚抛下。如水深超过50m,应用锚机倒出锚链至锚触底,然后船身慢慢后退使锚爪得力,再缓慢松链或倒出全部所需锚链。由于深海海底资料不够清楚,往往遇到倾斜度大、凹凸多、底质差等情况,应尽量避免在深海中抛锚。而且不要过分相信测深仪所显示水深,因为测量点和抛锚点不在同一点,水深可能有较大出入(“银鹏”船在阿联酋丢锚事故)。

(8)注意值锚更:应经常测定锚位和检查锚链,注意周围情况,尤其他船与我船位置变化。双锚锚泊在转流(风)时,要防止双锚的锚链互相缠绕。

(9)严格执行锚泊时大副必须到船头进行指挥的规定("银华"船、"银鹏"船丢锚事故大副均不在现场)。

(10)在风大流急时,船长在抛锚时要谨慎和有必要操作预案,要有作好抛双锚应急准备。抛锚时应尽可能抛上风锚和上流锚,避免锚链过船底,增加锚链受力,造成锚链和锚机受损("银华"船丢锚事故)。

(11)要经常检查锚机、刹车带等,并对刹车带进行必要调整,尤其对刚换上的新刹车带,以保持良好吻合。

(12)止链器准确使用:止链器只能在锚泊时使用,切勿在航行中使用,否则后患无穷。在航行时应以锚机刹车带、保险钢丝绳或链条来固定。否则会造成锚与船壳不能很好吻合,损坏锚设备和船壳。

任务三　电动锚机系统的电力拖动控制

锚机和系缆设备的控制电路有多种:有用凸轮控制器控制复励电动机锚机电路、主令控制器控制复励电动机锚机电路,它们的原动机为直流电动机,锚机的速度控制是改变串在电机电枢电路中的起动调速电阻来实现的;还有用凸轮控制器控制绕线电动机锚机控制电路、主令控制器控制绕线式电动锚机控制电路,它们的原动机为交流电动机,锚机的速度控制是改变在转子电路内串入的调速电阻来实现的。本任务叙述用主令控制器控制交流三速电动锚机的控制电路。

一、锚机系统对电力拖动及控制的要求

1. 对电力拖动的要求

(1)根据我国《钢质海船建造规范》规定,锚机电力拖动装置在规定的海区内,应能满足破土后起单锚、起双锚、拉锚入锚链孔等不同的速度的要求。

(2)电动机能在最大负荷力矩下起动,要求锚机、绞缆机工作定额不小于30 min,且应满足30min内起动25次的要求。

(3)要求电动机有软的或下坠的机械特性,其堵转力矩应为额定力矩的两倍 以满足拔锚出土和系缆开始时需要很大的拉力,以克服船舶惯性的要求。

(4)电动机能在堵转情况下工作1min左右。

(5)电动机应有一定的调速范围,要求破土后的起锚速度,单锚不小于12m/min;双锚不小于8m/min;拉锚入孔时的速度为3~4m/min。

(6)为适应甲板上的工作条件和短期工作状态,应选用防水和短期工作制电机。

2. 对于电动锚机控制线路的基本要求

锚机电动机控制线路的型式根据电机容量的大小有所不同。功率在5kW以下的,一般采用鼓型控制器或凸轮控制器,以手动方式切换锚机电动机的主回路,实现电机的换向和

速度调节；功率在5～50kW的电动机,50kW以上的G-M系统,常采用主令控制器、继电-接触器控制系统,以主令方式控制继电-接触器、励磁发电机或主发电机的励磁系统、磁放大器等放大环节,进而控制电动机的换向和调速。此外,对电动锚机的控制线路一般还有下列要求：

(1)当主令控制器手柄从0位迅速扳到高速档位时,控制线路应具有按时间或电流方式逐级自动起动的环节,以免过大的冲击电流给电动机带来的危害。

(2)控制线路应能满足电动机在超负荷时堵转1min的要求,这可以从调整热继电器或过电流继电器的动作整定值上得到保证。

(3)在深水处抛锚时,控制线路应具有使电动机自动进入反馈和能耗制动的功能,以实现变加速抛锚为等速抛锚。

(4)控制线路应有短路、失压、过载、断相等保护环节。

(5)控制线路还应具有电气制动和机械制动相配合的可靠制动环节,以达到快速停车的目的。

二、交流三速电动起锚机的控制线路

图2-11为交流三速电动起锚机的控制原理图,锚机电动机为三速双绕组鼠笼式船用起重电动机,通过主令控制器进行控制,正、反转各有三档速度,对称线路。低速和中速合用一套绕组,可进行三角形与双星形转换；高速单独用一套绕组。低速和中速可直接起动；高速延时起动。电动机高速与中速功率是相等的,故线路具有高速档过载时能自动转换到中速档的保护环节,以产生较大转矩。该保护通过过流继电器来实现。为避免高速档起动电流使过流继电器动作,由一时间继电器控制,以暂时短接过流继电器。当高速档工作时,低速档绕组接成三角形,可保证不产生环流影响。工作原理分析如下：

(1)合上电源开关HK及控制开关LK,指示灯HL亮。

主令控制器手柄在零位,其触头LK1闭合。零位继电器线圈LYJ通电使触头闭合,实现自保和零位联锁,为以后各接触器工作做准备。

(2)控制器手柄扳到起锚第一档时,主令控制器触头LKI断开,LK2、LK4闭合：

①正转(起锚)方向接触器KM1通电动作,其常开主触头KM1闭合；常闭辅助触头KM1断开,实现正、反转电气联锁。

②接触器KM3通电动作,其触头KM3闭合,制动接触器线圈ZDC通电,其触头闭合使电磁制动器线圈ZDQ通电,松开电动机刹车；同时主触头KM3闭合,电动机低速绕组(16极)通电,电动机正转低速运转。

③常闭辅助触头KM3断开,使中速和高速绕组暂不通电。

(3)控制器手柄扳到起锚第二档时,主令控制器触头LK4断开,LK2、LK5闭合：

①线圈KM3断电,其相应的主触头断开,电动机停止低速运转。

②KM3常闭触头恢复到闭合状态,接触器线圈KM4′、KM4先后通电,电动机绕组从三角形接法换成双星形,电动机中速绕组(8极)通电以中速运转。

③时间继电器1SJ通电,延时0.5～2s使其常开触点闭合。1SJ的延时时间整定为电动机在额定负载时,由中速档直接起动至稳定状态所需的时间。

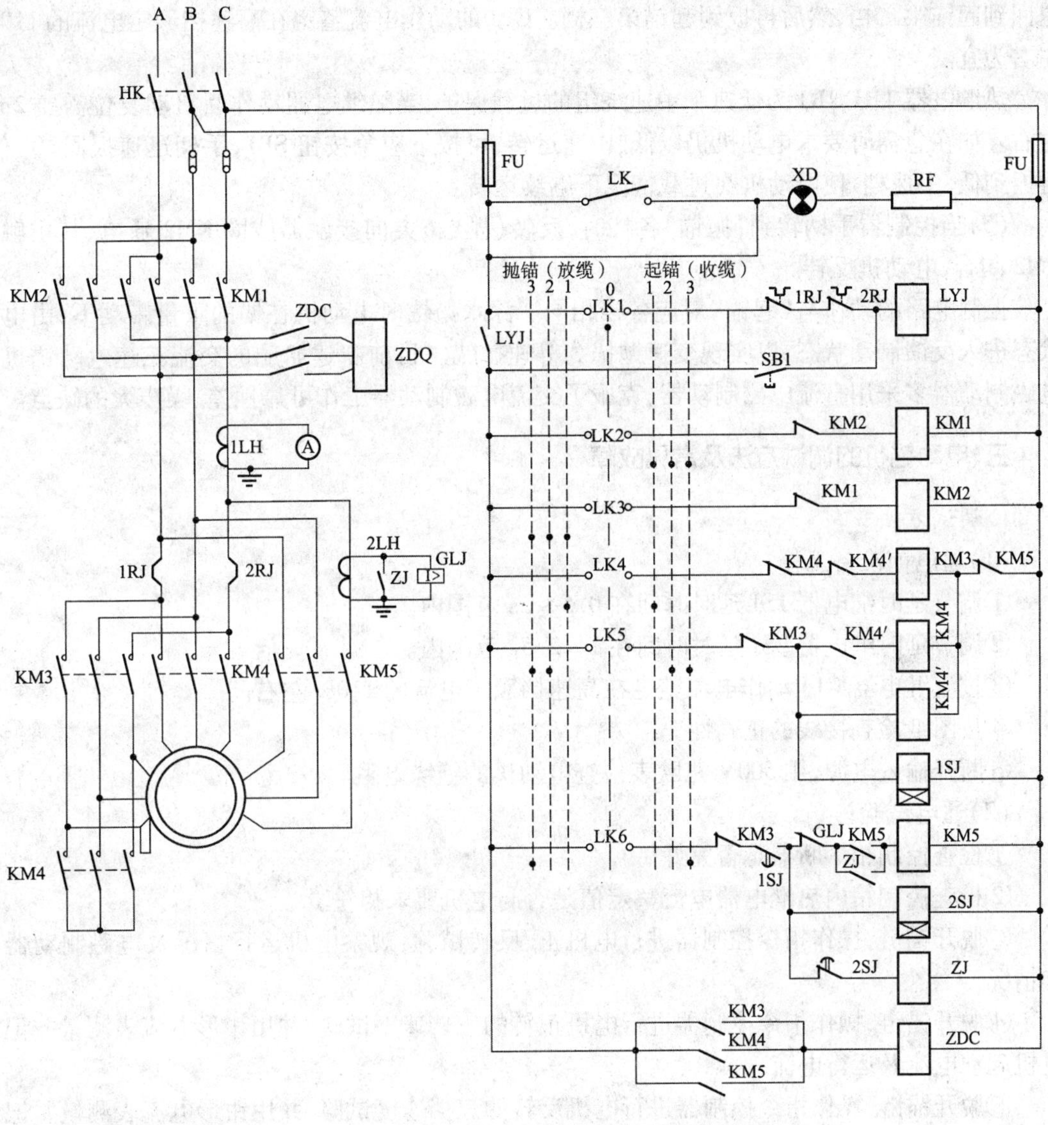

图 2-11　交流三速电动起锚机的控制原理图

(4)控制器手柄扳到起锚第三档时,主令控制器触头 LK2、LK5、LK6 闭合:

①接触器线圈 KM5 在 1SJ 完成延时动作后通电,KM5 常开主触头闭合,电动机高速绕组(4 极)通电而进入高速运转。

②时间继电器 2SJ 通电,其触头经 1 ~ 2.5s 延时后断开,它的作用是在高速绕组起动时,不让过流继电器 GLJ 对高速起动有影响,防止高速起动误跳闸,而是让它在高速绕组起动完毕后再起保护作用。2SJ 的延时整定时间为在电动机额定负载下,中速转换到高速稳定运转所需的时间。

过流继电器作为高速级过载保护。当电动机高速运转过载时,其触头 GLJ 断开,接触器线圈 KM5 断电,同时线圈 KM4、KM4′通电,其主电路的主触头 KM4、KM4′闭合,电动机自动从高速档转换到中速档运转。过载消失后,如仍需在高速档运转,控制器手柄必须从起锚第三档

退回到起锚第二档，然后再扳到起锚第三档。GLJ 的动作电流整定在高速档额定电流的110%左右为宜。

热继电器1RJ、2RJ 为低速和中速绕组的过载保护，当热继电器动作后自动复位需要2min左右。如在急需时要求电动机仍以低、中速运转，可按下应急按钮 SB1，手柄迅速扳回“0”位，再扳到低、中速档，使电动机在过载情况下继续运转。

(5)当控制器手柄转到“抛锚”各档时，反转（抛锚）方向接触器线圈 KM2 通电，其主触头 KM2 闭合，电动机反转。

控制电路的动作与“起锚”对应各档相同。深水抛锚时电动机在锚的重量带动下，由电动状态进入反馈制动状态，以实现变速抛锚为等速抛锚。目前新建船舶的交流三速电动锚机的电磁制动器多采用直流电磁制动器，克服了交流电磁制动器工作可靠性差、噪声大的缺点。

三、电动锚机的调试方法及常见故障

1. 调试方法

(1)通电前准备工作：

①调节延时继电器1SJ 延时时间在0.5～2s 范围内。

②调节延时继电器2SJ 延时时间在1～2.5s 范围内。

③过流继电器 GLJ 动作电流整定在高速档额定电流的110%左右。

④按图纸检查接线的正确性。

⑤断开输入电源，用500V 兆欧表检查电动机的绝缘电阻。

(2)通电试验：

①检查控制箱熔断器是否完好。

②检查控制箱内热继电器电流整定值是否与电机要求相符。

③脱开锚链，操作指令控制器进行电机正、反转试验，观察电机运行情况及电磁制动器工作情况。

④脱开锚链，操作指令控制器进行电机正转的三档速度试验，并用钳形电流表测量并记录电机起动电流及运行电流。

⑤脱开锚链，操作指令控制器进行电机反转的三档速度试验，并用钳形电流表测量并记录电机起动电流及运行电流。

2. 故障分析

(1)操纵凸轮（或主令）控制器，电动机不转：

①电源没接通或熔断器烧坏；

②线路接触器线圈烧坏或触头接触不良；

③控制器触头烧坏以致接触不良，接线头松脱；

④过流继电器常闭触头接触不良。

(2)操纵控制器，电动机只向一个方向转动，另一个方向不转：

①相应的方向接触器主触头接触不良或线圈烧坏；

②电气互锁触头接触不良；

③控制器相应触头接触不良。

(3)起动电流大,但能转动:

电磁制动器不能完全释放,摩擦片或抱闸安装间隙不符合要求。

(4)起动电流大,电动机不转:

①电磁制动器不动作;

②机械部分传动轴锈死;

③电动机电枢短路。

(5)加负载后过流继电器容易动作:

过流继电器动作值整定较小,应调整到电动机额定电流的2~2.5倍动作。

(6)电磁制动器故障及其原因:

①电磁制动器松不开,电动机堵转:电磁制动器线圈固定螺钉、销子断裂,弹簧脱落;电磁线圈断路、短路、接地;控制接触器触头接触不良。

②电磁制动器不释放:摩擦片卡住;控制接触器主触头卡住断不开;电磁制动器线圈不断电。

③电磁制动器温升太高:电磁线圈匝间短路;摩擦片间隙不均匀,造成摩擦。

④负荷重时,电磁制动器刹不住:反作用弹簧力不强或断裂;摩擦片太光滑;电磁制动器衔铁变形严重,已不成平面。

任务四　电动液压锚机系统的电力拖动控制实例

以某万吨级散货船为例来介绍电动液压锚绞机的工作原理。表2-1为电动液压锚绞机的起动器的概括说明,在识读电动液压锚机工作图之前要仔细阅读,了解整个电控箱系统的工作环境,电压等级等信息。

一、电动液压锚绞机的电气系统组成

图2-12为电动液压锚绞机的电气系统图。此系统由8台泵组电机组成(PU1~PU8),其中PU1和PU2为锚机电动机,额定功率为98kW,额定电流为186.7A,采用软起动器软起动;PU3和PU4为绞车电动机,额定功率为75kW,额定电流为141.1A,采用软起动器软起动;其中PU5和PU6为绞车电动机,额定功率为15kW,额定电流为30.5A,采用直接起动;PU7和PU8为绞车电动机,额定功率为11kW,额定电流为22.6A,采用直接起动。PU1、PU2、PU3和PU4为主泵电机,PU5、PU6、PU7和PU8为辅泵电机。PU1与PU5、PU2与PU6、PU3与PU7、PU4与PU8各为4组,前两组位于船首,左右船舷各一组;后两组位于船尾,左右船舷各一组。

二、自动收放缆绳的控制原理

现代船舶上采用自动系缆机,系缆时,只要将缆绳套在系缆绳桩上,便能根据缆绳上受力的大小,自动收放缆绳。船舶在正常起锚或抛锚情况下,只有主泵工作,当船舶靠岸以后,起动辅泵电机,这样就可实现自动收放缆绳的控制。

电动液压锚绞机的起动器的概括说明 表 2-1

概括说明(起动器) GENENAL SPECIFICATION (STARTER)			
RULE AND REGULATION	规范	□ABS □BV □NK □LR ■CCS □GL □DNV □RINA □	
STANDARD	标准	□CSSC. CB □JIS ■IEC	
DRAWING AND DOCUMENT	文件	LANGUAGE 文字 ■ENGLISH 英文 ■CHINESE 中文 UNIT 单位 ■METRIC 公制	
AMB. TMP.	环境温度	□40℃ ■45℃ □50℃	
PAINT COLOR (MUNSELL CODE) 油漆颜色(孟塞尔标准)		OUTSIDE(CASING) 外表面(箱壳)	■7.5BG 7/2 □2.5G 7/2
		INSIDE(CASING) 内部(箱壳)	■7.5BG 7/2 □2.5G 7/2
		INSIDE(PANEL) 内部(底板)	■7.5BG 7/2 □2.5G 7/2
ACCESSIBILITY	检查	■FRONT 前 □REAR 后 □SIDE 侧	
STARTER UNIT	起动装置	■FIXED TYPE 固定型 □WITHDRABLE TYPE 移动型	
VOLTAGE RATING	额定电压	MAIN CIRCUIT 主线路	□AC 440V 60Hz 3φ ■AC 380V 50Hz 3φ
		CONTROL CIRCUIT 控制线路	AC□440V □380V ■220V □110V
		SPACE HEATET 空间加热器	AC■220V □110V
PHASE IDENTFICATION	相的鉴别	(R)(A):	■GREEN 绿
		(S)(B):	■YELLOW 黄
		(T)(C):	■BROWN 褐
INTERNAL WIRING MATERIAL 内线材料		CIRCUIT 线路	TYPE 型号
		MAIN CIRCUIT 主线路	CBVR
		CONTROL CIRCUIT 控制线路	CBVR
MAMEPLATE	铭牌	LETTER 文字 ■ENGLISH 英文 ■CHINESE 中文	
CAUTION PLATE	警告牌	LETTER 文字 ■ENGLISH 英文 ■CHINESE 中文	
SEHEMATIC DIAGRAM PLATE	原理图牌	□金属 □照相 ■塑封	
STARTING METHOD	起动方式	■DOL(15kW,11kW) ■SOFT(90kW,75kW) □ATr	
REMARKS 附注:			
CHECKED 校核		DESIGN 编制	DWG NO. 图号

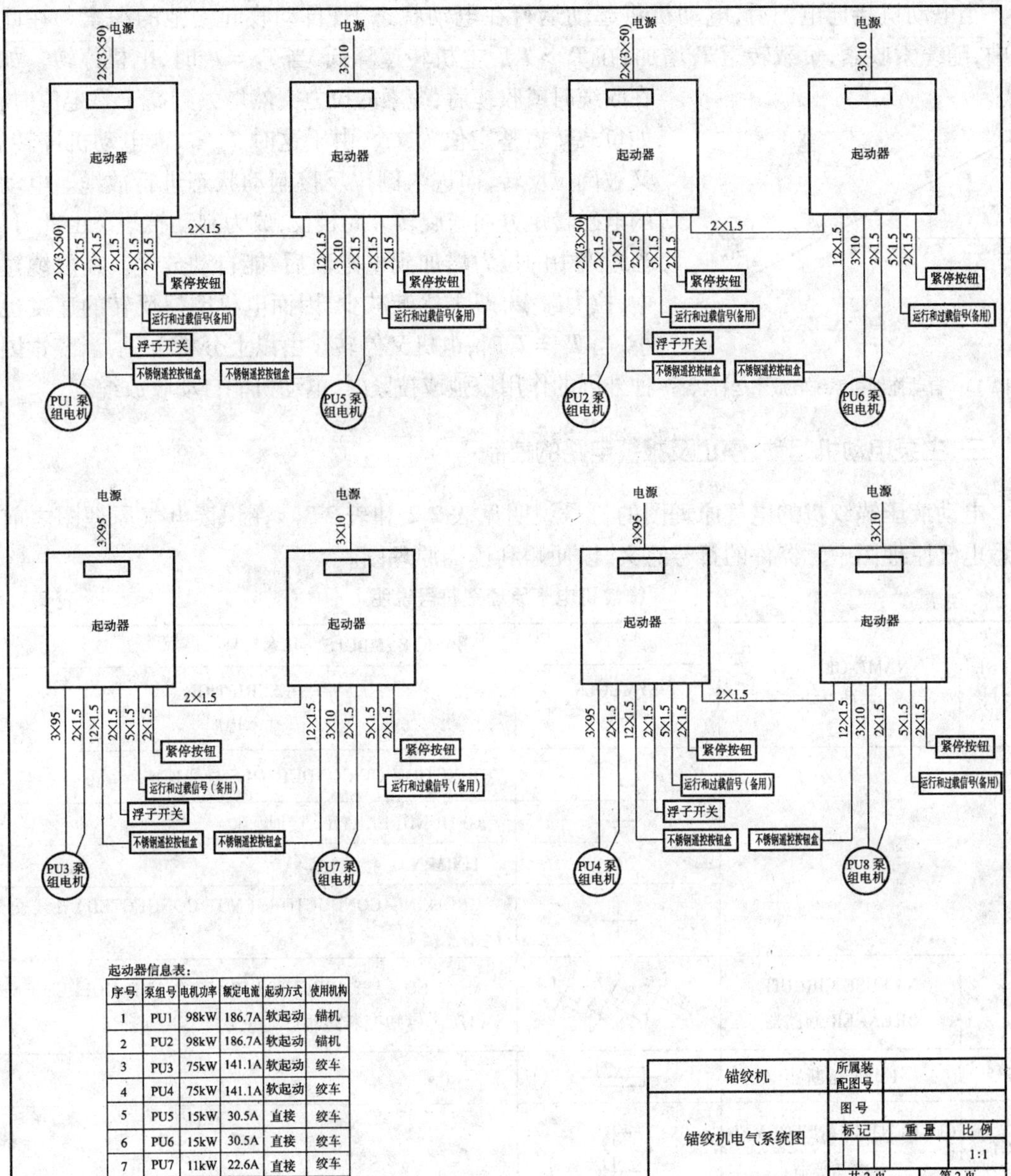
电源
2×(3×50)
3×10
3×95
起动器
2×1.5
12×1.5
5×1.5
3×10
紧停按钮
运行和过载信号(备用)
浮子开关
不锈钢遥控按钮盒
PU1泵组电机
PU2泵组电机
PU3泵组电机
PU4泵组电机
PU5泵组电机
PU6泵组电机
PU7泵组电机
PU8泵组电机
起动器信息表:

序号	泵组号	电机功率	额定电流	起动方式	使用机构
1	PU1	98kW	186.7A	软起动	锚机
2	PU2	98kW	186.7A	软起动	锚机
3	PU3	75kW	141.1A	软起动	绞车
4	PU4	75kW	141.1A	软起动	绞车
5	PU5	15kW	30.5A	直接	绞车
6	PU6	15kW	30.5A	直接	绞车
7	PU7	11kW	22.6A	直接	绞车
8	PU8	11kW	22.6A	直接	绞车

锚绞机
所属装配图号
图号
锚绞机电气系统图
标记
重量
比例
1:1
共2页
第2页

图 2-12　电动液压锚绞机的电气系统图

在船舶系泊码头时，能随潮水涨落的变化，自动收放缆索；远洋拖轮在海洋上拖船时，拖轮上的自动拖缆机能够根据缆绳上受力的大小，自动收放拖缆，防止缆绳在风浪中遇到突然的冲击力而被拉断。

自动收放缆索的工作原理，是基于倒拉反接制动，因此电动机的机械特性应为急陡的软特性，如图 2-13 所示。

当缆绳松弛时，电动机轴上的负载转矩减小，假定为 T_{L0}，此时 T_{L0} 小于电动机的堵转矩

T_{st}。当电动机接通电源后，电动机将起动运行在电动状态下，自动收起松弛的缆索。在此过程中，随缆索收紧，负载转矩 T_L 增加，在 $T_L > T$ 后电机转速降低，当 $T_L = T_{st}$ 时，电机停转。如果在收缆时或收缆后，缆索的拉力突然增大到高于整定值时，例如负载转矩整定值为 T_{LN}，由于这时 $T_{st} < T_L$，电动机停转后，又被倒拉反转，而进入倒拉反接制动状态进行放缆。电动机的电磁转矩方向与旋转方向相反，成为制动转矩。由此可见，当缆索中的拉力增加到整定值后，能自动放缆。在放缆过程中，拉力减少，即 T 逐渐减少，因而电机倒拉反转的速度也减小，当 $T_{st} = T_L$ 时，电机又停转。由以上分析可见，当缆索因某种外因的作用松弛或拉紧时，电动机能自动收放缆索。

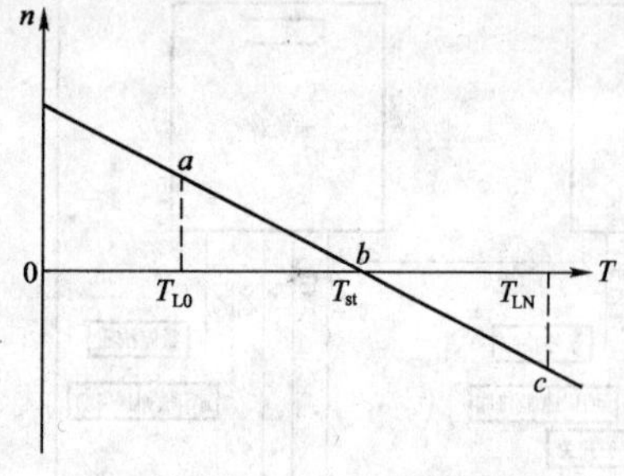

图 2-13　自动拖缆机系统收放索运行状态

三、主泵电动机起动、停止及报警电路的控制

电动液压锚绞机的电气原理图的符号说明见表 2-2 和表 2-3。在识读电气原理图之前要熟悉电气原理图中元器件的符号意义，以便顺利读懂原理图。

锚绞机电气原理图符号说明　　表 2-2

MARK 符号	NAME OF PART 元件名称	BASIC SYMBOLS 基本符号	
		SYMBOLS 符号	DESCRIPTION 基本说明
			JUNCTION OF CONDUCTORS 导线连接
			GROUND(EARTH) 接地
			TERMINAL 接线柱
			CROSSING CONDUCTORS(NOT CONNECTED) 导线交叉但不连接
Q	No FUSE CIRCUIT BREAKER 断路器		MOLDED CASE CIRCUIT BREAKER AND MOLDED CASE SWITCH 模塑壳断路器自动开关
FU	FUSE 熔断器		
CT	CURRENT TRANSFORMER 电流互感器		
FR	THERMAL OVERLOAD RELAY 热继电器		ELEMENT OF OVER CURRENT RELAY 三级热过载继电器
			CONTACTS THERMAL OVERLOAD RELAY 热过载元件
A	AMMETER 电流表		
T	TRANSFORMER 变压器		

续上表

MARK 符号	NAME OF PART 元件名称	BASIC SYMBOLS　基本符号	
		SYMBOLS 符号	DESCRIPTION 基本说明
S	SWITCH 选择开关		
H	INDICATING LAMP 指示灯		WH　白色　YE　黄色　GN　绿色　OG　橙色　RD　红色
HM	HOUR METER 计时器		COIL　线圈

	所属装配图号	
锚绞机	图号	
电气元件符号说明	标记 | 重量 | 比例	1:1
	共 2 页	第 1 页

锚绞机电气原理图符号说明　　表 2-3

MARK 符号	NAME OF PART 元件名称	BASIC SYMBOLS　基本符号	
		SYMBOLS 符号	DESCRIPTION 说明
SB	PUSH BUTTON SWITCH 按钮开关		MANUALLY OPERATED AUTOMATIC RESET CONTACT (CLOSED) 能自动复位动断(常开)触点
			MANUALLY OPERATED AUTOMATIC RESET CONTACT (CLOSED) 能自动复位动合(常闭)触点
KM	MEGNETIC CONTACTOR 电磁接触器		COIL　线圈
			RELAY CONTACTOR(OPEN) 带灭弧装置的动合(常开)触点
			RELAY CONTACTOR(OPEN) 动合(常开)触点
			RELAY CONTATOR(CLOSED) 动断(常闭)触点
KT	TIMING RELAY 时间继电器		COIL　线圈
			CONTACT WITH TIME LIMIT OPFRATION 通电延时闭合(常开)触点
			CONTACT WITH TIME LIMIT OPERATION 通电延时断开(常闭)触点

续上表

MARK 符号	NAME OF PART 元件名称	BASIC SYMBOLS 基本符号	
		SYMBOLS 符号	DESCRIPTION 基本说明
K	AUX RELAY 辅助继电器		COIL 线圈
			RELAY CONTACTOR(OPEN) 动合(常开)触点
			RELAY CONTATOR(CLOSED) 动断(常闭)触点
SH	SPACE HEATER 空间加热器		KSH:SPACE HEATER OF STARTER BOX; MSH:SPACE HEATER OF MANI HYD. PUMP MOTOR; SSH:SPACE HEATER OF AUX. HYD. PUMP MOTOR

	锚绞机	所属装配图号			
	电气元件符号说明	图号			
		标记	重量	比例	
				1:1	
		共2页	第2页		

图2-14为主泵起动器原理图。主泵电动机采用软起动器软起动。由接线端子板X1引出三相电源线,经断路器Q1后,分两路,一路接软起动器,另一路接变压器TC,经降压给控制线路供电。

软起动器主回路采用外接法。将外置旁路接触器KM1分别接到端子B1、B2和B3的进线侧,以及端子2T1、4T2和6T3的电机侧。控制电源接软起动器端子1和2,接地点接软起动器端子3。

1. 主泵电动机起动控制

合上Q1,电源指示灯H1亮,按下遥控按钮盒的起动按钮SB4或本地的起动按钮SB2,起动软起动器。电机在低电压条件下起动,起动过程中逐渐升压至额定值,当起动过程完成时,图2-14a)中的旁路继电器K2得电,K2的6个触点动作,分别是以下三部分:

第一部分,图2-14b)中K2的常闭触点断开,使电机加热器EH2和空间加热器EH1停止加热(电机是否需要加热,可扳动转换开关SA1),电机加热器EH2和空间加热器EH1分别给电机绕组和控制柜除潮。加热指示灯H3熄灭。

第二部分,图2-14a)中的K2常开触点闭合,旁路接触器KM1的线圈得电,KM1的主触点闭合,使软起动器退出运行,电机全压运行。同时,KM1的常开辅助触点闭合,遥控按钮盒或

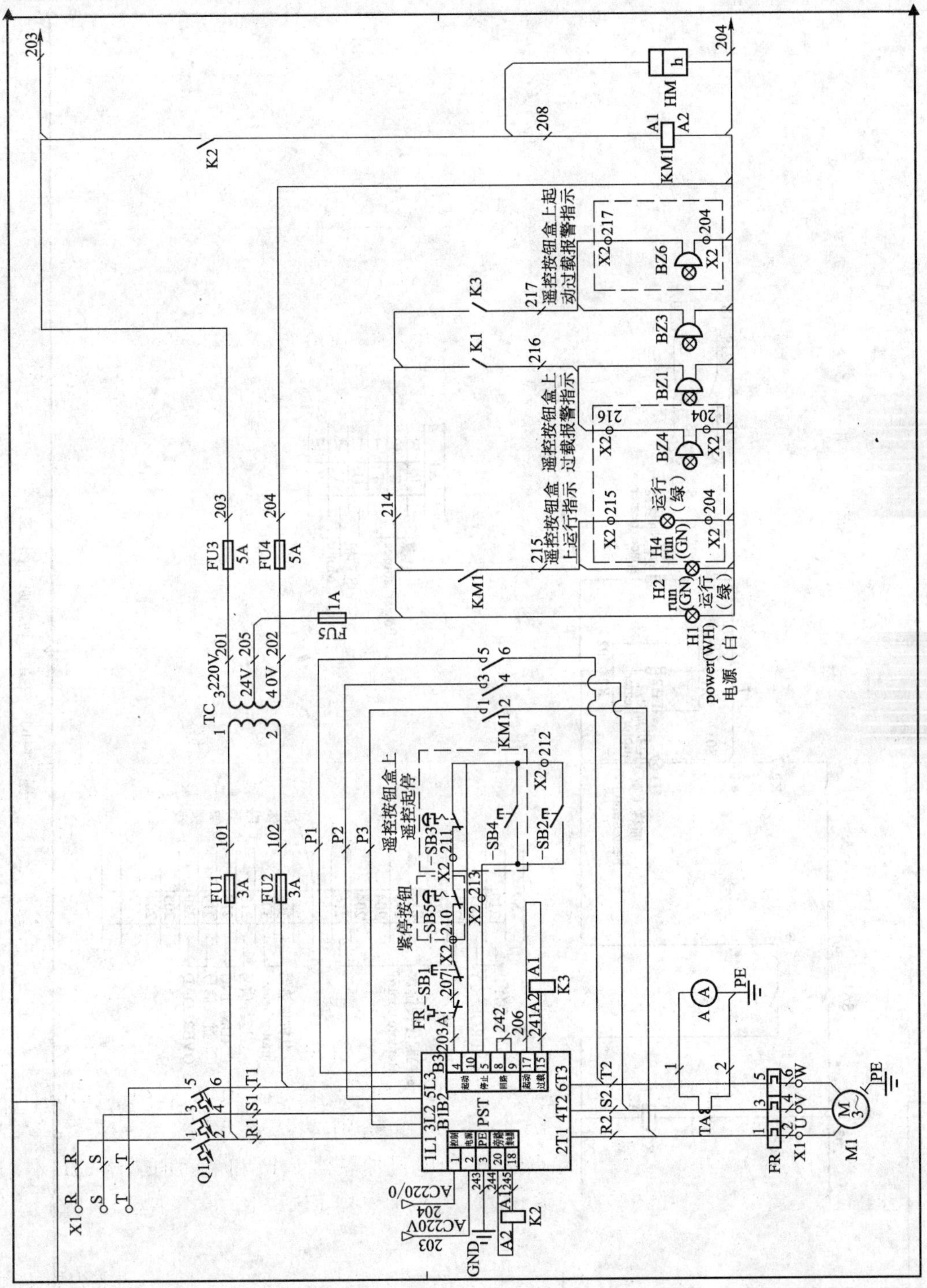

图 2-14a)　主泵起动器原理图(一)

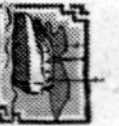

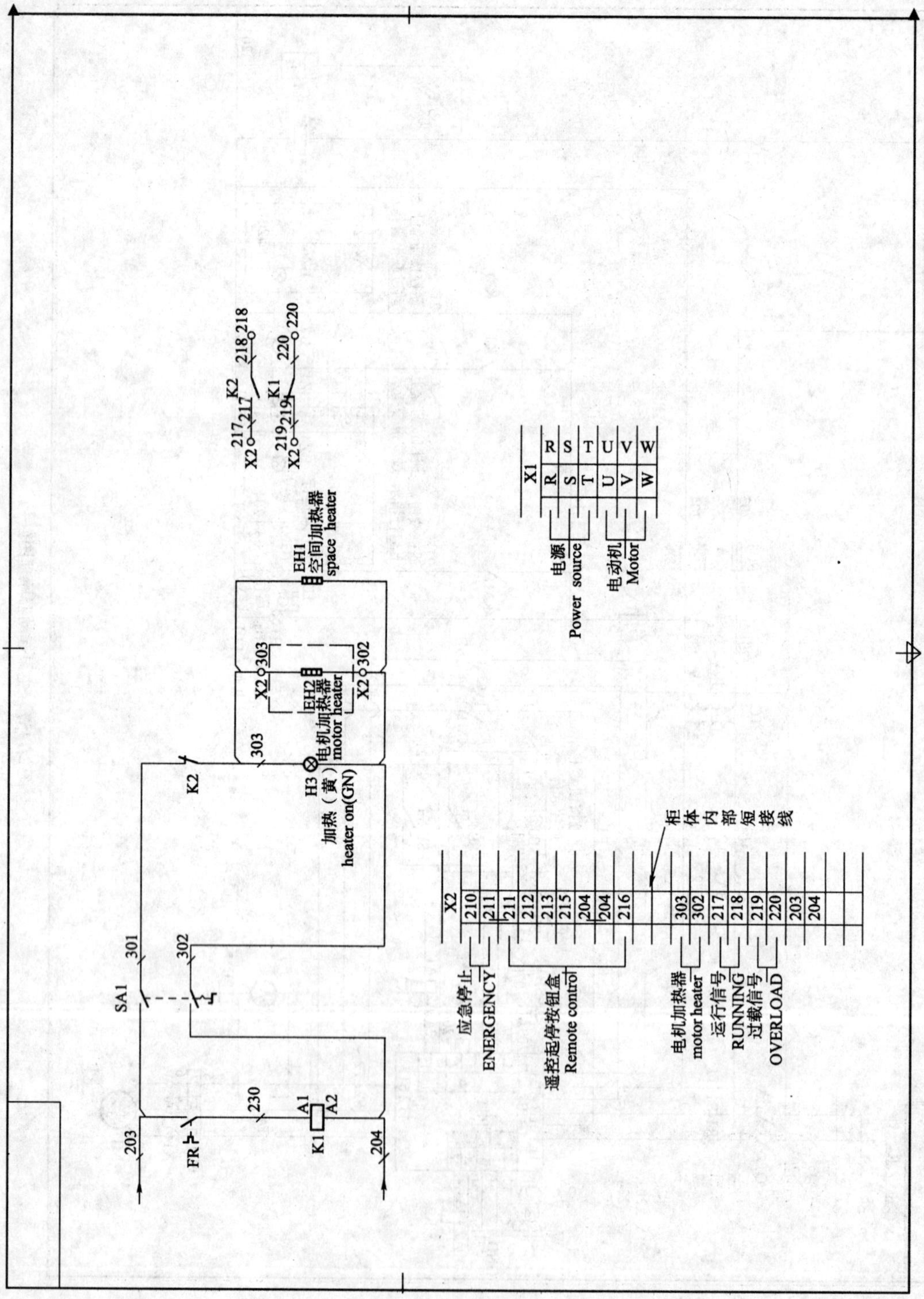

图 2-14b） 主泵起动器原理图(二)

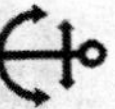

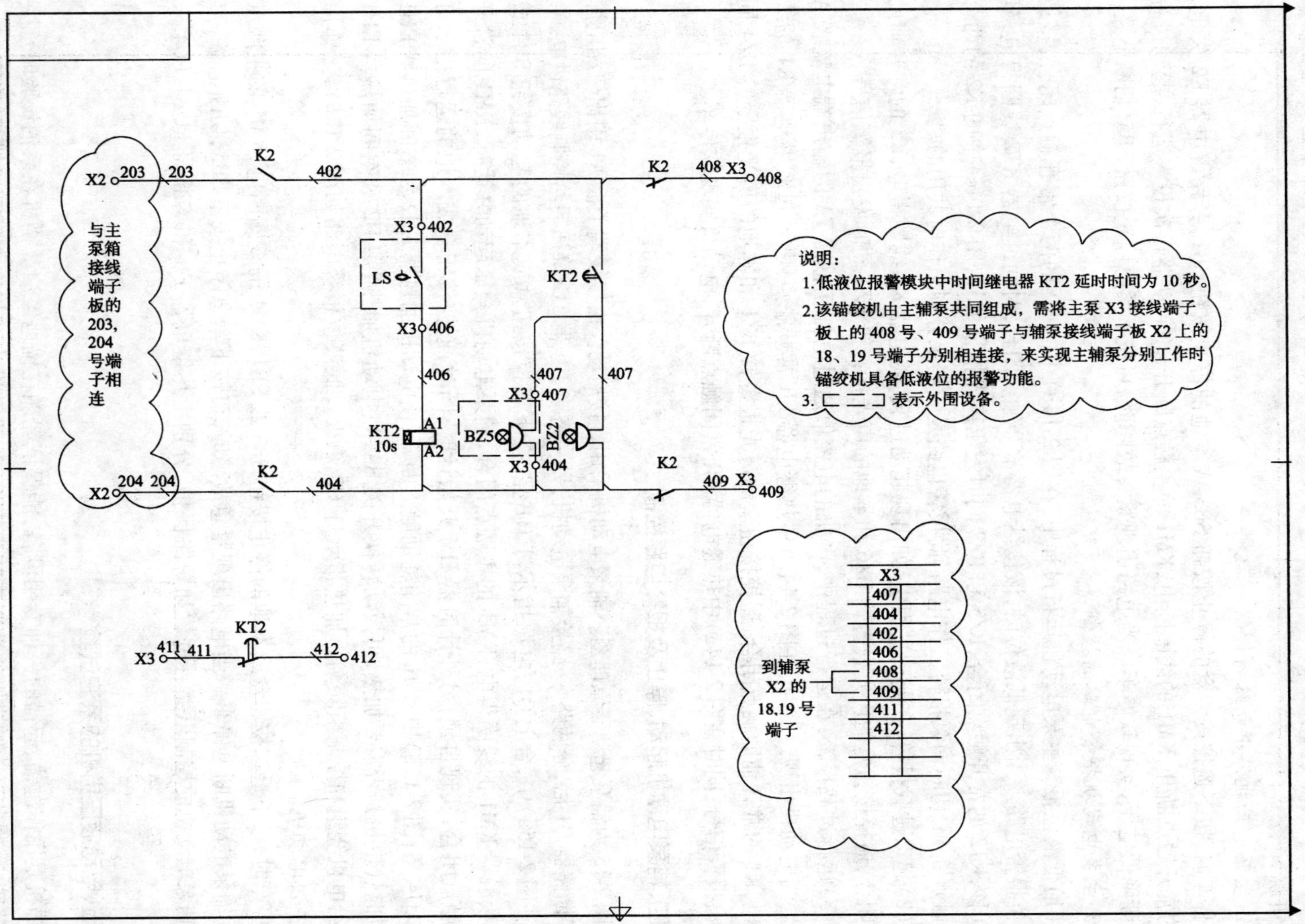
X2 203
203
K2
402
K2
408 X3
408
与主泵箱接线端子板的203，204号端子相连
X3 402
LS
X3 406
406
KT2
407
407
X3 407
KT2 10s
A1
A2
BZ5
BZ2
X3 404
X2 204
204
K2
404
K2
409 X3
409
说明：
1.低液位报警模块中时间继电器KT2延时时间为10秒。
2.该锚绞机由主辅泵共同组成，需将主泵X3接线端子板上的408号、409号端子与辅泵接线端子板X2上的18、19号端子分别相连接，来实现主辅泵分别工作时锚绞机具备低液位的报警功能。
3. 表示外围设备。
X3 411
411
KT2
412
412
X3
407
404
402
406
408
409
411
412
到辅泵X2的18,19号端子

图 2-14c)　主泵起动器原理图（三）

本地的运行指示灯 H2 和 H4 亮,计时器 HM 计时主泵运行时间。

第三部分,图 2-14c)中的 4 个 K2 触点动作,接至液位报警电路,电路的报警原理在后面电路讲解。

2. 主泵电动机停止电路的控制

停车时,按下遥控按钮盒的停止按钮 SB3 或本地的停止按钮 SB1,旁路继电器 K2 失电,K2 的常开触点断开,KM1 的线圈断电,KM1 的主触点断开,软起动器再次投入运行,起动过程中逐渐降低电压,实现软停车。当电路出现紧急故障时,可按下紧急停止按钮 SB5,切断电路。

3. 主泵电动机报警电路的控制

(1)低液位报警主泵电动机运行过程中,在图 2-14c)中的 K2 的两个常开触点闭合,接通低液位报警电路。当出现低液位时,液位继电器常开触点闭合,时间继电器 KT2 线圈得电,延时 10 秒,KT2 的常开触点闭合,BZ5 和 BZ2 同时发出声光报警信号,图 2-14c)中的 K2 的两个常闭触点断开,切断辅泵报警工作电路,此报警电路是主辅泵分别工作时共用的。

(2)起动过载报警:在起动过程中,如出现起动过载,继电器 K3 线圈得电,K3 的常开辅助触点闭合,遥控按钮盒的声光报警铃 BZ6 和本地的声光报警铃 BZ3 同时发出报警信号。

(3)运行过载报警:在运行过程中,电机的电流值通过电流互感器 TA 的输出端电流表 A 读取。当电动机出现过载时,在图 2-14b)中热继电器 FR 常开触点闭合,过载继电器 K1 的线圈得电,K1 的常开辅助触点闭合,遥控按钮盒的声光报警铃 BZ1 和本地的声光报警铃 BZ4 同时发出报警信号;同时在图 2-14a)中热继电器 FR 常闭触点断开,电动机实现软停车。

四、辅泵电动机起动、停止及报警电路控制

图 2-15 为辅泵起动器原理图。辅泵电动机采用直接启动。由接线端子板 X1 引出三相电源线,经断路器 Q1 后,分两路,一路接辅泵电动机,另一路接变压器 TC,降压后给控制线路供电。

在图 2-15a)中,合上 Q1,电源指示灯 H1 亮,按下遥控按钮盒或本地的起动按钮 SB4 或 SB2,接触器 KM1 的线圈得电,KM1 的主触点闭合,辅泵电动机全压起动并运行,KM1 的常开辅助触点闭合,实现自锁,另外计时器 HM 开始计时;同时,遥控按钮盒或本地的运行指示灯 H2 和 H4 亮;图 2-15b)中 KM1 的常闭辅助触点断开,使电动机加热器 EH2 和空间加热器 EH1 停止加热(电机是否需要加热,可扳动转换开关 SA1),电动机加热器 EH2 和空间加热器 EH1 分别给电机绕组和控制柜除潮。加热指示灯 H3 熄灭。低液位报警电路如图 2-14c),工作原理同主泵电动机。

停车时,按下遥控按钮盒或本地的停止按钮 SB3 或 SB1,KM1 的线圈断电,KM1 的主触点断开,辅泵电动机断电停车。当电路出现紧急故障时,可按下紧急停止按钮 SB5,切断电路。

辅泵电动机的控制电路有过载和短路保护,分别由热继电器 FR 和熔断器 FU1 ~ FU4 来实现。

五、电动液压锚机的系泊试验

锚机是用作抛锚、起锚的一种专用设备,能保证船舶在锚地停泊。锚机在系泊试验时承受的负荷较小,因此只能对锚机的性能作初步检验,为船舶进出港作安全保证。锚机性能试验,应于航行试验时在水深的锚地进行。

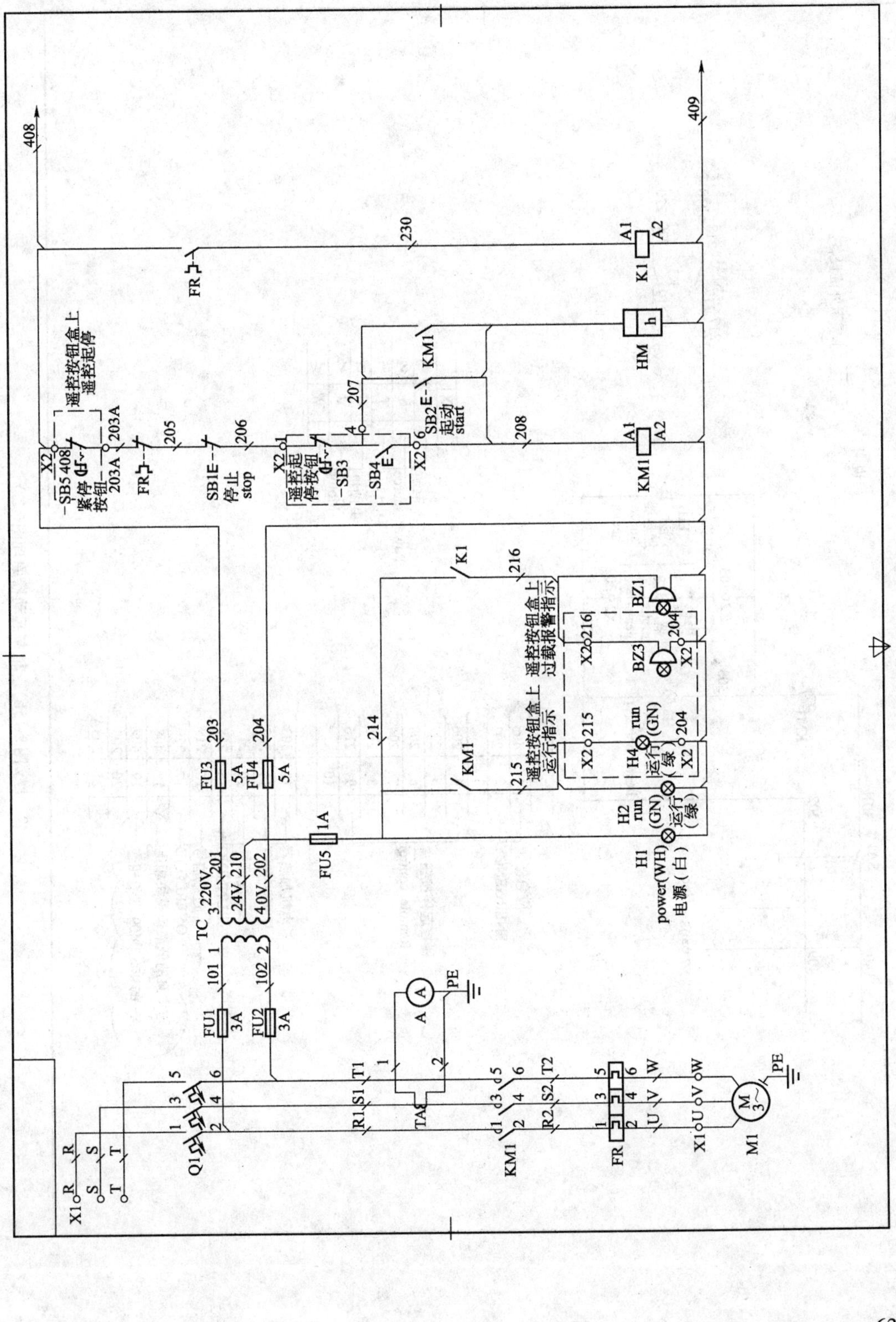

图 2-15a）　辅泵起动器原理图（一）

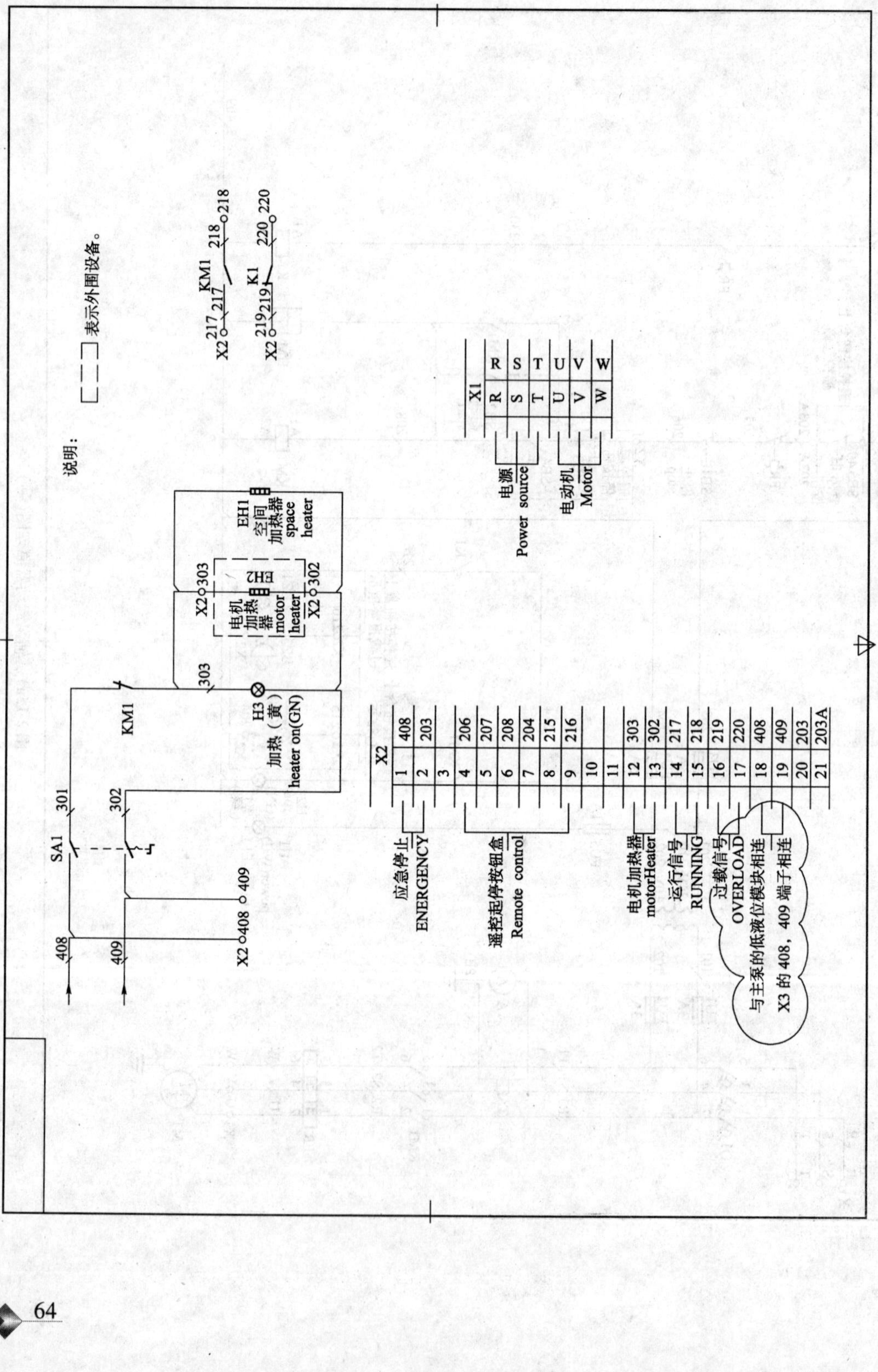

408 409 SA1 301 302 KM1 303

X2 408 409

H3 加热（黄） heater on(GN)

X2 303 电机加热器 motor heater EH2 X2 302

EH1 空间加热器 space heater

说明：

[ ] 表示外围设备。

X2 217 217 KM1 218 218

X2 219 219 K1 220 220

说明	X2	
应急停止 ENERGENCY	1	408
	2	203
	3	
遥控起停按钮盒 Remote control	4	206
	5	207
	6	208
	7	204
	8	215
	9	216
	10	
	11	
电机加热器 motorHeater	12	303
	13	302
运行信号 RUNNING	14	217
	15	218
过载信号 OVERLOAD	16	219
	17	220
与主泵的低液位模块相连 X3 的 408，409 端子相连	18	408
	19	409
	20	203
	21	203A

说明	X1	
电源 Power source	R	R
	S	S
	T	T
电动机 Motor	U	U
	V	V
	W	W

图 2-15b） 辅泵起动器原理图（二）

1. 试验前应具备的条件

(1)锚链及锚应按图样要求装好,锚链之间连接卸扣通过锚链滚轮时应为水平方向,锚链末端应安装在脱钩装置内并锁牢。

(2)锚链冲水管已装好,并能对锚链冲水。

(3)锚机电机及控制箱冷态绝缘电阻应大于1MΩ。

(4)锚机、掣链器和链轮安装结束并检验合格。

2. 试验内容

(1)锚机液压管路投油清洗。

(2)液压锚机安全阀校验。

(3)锚机空载运转。

(4)锚机抛锚、起锚试验。

(5)锚机过载试验。

3. 试验要求

(1)液压管投油时,检查滤网(200 目/in^2 或 30 目/cm^2)或滤纸,应无杂质、垃圾。

(2)液压锚机安全阀调试压力按系泊试验大纲规定,开启压力应不大于 1.25 倍最大工作压力,但不得大于系统设计压力。

(3)空载运转试验。液压锚机应该连续正倒车运转 20 ~ 40min,每隔 5 ~ 10min 转换一次方向,试验时应无漏油、发热及异常敲击声。电动机正倒运转各 15min,并作 25 次起动,应无异常发热及敲击声。试验后测量电机及控制箱热态绝缘电阻,应大于 1MΩ。绝缘电阻测量也可放在抛锚、起锚试验后进行。

(4)效用试验。将锚分别抛出,同时用制动器刹车 2 次,然后收锚,检查离合器操纵的方便性和刹车装置的可靠性,并检查锚链冲水装置的工作情况。锚链收紧时,用掣链器夹紧,此时锚应紧贴船体。

(5)锚机电机过载试验。过载保护装置应在电流达到额定电流的 1.35 倍时动作。

4. 试验方法

(1)液压管路投油清洗。投油前先对油箱进行清洁检查,应无颗粒垃圾与电焊飞溅。投油时应在油箱内加入与正常使用时同样牌号的液压油,并加热到 45℃左右。投油一段时间后检查滤网或滤纸,应无杂质、垃圾。

(2)液压管路安全阀试验。检验时用调节液压系统阀的办法,使压力达到试验大纲规定的起跳压力时,安全阀开启。

(3)锚机空载运转。空载运转应倒顺车交替运转,检查有无漏油、发热及异常敲击声。

(4)效用试验。一般应抛出 5 节锚链(由于码头水深较浅,抛出锚链的长度可按实际情况而定),起锚过程中应进行数次刹车,以检验刹车装置的效用。起锚时,记录起 1 节或 2 节锚链的时间,左右锚链应分别进行试验,经计算的起锚速度应符合要求。起锚和抛锚时观察锚链通过链轮的情况,应平稳,无跳链现象。锚链收紧到终止位置时,用掣链器止链,此时锚应紧贴船体,以确保航行时不会敲击船体。同时,起锚器应观察冲水管的冲水效用,应能有效地去除锚链上的污泥。

(5)锚机过载试验。交流电机用自耦变压器模拟电源进行校验;直流电机用直流电焊机

通过实际电流进行校验。试验时应做好过载电流的记录。

5. 试验记录

锚机试验时,做好试验前后电机及控制箱的冷热态绝缘电阻值记录,空载运转及起锚试验时电机的起动电流、工作电流及起锚时间,从而计算出起锚速度及过载试验时的电流值。由于前面所述锚机系泊试验的负荷较小,全面的性能试验应在航行时进行。

思考与练习 SIKAO YU LIANXI

2.1　简述锚机系统的组成及各部分的作用。

2.2　简述船舶锚机起锚时的工作过程。

2.3　简述锚的抛投方式有哪几种。

2.4　对船舶锚机的电力拖动有哪些基本要求?

2.5　对船舶锚机的控制线路有哪些基本要求?

2.6　对于电动锚机,将控制手柄扳到“起锚3”时,当发生高速过载,锚机是怎样自动返回到中速运行的?高速过载返回到中速后,如果控制手柄仍在“起锚3”位,当负载减轻(例如下垂于水中的锚链长度越来越短)后,能否再自动进入高速?

2.7　在电动液压锚机中主泵电动机都有哪些报警信号?当出现低液位时,如果没有发出声光报警信号,分析其原因。

2.8　电动液压锚机系统系泊试验内容有哪些?

项目三　船舶起货机系统的电力拖动控制

●**教学目标**

能力目标

1. 能安装与调试双杆式电动液压起货机系统的控制线路；
2. 能安装与调试船用克令吊系统的控制线路；
3. 能安装与调试桥式电动起货机的控制线路；
4. 对照起货机系统电气原理图排除电路常见故障；
5. 能撰写电气控制系统检修维护报告书。

知识目标

1. 了解起货机系统的作用、结构、分类；
2. 学会识读船舶电气系统图、原理图、接线图及规范；
3. 会分析双杆式电动液压起货机系统的控制线路；
4. 会分析船用克令吊系统的控制线路；
5. 会分析桥式电动起货机的控制线路；
6. 会分析起货机系统的调试及故障排查。

情感目标

1. 具备良好的职业道德；
2. 具备严谨的工作态度；
3. 具备团队的等级及服从意识；
4. 具备面对险情，冷静思考的能力。

任务一　起货机系统认识

船用起货机是船舶上用来装卸货物和用来维修船舶的，船舶机舱设备的安装及搬运所用的起重机我们一般称为机舱行车（杂货吊），在油轮上用来船舶加油时起吊输油管的起重机，称为软管吊，起重机是一种能在一定范围内垂直起升和水平移动物品的机械，动作间歇性和作业循环性是起重机工作特点。

船舶在停泊装卸货物时，起货机是重要的工作设备。起货机由电气设备和机械设备两个主要部分组成。根据装卸货物的作业特点，要求船舶起货设备必须携带货物起、落，同时还必须能携带货物在船舶和码头（驳船）之间的上空作横向移动，起货设备还必须能够调整自己吊钩或装具的位置，使其对准舱口和码头货堆，因此管理好起货机电气设备，使其保持在良好的技术状态，对完成装卸任务是十分必要的。

一、船舶起货机的类型

从机械结构的形式来分,船舶起货机主要有吊杆式起货机、回转式起货机(克令吊)和门式起重机几种类型。在20世纪60年代到70年代中,船舶起货机多数采用吊杆式起货机。80年代以后,回转式起货机(克令吊)逐渐增多,并且大多采用电动或电动液压型起货机。近年来,集装箱船舶的不断发展,门式起重机逐渐被采用。

电动起货机的优点是:便于实现自动化和远距离控制;振动和噪音小;可采用多电动机拖动或选用各种类型电动机来满足起货机对电力拖动提出的要求,因此可设计成紧凑的拖动系统。缺点是:电气控制系统较复杂,在电气管理和维护方面要求较高。

电动液压起货机的优点是:无级调速,调速平滑,运行平稳,噪声小;有良好的制动能力;易于吸收冲击负载,并能自动防止过载。由于调速和反向是在液压系统中控制,因此不要求电动机频繁地起动、制动、调速和逆转,可采用普通鼠笼式异步电动机拖动油泵,简化了电气控制线路。另外,液压传动系统的传动效率高;传动装置重量轻,惯性小。缺点是:制造精度要求高;油管道系统复杂;漏油时不易修复;油液中如渗入空气会产生噪声。

二、船舶起货机的结构特点

1. 吊杆式起货设备

吊杆式起货设备是船上应用最早的起货设备。这种起货设备由于其所用起货机的结构简单,初置费用少,同时对不同货物、不同包装和不同装卸场地均有较好的适应能力,故迄今为止,仍为一般船舶所广泛采用。

吊杆式起货机可依吊杆承载能力的不同而分为轻型(吊重在10t以下)和重型(吊重在10t以上)两种。如按作业所需使用的吊杆数来分,则又有双吊杆式与单吊杆式之分。

(1)双吊杆起货设备。图3-1是双吊杆式电动起货机的示意图,双吊杆式起货设备主要有两根吊货杆和两台起货绞车等组成。作业时,两根吊杆上的吊货索均与吊货钩相连,并各由一部起货绞车带动。装卸时,吊杆的位置固定不动,只由两部绞车配合动作,改变两吊货索长度即可实现货物升降和在舱口与码头间横向移动。

双吊杆起货设备应用较早,其主要缺点是:①如果伸出吊杆需要调整位置时,装卸作业必须中断;②可以起吊的货重小于吊杆的安全负荷,因为它不是由一个吊杆直接吊起的;③作业前准备时间较长。优点是,该设备只需两部起货绞车即可完成全部装卸作业的各种动作。

(2)单吊杆起货设备。单吊杆起货设备的具体形式很多,基本上分为用支索回转和用分离顶牵索回转的两类。单杆式电动起货机是一种具有电动回转和变幅的起货机,如图3-2所示。图中有三台电动绞车,1是提升和下降货物的升降绞车;2是吊杆升降的变幅绞车;3是吊杆回转的回转绞车。其主令控制器有特殊的结构,将变幅与回转控制合在一个手柄上操作,可按要求同时控制吊杆的升降和回转。这种起货机操作灵活平稳,且可减少吊杆千斤索的伸缩次数,从而减轻工作强度,提高工作效率。

与双吊杆起货设备相比,调整吊杆位置不用中断装卸作业,吊杆可以准确对准货舱或货堆。缺点是该系统完成升降、变幅和回转三种运动需三部绞车。

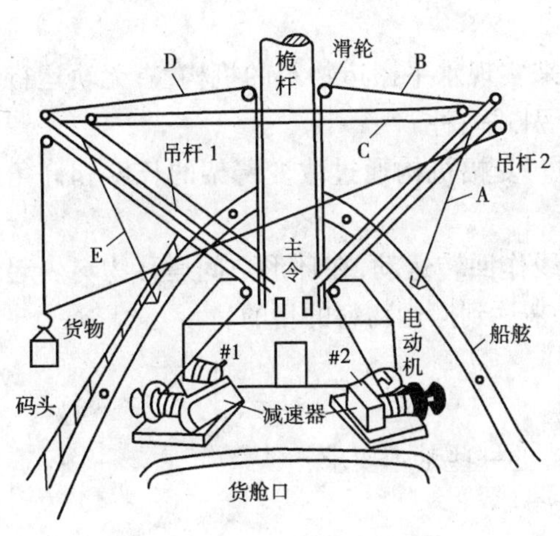

图3-1　双吊杆式电动起货机的示意图

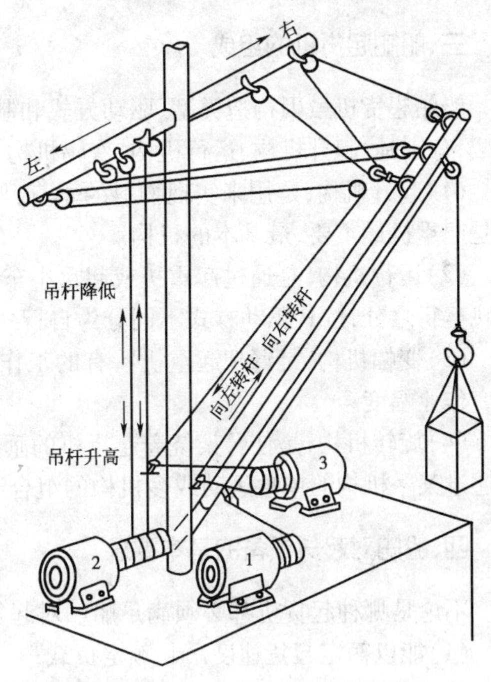

图3-2　单吊杆式电动起货机的示意图

2. 旋转式起货设备

目前在很多船上都装有旋转式起货设备，它与单吊杆式起货设备类似，但又有不同。在回转式起货机中，起货绞车、变幅绞车、回转绞车以及吊杆和索具等已被组装在一个共同的回转座台上。作业时，所有各组成部分都随座台一起回转。其组成情形如图3-3所示。作业时，通过起货绞车吊货索实现货物升降，通过变幅绞车收放变幅索，实现起重臂仰角的调整（变幅），也有的用液压油缸实现变幅运动。旋转起货设备通过旋转马达驱动小齿轮与装在座台上的大齿轮啮合，带动旋转平台和整个起货设备一起进行旋转运动，旋转可在360°范围内进行。

除固定式旋转起货设备外，还有安装座台并可沿甲板上铺设的轨道移动的走行式旋转起货设备。另外也有将两个旋转起货设备安装在同一旋转平台，既可分别独自进行装卸作业，也可并在一起用机械装置连锁同步动作并联工作，使其起重能力提高大约1倍。

与吊杆式起货设备相比，旋转式起货设备具有重量轻、占地少、操作灵活、装卸效率较高、能准确地把货物放到货舱的指定地点，并能迅速地投入工作等优点；但也存在结构复杂、初投资高、吊臂的横动幅度和起升高度较小以及需要三台绞车等缺点。一般认为起重量大于5t时，以采用旋转式起货机为宜。

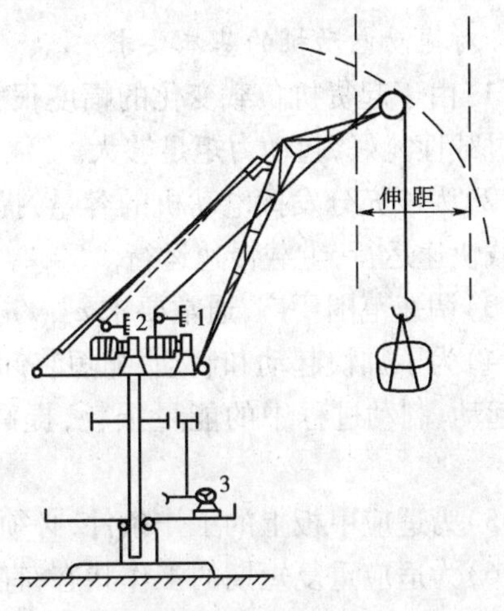

图3-3　回转式电动起货机结构示意图

三、船舶起货机的组成

船舶起货机虽因构造类型、驱动方式和制造厂家的不同而种类繁多,但都由四大工作机构组成,分别是:起升机构、运行机构、变幅机构和旋转机构。

(1)起升机构,是用来实现物料的垂直升降的机构,是任何起重机械不可缺少的部分,因而是起重机最主要、最基本的机构。

(2)运行机构,是通过起重机或起重小车运行来实现水平搬运物料的机构,有无轨运行和有轨运行之分,按其驱动方式不同分为自行式和牵引式两种。

(3)变幅机构,是臂架起重机特有的工作机构。变幅机构通过改变臂架的长度和仰角来改变作业幅度。

(4)旋转机构,是使臂架绕着起重机的垂直轴线作回转运动,在环形空间运移物料。起重机通过某一机构的单独运动或多机构的组合运动,来达到搬运物料的目的。

四、船舶对起货设备的基本要求

不论是哪种起货机都必须满足船舶对起货设备的一些基本要求:

(1)能以额定起货速度吊起额定负载;

(2)能按操作者要求方便灵敏地起落货物;

(3)能依据负载不同,在较广的范围内调节运行速度,并具有良好的加速性和减速性;

(4)不论在起货和落货过程中,都能根据需要随时停止,并握持货重。

上述各项基本要求实际上规定任何起货设备都必须具有足够功率,必须具有反转能力,必须能够调速和限速,并需相应设置手动、脚踏、离心、电力或液压的制动设备和某种机械性的固锁装置,以便有效制动,确保安全。当然,一部优良的起货机,除满足上述各项基本要求外,还应具备结构简单、操纵容易、工作可靠、便于维修以及防水、防冻和易于取得备件等优点。

五、船用起货机对电力拖动及控制的要求

1. 对拖动电动机的基本要求

(1)由于起货机负载变化的幅度很大,在紧急情况下,也需要将重物吊起,因此要求电动机的过载性能好,起动力矩足够大。

(2)为了充分发挥电动机的容量,提高装卸速度,电动机具有较软的机械特性,以自动适应轻载快速运行,重载慢速运行。

(3)调速范围要广,通常要求 n_{max}/n_{min} 在 7~10 范围内。

(4)为了加快起动和制动,缩短装卸货物的时间性,提高劳动生产率(每小时起货重量),减小起动、制动过程中的能量损耗,提高效率,要求选用电动机转子惯量(GD^2)尽量小的电动机。

(5)为适应甲板上的工作条件,必须选用防水式电机。

(6)为适应重复短期的工作状态,宜选用重复短期工作制的电动机。

2. 对电动起货机控制线路的基本要求

电动起货机的控制线路比泵、空压机等的起动控制线路要复杂得多,除自动起动和基本保

护环节外、还有制动、调速和反转等环节。为了防止在频繁的操作过程中，在“起”、“落”方向上的误动作，应采用具有明显空间位置差异的主令控制器，根据操作者的要求控制电动机的转向和转速大小。自动起动的加速过程，通常按时间或电流原则进行，应有完善的保护环节，除短路、失压、过载、缺相等一般保护环节外（如风门未打开时风机不能起动，起货电动机也无法起动）以及交流变极电动起货机在手柄换档过程中，电动机至少应保持有一副绕组通电，防止重物自由跌落的环节。此外还必须设置发生故障时紧急停车或强行将重物低速放下等应急按钮，以防事故扩大或造成严重货损。

任务二　双杆式电动液压起货机系统的电力拖动控制

电动液压起货机是一种较新型的起货机，其应用日趋普遍。主要优点是能在很大的范围内实现无级调速；运转平稳；加速时间短；有良好的制动能力等。但是液压系统比较复杂，制造精度要求高，排除故障困难。

电动液压起货机主要由油泵机组、油马达及各种控制阀等组成，通过管路连接构成液压传动系统。油马达也叫液动机，用来拖动起货机卷筒转动，油马达的转动是利用高压油来推动，油泵的作用就是向油马达提供压力油液，而油泵由电动机拖动，因此称为电动液压起货机。油泵、拖动油泵的电动机及其起动设备合称为油泵机组。各种控制阀用来控制和调节液压系统中的油液的压力、流量和方向等，以保证拖动系统平稳而又协调的工作。与发电机—电动机系统的电动起货机相比较，油泵机组相当于发电机组，油马达相当于电动机，各种控制阀相当于开关的控制设备，而管路相当于导线。

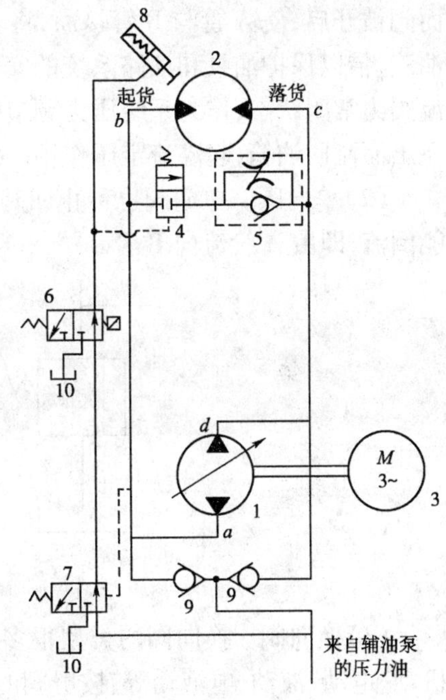

图 3-4　液压系统工作时的原理简图

1-主油泵；2-油马达；3-鼠笼式异步电动机；4-二位二通阀；5-单向节流阀；6-电动二位三通阀；7-液动二位三通阀；8-刹车油缸；9-单向阀；10-储油箱

一、液压系统工作原理

现以国产双吊杆式电动液压起货机为例，其左、右吊杆的卷筒驱动系统完全对称，液压元件和控制线路也完全相同。图 3-4 为左（或右）吊杆液压系统工作时的简图。液压系统由一台鼠笼式异步电动机 3 拖动主油泵 1 向油马达 2 提供压力油。油马达 2 拖动起货卷筒转动。主油泵与油马达构成独立的闭合循环回路，因此该系统称为“闭式系统”。

1. 主油泵

泵为输送液体的机械设备，形式很多，本液压系统中的主油泵为斜盘式双向变量泵，通过改变倾斜盘倾斜角的方向来改变泵的吸排油的流动方向，从而改变油马达的旋转方向；通过改变倾斜盘倾斜角的大小来改变排油量的大小。从而调节油马达的转速。在泵的端部装有变向变量的控制机构，只要拉动控制机构和拉杆，便可使倾斜盘偏转。倾斜盘与泵轴垂直时不排

油，当向上拉动拉杆时，倾斜盘向某一方向倾斜（如对应于“起货”方向），而向下拉动拉杆时，便可向另一方向倾斜（对应于“落货”方向）。除主油泵外还有辅油泵（图中未画），用以向液压刹车（相当于电磁铁刹车）油缸 8 和旁通控制阀 4 等提供压力油，并向主油泵循环系统补充油液等。

2. 油马达

油马达是液压驱动系统的动力装置。油马达与油泵是可逆的液压元件，即同一元件既可作油泵运行，也可作油马达运行，两者也可在运行中相互转化，其转化决定于运行条件，相似于电机的可逆性。油马达从结构上可分为柱塞式、滑板式和齿轮式等各种结构形式。本液压系统中使用的是柱塞式双向油马达。

3. 控制阀

（1）溢流阀。溢流阀是一种压力控制阀，主要根据液体压力和弹簧力相互平衡的原理工作。图 3-5 的图形符号表示，阀前系统的油液，即 A 管的油液可以通过虚线所示的控制油路进入阀体内，当 A 管油压达到整定的数值时，液体压力与阀体内弹簧（图中以波折线表示）平衡，而阀被开启，使 A 管与 B 管接通，将 A 管油液泄出。溢流阀的重要作用是在油压过高时，泄出油液，借以保护油泵和油路系统的安全以及保持阀前油路系统压力的稳定。作为安全阀时，溢流阀为常闭状态；作为系统压力调节时，溢流阀为常开状态，使多余的压力油不断地从溢流口泄出而流回油箱，起溢流定压作用。

（2）单向阀。单向阀也称止回阀，图形符号如图 3-6 所示，其功用是使油液单向流动而不能倒流，即由 A 管流向 B 管。

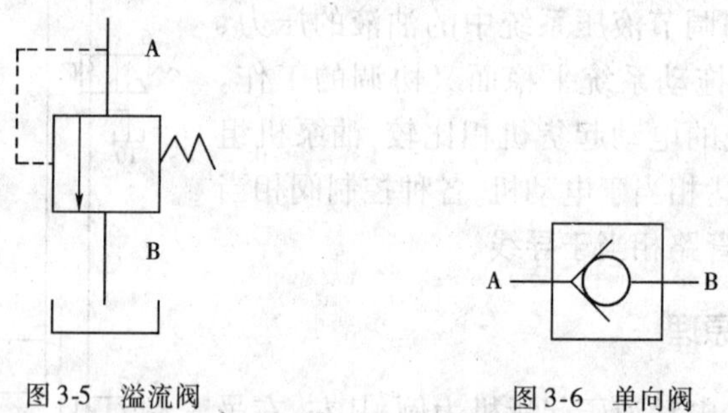

图 3-5 溢流阀　　图 3-6 单向阀

（3）换向阀。换向阀的类型很多，应用很广，可以按不同方式分类。按操作方式分手动、机动、电动、液动、电液动等；按滑阀的可变位置分二位与三位等；按滑阀的通路数目分为二通、三通、四通、五通等。如，图 3-4 系统中使用的液动二位二通阀，液动二位三通阀和电动二位三通阀等。

液动二位二通阀是用液体压力油操作，有两个工作位置及两条通路（A 和 B）。当压力油经控制油路（虚线所示）进入阀体时，控制油的压力克服弹簧力，使阀处于图 3-7a）所示的工作位置，A 和 B 两油路不通，当没有控制油或压力太低时，弹簧使阀处于图 3-7b）所示的工作位置，A 和 B 两油路接通，无压力油信号使管路相通为常开式。

液动二位三通阀有三条道路（A、B、O）。当控制油进入阀体内克服弹簧力时，阀处于图 3-8a）所示的工作位置，A、B 两油路接通，油路被隔开；当不通控制油或油压太低时，弹簧力使阀处于图 3-8b）所示的工作位置，A、B 两油路被隔开不通，而 A、O 两油路接通。

电动二位三通阀为电动换向阀，一般称为电磁换向阀，简称电磁阀。图3-9是电动二位三通阀断电的状态。与液动阀不同之处是改用电磁铁控制，当电磁铁通电时，A、B两油路接通，A、O两油路断开不通。当电磁铁不通电时，A、O两油路接通。

(4)单向节流阀。单向节流阀是流量控制阀的一种形式，图形符号如图3-10所示。当从A管进油时，油液可通过单阀畅通，经B管排出，反之从B管进油时，则不能畅通而受到一定限制，起到节流的作用，其流量大小可以调节。图中上半部分为简单节流阀的符号，是一种简易式流量控制的阀门。

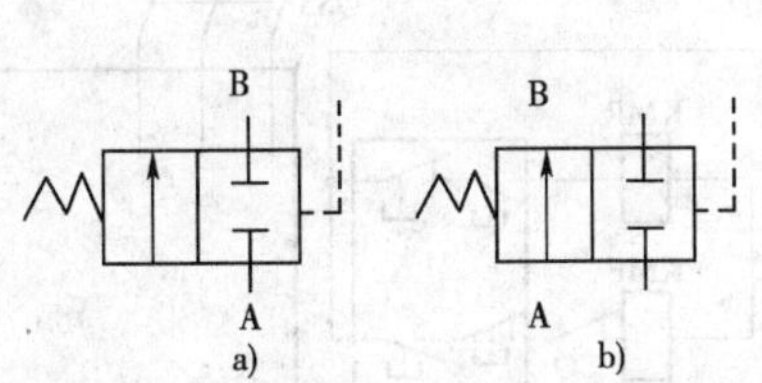

图3-7　液动二位二通阀(常开式)
a)有控制压力油；b)无控制压力油

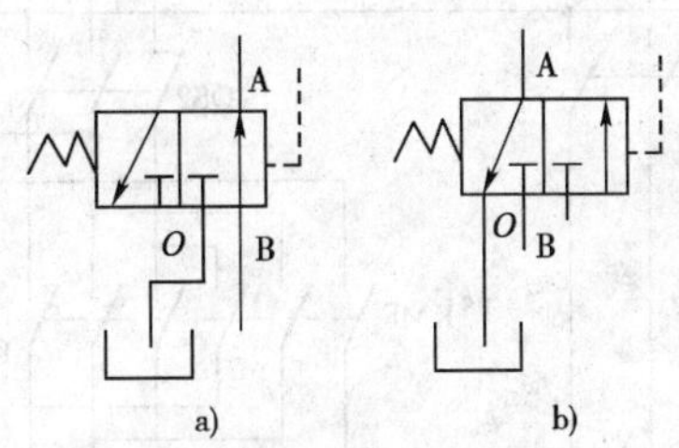

图3-8　液动二位三通阀
a)有控制压力油；b)无控制压力油

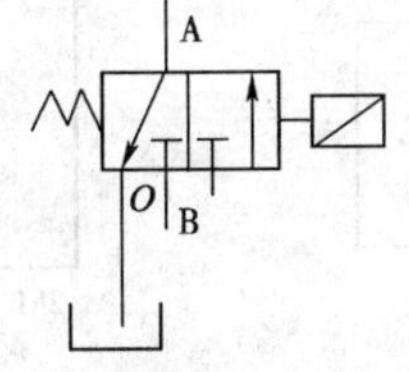

图3-9　电动二位三通阀

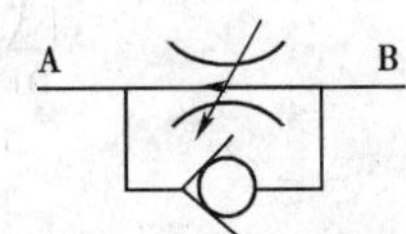

图3-10　单向节流阀

4. 液压系统工作原理

根据图3-4所示，分析液压系统的起货、落货、调速和制动等工作状态。

起货：油泵机组起动后，操纵主令手柄从“0”位扳到“上升”位，变量泵的倾斜盘向起货方向倾斜，变量泵a管排压力油，d管吸入，管路ab段内为高压油。阀7有液压信号而处于右位。但在油刹车松闸前，阀4处于上位，主油泵的排油经阀4和阀5组成的旁通支路流回吸油管d。主令手柄离开“0”位后，阀6通电而处于右位，来自辅油泵的压力油经阀6进入刹车油缸8，将克服弹簧力使油刹车松闸。同时流向刹车油缸的压力油进入阀4的控制油路，使阀4处于下位而关闭，于是，高压油经ab管路流入油马达。油马达产生转动力矩带动卷筒旋转提升货物。改变主令手柄的位置，可改变变量泵倾斜盘的倾斜角大小而实现起货速度的调节。

落货：主令手柄扳到“下降”位时，变量泵的倾斜盘向反向倾斜，使吸排方向与起货时相反。变量泵的高压油从c管进入油马达，使油马达产生反向转矩而反转落货。在空钩时，油马达克服摩擦力拖动卷筒下降。而在下放重物时，在货重的作用下，油马达转速不断升高，当油马达排出的油量大于变量泵的排量时，油管ab内油压将高于cd管内的油压，这时便产生制动转矩。油马达由拖动卷筒变为阻碍卷筒旋转，当制动转矩随转速而增加到与货重产生的力矩平衡时，便以稳定转速等速落货。此时油马达以油泵状态运行，而油泵以油马达状态运行，其能量或供给同轴的另一个主油泵，或拖动电动机变为发电机状态运行，将电能反馈至电网，这

一状态与电动起货机中,电动机的再生制动状态类似。落货速度的调节,同样通过扳动主令手柄的位置,改变变量泵倾斜盘的倾斜角来实现。

二、电气系统的工作原理

在图3-11电动液压起货机电气系统原理中:M1-主油泵电动机;M2-辅油泵电动机;KM1、

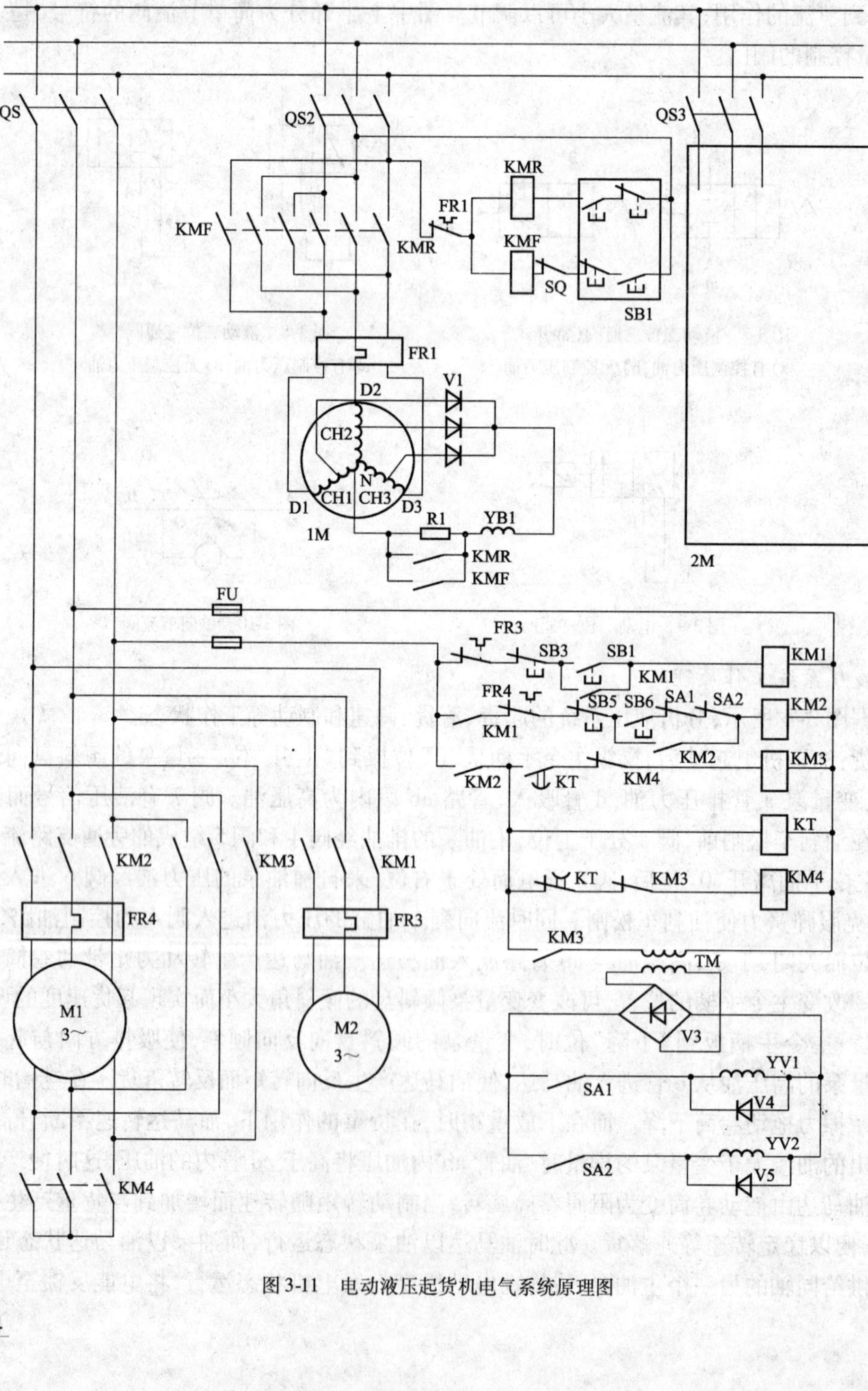

图3-11　电动液压起货机电气系统原理图

KM2、KM3、KM4-交流接触器；FR1、FR3、FR4-热继电器；QS1、QS2、QS3-电源刀开关；KMR、KMF-接触器；V1-放电二极管；KT-时间继电器；SB1-按钮；1M、2M-吊杆电动机；SA1、SA2-零位开关；YB1、YB2-直流电磁制动器；YV1、YV2-刹车电磁阀线圈。该起货机吊杆的上下移动，是利用电动机1M、2M拖动的。因1M、2M的控制线路完全相同，故图中仅画出1M的控制线路。1M的定子绕组有7根出线头，分别为D1、D2、D3、CH1、CH2、CH3和N。该型电动机附有直流电源，利用电动机本身每相绕组的中间抽头CH1、CH2、CH3经硅整流器V1整流供电。为保证制动器动作灵敏，在电动机断电瞬时，接触器辅助触头KMR或KMF断开，使制动线圈YB1经放电电阻R_f放电，迅速刹车，而电动机通电时，使电阻R_f短接，使制动器可靠动作松闸。吊杆电动机用正反转磁力起动器直接起动，通过按钮控制和连锁。

主油泵电动机M1的容量较大，采用Y-△降压起动。根据液压系统的要求，应先起动辅油泵电动机约1min 后再起动主油泵电动机，为此利用接触器KM1的常开辅助触头与接触器KM2线圈连锁，来满足这一要求。

零位开关SA1、SA2的常开触头，用来控制刹车电磁阀线圈YV1、YV2。当起货机的主令手柄在“0”位时，该触头打开，电磁阀断电，液压制动器刹车。主令手柄离开“0”位时，触头闭合使电磁阀通电，油刹车松闸。

零位开关SA1、SA2的常闭触头与主油泵接触器KM2线圈连锁，其触头与起动按SB6串联后，再与KM2自保触头并联。当主令手柄在“0”位时才能起动主油泵电动机，实现零位保护。

主油泵电动机起动后，变压器TM供电，操纵主令手柄，液压系统才能工作。

任务三 船用克令吊系统的电力拖动控制

克令吊是回转式电动液压起货机。克令吊主要用于船舶装卸货物、集装箱及其他物资，使用比较方便，不受环境影响，具有全方位(360°)旋转等功能。它由液压和电气两部分组成，主要介绍电气系统的工作原理。

一、克令吊的结构

克令吊结构如图3-12所示。它将操纵室5和起重绞车、变幅绞车、及吊臂(把杆)、索具等组装成一体，置于甲板立柱上方的回转座台17上。其工作情况与单杆吊起货机类似。起重绞车15和变幅绞车13分别通过吊车顶滑轮组9、吊臂滑轮组8卷动钢索，去牵动吊货钩7和吊臂2；立式布置的回转马达1则控制小齿轮与固定在回转座台内的大齿圈啮合转动，从而带动整个吊车在回转座台上回转。

二、克令吊的安全保护装置

1. 机械限位保护

克令吊通常有各种限位措施。当设备达到限位位置时，或者通过机械控制的限位阀使相应主油路卸荷，或者通过限位开关使相应控制电信号回零，从而使相应的液压马达停止运动。常用的机械限位有以下几种：

(1)吊钩高限位。当吊钩接近吊臂前端限定距离触动(靠重块悬挂的)限位开关时，吊钩

不能再升起。

(2)起重索卷筒卷满和放空限位。当吊臂在高仰角时吊钩升至最大高度,卷筒吊索即接近卷满,或当吊钩降至卷筒吊索接近放空,卷筒和吊钩的运动即被限制。

(3)钢索松弛保护。吊钩着地时若继续放钩,吊货钢索就会松弛,这时吊钩下降的操作将不能再进行。

(4)吊臂高限位。当吊臂升到允许的最大仰角时,吊臂不能再仰起。

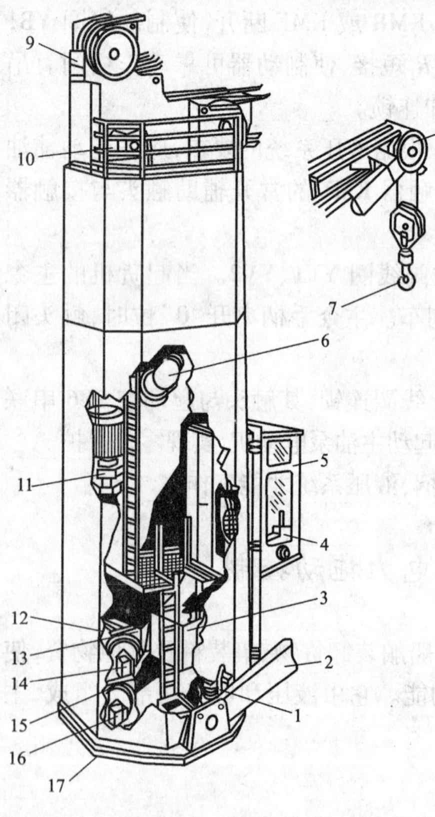

图 3-12　回转式起货机

1-回转马达;2-吊臂;3-油箱;4-操纵台;5-操纵室;6-通风扇;7-吊钩;8-吊臂滑轮组;9-顶滑轮组;10-油冷却器;11-液压泵;12-松绳保护装置;13-变幅绞车;14、16-限位开关;15-起重绞车;17-回转座台

(5)吊臂低限位。当吊臂下俯到允许的带负荷最低仰角时,吊臂下俯动作被阻止;为了在工作完毕时可把吊臂(空钩)俯放到支架上,需扳动控制面板上的相应开关,才能继续下俯,但当变幅绞车钢索松弛时吊臂俯下的操作即不能进行。

采用变幅油缸的吊车无须专设变幅限位元件。有的克令吊(例如紧靠在驾驶台前的)根据需要还设有回转限位。

2. 液压油工作状况保护

(1)高油压保护。在工作油压过高时使变量主泵回中或主油路旁通卸荷。

(2)低油压保护。当控制油压或补油压力过低时,将阻止克令吊的操作进行。

(3)低油位保护。当油位低于设定油位时,会发出声、光报警;如果继续应急使用,油位再降低一定距离,克令吊便会停车。

(4)高油温保护。在油温超过规定值时,设在油冷却器进口的温度继电器会使克令吊主、辅泵停车。

3. 电气保护

电路中设有短路保护和过电流保护,有的还有电机及电子元件高温保护。

4. 设备连锁保护

(1)通风门连锁保护。作业时中心机组的通风门必须打开,否则因限位开关不能闭合,主电动机即不能起动。

(2)油冷却器连锁保护。有的在作业前必须开油冷却器风机电源,由相应温度继电器控制风机是否起动,否则主电机不能起动;也有的要用旋钮选择夏季工况或冬季工况,以决定冷却器是否投入工作。

三、克令吊的电气系统工作原理

以 58000 载重吨级散货船上的克令吊控制线路为例,介绍克令吊的电气系统的工作原理。克令吊一般安装在船舶主甲板上,位于船舶的艏艉中心线上,为了方便吊货,两个货仓安装一台克令吊,所以一艘载重吨级散货船上会有多台克令吊。

表 3-1 为克令吊电气设备的概括说明，在识读克令吊工作图之前要仔细阅读，了解整个电气设备的工作环境、电压等级等信息。

克令吊电气设备的概括说明表　　表 3-1

根据说明(电气设备) GENERAL SPECIFICATION (ELECTRIC EQUIPMENT)			
RULE AND REGULATION 规范	□ABS □BV □NK □LR ■CCS □DNV □CL □RINA □KR		
STANDARD 标准	■GB □JIS ■IEC		
DRAWING AND DOCUMENT 文件	LANGUAGE 文字 ■EINGLISH 英文 ■CHINESE 中文 UNIT 单位 ■METRIC 公制		
AMB. TEMPERATURE 环境温度	□40℃ ■45℃ □55℃		
PAINT COLOUR 油漆颜色	OUTSIDE(CASING) 外表面(箱壳)	■MUNSELL 7.5BG 7/2	
	INSIDE(CASING) 内部(箱壳)	■MUNSELL 7.5BG 7/2	
	MOTOR 电机	MAKER'S STANDARD	
	OTHER PARTS 其他元件	MAKER'S STANDARD	
ACCESSIBILITY 检查	■FRONT 前 □REAR 后 ■SIDE 侧		
STARTER UNIT 起动装置	■FIXED TYPE 固定型 □WITHDRABLE TYPE 可移动型		
VOLTAGE RATING 额定电压	MAIN CIRCUIT 主线路	■AC440V 60Hz 3φ	
		□AC380V 50Hz 3φ	
	CONTROL CIRCUIT 控制线路	AC□440V □380V ■220V □110V	
	LIGHT & HEATER 照明加热	AC■220V □110V	
PHASE IDENTFICATION 相的鉴别	(R)(A) □RED 红 ■GREEN 绿		
	(S)(B) □WHITE 白 ■YELLOW 黄		
	(T)(C) □BLUE 蓝 ■BROWN 褐		
INTERNAL WIRING MATERIAL 内线材料	CIRCUIT 线路	TYPE 型号	SPEC. 规格
	WAIN CIRCUIT 主线线	CBVR	$50mm^2$
	CONTROL CIRCUIT 线路	CBVR	$1mm^2$
MAMEPLATE 铭牌	LETTER 文字 ■EINGLISH 英文 ■CHINESE 中文		
CAUTION 警告牌	LETTER 文字 ■EINGLISH 英文 ■CHINESE 中文		
STARTING METHOD 起动方式	■DOL(5.5kW) ■Y-△(125kW) □ATr		

图 3-13 为克令吊电气系统的线路图，从图中可以知道整个克令吊电气系统的组成，各元器件的连接情况，各元器件所在的位置，连接线路所用的电缆的型号、根数、电缆截面等情况。

图 3-14a）和图 3-14b）为克令吊的电气原理图。图 3-14b）中的升降手柄连锁门开关 HIS、变幅手柄连锁门开关 LIS、回转手柄连锁门开关 SIS 均为液压控制手柄，将手柄扳动的同时接通相应的液压油路。图 3-14b）中工作原理如下：

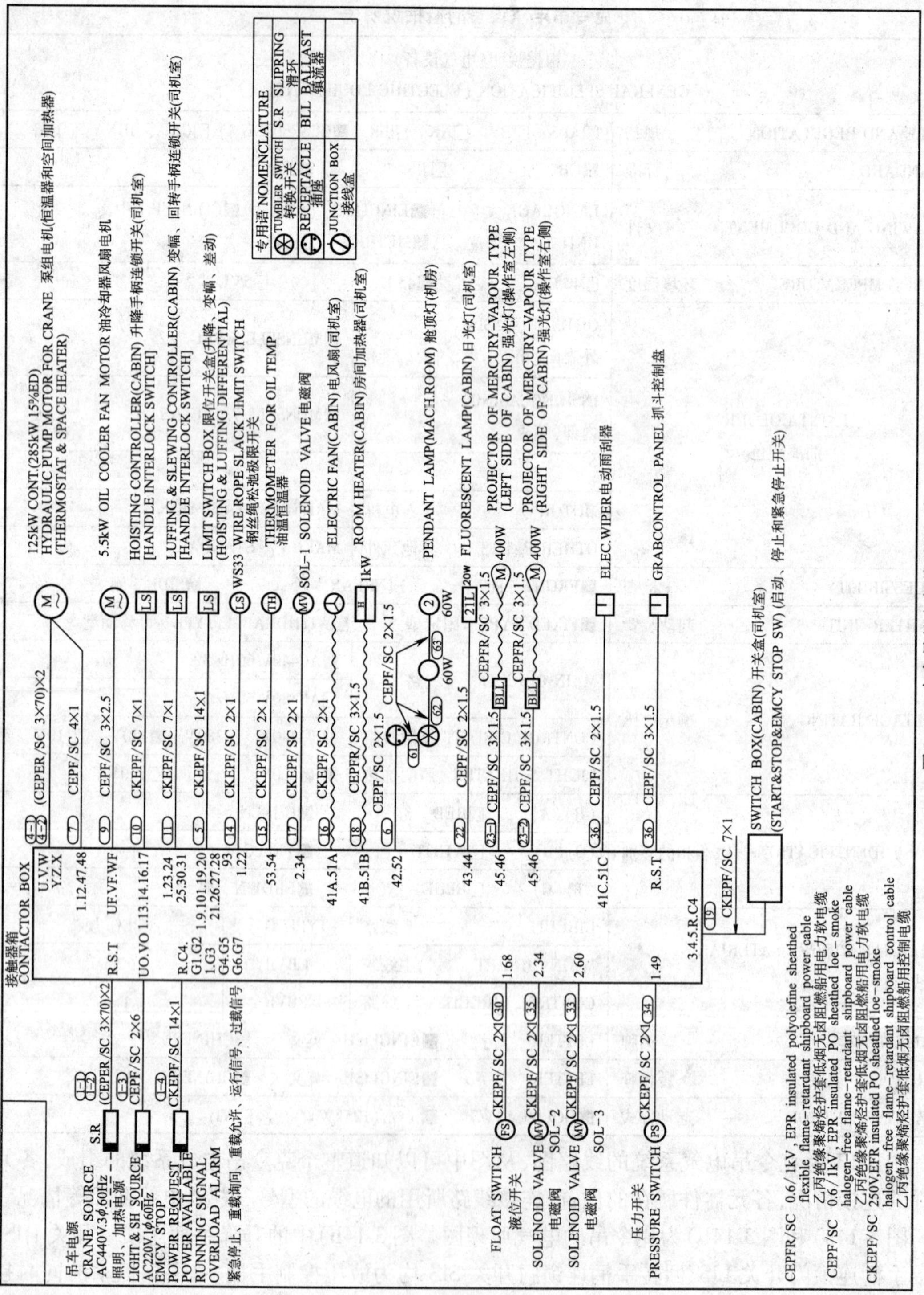

接触器箱
CONTACTOR BOX

吊车电源
CRANE SOURCE
AC440V.3φ.60Hz
S.R
1-1
1-2
(CEPER/SC 3×70)×2
R.S.T
照明、加热电源
LIGHT & SH SOURCE
AC220V.1φ.60Hz
1-3
CEPF/SC 2×6
UO.VO
EMCY STOP
POWER REQUEST
POWER AVAILABLE
RUNNING SIGNAL
OVERLOAD ALARM
紧急停止、重载询问、重载允许、运行信号、过载信号
1-4
CKEPF/SC 14×1
R.C4.
G1.G2
1.G3
G4.G5
G6.G7

U.V.W
Y.Z.X
4-1
4-2
(CEPER/SC 3×70)×2
1.12.47.48
7
CEPF/SC 4×1
125kW CONT.(285kW 15%ED)
HYDRAULIC PUMP MOTOR FOR CRANE 泵组电机(恒温器和空间加热器)
(THERMOSTAT & SPACE HEATER)

UF.VF.WF
9
CEPF/SC 3×2.5
5.5kW OIL COOLER FAN MOTOR 油冷却器风扇电机

1.13.14.16.17
10
CKEPF/SC 7×1
LS
HOISTING CONTROLLER(CABIN) 升降手柄连锁开关(司机室)
[HANDLE INTERLOCK SWITCH]

1.23.24
25.30.31
11
CKEPF/SC 7×1
LS
LUFFING & SLEWING CONTROLLER(CABIN) 变幅、回转手柄连锁开关(司机室)
[HANDLE INTERLOCK SWITCH]

1.9.101.19.20
21.26.27.28
93
5
CKEPF/SC 14×1
LS
LIMIT SWITCH BOX 限位开关盒(升降、变幅、差动)
(HOISTING & LUFFING DIFFERENTIAL)

1.22
14
CKEPF/SC 2×1
LS
WS33 WIRE ROPE SLACK LIMIT SWITCH
钢丝绳松弛极限开关

53.54
15
CKEPF/SC 2×1
TH
THERMOMETER FOR OIL TEMP
油温恒温器

2.34
17
CKEPF/SC 2×1
MV
SOL-1 SOLENOID VALVE 电磁阀

41A.51A
16
CKEPF/SC 2×1
ELECTRIC FAN(CABIN) 电风扇(司机室)

41B.51B
18
CEPFR/SC 3×1.5
H
1kW
ROOM HEATER(CABIN) 房间加热器(司机室)

42.52
6
CEPF/SC 2×1.5
CEPF/SC 2×1.5
61
62
63
60W
2
60W
PENDANT LAMP(MACH.ROOM) 舱顶灯(机房)

43.44
22
CEPF/SC 2×1.5
21L
20W
FLUORESCENT LAMP(CABIN) 日光灯(司机室)

45.46
23-1
CEPF/SC 3×1.5
BLL
CEPFR/SC 3×1.5
M
400W
PROJECTOR OF MERCURY-VAPOUR TYPE
(LEFT SIDE OF CABIN) 强光灯(操作室左侧)

45.46
23-2
CEPF/SC 3×1.5
BLL
CEPFR/SC 3×1.5
M
400W
PROJECTOR OF MERCURY-VAPOUR TYPE
(RIGHT SIDE OF CABIN) 强光灯(操作室右侧)

FLOAT SWITCH
液位开关
FS
CKEPF/SC 2×1
30
1.68

SOLENOID VALVE
电磁阀
MV
SOL-2
CKEPF/SC 2×1
35
2.34

SOLENOID VALVE
电磁阀
MV
SOL-3
CKEPF/SC 2×1
33
2.60

41C.51C
36
CEPF/SC 2×1.5
ELEC.WIPER电动雨刮器

压力开关
PRESSURE SWITCH
PS
CKEPF/SC 2×1
34
1.49

R.S.T
36
CEPF/SC 3×1.5
GRABCONTROL PANEL 抓斗控制盘

3.4.5.R.C4
19
CKEPF/SC 7×1
SWITCH BOX(CABIN) 开关盒(司机室)
(START&STOP&EMCY STOP SW) (启动、停止和紧急停止开关)

专用语 NOMENCLATURE	
⊗ TUMBLER SWITCH 转换开关	S.R SLIPRING 滑环
RECEPTACLE 插座	BLL BALLAST 镇流器
⊘ JUNCTION BOX 接线盒	

CEPFR/SC 0.6/1kV, EPR insulated polyolefine sheathed flexible flame-retardant shipboard power cable
乙丙绝缘聚烯烃护套低烟无卤阻燃船用电力软电缆

CEPF/SC 0.6/1kV, EPR insulated PO sheathed loe-smoke halogen-free flame-retardant shipboard power cable
乙丙绝缘聚烯烃护套低烟无卤阻燃船用电力软电缆

CKEPF/SC 250V,EFR insulated PO sheathed loe-smoke halogen-free flame-retardant shipboard control cable
乙丙绝缘聚烯烃护套低烟无卤阻燃船用控制电缆

图 3-13 克令吊的电气线路图

1. 液压泵的起动与停止控制

(1)重载垂询电路。由于船舶电站容量有限,液压泵电动机(125kW)起动前,要进行重载垂询,此时,合上3-14a)中的低压断路器NFBP,控制电路有电,变压器TC输出电压,控制电路电源指示灯WL亮,按下3-14b)中重载垂询带灯按钮LPB8,辅助继电器STB线圈得电,STB的常开触点闭合并自锁(104-103);STB的另一个常开触点闭合(G1-105),GL2灯亮,给集控室一询问信号,如果船舶电站容量允许,工作人员将GENE RUN闭合,则重载询问待机继电器ST线圈得电,ST常开触点闭合并自锁(110-G3),液压泵电动机为重载垂询待机状态,在图3-14a)中,ST的另一个常开触点闭合(3A-3),为液压泵电动机起动做准备。

(2)液压泵的起动控制。合上低压断路器NFBP后,当液压油位正常,在图3-14b)中液位开关FS的常闭触点闭合(1-68),辅助继电器Z3线圈得电,在图3-14a)中的Z3的常开触点闭合(1-69),为液压泵电动机起动做准备。

在图3-14a)中的辅助继电器51X经液压泵热继电器常闭触点51P,冷却风机热继电器常闭触点51F,电动机的恒温器THP常闭触点得电,51X的常开触点闭合(86-3A),将升降手柄HIS、变幅手柄LIS、回转手柄SIS均置于零位(零位保护),继电器AUH(69-84)和AUL(84-85)及AUS(85-86)的常开触点均闭合,重载询问继电器ST常开触点闭合(3A-3)。

在图3-14a)中,按下起动按钮(PB1),辅助继电器6X和6Y得电,时间继电器T3得电,6X的常开触点闭合并自锁(4-5);6X常开触点闭合(R2-70)与6Y常开触点闭合(70-73),使接触器42P-1线圈得电,42P-1的常开触点闭合(70-71),接触器6P线圈得电,6P常闭辅助触点断开(74-75),切断接触器42P-2线圈的通路,起互锁保护作用;42P-1和6P的主触点闭合,将主泵电动机的定子绕组接成Y形起动。

时间继电器T3延时动作,延时时间为Y-△降压起动时Y形起动时间,起动结束后,T3有两个触点动作:T3的常闭辅助触点断开,6Y失电,6Y的常开触点恢复断开,使接触器42P-1线圈失电,从而使接触器6P线圈失电,6P的主触点恢复断开;于此同时T3的常开辅助触点闭合,辅助继电器6Z得电,6Z的常开触点闭合(70-74),接触器42P-2的线圈得电,42P-2的常闭触点断开(71-72),42P-2的常开触点闭合(70-73),使42P-1的线圈继续得电,42P-2和42P-1的主触点闭合,将主泵电动机的定子绕组接成△形,全压运行,至此,主泵电动机起动完毕。

在图3-14a)中,42P-2的常开触点闭合(1-8),会有以下元件得电:主泵运行指示灯GL亮;计时器HM开始计时主泵运行时间;接触器42F线圈得电,42F的主触点闭合,油冷却风扇电动机1FM起动并运行,主泵电动机与油冷却器风扇电动机是顺序起动控制;使42P-X的线圈得电,接通起货机操作控制回路(在图3-14b)中)。

(3)主油路控制电路。如前所述此时6Z线圈已得电,6Z的常开触点闭合(1-34),加载电磁阀SOL-1和SOL-2通电开启,接通主油路。若需要提升加速,例如,空钩时,可将升降手柄HIS扳到起升高速档,HIS-UP2闭合(1-14),高速电磁阀SOL-3通电开启,增大主油路油液油压,吊钩提升加速。

(4)液压泵的停止控制。按下停止按钮(PB2),辅助继电器6X失电,6X的常开触点恢复断开(R2-70),42P-1、42P-2、42F、T3、6Z相继失电,液压泵电动机停止,油冷却风扇电动机停止,加载电磁阀失电关闭。

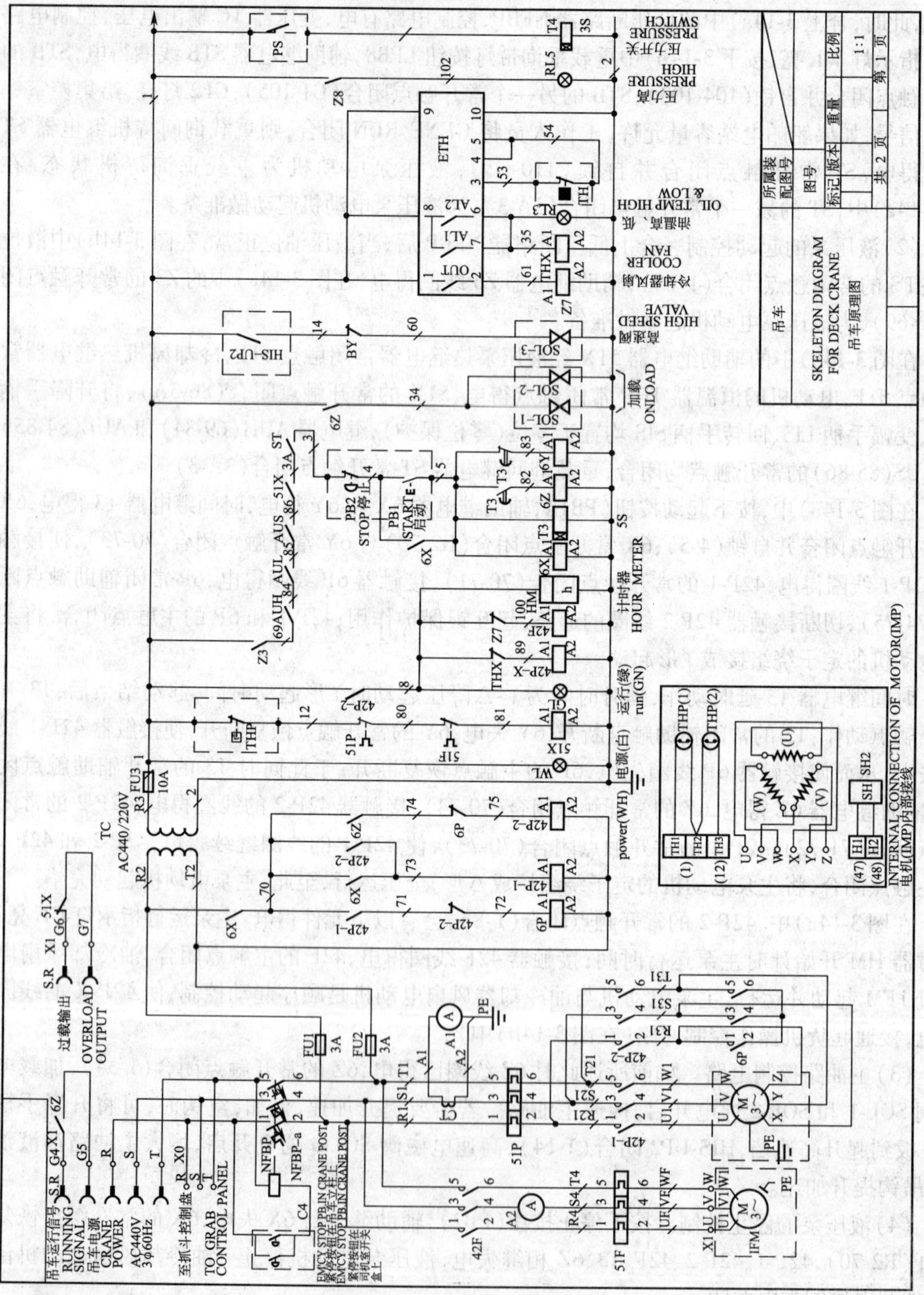

图 3-14a) 克令吊的电气原理图(一)

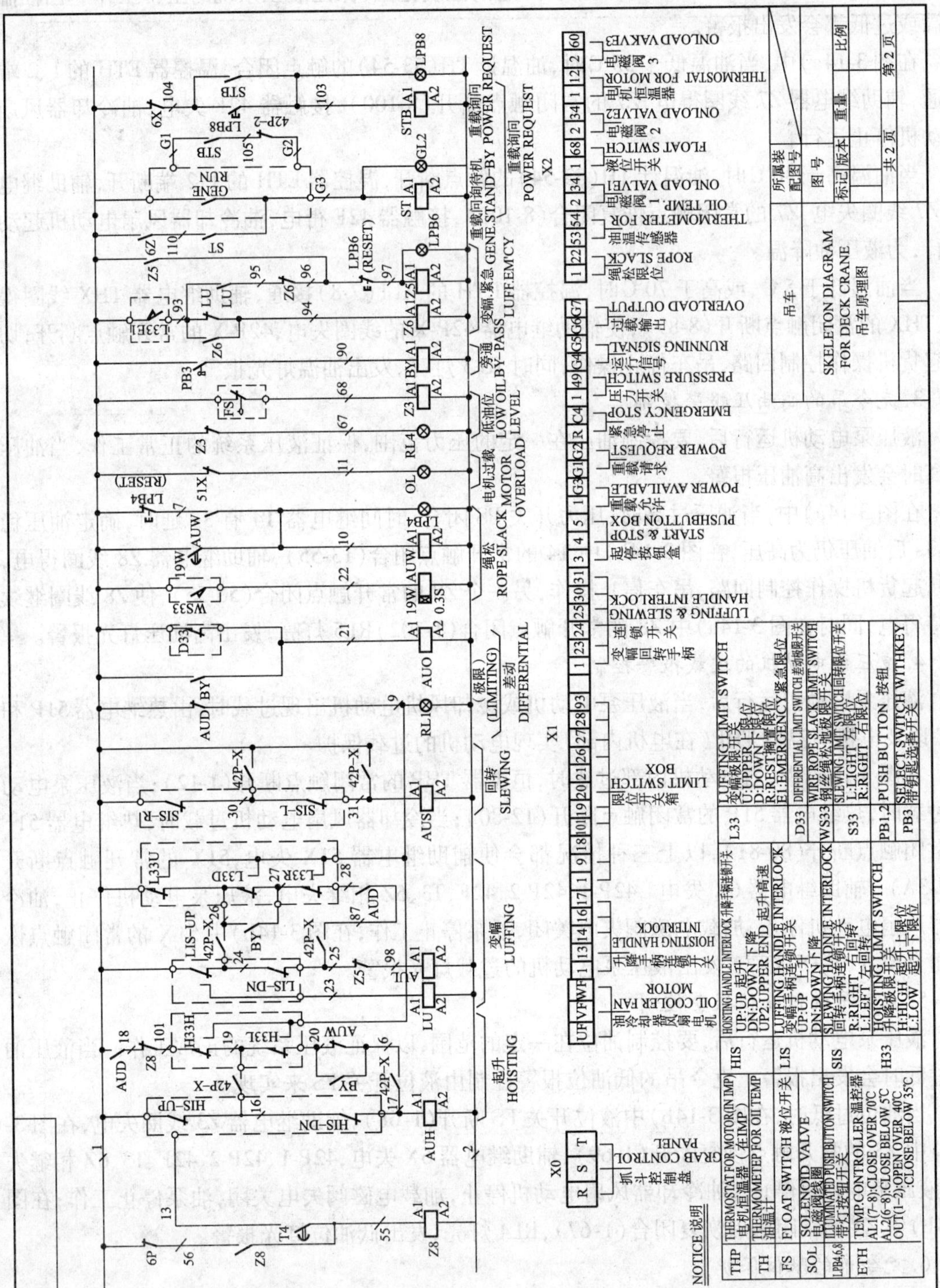

NOTICE 说明

THP	THERMOSTAT FOR MOTOR(IN IMP) 电机恒温器（在IMP）	HIS	HOISTING HANDLE INTERLOCK 升降手柄连锁开关 UP:UP 起升 DN:DOWN 下降 UP2:UPPER END 起升高速	L33	LUFFING LIMIT SWITCH 变幅极限开关 U:UPPER 上限位 D:DOWN 下限位 R:REST 搁置限位 E1:EMERGENCY 紧急限位
TH	THERMOMETEP FOR OIl TEMP 油温计				
FS	FLOAT SWITCH 液位开关	LIS	LUFFING HANDLE INTERLOCK 变幅手柄连锁开关 UP:UP 上升 DN:DOWN 下降	D33	DIFFERENTIAL LIMIT SWITCH 差动极限开关
SOL	SOLENOID VALVE 电磁阀线圈			WS33	WIRE ROPE SLACK LIMIT SWITCH 钢丝绳松弛极限开关
LPB4,6,8	ILLUMINATED PUSH BUTTON SWITCH 带灯按钮开关	SIS	SLEWING HADNLE INTERLOCK 回转手柄连锁开关 R:RIGHT 右回转 L:LEFT 左回转	S33	SLEWING LIMIT SWITCH 回转限位开关 L:LIGHT 左限位 R:RIGHT 右限位
ETH	TEMP.CONTROLLER 温控器 AL1(7–8):CLOSE OVER 70℃ AL2(6–8):CLOSE BELOW 5℃ OUT(1–2):OPEN OVER 40℃ :CLOSE BELOW 35℃	H33	HOISTING LIMIT SWITCH 升降极限开关 H:HIGH 起升上限位 L:LOW 起升下限位	PB1,2	PUSH BUTTON 按钮
				PB3	SELECT SWITCH WITHKEY 带钥匙选择开关

吊车	所属装配图号			
SKELETON DIAGRAM FOR DECK CRANE 吊车原理图	图号			
	标记	版本	重量	比例
	共2页		第2页	

图 3-14b) 克令吊的电气原理图(二)

2. 克令吊的油温报警控制

液压泵电动机运行后,要控制油温在一定的温度范围,保证液压系统的正常工作。当油温过高或过低都会发出报警。

在图3-14a)中,当油温低于35℃时,油温计TH(53-54)的触点闭合,温控器ETH的1、2端接通,辅助继电器Z7线圈得电,Z7的常闭触点断开(8-100),接触器42F失电,油冷却器风扇电动机停止运行。

当油温高于40℃时,油温计TH(53-54)的触点断开,温控器ETH的1、2端断开,辅助继电器Z7线圈失电,Z7的常闭触点恢复闭合(8-100),接触器42F得电,油冷却器风扇电动机起动运行,为液压油降温。

当油温低于5℃,或高于70℃时,温控器ETH的AL1(7-8)接通,辅助继电器THX线圈得电,THX的常闭触点断开(8-89),使辅助继电器42P-X的线圈失电,42P-X的常开触点断开,切断起货机操作控制回路,吊车停止操作,同时RL3灯亮,发出油温灯光报警。

3. 克令吊的高油压报警控制

液压泵电动机运行后,要控制油压在一定的压力范围,保证液压系统的正常工作,当油压过高时会发出高油压报警。

在图3-14a)中,当油压过高时,压力开关PS闭合,时间继电器T4有3s延时,确定油压稳定,3s后油压仍为高压,在图3-14b)中T4的常开触点闭合(13-55),辅助继电器Z8线圈得电,切断起货机操作控制回路,吊车停止操作,另一个Z8的常开触点闭合(56-55),使Z8线圈继续保持得电,同时在图3-14a)中Z8的常开触点闭合(1-102)RL5灯亮,发出高油压灯光报警。

4. 液压泵电动机的过载报警控制

液压泵电动机运行后,当液压泵电动机或冷却风机电动机出现过载时,由热继电器51P和51F以及电机恒温器THP(在电机内部)实现电动机的过载保护。

在图3-14a)中,当电动机内部过热时,恒温器THP的常闭触点断开(1-12);当液压泵电动机过载时,热继电器51P的常闭触点断开(12-80);当冷却器风扇电动机过载时,热继电器51F的常闭触点断开(80-81),以上三种情况都会使辅助继电器51X失电,51X的常开触点断开(86-3A),辅助继电器6X失电,42P-1、42P-2、42F、T3、6Z相继失电,液压泵电动机停止,油冷却器风扇电动机停止,加载电磁阀失电关闭,油泵停止工作;在图3-14b)中51X的常闭触点恢复闭合(1-11),OL灯亮,发出液压泵电动机的过载灯光报警。

5. 克令吊的低油位报警控制

液压泵电动机运行后,要控制油位在一定的范围,以保证液压系统的正常工作。当液压油位过低时会发出报警。克令吊的低油位报警控制由液位开关FS来实现。

当油位过低时,在图3-14b)中液位开关FS断开(1-68),辅助继电器Z3线圈失电,在图3-14a)中Z3的常开触点恢复断开(1-69),辅助继电器6X失电,42P-1、42P-2、42F、T3、6Z相继失电,液压泵电动机停止,油冷却器风扇电动机停止,加载电磁阀失电关闭,油泵停止工作;在图3-14b)中Z3的常闭触点恢复闭合(1-67),RL4灯亮,发出低油位灯光报警。

6. 克令吊的限位保护

(1)克令吊的升降限位保护。液压泵电动机运行后,辅助继电器42P-X的线圈已经得电,42P-X的常开触点闭合。在图3-14b)中辅助继电器AUD(差动)的线圈得电,AUD的常开触点

闭合(1-18)。

断开图 3-14b)中钥匙开关 PB3,从而关断旁通电路,辅助继电器 BY 线圈失电,BY 的常开触点断开(1-21)和(20-6)。当油压正常时,辅助继电器 Z8 不得电,Z8 的触点不动作。如果需要越过差动限位 D33 保护和绳松(AUW)保护紧急操作时,就接通钥匙开关 PB3,使辅助继电器 BY 线圈得电。

①当将升降手柄 HIS 扳到上升档,HIS-UP 断开(1-16),HIS-DN 闭合(16-17),辅助继电器 AUH 得电线路有 2 条线,分别是:

第一条得电线路:1—AUD(1-18)—Z8(18-101)—H33H(101-19)—42P-X(19-16)—HIS-DN(16-17)—AUH—2;

第二条得电线路:1—AUD(1-18)—Z8(18-101)—H33H(101-19)—H33L(19-20)—AUW(20-6)—42P-X(6-17)—AUH—2。

当达到起升上限位时,并且升降手柄 HIS 位于上升档,H33H(101-19)断开,并且右合,AUH 线圈失电,在图 3-14a)中 AUH 的常开触点断开,主泵电动机停止工作,同时极限指示灯 RL1 亮指示极限报警。H33H 起上升限位保护作用。但此时将升降手柄 HIS 扳到下降档,HIS-DN 断开(16-17),HIS-UP 闭合(1-16)、AUH 仍能继续得电,起动主泵电动机,可以下放吊钩。AUH 的得电线路为:1—HIS-UP(1-16)—42P-X(19-16)—H33L(19-20)—AUW(20-6)—42P-X(6-17)—AUH—2 。

②当将升降手柄 HIS 扳到下降档,HIS-DN 断开(16-17),HIS-UP 闭合(1-16)、辅助继电器 AUH 得电线路有 2 条线,分别是:

第一条得电线路:1— HIS-UP(1-16)—42P-X(16-19)— H33L(19-20)— AUW(20-6)—42P-X(16-17)—AUH—2 ;

第二条得电线路:1— AUD(1-18)—Z8(18-101)—H33H(101-19)— H33L(19-20)—AUW(20-6)—42P-X(6-17)—AUH—2。

当达到起升下限位时,并且升降手柄 HIS 位于下降档,H33L(19-20)断开,并且右合,AUH 线圈失电,在图 3-14a)中 AUH 的常开触点断开,主泵电动机停止工作,H33L 起下降限位保护作用。同时极限指示灯 RL1 亮指示极限报警。但此时将升降手柄 HIS 扳到上升档,HIS-UP 断开(1-16),HIS-DN 闭合(16-17)、AUH 仍能继续得电,起动主泵电动机,可以起升吊钩。AUH 的得电线路为:1—AUD(1-18)—Z8(18-101)—H33H(101-19)—42P-X(19-16)—HIS-DN(16-17)—AUH—2 。

(2)克令吊的变幅限位保护。液压泵电动机运行后,关断旁通电路。辅助继电器 42P-X 的线圈已经得电,在图 3-14b)中辅助继电器 AUD(差动)的线圈得电,AUD 的常开触点闭合(28-87)。

①当将变幅手柄 LIS 扳到上升档,LIS-UP 断开(1-24),并且左合,LIS-DN 闭合(24-25),辅助继电器 LU 的线圈得电,LU 的触点(93-94、93-95)动作,为变幅紧急限位做准备;辅助继电器 AUL 有 2 条得电线路,分别是:

第一条得电线路:1—L33U(1-26)—42P-X(26-24)—LIS-DN(24-25)—Z5(25-98)—AUL—2;

第二条得电线路:1—L33U(1-26)—L33D(26-27)—L33R(27-28)—AUD(28-87)—-42P-

X(87-25)— Z5(25-98)—AUL—2。

当达到变幅上限位时,并且变幅手柄 LIS 位于上升档,L 33U(1-26)断开,并且右合,AUL 线圈失电,在图 3-14a)中 AUH 的常开触点断开,主泵电动机停止工作,L33U 起变幅上限位保护作用。同时极限指示灯 RL1 亮指示极限报警。但此时将变幅手柄 LIS 扳到下降档,LIS-UP 闭合(1-24),LIS-DN 断开(24-25),AUL 仍能继续得电,起动主泵电动机,可以下放吊臂。AUL 的得电线路为:1—LIS-UP(1-24)— 42P-X(24-26)—L33D(26-27)—L33R(27-28)—AUD(28-87)—42P-X(87-25)— Z5(25-98)—AUL—2 。

②当将变幅手柄 LIS 扳到下降档,LIS-DN 断开(24-25),LIS-UP 闭合(1-24)、辅助继电器 AUH 有 2 条得电线路,分别是:

第一条得电线路:1—LIS-UP(1-24)—42P-X(24-26)— L33D(26-27)—L33R(27-28)—AUD(28-87)—42P-X(87-25)— Z5(25-98)—AUL—2;

第二条得电线路: 1—L33U(1-26)— L33D(26-27)—L33R(27-28)—AUD(28-87)—42P-(87-25)— Z5(25-98)—AUL—2。

当达到变幅下限位时,并且变幅手柄 LIS 位于下降档,L33D(26-27)断开,并且右合,AUL 线圈失电,在图 3-14a)中 AUH 的常开触点断开,主泵电动机停止工作,L33D 起变幅下限位保护作用。同时极限指示灯 RL1 亮指示极限报警。但此时将变幅手柄 LIS 扳到上升档,LIS-UP 断开(1-24),并且左合,LIS-DN 闭合(24-25),AUL 仍能继续得电,起动主泵电动机,可以起升吊臂。AUL 的得电线路为:1—L33U(1-26)— 42P-X(26-24)— LIS-DN(24-25)— Z5(25-98)—AUL—2。

③搁置限位保护。L33R 为搁置限位保护,当克令吊完成起吊任务后,吊臂、钢丝等应恢复搁置到指定位置。如果吊臂、钢丝等没有搁置到指定位置,L33R 右合,AUL 不能得电,主泵不能起动,同时极限指示灯 RL1 亮,指示极限报警。

④紧急限位保护。L33E1 为紧急限位保护,当变幅上升限位没能动作,而在变幅上升档时,辅助继电器 LU 已经得电,LU 的触点已动作,L33E1 的常开触点闭合(1-93),辅助继电器 Z5 的线圈得电,Z5 的常闭触点断开,AUL 的线圈失电,使主泵电机失电停车,达到变幅极限位置保护。

此时,按下带灯复位按钮 LPB6,辅助继电器 Z5 失电,Z5 的常闭触点恢复闭合(25-98);同时若将变幅手柄 LIS 扳到下降档,辅助继电器 LU 失电,LU 的常闭触点恢复闭合(93-94),辅助继电器 Z6 的线圈得电,Z6 的常开触点闭合(93-94)实现自锁;Z6 的常闭触点断开(95-96),使 Z5 的线圈失电, AUL 的线圈得电,起动主泵电机,实现吊臂变幅下降。

(3)克令吊的回转限位保护。此克令吊没有接回转限位保护开关 S33,可以 360°回转。液压泵电动机运行后,关断旁通油路,接通主油路。辅助继电器 42P-X 的线圈、BY 的线圈、AUD(差动)的线圈均得电,当将回转手柄 SIS 扳到右回转档,SIS-R 断开(1-30),SIS-L 闭合(30-31),辅助继电器 AUS 得电路线是:1— 42P-X(1-30)—SIS-L(30-31)— AUS—2;当将回转手柄 SIS 扳到左回转档,SIS-L 断开(30-31),SIS-R 闭合(1-30)、辅助继电器 AUS 得电路线是: 1—SIS-R(1-30)—42P-X 两个(30-31)— AUS—2。在图 3-14a)中 AUS 的常开触点闭合,起动主泵电动机。

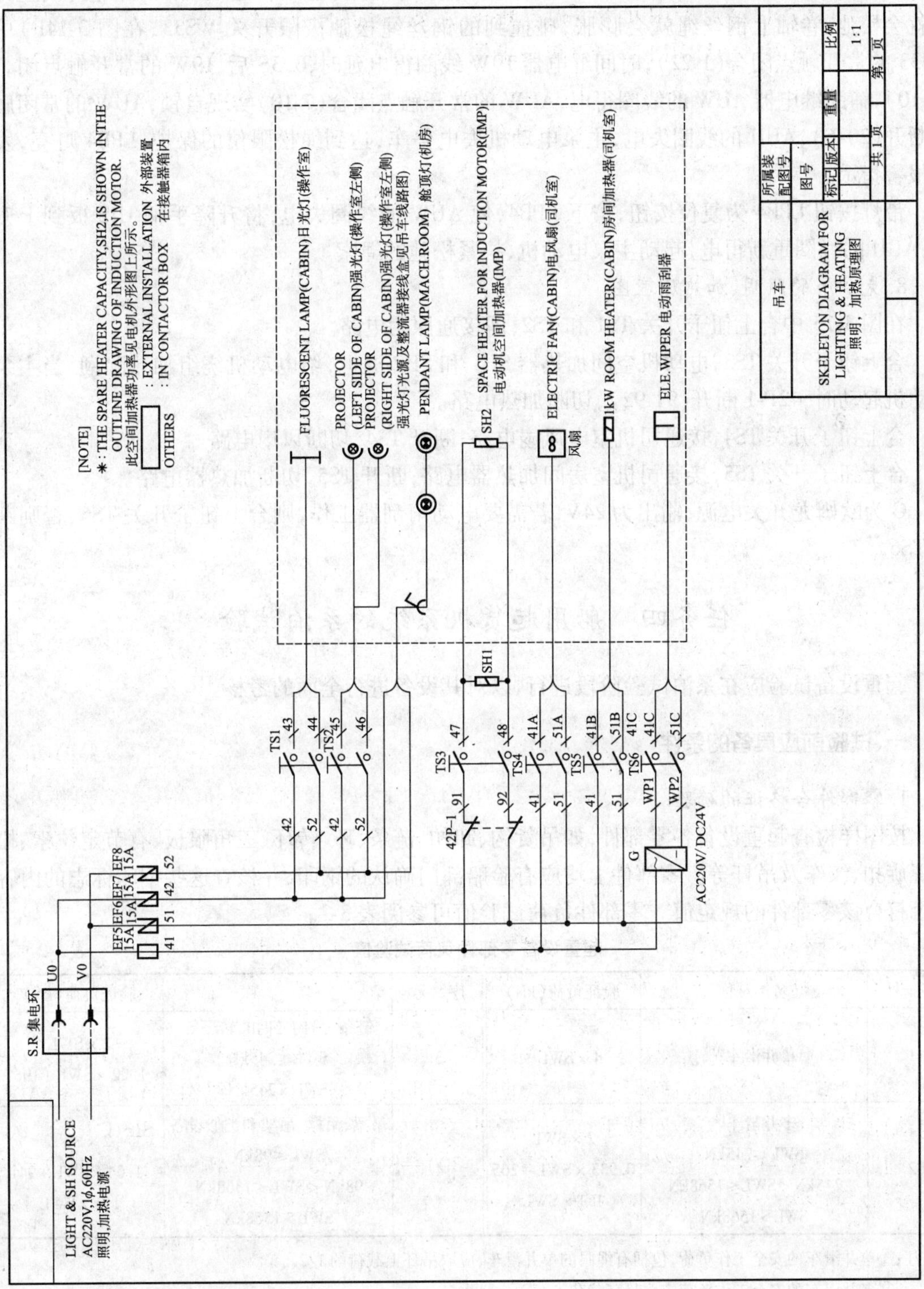

LIGHT & SH SOURCE
AC220V,1ϕ,60Hz
照明,加热电源

S.R 集电环
U0
V0

EF5 15A
EF6 15A
EF7 15A
EF8 15A
41 51 42 52

[NOTE]
✽: THE SPARE HEATER CAPACITY,SH2,IS SHOWN INTHE OUTLINE DRAWING OF INDUCTION MOTOR.
此空间加热器功率见电机外形图上所示。
▭ : EXTERNAL INSTALLATION 外部装置
OTHERS : IN CONTACTOR BOX 在接触器箱内

TS1 42 43 52 44
TS2 42 45 52 46
TS3 42P−1 91 47
TS4 92 48 41 41A 51 51A
TS5 41 41B 51 51B
TS6 41C WP1 41C WP2 51C
SH1
G
AC220V/ DC24V

FLUORESCENT LAMP(CABIN)日光灯(操作室)
PROJECTOR (LEFT SIDE OF CABIN)强光灯(操作室左侧)
PROJECTOR (RIGHT SIDE OF CABIN)强光灯(操作室左侧)
强光灯光源及整流器接线盒见吊车线路图)
PENDANT LAMP(MACH.ROOM) 舱顶灯(机房)
SH2 SPACE HEATER FOR INDUCTION MOTOR(IMP)
电动机空间加热器(IMP)
ELECTRIC FAN(CABIN)电风扇(司机室)
风扇
1kW ROOM HEATER(CABIN)房间加热器(司机室)
ELE.WIPER 电动雨刮器

吊车	所属装配图号			
SKELETON DIAGRAM FOR LIGHTING & HEATING 照明，加热原理图	图号			
	标记 版本	重量	比例	
			1:1	
	共1页		第1页	

图3-15 克令吊的电气原理图(三)

7. 克令吊的绳松限位保护

当下放吊钩到达下限位时，H33L 下限位没有动作，吊钩着地若还继续下放，吊钩钢丝绳索就会松弛，卷轴上钢丝绳就会膨胀，碰撞到的钢丝绳松弛极限开关 WS33，在图 3-14b）中 WS33 的常开触点闭合（1-22），时间继电器 19W 线圈得电延时，0.3S 后，19W 的常开触点闭合（1-10），辅助继电器 AUW 的线圈得电，AUW 的常开触点闭合（7-10）实现自锁，AUW 的常闭触点断开（20-6），AUH 的线圈失电，主泵电动机失电停车，达到绳松限位的保护，LPB4 灯亮，发出报警指示。

带灯按钮 LPB4 为复位按钮，按下 LPB4，使 AUW 的线圈失电，将升降手柄 HIS 扳到上升档，AUH 的线圈重新得电，起动主泵电动机，拉紧松弛的绳索。

8. 克令吊的照明、加热原理图

在图 3-15 中合上钮子开关 TS1 和 TS2，即接通照明电路。

合上钮子开关 TS3，电动机空间加热器 SH1 和 SH2 通电，给电动机绕组加热除潮，当主泵电动机起动时，42P-1 断开（91-92），切断加热电路。

合上钮子开关 TS4，接通司机室电风扇电路；断开 TS4，切断风扇电路。

合上钮子开关 TS5，接通司机室房间加热器电路；断开 TS5，切断加热器电路。

G 为欧姆龙开关电源，输出为 24V，若需要电动雨刮器工作，则合上钮子开关 TS6，否则断开 TS6。

任务四　船用起货机系统的系泊试验

起重设备试验应在系泊试验阶段进行，以对其设备进行全面的考核。

一、试验前应具备的条件

1. 零部件合格证的确验

按图样检查起重设备各零部件，如吊货钩、卸扣、链条、环、转环、三角眼板、有节定位索、松紧螺旋扣、绞车及吊杆等。零部件上均应有验船部门确认的钢印，并核查这些钢印标志的内容是否符合该零部件的规定值。零部件负荷试验值可参阅表 3-2。

起重设备零部件负荷试验值　　表 3-2

序　号	名　　称	验证负荷（kN）	序　号	名　　称	验证负荷（kN）
1	单并滑车①	4×SWL③	3	链条、吊钩、卸扣、转环等 SWL≤245kN SWL＞245kN	2×SWL 1.22×SWL+196
2	多并滑车② SWL≤245kN 245kN＜SWL≤1568kN SWL＞1568kN	2×SWL 0.933×SWL+265 1.1×SWL	4	吊梁、吊框、吊架和类似设备 SWL≤98kN 98kN＜SWL≤1568kN SWL＞1568kN	2×SWL 1.04×SWL+94 1.1×SWL

注：①单并滑车的安全工作负荷，包括有绳眼的单并滑车，应取吊环上载荷的 1/2。

②多并滑车的安全工作负荷应取吊环载荷。

③表中 SWL 为安全工作负荷。

2. 零部件的校核

起重设备使用的钢索的规格尺寸应符合图样要求,并具有船检证书和工厂的材质证明证件。若无船检证书,则需复试钢索破断负荷,或按下述两种方法之一取得。

(1)从整根钢索上割取试样进行破断试验。试样割取前,两端须扎紧,不使试样钢丝松弛。试样的试验长度为钢索直径的36倍。试验机的加载速度在到达公称破断负荷80%之前可较快地加载,此后应慢慢地平稳加载,直至到达最大负荷。若试样断裂的位置在夹具附近,此试验应重新进行。

(2)钢索的破断负荷可以单根钢丝的破断拉力之总和乘以换算系数确定。换算系数可按国际标准或验船部门承认的标准选取。

(3)起重设备试验用的吊重物,应作称重检定,并有标志。

对于山字形吊钩的验证负荷试验可按图3-16a)、b)所示方法进行,附加负荷试验可按图3-16c)所示,其试验负荷为验证负荷的1/2。

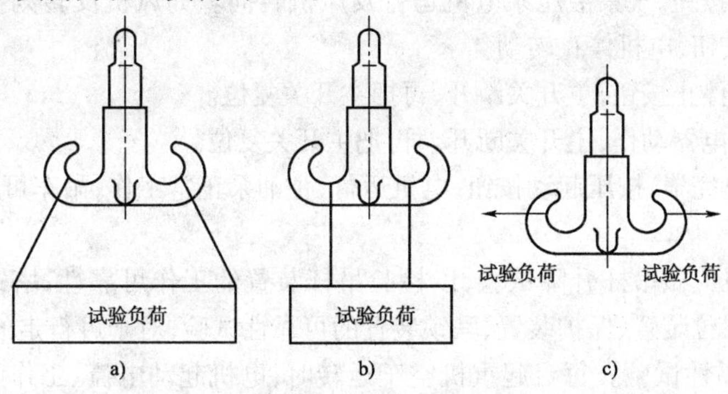

图3-16　吊钩负荷试验

链条(长环或短环)除按表3-2的规定进行验证外,尚应进行破断试验。通常每55m链条长度割取一段(5环)为试样,破断负荷应不小于链条安全工作负荷的4倍。

3. 通电前的准备工作

(1)检查液压系统是否安装完毕。

(2)检查系统接线图检查接线是否正确及设备是否完整,并对控制箱进行清洁保养。

(3)把所需的仪表准备好,如绝缘表、万用表、钳形电流表等。

(4)检查电机绝缘、主电源、主回路及控制回路的绝缘是否符合要求 。

(5)根据设备要求整定电器参数:时间继电器的延时时间,热继电器整定值、压力继电器压力整定等。

二、试验内容

(1)液压管系投油清洗检验。

(2)安全溢流阀试验。

(3)送电过程及操作。

(4)空载试验。

(5)吊重负荷试验。

三、试验要求

1. 液压管系的投油清洗

在液压管系进行投油清洗时，检查滤网（200 目/in^2 或 30 目/cm^2）或滤纸，应无杂质、垃圾。

2. 溢流阀试验

液压系统安全溢流阀应在技术要求所规定的溢流压力时打开。

3. 送电过程及操作

（1）当绝缘检查完毕后，合上主配电板上的电源开关，在控制箱的电源开关上端检查有 AC440V 电压后，合上主开关。

（2）合上控制回路电源开关，电源指示灯亮。

（3）按压起动按钮，观察液压泵电机运行及风机转向。如风机反转则把风机电源线调相处理。按压停止按钮，电机停止转动。

（4）按压应急停止按钮，主开关断开，再把主开关复位。

（5）模拟热继电器动作，主开关断开。再把主开关复位。

上述工作检查完毕，按压起动按钮，电机运行，主油泵正常工作，吊车可以正常使用。

4. 空载试验

吊杆式起重机应做吊杆升降试验，以检验吊杆装置的工作可靠性；塔式起重机应进行旋转、变幅、起升等限位装置、保护装置、联锁装置的可靠性试验；对于可行走的起重机，还应进行行程限位装置可靠性试验。每台起重机空车运转时，电机起动电流、工作电流应在规定范围内，电机及控制箱的冷、热态绝缘电阻应大于 1MΩ。

5. 吊重负荷试验

（1）吊杆式起重设备的每根吊杆应按表 3-3 所示的负荷进行试验。试验时，吊杆一般应放置在与水平线呈 15°的仰角或按设计的最小水平夹角的仰角位置，进行升降和制动试验。当电动机失电或油马达失压时，试验负荷应保持在悬挂位置。对于双杆操作的吊杆，尚须进行双杆联吊试验，试验负荷按表 3-3 所示。试验时，双杆放置在设计位置，将负荷在舷外与舱内之间内相互转运，以检验工作可靠性。试验完毕，所有零部件不允许有变形或损伤。

吊杆式起重设备、塔式起重机试验负荷 表 3-3

安全工作负荷 SWL(kN)	试验负荷(kN)	安全工作负荷 SWL(kN)	试验负荷(kN)
SWL≤198 kN	1.25×SWL	SWL>490 kN	1.1×SWL
196kN<SWL≤490 kN	SWL+49		

（2）塔式起重机应按表 3-3 所示的负荷进行吊重试验。试验时，吊臂架应分别放置在规定的最大和最小两个变幅位置，进行起升、回转、变幅和制动试验，要求制动时无滑移，起升、回转、变幅、行走时工作正常。对于具有不同臂幅、不同安全负荷的起重机，一般应在不同臂幅所对应的试验负荷下进行试验。对超负荷保护装置、超力矩保护装置应进行动作试验，在完成上述试验项目后，还应对起重机进行安全工作负荷下的起升、回转和变幅试验，并对超负荷效能负荷指示器和限位工作情况作检查。吊重时，电机起动电流和工作电流应在规定范围内，电机

及控制箱热态绝缘电阻应大于1MΩ。试验结束后,应对起重机进行全面检查,应无永久变形或其他缺陷。

四、试验方法

1. 液压管路投油清洗

投油前先对油箱进行清洁检查,应无颗粒垃圾及电焊飞溅。投油应在油箱内加入与正常使用时同样牌号的液压油,并加热到45℃左右。投油一段时间后检查滤网或滤纸,应无杂质、垃圾。

2. 溢流压力的整定

液压系统安全溢流阀按系泊试验技术要求所规定的溢流压力进行调整,当达到溢流压力时,溢流阀应打开,试验2~3次。

3. 空载试验

空载试验时,一般先做升降试验,单独及联合旋转、变幅、升降等动作试验均不少于2次,然后对起吊限位、旋转及行走限位装置,失电、失压保护装置,以及联锁信号装置进行检验。每台起货机应空载、中速运转半小时,并进行倒顺车试验。当上述试验完成后,即可对起重设备进行吊重负荷试验。

4. 起重设备的吊重负荷试验

(1)吊杆式起货设备的吊重负荷试验。将试验负荷吊离甲板一段距离,悬挂时间不少于5分钟,若无滑移,可认为吊杆装置能承受此负荷。然后,慢速升降重物并进行绞车制动试验,次数不少于2次。制动试验应在负荷快速下降,距离约3m时进行,检查重物能否保持在原来位置,验证制动是否有效。对具有负荷指示器或超负荷保护器的起重机,其负荷应按系泊试验大纲要求进行核对,并进行动作试验。在负荷吊至悬挂位置时,进行电动机失电保护和液压失压保护试验,此时保护时装置应能使负荷保持在悬挂位置,并用人工释放装置做安全释放。吊杆式起重机还应在带试验负荷的情况下进行慢速、变幅和回转试验,变幅角度按设计规定的工作角度,回转试验应在最低的设计变幅角度下进行,回转极限角度按设计图样的规定。对于具有双杆操作功能的吊杆式起重设备,在单杆试验后,须进行双杆联吊试验,将负荷从舷外吊入舱内,再从舱内送回舷外,来回吊送不少于3次。每条船具有相同结构和布置的吊杆,3对以上至少试1对,4对至6对至少试2对,以此类推。试验中若发现问题,则每对吊杆均需进行试验。试验完毕后应进行全面检查,不应有永久变形、损伤等缺陷。

(2)塔式起货设备的吊重负荷试验。将臂架放置在规定的最大和最小两个臂幅位置,试验负荷吊离甲板一段距离,悬挂时间不少于5分钟,如无滑移,可认为臂架装置能承受此负荷。然后进行慢速起升、回转、变幅试验和起升、回转变幅机构的制动试验,各不少于2次,在负荷快速下降时进行刹车试验。对可行走的起重机,在负荷状态下进行慢速全程行走时的制动试验,负荷物应无滑移。

对于有不同臂幅、不同安全工作负荷的起重机,一般应在不同臂幅相应的试验负荷下进行试验。试验时,所取的负荷按系泊试验大纲的规定。对超负荷保护装置、超力矩保护装置应进行动作试验,试验要求按系泊试验大纲。起重机经过超负荷试验后,应进行安全工作负荷下的操作试验,试验起升、回转和变幅的各档运转速度,以检查运转情况、超负荷效能、负荷指示器

和限位器等是否处于良好的工作状态。试验时,运动部件应无发热和敲击现象,各液压系统及液压马达应无泄漏现象。试验后进行全面检查,应无永久变形及其他缺陷。

五、试验记录

起重设备工作时,应测量油泵的工作油压、油泵及液压马达转速,测量起货机吊重时上升、下降、吊臂上升及下降、回转时的电动机起动电流、工作电流、电压、绝缘电阻及转速。在额定负载时,电流不应超过电机铭牌的额定电流。表3-4为起货机吊重试验记录表。

起重机吊重试验记录表 表3-4

船名________ 试验日期________年________月________日

<table>
<tr><td colspan="3">起重机编号</td><td colspan="7">1</td><td colspan="7">2</td></tr>
<tr><td colspan="3" rowspan="2">项目
电机或油泵类型</td><td rowspan="2">试验负荷/kN</td><td colspan="2">电机电流/A</td><td rowspan="2">电压/V</td><td rowspan="2">电机转速/r/min</td><td rowspan="2">油泵压力/MPa</td><td rowspan="2">热态绝缘电阻/MΩ</td><td rowspan="2">试验负荷/kN</td><td colspan="2">电机电流/A</td><td rowspan="2">电压/V</td><td rowspan="2">电机转速/r/min</td><td rowspan="2">油泵压力/MPa</td><td rowspan="2">热态绝缘电阻/MΩ</td></tr>
<tr><td>启动</td><td>工作</td><td>启动</td><td>工作</td></tr>
<tr><td rowspan="6">升降电机或油泵</td><td rowspan="3">上升</td><td>1</td><td></td><td></td><td></td><td></td><td></td><td></td><td></td><td></td><td></td><td></td><td></td><td></td><td></td><td></td></tr>
<tr><td>2</td><td></td><td></td><td></td><td></td><td></td><td></td><td></td><td></td><td></td><td></td><td></td><td></td><td></td><td></td></tr>
<tr><td>3</td><td></td><td></td><td></td><td></td><td></td><td></td><td></td><td></td><td></td><td></td><td></td><td></td><td></td><td></td></tr>
<tr><td rowspan="3">下降</td><td>1</td><td></td><td></td><td></td><td></td><td></td><td></td><td></td><td></td><td></td><td></td><td></td><td></td><td></td><td></td></tr>
<tr><td>2</td><td></td><td></td><td></td><td></td><td></td><td></td><td></td><td></td><td></td><td></td><td></td><td></td><td></td><td></td></tr>
<tr><td>3</td><td></td><td></td><td></td><td></td><td></td><td></td><td></td><td></td><td></td><td></td><td></td><td></td><td></td><td></td></tr>
<tr><td colspan="2" rowspan="3">旋转电机或油泵</td><td>1</td><td></td><td></td><td></td><td></td><td></td><td></td><td></td><td></td><td></td><td></td><td></td><td></td><td></td><td></td></tr>
<tr><td>2</td><td></td><td></td><td></td><td></td><td></td><td></td><td></td><td></td><td></td><td></td><td></td><td></td><td></td><td></td></tr>
<tr><td>3</td><td></td><td></td><td></td><td></td><td></td><td></td><td></td><td></td><td></td><td></td><td></td><td></td><td></td><td></td></tr>
<tr><td colspan="2" rowspan="3">变幅电机或油泵</td><td>1</td><td></td><td></td><td></td><td></td><td></td><td></td><td></td><td></td><td></td><td></td><td></td><td></td><td></td><td></td></tr>
<tr><td>2</td><td></td><td></td><td></td><td></td><td></td><td></td><td></td><td></td><td></td><td></td><td></td><td></td><td></td><td></td></tr>
<tr><td>3</td><td></td><td></td><td></td><td></td><td></td><td></td><td></td><td></td><td></td><td></td><td></td><td></td><td></td><td></td></tr>
</table>

结论:

SIKAO YU LIANXI

3.1 船舶起货机对拖动电动机有哪些基本要求?

3.2 对船舶电动起货机的控制线路有哪些基本要求?

3.3 叙述电动液压起货机的组成,各部分是如何协调工作的。

3.4 试述图3-12所示电动液压起货机起动主油泵的动作过程。

3.5　克令吊的安全保护装置有哪些?

3.6　叙述图3-14a)和图3-14b)克令吊的电气原理图中重载垂询电路的作用和原理。

3.7　以克令吊的限位保护中的升降限位为例,叙述克令吊限位保护工作原理。

3.8　叙述凸轮控制器典型控制器控制的桥式起重机电路中,下放重物时电动机的运行状态。

3.9　叙述船用起货机的系泊试验方法。

项目四　船舶救生艇、救助艇系统的电力拖动控制

● **教学目标**

能力目标

1. 能安装与调试船舶救生艇、救助艇系统的电力拖动控制线路；
2. 能对照船舶救生艇、救助艇系统电气原理图排除电路常见故障；
3. 能撰写电气控制系统检修维护报告书。

知识目标

1. 熟悉救生艇和救助艇的种类、基本结构；
2. 了解救生艇和救助艇的检查及维护保养等知识；
3. 掌握救生艇艇机的基本结构、工作原理、起动与操作及一般故障的排除方法；
4. 掌握救生艇、救助艇的电气工作原理。

情感目标

1. 具备良好的职业道德；
2. 具备严谨的工作态度；
3. 具备高度责任感。

任务一　船舶救生艇、救助艇系统的认识

一、救生艇和救助艇的种类、结构

依照 SOLAS 公约(Convention on the Safety of Life at Sea 海上人命安全公约)及《海船救生设备规范》的要求船舶必须配备相适应的救生艇筏和救助艇。当船舶遇险时，可帮助船员和旅客迅速撤离难船，以保障船员和旅客的生命安全。此外，救生艇筏和救助艇还可用于救助他船遇险人员或落水人员或作联络交通工具等。

1. 救生艇的种类、结构

救生艇是一种具有一定强度、稳性、浮力，属具备品齐全，并能搭载一定人员的刚性小艇，它的机动性和安全性优于其他救生设备，因此，它是船舶救生设备中主要的脱险工具。

(1)救生艇的分类。救生艇按结构形式不同可分为开敞式、部分封闭式和全封闭式三种救生艇 。

①开敞式救生艇。开敞式救生艇是一种在艇缘以上部分没有固定刚性顶篷装置的救生艇。开敞式救生艇目前仅用于沿海小型船舶及内陆水域船舶。开敞式救生艇示意图如图 4-1 所示 。

②部分封闭式救生艇。此类救生艇在艇的首、尾部各有不小于艇长 20% 的永久附连的刚

性顶篷装置。艇的中部两舷设有可折式出入口,要求由1~2人可以从内外两面迅速地开启或关闭。此类救生艇的出入口较封闭式救生艇大,在正常情况下登乘时,可方便较多人员从一舷或两舷出入口同时登乘。可折式出入口连同首尾部的刚性顶篷,在艇上部形成一个能挡风避雨的遮蔽。艇首、尾部的出口及两舷的可折式出入口,在开启时可用来通风,关闭时能防止海水和寒气侵入。艇的登乘、释放、瞭望、驾驶操作及属具备品均满足一般封闭式救生艇设计要求。这种救生艇既保留了开敞式救生艇的优点,又克服了人员完全暴露在自然环境中的缺点。部分封闭式救生艇外形图如图4-2所示。

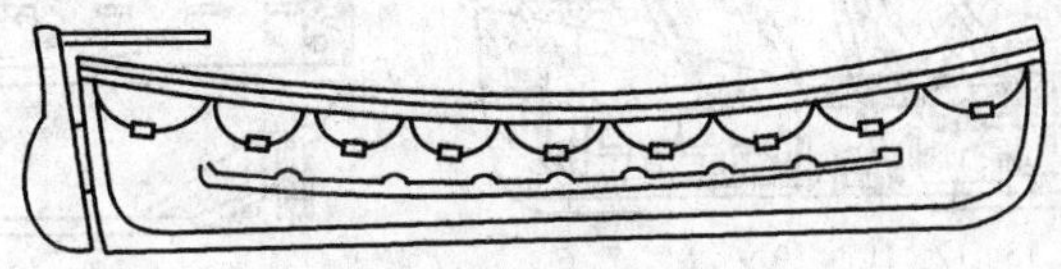

图4-1　开敞式救生艇示意图

③全封闭式救生艇。全封闭式救生艇是一种在艇的上部设有封闭型固定刚性顶篷装置的救生艇。全封闭式救生艇外形图如图4-3所示。

图4-2　部分封闭式救生艇外形图

图4-3　全封闭式救生艇外形图

(2)自由降落入水救生艇的基本构造与各部名称。自由降落入水救生艇,是在全封闭式艇的基础上加强结构强度,以承受救生艇在自由入水时的强大冲击力。自由降落入水救生艇结构如图4-4所示。

①自由降落救生艇通常设计有自供气体系统。

②自由降落救生艇的乘员定额,应为不影响推进装置或任何救生艇属具操作条件下可提供的座位数量。艇员的座位设置为低姿面向艇尾。座位的宽度至少为430mm,座位靠背应高出座位至少1 000mm,座位靠背前面的空间至少为635mm座位上均设有安全带。

③自由降落入水救生艇存放时,首朝下、尾在上,纵向斜置安装在船尾特定的存放架上;紧急释放时,艇随自身重力沿滑道滑出存放架入水;回收时,由液压杆推动门形吊艇架至舷外,松出吊艇索,再用吊艇钩将艇吊起、复位、锁定。

④自由降落入水救生艇的登乘口通常设计为尾门式。人员登乘或离艇均在艇尾处的登乘平台进行。

⑤艇后顶部凸起的窗口,四面为水密型钢化玻璃,可提供360°视域,以方便驾驶人员瞭望和操纵救生艇。

⑥为保障艇在自由下滑入水时的安全,艇的顶部两侧通常不设安全扶手和附属装置;艇的制造材料通常为玻璃钢。

⑦自由降落入水救生艇柴油机的起动、释放前的报警和脱钩装置的操作等,可由艇长在驾

驶位置一人操作。

⑧船舶只能配备一艘自由降落入水救生艇和与之配套的存放装置。

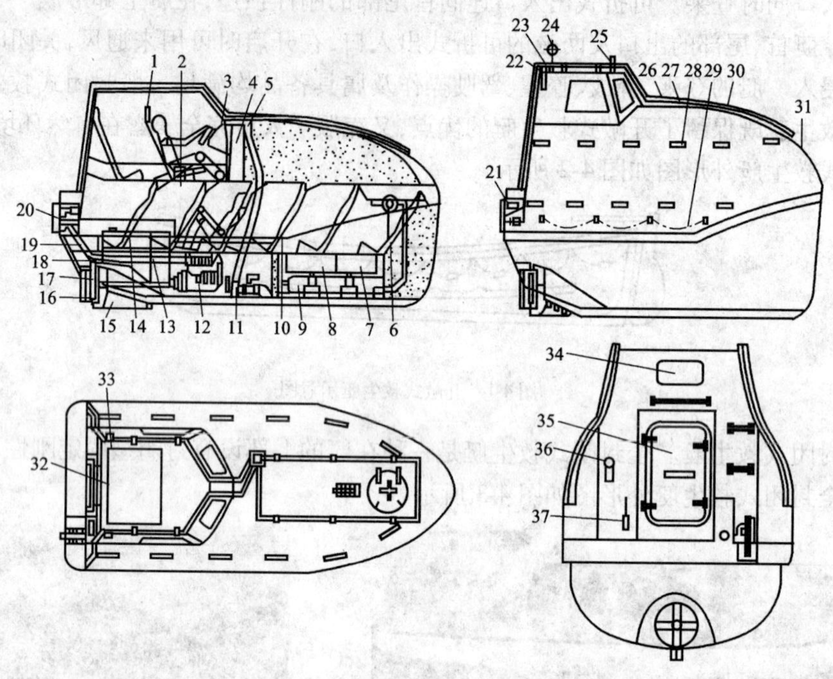

图4-4　自由降落入水救生艇结构

1-驾驶员座位;2-正常释放手柄;3-备品箱;4-空气瓶;5-输水管;6-手摇泵;7-水箱;8-属具箱;9-控制面板;10-座位;11-洒水泵;12-发动机;13-油箱;14-主轴;15-托泥板;16-导流管;17-螺旋桨;18-舵杆;19-柴油机排气管;20-应急释放手柄;21-释放钩;22-后起吊装置;23-吊艇索固定座;24-雷达反射器;25-示位灯;26-分水斗;27-洒水管;28-反光带;29-救生索;30-前起吊装置;31-拖带桩;32-应急操舵手柄;33-雨水收集器;34-瞭望窗;35-尾门;36-通气阀;37-充电器插头

2.救助艇的种类

救助艇是指为救助海上遇险人员及集结救生艇筏而设计的特殊救生艇。为了更安全地、更快捷地救助遇险人员和集结海上救生艇筏,船舶必须按规定配备救助艇。

救助艇的种类可分为刚性救助艇、充气式救助艇和刚性与充气混合式救助艇。

(1)刚性救助艇。刚性救助艇指由刚性材料构成的救助艇。刚性救助艇是由阻燃玻璃钢制成,在内壳与外壳充满了聚氨酯泡沫,提供给救助艇足够的浮力。如果在水线面下的船体有损坏,浮体仍可提供足够的浮力使艇在安全水平面上漂浮。救助艇两侧设有耐油不吸泡沫护舷,外有两层紧固橡胶以便更换。救助艇两侧设有钢性扶手以便乘员上下,自泄式甲板确保进入艇内的海水快速排放。高速救助艇配备自扶正空气箱,满足客货滚装轮的使用要求和LSA、CODE及MSC/CIRC809规范要求。

刚性救助艇又分为开敞式和封闭式两种。开敞式救助艇在释放、回收、实施水上集结和救助操作等方面较封闭式救助艇更加方便。为此,开敞式救助艇为目前最常见的救助艇。刚性救助艇设置舷内发动机,驾驶操作装置通常设在艇的右前位置。刚性救助艇如图4-5所示。

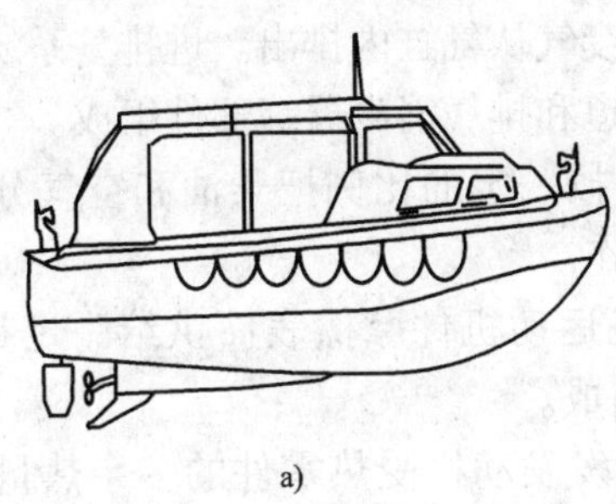
a)

b)

图 4-5　刚性救助艇

a)封闭式救助艇;b)开敞式救助艇

(2)充气式救助艇。充气式救助艇的艇体主要是由橡胶材料制成的浮力舱和艇底构成。其浮力由 5 个或 2 个体积大致相等的独立浮力舱提供。浮力舱的布置能在任一浮力舱损坏时,未损坏的浮力舱仍能支持该救助艇的额定乘员。充气式救助艇一般配备艇尾舷外汽油发动机,如 1998 年夏季我国南方解放军抗洪抢险所用的橡胶冲锋舟。充气式救助艇如图 4-6 所示。

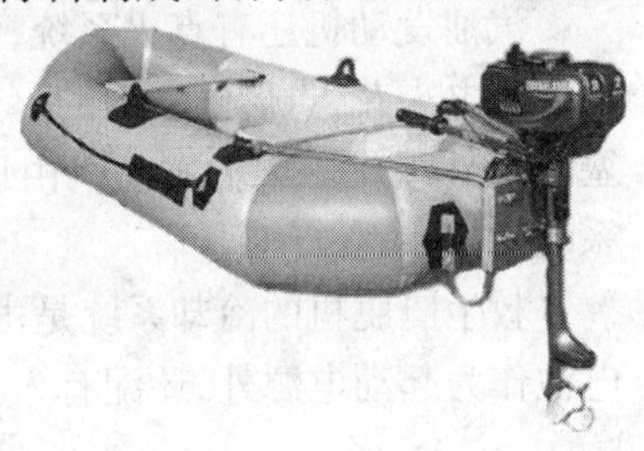
图 4-6　充气式救助艇

(3)刚性与充气混合式救助艇。该种救助艇构造材料中既有刚性材料又有橡胶材料,现已极少使用。

二、救生艇艇机系统

机动救生艇由于配备了艇机,解决了救生艇的动力问题,这样一来它的灵活性、快速性要比非机动救生艇优越得多,从而为海上人命安全提供了更可靠的保障。故此现在船舶广泛采用机动救生艇。

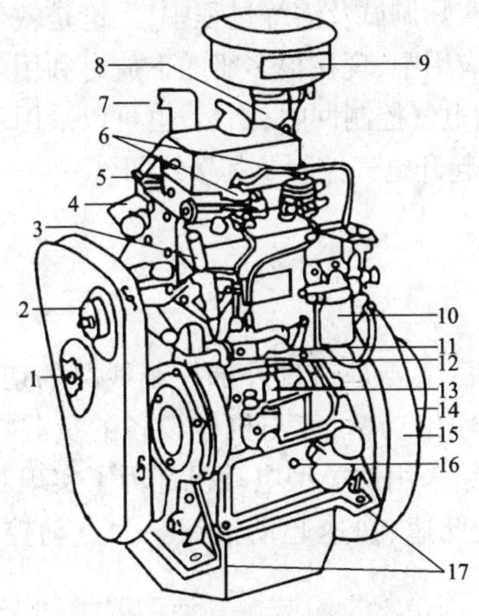

图 4-7　救生艇艇机结构

1-充电发电机;2-冷却水进口;3-调速手柄;4-冷却水出口;5-减压阀;6-喷油嘴;7-排烟管;8-进、排气管;9-空气滤清器;10-燃油滤清器;11-喷油泵;12-停车手柄;13-手动油泵;14-调速器;15-惯性轮;16-测机油标尺;17-机底座

1. 救生艇艇机的结构

救生艇艇机的额定功率一般为 1.47×10^4W(20HP),转速为 1 500r/min。在救生艇艇机和推进器之间有齿轮箱变速机构,齿轮箱手柄可调节正车、停车、倒车位置。救生艇艇机结构如图 4-7 所示。

2. 救生艇艇机系统

救生艇艇机通常是由曲柄连杆机构、进排气系统、燃料供给系统、润滑系统、冷却系统和起动系统等组成。

(1)曲柄连杆机构。曲柄连杆机构是发动机实现能量转换、完成工作循环的主要运动机构,由气缸体、气缸盖、活塞、连杆、曲柄和飞轮等机件组成。

(2)进排气系统。进排气系统的功用是实现发动机的换气过程。根据发动机的工作循环,定时开启和

关闭进、排气门,使可燃混合气体进入气缸,并使废气从气缸内排出。进排气系统通常由进、排气管、空气过滤器、气缸盖和气缸体中的进、排气道和排气消声器等部件组成。

(3)燃料供给系统。燃料供给系统的功用是按一定的比例把柴油和空气分别供入气缸,燃烧室内形成混合气并燃烧,以使发动机连续工作。

(4)润滑系统。润滑系统的功用是向发动机运动机件摩擦表面供给一定量的清洁润滑油,主要由机油泵、机油滤清器和限压阀等机件组成。

(5)冷却系统。冷却系统的功用是吸收和散发发动机受热零件的多余热量,保证发动机在最适宜的温度状态下工作。主要由水泵、散热器、风扇和节温器等机件组成。

(6)起动系统。起动系统的功用是起动发动机。曲轴在外力作用下开始转动,发动机开始自行运转的过程称为发动机的起动。起动系统主要由起动机及其附属装置组成。

汽油发动机还有点火系统,由两大机构和五大系统组成。点火系统的功用是按规定的时刻产生电火花,点燃气缸内的可燃混合气,其主要由点火线圈、分电器、蓄电池、发电机和火花塞等机件组成。柴油发动机由以上两大机构和四大系统组成,柴油机是压燃的,所以无点火系统。

救生艇艇机的冷却系统是由柴油机带动引水泵用海水对机体进行冷却。起动系统除有蓄电池作为起动电源外,还配有人工手摇起动装置。

任务二　船舶救生艇、救助艇系统的电力拖动控制实例

根据国际惯例,船舶左舷装配的是救生艇兼救助艇,所以需要放艇和收艇;船舶右舷装配仅用于救生用的救生艇,所以只需要放艇不需要收艇。但在实际调试及演练过程中,无论是救生艇还是救助艇都需要回到母船,所以都有回升电路。在实际应用中,现在很多船舶下放时利用气压原理,采用手动操作下放救生艇或救助艇,起升时多数采用电气控制回收,当然,也可以采用手动方式。如图4-8和图4-9所示为船舶左舷救生艇兼救助艇起升电气控制及其接线图。

一、左舷救生艇兼救助艇起升电路控制分析

1. 电路控制中的工作过程

如图4-8所示,电动机为三相双绕组双速异步电动机,主要是通过外部控制线路的切换,改变电机线圈的绕组连接方式来实现改变电机的极数和输出功率,使与机械设备的负载特性相匹配,以简化其变速系统,从而改变电动机的转速。电路采用此类型电动机是为了实现对救生艇兼救助艇的低速和快速起升,图中SB1、SB2分别是低速、快速起动按钮。为点动控制。具体电路控制分析如下:

合上图4-8中的电源开关QF,通过转换开关SA2,电机加热器起动,为电机驱除潮气。按下低速起动按钮SB1,接触器线圈KM1得电,KM1主触点闭合,电机开始低速运转。KM1常闭触点串接在接触器KM2线圈电路及加热器电路中,保证KM1线圈得电期间,KM2线圈及加热器不得电工作。如果要求快速起升救生艇兼救助艇,则按下快速起动按钮SB2,在图4-8中,时间继电器KT得电,KT常开触点闭合,KM1线圈得电,电机先低速运转到时间继电器KT整定时间,其目的是给电机缓冲时间,一旦到达整定时间,时间继电器KT的常闭延时打开触

点断开，接触器线圈 KM1 失电，KM1 主触点断开；同时，KT 常开延时闭合触点闭合，接触器线圈 KM2 得电，KM2 主触点闭合，电机开始快速运转。

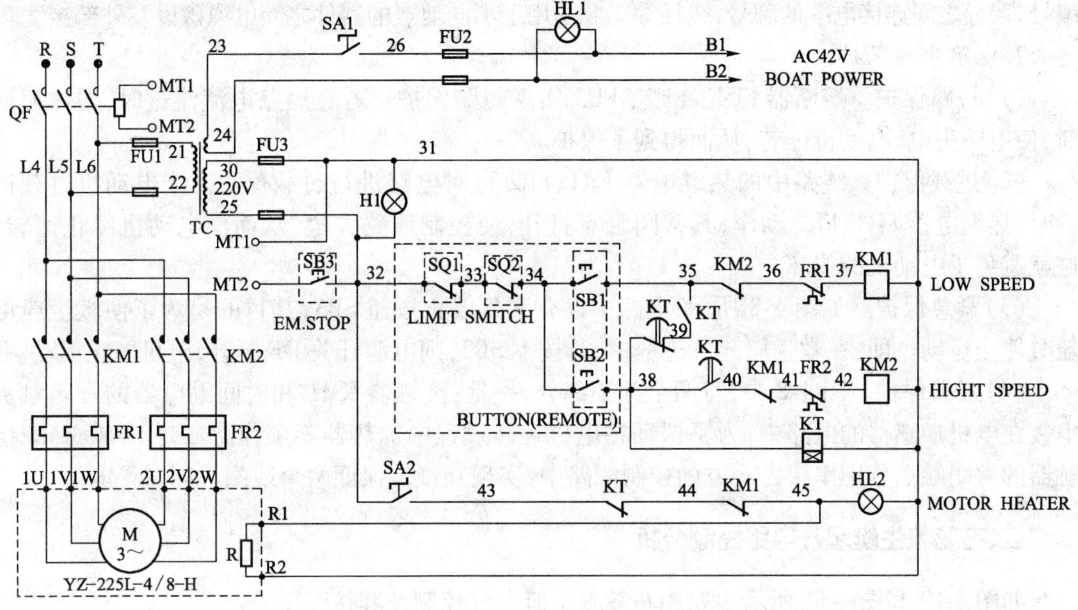

图 4-8　船舶左舷救生艇兼救助艇电气控制原理图

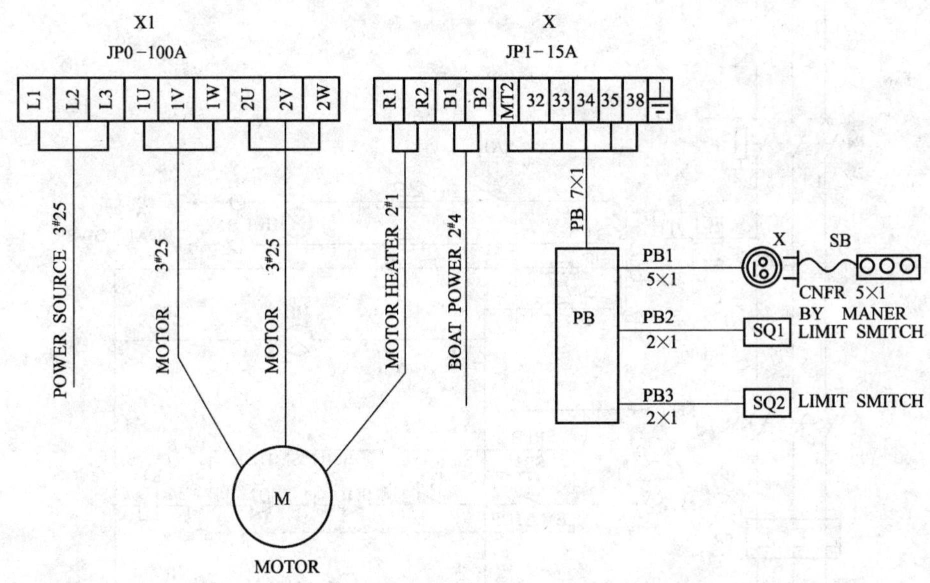

图 4-9　船舶左舷救生艇兼救助艇电气控制外部接线图

在控制电路中，SQ1、SQ2 为两个限位开关，分别安装在吊艇壁的内侧面，一旦达到限定位置，限位开关断开，接触器失电，主触点断开，电机失电停转，实现限位保护。

电路中三个指示灯：HL、HL1、HL2 分别作为控制线路、船舶电源、及加热器正常工作时的指示灯。

图 4-9 所示为船舶左舷救生艇电气控制外部接线图,表示同一系统中的各个装置,例如电动机、控制箱等之间的外部联系。图中表明系统处于不同地点的各个装置的进线与出线端头及其编号,装置之间连接电缆的牌号,线径等。此图用于不同地点的器件之间电缆敷设及外部接线。

2. 电路中的保护

(1)短路保护。熔断器 FU1 、FU2、FU3 实现短路保护。若有短路电流流过时,熔体便熔断,使电路失电,电动机停转,从而得到了保护。

(2)过载保护。线路中的热继电器 FR1、FR2 可对电路进行过载保护。当电动机过载运行时,热继电器 FR1、FR2 动作,其常闭触点打开,使控制线路失电,从而使电动机停止运转。这就避免了电动机的损坏。

(3)紧急保护。如图 4-8 所示,电路中设有紧急停止按钮 SB3,其目的是为了使救生艇可随时停止运动。即:在救生艇起升过程中,若按下 SB3,则电源开关 QF 断开,电机停止运动。

(4)互锁保护。图 4-8 中,有两个互锁部分,一是:接触器 KM1 和时间继电器的常闭触头串接在电机加热器的电路中,为了保证在电机运转过程中加热器不工作。二是 KM1、KM2 接触器的常闭触点分别串接在对方的控制线路中,实现互锁。保证两个线圈不同时得电。

二、右舷救生艇起升电路控制分析

如图 4-10 和图 4-11 所示为船舶右舷救生艇电气控制及其接线图。

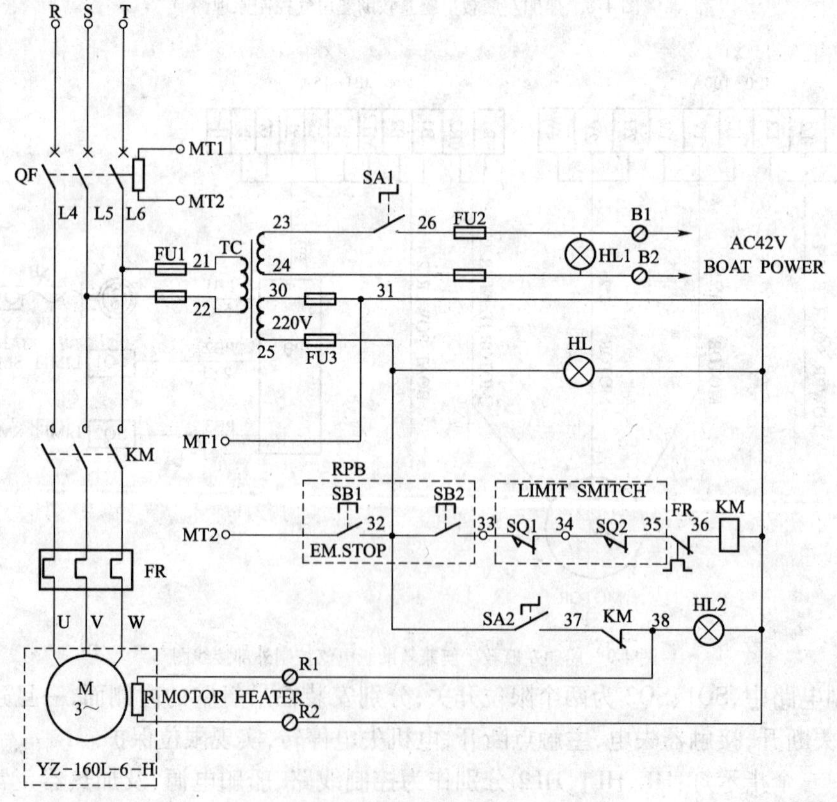

图 4-10　船舶右舷救生艇电气控制原理图

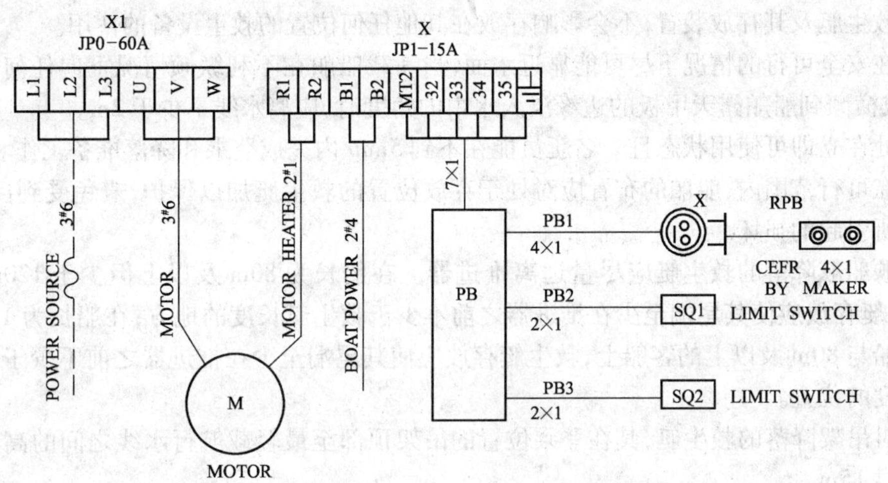

图 4-11　船舶右舷救生艇电气控制外部接线图

1. 电路控制中的工作过程

与左舷救生艇兼救助艇分析相似,如图 4-10 所示,合上电源开关 QF,通过转换开关 SA2,电机加热器起动,为电机驱除潮气。按下起动按钮 SB2,接触器线圈 KM 得电,主触点闭合,电机得电,救生艇起升,同时,KM 常闭触点断开,加热器失电,保证在电机工作过程中加热器不工作。此控制为点动控制,即:救生艇上升过程中,需一直按下按钮开关 SB2。

在控制电路中,两个限位开关:SQ1 、SQ2;三个指示灯:HL、HL1、HL2 分析同左舷救生艇兼救助艇电路。

图 4-11 所示为船舶右舷救生艇电气控制外部接线图,分析略。

2. 电路中的保护

(1)短路保护。熔断器 FU1 、FU2、FU3 实现短路保护。若有短路电流流过时,熔体便熔断,使电路失电,电动机停转,从而得到了保护。

(2)过载保护。线路中的热继电器 FR 起过载保护作用。当电动机在运行中出现过载现象时,热继电器 FR 动作,其常闭触点打开,使控制线路失电,从而使电动机停止运转。这就避免了电动机的损坏。

(3)紧急保护。为了使救生艇随时停止运动,安装了紧急停止按钮 SB1,如图 4-10 所示,在救生艇起升运行过程中,若按下 SB1,则 QF 断开,电机停止运转。

(4)互锁保护。图 4-10 中,接触器常闭触头串接在电机加热器的电路中,其目的是:保证在电机运转过程中,加热器不工作。

任务三　船舶救生艇、救助艇系统的管理与调试

一、救生艇、救助艇的存放、检查及维护保养

1. 救生艇的存放、检查与保养

(1)救生艇的存放:

①救生艇及其存放装置,不会影响存放在其他任何位置的救生设备的使用。

②在安全可行的情况下尽可能靠近水面,当满载船舶在不利纵倾情况下向任何一舷横倾达20°或横倾到船舶露天甲板的边缘浸入水中的角度时,应离水线不少于2m。

③处在立即可使用状态且2名艇员能在不到5min内完成登乘和降落准备工作。

④在可行范围内,船舶的布置应对处于存放位置的救生艇加以保护,避免受到巨浪、火灾或爆炸所引起的损坏。

⑤顺船舷降落的救生艇应尽量远离推进器。在船长为80m及以上但少于120m的货船上,救生艇存放应使其尾端至少在推进器之前不少于救生艇长度的地方;在船长为120m及以上的货船与80m及以上的客船上,救生艇存放应使其尾端至少在推进器之前不少于1.5倍救生艇长度的位置。

⑥对吊架降落的救生艇,其在登乘位置的吊架顶部至最轻载航行水线之间的高度应尽可能不超过15m。

⑦救生艇应在其降落设备上存放,并随时处于立即可用状态。

(2)救生艇的检查与保养。救生艇筏设施的检查保养,使之处于随时可用的良好技术状态已受到国际海事组织和各国政府的极大重视,认真按照规则检查、保养和使用救生设备将直接关系到海上人命财产的安全。救生艇及释放装置是船舶上重要的救生设备,在船舶上此项工作由三副负责,平素应严格按规定切实认真做好检查和保养工作,使之处于良好的技术状态,保障随时可用,并把检查报告写进航海日志。

2.救助艇的存放、检查与保养

(1)救助艇的存放:

①处在即可使用状态且能在5min内降落水面。

②存放在便于降落及回收的位置。

③救助艇及其存放装置,均不会影响在其他任何位置救生设备的使用。

④如救助艇兼作救生艇,应符合救生艇存放的各项要求。

(2)救助艇的检查和保养:

①救助艇及其释放装置的检查和保养

救助艇及其释放装置的维护保养项目、检查时间间隔和检查技术要求等,与救生艇相同。故此,救助艇及其释放装置的维护保养及检查,以救生艇的检查保养要求为准。

②舷外挂机救助艇每周运转试验要求

对舷外挂机的救助艇每周也应进行运转试验,但是当该挂机的性能不允许该挂机在其推进器离水状态下运转3min时,则应按出厂手册上说明的周期进行运转。

③充气式救助艇的修理要求

所有充气式救助艇的修理及维护保养,应按照制造商的说明书进行。在船上只能进行应急修理,维护性和永久性修理,应在主管机关认可的检修站完成。

二、救生艇艇机一般故障的排除

(1)空气进入燃油系统。若属此类情况,可将喷油泵上的排气螺栓拧松,使用手动油泵将油路中的空气排除后再将螺栓拧紧,然后重新起动艇机。

(2)喷油嘴不喷油,此时应检查燃油滤清器、燃油系统及喷油嘴是否堵塞,燃油中是否有水,并根据具体情况及时处理。

(3)环境温度低。此时应先对机体加温,或使用冷起动液使进入机器内的空气加温,然后再起动,环境温度过低采用冷起动液协助时,每次起动液的用量一般为2~3g。冷起动液应在关闭减压阀前加入进气管上方的油杯内,过早或过晚加入,冷起动液将不起作用。滑油粘度过大应采取放掉换新的方法。

(4)气缸压缩不够如果是由于进、排气阀或缸内活塞密封不好而造成的,需停机检修。

三、救生艇操纵工作程序

1. 救生艇的吊放和固定(重力式艇架)

(1)艇长站在艇舷边指挥,先取下艇罩;接着两人登艇,解开救生索,塞牢艇底塞,检查稳艇索是否解开,带好首尾缆绳,送出止荡索,拔去安全销,解脱安全钩,检查短拉索是否系牢,卸下梁木。

(2)听到艇长命令后,副艇长提起艇机制动杆,将艇降至登艇甲板,艇员登艇。

(3)人员登艇完毕后,松掉止荡索和短拉索,将艇继续降至水面,保持吊艇索有一定的受力,艇上人员向上拉起联动脱钩操纵环,使艇脱钩。

(4)放艇人员利用绳梯或救生索下艇。

(5)装上舵柄,解脱首尾缆,撑开并迅速划离大船约1/4海里处待援。

(6)机动艇降落水面之前,应把艇机发动好,以便艇落水后即可动车驶离。

2. 吊艇及固定

(1)吊艇前,艇上除留2名技术熟练的挂钩艇员外,其余人员从舷梯或绳梯登上大船。

(2)由大船调整好艇首尾缆使艇处于吊艇滑车的下方,尽量做到既易于挂钩又勿使吊艇索挂钩过于松弛。

(3)前后吊艇钩一旦挂上后,应立即将艇吊离水面。横摇时应选择大船自另一舷回变到正浮位置时迅速挂钩,然后尽可能在大船向另一舷横倾时将艇吊离水面。

(4)将艇吊至艇甲板时暂停,装上短拉索,收进艇的首尾缆绳并盘好,打开艇底塞放净积水,将止荡索滑车组收进艇内,最后两名挂钩艇员离艇。

(5)继续吊艇至存放位置,然后将稳艇索系牢。插好安全销,切断艇机电源,艇长检查确认妥当后宣布解散艇员。

四、救生设备试验

船舶的救生设备包括救生艇架、救生艇、起艇机及钢丝绳等附件,为验证设备的整体强度及组合效用,应在船上进行救生设备的试验,其试验结果应符合适用的法规、规则、公约、规范或标准的规定。

1. 试验前应具备的条件

(1)救生设备,包括活动零部件应具有船检证书和产品合格证书。

(2)救生设备的布置、安装、焊接、数量和种类符合批准的设计图样的要求。

(3)试验用的配重压铁,每块都有确认的标定质量。

(4)船舶处于正浮状态。

2. 试验内容

(1)救生艇和救助艇释放试验。

(2)救生艇和救助艇释放装置试验。

(3)救生艇和救助艇脱钩试验。

(4)救生筏的降放和回收。

3. 试验要求及方法

(1)救生艇和救助艇释放试验:

①每艘新的吊架降落式救生艇和救助艇,应加载至规定负荷的1.1倍,通过释放装置将其释放下水。

②自由降落式救生艇,应加载至规定负荷的1.1倍,在船舶正浮及最轻航海吃水的状态下降落下水。

③吊架降落式救生艇和救助艇,在将艇下放到接近水面时,应进行艇的推进装置的起动试验,以校验其起动能力。

(2)救生艇和救助艇释放装置试验:

①艇绞车空载运转试验的时间不少于30min。

②吊艇架转出舷外试验在船舶正浮状态下进行,每一副吊艇架均须进行试验,内载有相当于4名放艇员的荷重(每人按75kg计算),按照放艇操作程序操纵艇绞车,使之转出船舷外,逐渐放到登乘甲板。

③满载试验。救生艇筏或救助艇载上正常的属具或等效质量,以及相当于每人75kg的核定乘员的分布质量,操纵甲板上的降放控制器将其释放。

④加载降落试验(仅指制动器)。在正常满载基础上再加上该负荷的10%,操纵甲板上的降放控制器将其释放,当降到最大速度时进行紧急制动。如果艇绞车是暴露于大气中,则应淋湿该制动器表面,重复进行降落试验。

该试验可与救生艇和救助艇释放试验结合进行。

(3)救生艇和救助艇脱钩试验。救生艇和救助艇载上正常的属具或等效质量,以及每人75kg的核定乘员的质量,操纵甲板上的降放控制器将其释放至水面。当艇即将入水前进行联动脱钩装置的脱钩试验,脱钩应迅速、灵活、可靠,然后再进行挂钩,将艇收起到位。

(4)救生筏的降放和回收试验。吊架式救生筏的降放和回收试验,可参照上述救生艇和救助艇的降放回收试验,并符合有关规定和要求。

4. 试验记录

(1)测量、记录船舷与救生艇中部舷边缘之间的距离和艇绞车的起动电流、工作电流及其绝缘电阻值。

(2)测量、记录艇绞车的降落、回收救生艇、救助艇的速度。

(3)记录表格式按表4-1所示。

吊艇设备试验记录表　　表 4-1

船名________试验地点________　　试验日期______年______月______日

吊艇架装船后的吊重试验

艇架编号 / 试验项目					
试验质量/kg					
吊重时间/min					

艇的降落试验

艇架编号 / 试验项目					
试验质量/kg					
降落速度/(m/s)					
起升速度/(m/s)					
艇与船壳间距/mm					
吊艇机工作电流/A					
吊艇机绝缘电阻/MΩ					
吊艇机起动电流/A					
吊艇索和遥控拉索长度/m					

思考与练习 SIKAO YU LIANXI

4.1　简述救生艇和救助艇的种类、结构。

4.2　简述救生艇艇机的基本结构。

4.3　简述救生艇、救助艇电气工作原理。

4.4　简述救生艇、救助艇的存放、检查及维护保养。

4.5　简述救生艇艇机一般故障及其排除。

4.6　简述救生艇操纵工作程序。

4.7　简述救生设备试验程序。

第三部分 船舶机舱辅机系统的电力拖动控制

船舶机舱辅机系统种类繁多,此部分中包含有三个项目,分别是“船舶舵机系统的电力拖动控制”、“船舶空压机系统的电力拖动控制”、“船舶辅助锅炉系统的电力拖动控制”。学习本部分可以掌握船舶舱室辅机的拖动控制系统的组装和调试,能对照舱室辅机的电气原理图排除电路常见故障以及能撰写舱室辅机的电气控制系统检修维护报告书。

项目五 船舶舵机系统的电力拖动控制

● **教学目标**

能力目标

1. 能安装与调试船舶舵机系统的控制线路;
2. 对照船舶舵机系统电气原理图排除电路常见故障;
3. 能撰写舵机电气控制系统检修维护报告书。

知识目标

1. 了解船舶舵机系统的作用、结构;
2. 掌握船舶舵机系统操舵方式及工作原理;
3. 了解液压舵机操纵系统;
4. 学会识读船舶电气系统图、原理图、接线图及规范;
5. 会分析船舶舵机系统的控制线路;
6. 会船舶舵机系统的调试及故障排查。

情感目标

1. 具备良好的职业道德;
2. 具备严谨的工作态度;
3. 具备良好团队的核心价值;
4. 具备高度责任感。

任务一 船舶舵机系统认识

舵及其拖动装置称之为舵机系统(the steering gear system),简称舵机。舵机是船舶上的一种大甲板机械。舵机的大小由外舾装按照船级社的规范决定,选型时主要考虑扭矩大小。

舵机是船舶用以改变其航向或维持其预定航向航行的重要设备。最早的舵是人直接操纵

的,称为人力舵,操纵者体力消耗大。伴随着科技的不断发展,在人力舵的基础上,人们发明了电舵,舵手在操纵电舵时,是通过电动机带动舵叶,比人力舵省力。但电舵和人力舵有一个共同的不足之处,那就是每时每刻都要有人寸步不离的操纵,即使是在直航向上航行,由于风、浪等因素的影响,船舶随时都有偏离直航向的可能,所以需要舵手随时纠偏。远航时,舵手容易疲劳。自动舵的出现解决了这一问题,我们现在的自动舵就是在电舵的基础上发展而来。随着现代科学技术的发展,船用舵机目前多用电液式,即液压设备由电动设备进行遥控操作舵机装置。小型船舶用电动机通过齿轮传动带动舵叶转动称为电动—机械舵机装置;大型远洋船舶由电动机(普通长期工作制)通过液压系统传动带动舵叶转动称为电动—液压舵机装置。

一、舵机装置的组成

如图 5-1 所示,舵机装置主要由操舵装置、舵机、传动机构和舵叶四部分组成。

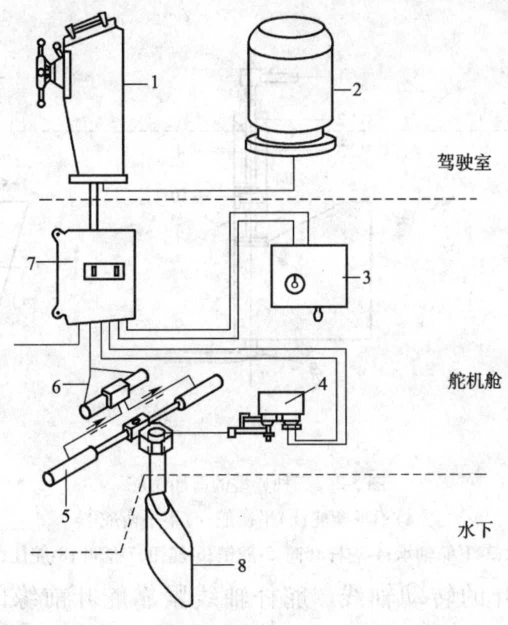

图 5-1　舵机装置主要组成示意图

1-主操舵台;2-电罗经;3-简易操舵台;4-反馈装置;5-液压舵机;6-电磁阀;7-电源箱;8-舵

1. 操舵装置

它由安装在驾驶室的发送装置和位于舵机房的接收装置组成,这是操舵装置的指令系统。现代近海及远洋船舶上装备的都是自动控制的远距离操舵设备,一般称为自动操舵仪或自动舵。操纵台分主操纵台和简易操纵台,它分别安装在驾驶室、舵机舱,及船舶的所需的部位。而主操纵台则是自动操舵仪的核心部分,它安装在船舶的驾驶室的中央位置,操纵时需视野广阔,能够远距离地遥控舵机。

主操纵台上主要装有:航向刻度盘,航向匹配旋钮,照明灯及亮度调整旋钮,1 号主泵起动与停止开关,2 号主泵起动与停止开关,1 +2 起动与停止开关,自动、随动、应急三种方式功能的切换,灵敏度调节旋钮,比例调节旋钮,微分调节旋钮等。

2. 舵机(转舵机械)

舵机位于舵机舱,一般在上下方向上贯通船舶的上下平台,它是转舵的动力机械,根据使用能源的不同可分为人力的、电动的和电动机液压的等等。

3. 传动机构(转舵机构)

它是用来将舵机所发出来的转矩传递给舵柱的设备。

4. 舵

舵垂直安装在螺旋桨的后方,它是一块浸在船舶尾部水中具有固定形状的钢板,被固定在舵柱上,用它承受水流的作用力,以产生转船力矩。

舵的型式很多,图 5-2 示出三种典型的海船用舵,舵叶的偏转由操舵装置(通常称舵机)来控制。舵机经舵柄 1 将扭矩传递到舵杆 3 上,舵杆 3 由舵承支承,它穿过船体上的舵杆套筒 4 带动舵叶 7 偏转。舵承固定在船体上,由滑动或滚动轴承及密封填料等组成。此外,舵叶还可通过舵销 5 支撑在舵柱 8 的舵托 9 或舵钮 6 上。现代船舶上广泛应用的是空心结构的流线型平衡舵和半平衡舵。

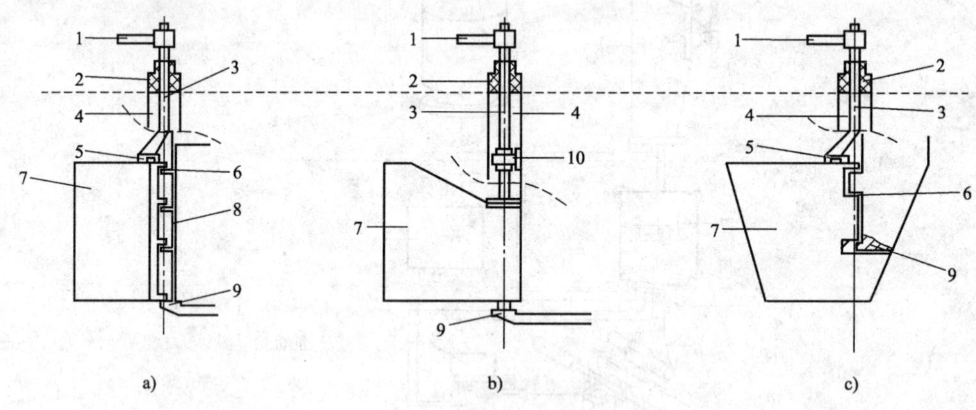

图 5-2 三种典型的海船用舵

a)不平衡舵;b)平衡舵;c)半平衡舵

1-舵柄;2-上舵轴承;3-下舵轴承;4-舵杆套筒;5-舵销;6-舵钮;7-舵叶;8-舵柱;9-舵托;10-舵轴承

舵杆轴线一般是舵叶的转动轴线。舵杆轴线紧靠舵叶前缘的舵,称为不平衡舵,如图 5-2a);舵杆轴线紧靠舵叶前缘后面一定位置的舵,称为平衡舵,如图 5-2b);而仅于下半部做成平衡型的舵称为半平衡舵,如图 5-2c)。后两种舵在舵杆轴线之前有一定的舵叶面积,转舵时水流作用在它上面产生的扭矩可以抵消一部分轴线后舵叶面积上的扭矩,从而减轻舵机的负荷。现代船舶上广泛应用的是空心结构的流线型平衡舵和半平衡舵。

如图 5-3 所示,舵叶位于船舶的艏艉线上时,水流方向与舵面一致,不产生转船力矩,船舶保持直线航行,对船的运动方向不产生影响。当舵叶离开艏艉线,向某一航侧偏转一个 β 角时,因舵叶面的水流流速不同,两面的压力不平衡,在舵面上产生与其垂直的压力 F。将 F 分解为相互垂直的两个分力 F_1 和 F_2。其纵向分力 F_2 对船舶航行起制动作用,使船速减低,而横向分力 F_1 会产生一个使船舶转向的转船力矩 M。假设在船舶的重心"O"处加上一对相等而方向相反的力,即 $f_1 = f_2 = F_1$。则 F_1 与 f_1 组成一个转船力矩 $M = F_1 \times a$,a 为 F_1 与 f_1 之间的距离。而 f_2 则引起船舶的横向漂移。

转船力矩在一定的舵角上出现最大值，这个舵角称为最大舵角。在船舶上通常予以限定的角度（例如35°）作为舵机的最大转舵角。

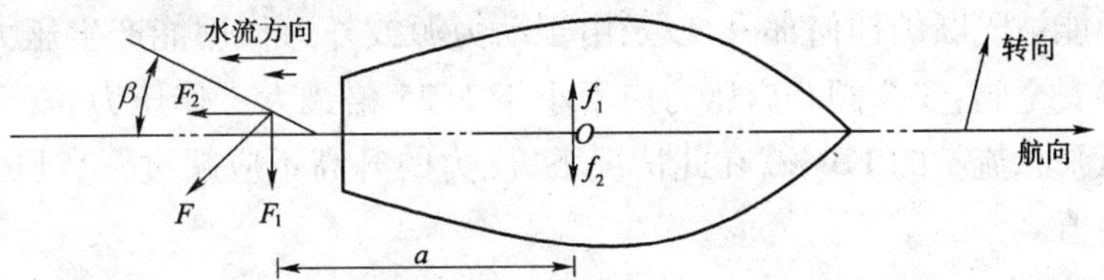

图5-3 舵叶偏转时作用于船舶上的力

另外转船力矩 M 还近似地与航速的平方成正比；航速越高舵效越好。当航速一定时，M 与舵角 β（小舵角情况下）成正比。

二、对舵机的基本要求

舵机是保持或改变船舶航向，保证安全的重要设备，一旦失灵，船会失去控制，甚至发生事故，因此，根据IMO《国际海上人命安全公约》（SOLAS 公约）和我国《钢质海船入级与建造规范》（2006）的规定，对舵机提出了明确的要求：基本精神要求舵机必须具有足够的转舵扭矩和转舵速度，并且在某一部分万一发生故障时，应能迅速采取替代措施，以确保操舵能力。基本技术要求如下：

1. 备有两套操舵装置

必须具有一套主操舵装置和一套辅操舵装置，或主操舵装置有两套以上的动力设备。当其中之一失效时，另一套应能迅速投入工作。

在供电方面要可靠，舵机应两路供电，从主配电板到舵机房应当用两路且分离较远（如分左、右舷两路）的馈电线供电，其中之一应该与应急配电板相连。在拖动方面，要求舵机的驱动电动机采用连续工作制，具有软的机械特性和足够的过载能力，保证拖动电动机在堵转 1 min 情况下不致被烧坏。在操舵方面，当船舶以最快航速前进时，不仅能满足最大舵角的要求，并且有足够的转舵速度。船舶在海上航行时，对舵机的要求是从一舷最大舵角转至另一舷最大舵角的时间应不超过 28 s。在船以最大速度后退时应不致损坏。

辅操舵装置应具有足够的强度，能在最深航海吃水，并以最大营运航速的一半但不小于7kn（节，英文为 knot，1 节 = 1852m）前进时，能在不超过60s 内将舵自任一舷的15°转至另一舷的15°。

在主操舵装置有两台以上相同动力设备符合下列条件时，也可不设辅操舵装置。当管系或一台动力设备发生单项故障时应能将缺陷隔离，以使操舵能力能够保持或迅速恢复；客船，当任一台动力设备不工作时；货船，当所有动力设备都工作时：应能满足对主操舵装置的要求。

2. 主操舵控制系统

主操舵装置至少在驾驶室和舵机房均设有舵机控制器，控制器之间装有转换开关，舵机房控制器具有操作优先级。在自动舵和随动舵出现故障不能运行时，能迅速转到应急操舵。

当主操舵装置设置两台动力设备时，应设有两套独立的控制系统，且均能在驾驶室控制。如果采用液压遥控系统，除 1 万 GT（总吨位）以上的油轮（包括化学品船、液化气船，下同）外，

不必设置第二套独立的控制系统。

3. 安全阀

液压系统中能被隔断的任何部分，以及由于动力源或外力作用能产生压力的液压系统任何部分均应设置安全阀：安全阀开启压力应不小于1.25倍最大工作压力，安全阀能够排出的量应不小于液压泵总流量的110%，在此情况下，压力的升高不应超过开启压力的10%，且不应超过设计压力值。

4. 液压系统

应设有保持液压流体清洁的设备；每一液压系统的循环油箱应设低液位报警器；应设一个固定贮油箱，其容量至少足以使一个动力转舵系统包括循环油箱进行再充液；并应设有液位计。非双套设置的液压舵机的液压缸体上与各管路连接处应设隔离阀。液压系统必要时应设有放气装置。

5. 监测和报警

发生以下故障时，应能在位于主机处所或集控室内明显位置以及驾驶室内，给出声光报警：动力设备或控制系统的动力故障、自动舵装置故障、电路或电动机断相及过载、液压油柜油位低、液压油温度高、液压油滤油器压差大、液压阻塞。

当舵机总电源断电时，失压报警装置工作，蜂鸣器发出报警信号。舵机电机只有过载报警而无过载保护装置。根据《钢质海船入级与建造规范》规定，当采用自动操舵装置时，应设有航向超过允许偏差的偏航自动报警装置。

6. 舵角指示和限制

应能在舵机室内看到舵角的指示，并能在驾驶室显示舵角。舵角显示装置应独立于操舵装置的控制系统。

操舵装置应设有有效的舵角限位器。动力转舵的操舵装置，应装设限位开关或类似设备，使舵在达到舵角限位器前停住。当舵叶转至极限位置时，舵叶偏转限位开关起作用，舵机自动停止转舵，防止了操舵设备受损。装设的限位开关或类似设备应与转舵机构本身同步，而不应与舵规的控制相同步。舵装置应有保持舵位不动的制动装置。

7. 应急动力

对舵柄处舵杆直径大于230mm的船，应设有能在45s内向操舵装置提供的替代动力源，这种动力源应为应急电源或位于舵机室的独立动力源，其容量至少应能向符合辅操舵装置要求的一台动力设备及其控制系统和舵角指示器提供足够的能源，对1万Gt以上的船舶，它应至少可供工作30min，对其他船舶为10min。

8. 附加要求

对1万GT以上的油船、化学品船、LPG(液化石油气Liquefied petroleum gas，简称LPG)船尚有如下附加要求：

当发生单项故障而丧失操舵能力时，应能在45s内重新获得操舵能力，为此，舵机可由两个均能满足主操舵装置要求的独立的动力转舵系统组成，或至少有两个相同的动力转舵系统，其中任一系统中液压流体丧失时应能被发现，有缺陷的系统应能自动隔离，使其余动力转舵系统安全运行。

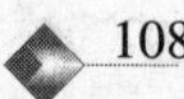

9. 操作灵便

要求在任何舵角下均能投入工作，并及时准确地把舵转至给定舵角，备有舵角指示器指示。现代船舶在驾驶室普遍装有自动操舵仪，它包括自动、随动（手轮）和单动（香蕉柄或按钮）三种操舵方式，能方便地选择切换。

10. 电动机的运行要可靠

电动液压舵机对于拖动变量油泵的电动机无特殊要求，普通长期工作制的鼠笼式电动机即可。对于电动舵机的电动机，因为舵机的负荷变化幅度很大，一方面随偏舵角的增加，航速（或逆航向水流速度）的增加，作用在舵叶（舵柱）上的阻力（阻力矩）将大幅度地增加。根据《规范》规定，舵机电力拖动装置应能在船舶处于最深航海吃水并以最大营运航速前进时将舵自任一舷的35°转至另一舷的35°，且能在不大于28s的时间内将舵自任何一舷的35°转至另一舷的30°。另一方面，船舶在复杂的海域，恶劣的天气（例如狭窄水道、冰区、大风浪等）条件下航行时，舵叶很有可能被卡住，使电动机发生堵转。按《规范》要求，电动机堵转时间应能持续1分钟以上，仍不致将电动机烧坏。为此，要求电动机具有软的机械特性和足够大的过载能力。

为满足上述要求，在交流船舶上，电动舵机几乎均选用变流机组供电的G-M系统。其中直流发电机G采用差复励方式，使直流电动机M获得适应于舵机要求的软机械特性。此外，由于航行中舵叶偏转十分频繁，电动机起停次数达每小时400～600次，因此常选用重复短时工作制电动机。

三、舵机装置的分类

1. 电动-机械舵机装置

图5-4为扇形齿轮传动的电动舵机，它由电动机1通过联轴节2带动蜗杆3和蜗轮4转动，并通过主动齿轮5带动扇形齿轮6，再经过缓冲弹簧7转动舵柄8（在扇形齿轮的下部），从而使舵柱9和舵叶偏转，缓冲弹簧的作用是减轻船舶在航行中波浪对舵叶的冲击力，防止传动装置受到损伤。不论是扇形齿轮传动机构还是蜗杆传动机构，它们共同特点都是通过机械传动机构，以很高的减速比把电动机的高速转动直接传送到舵柱的低速偏转。这类舵机的电力拖动系统采用直流G-M控制系统。

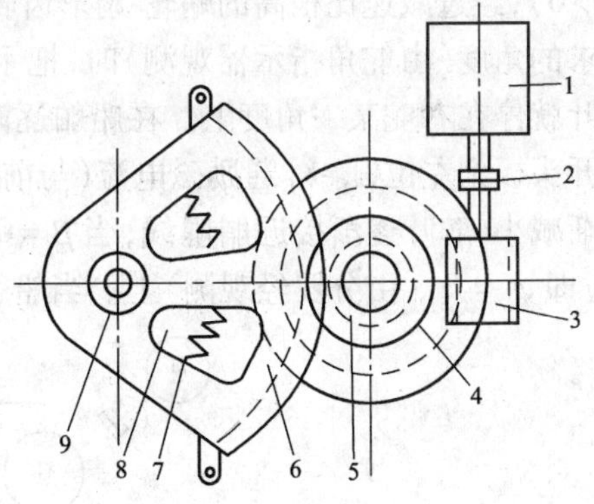

图5-4　扇形齿轮传动的电动舵机

1-电动机；2-联轴节；3-蜗杆；4-蜗轮；5-主动齿轮；6-扇形齿轮；7-缓冲弹簧；8-转动舵柄；9-舵柱

2. 电动-液压舵装置

电动-液压舵机装置基本上与电动-液压起货机装置相类似，有双向变量泵，由恒速电动机拖动，提供可逆流向的高压油。两者不同之处在于拖动起货机卷筒的是可连续旋转的油马达，而转舵机则是左、右方向移动的液压油缸装置，如图5-5所示。与舵柄铰链的撞杆两端置入左、右高压油缸内，两油缸与油泵连接，当一油缸注入高压油而另一油缸排出低压油时，推动撞杆（类似于活塞）向低压端移动，从而带动舵柄、舵柱和舵叶偏转。高压油泵的排量和流向则由操舵系统控制。远洋船舶几乎全部采用电动-液压舵机装置。

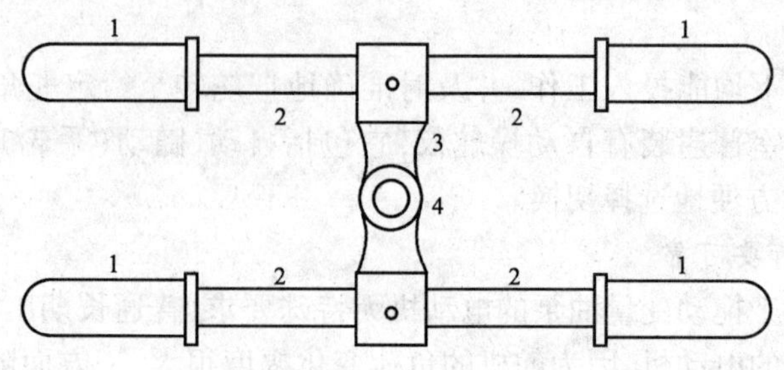

图 5-5　液压舵机传动机构

1-油缸;2-撞杆;3-舵柄;4-舵柱

任务二　操舵方式及其基本工作原理

操舵方式依据其不同的控制方式一般分为单动操舵、随动操舵、自动操舵。

一、单动操舵的工作原理

单动操舵又称应急操舵,其示意图如图 5-6 所示,操舵过程由扳动转换开关 SA 来实现。船舶交流电源经整流后,向差复励直流发电机 G、直流电动机 M 的他励绕组 J_G- K_G、J_G'- K_G'、J_M-K_M供电。在有负载的情况下,发电机串励绕组 J_{GS}-K_{GS}通过电流 I_a产生的磁势总是与他励绕组 J_G-K_G(J_G'-K_G')所产生的磁势反方向。当船舶向左偏航需要操右舵予以校正时,将手柄开头扳到右位,J_G'-K_G'通过励磁电流,G 输出电压 U、输出电流 I_a为正,M 顺时针方向转动($n_D>0$),经过减速比很高的蜗轮-扇形齿轮传动机构,使舵叶右偏 β($\beta>0$)角。当右偏到符合要求的角度(由舵角指示器观测)时,把手柄开头恢复零位,发电机励磁电流、输出电压消失,舵叶就停在右舵某一角度上。在船舶逐渐回到正航向的过程中,必须回舵。回舵时将 SA 手柄开头扳到左位,J_G-K_G通励磁电流(与前者反方向),电动机逆时针方向转动($n_D<0$),偏舵角逐渐减小,舵叶逐渐接近艏艉线,当 $\beta=0$ 时手柄开关也应恢复零位。此时船舶也回到正航向(即 $\varphi=0$,由分罗经观测)上。当船舶向右偏航需要操左舵予以校正时,与上述操作相反。

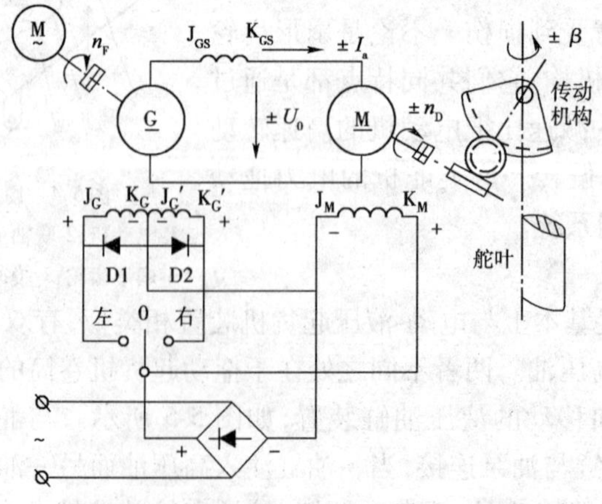

图 5-6　G-M 系统单动操舵的原理图

单动操舵的操作方法可以归纳为：手扳舵转，复零舵停；左舵左扳，回舵右扳；右舵右扳，回舵左扳。

单动操舵的方框图如图 5-7 所示。从方框图中可以看出，人在单动操舵过程中的作用就是观察分罗经的航向 φ 和舵角指示器的偏舵角 β，再根据上述操舵方法进行操作，所以单动操舵机构虽然简单，但操纵过程却显得很麻烦，劳动强度大，而且需要熟练的操舵经验，否则将使船舶沿固定航向左右摆动的幅度太大。这种操舵方式仅适用于内河小型船舶和作为海船的应急操舵方式。

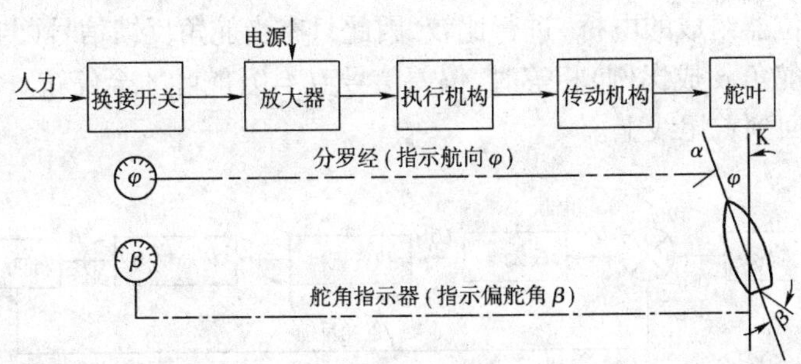

图 5-7　单动操舵方框图

二、随动操舵工作原理

图 5-8 所示为随动操舵的原理图。当操舵手轮和舵叶分别在零位和艏艉线上时，由舵轮带动的发送电位器 R 1和由装在舵柱上的同步传递机构中的接收机带动的反馈电位器 R 2的滑动点在等电位点 O 和 O′，电桥处于平衡状态，放大器输入信号 $U_{OO'}$ 为零，差复励发电机 G 的励磁电流 I_{fG} 为零，他励电动机 M 停止不转。当舵轮向右转过某一角度，例如使发送电位器R1的滑动点从 O 点移至 a 点，电桥平衡被破坏，放大器有输入信号 $U_{aO'}>0$，发电机励磁电流 I_{fG} 和输出电压 U_O 为正，电动机顺时针方向转动，操右舵。在舵叶右偏的过程中，通过舵角反馈同步传递机构的接收机带动反馈电位器 R 2的滑动点从 O' 不断地向 a' 点作追随运动，直至到达 a' 点，电桥又重新处于平衡状态，放大器输入信号 $U_{aa'}$ 为零，电动机停止转动。舵叶处于右舵与舵轮转角相对应的某一角度的位置上。

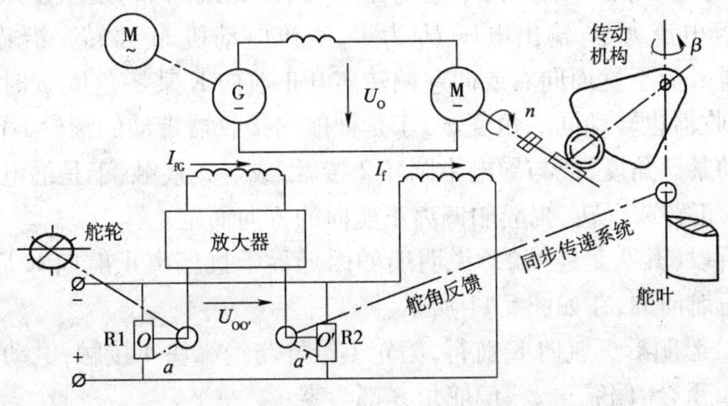

图 5-8　G-M 系统随动操舵原理图

如果要求回舵，就将舵轮扳回零位，R 1的滑动点从 a 点重新返回到 O 点，电桥平衡又被破

坏,但这时放大器的输入信号 $U_{0a'}<0$,发电机励磁电流 I_{fG}和输出电压 U_0为负,电动机逆时针方向转动,舵叶向着艏艉线方向偏转。当回到艏艉线上时,通过反馈机构,R 2的滑动点也从 a'点返回到 O'点,电桥又重新恢复平衡,放大器输入信号 $U_{OO'}$为零,电动机停止转动。改变舵轮的转动方向,便可以改变电动机旋转和舵叶偏转的方向。

随动操舵的方框图如图 5-9 所示。由方框图可知,就其工作原理来说,随动操舵就是一个闭环的随动系统,是一个根据偏差进行自动调节的系统。这种系统的停舵指令不是由操舵人员发出的,而是在舵叶偏转过程中,由它本身通过反馈机构发出的。由于闭环系统中采用了比较环节(由两个电位器组成的电桥)进行比较,因此只有当舵角反馈信号(与偏舵角 β 成比例)与操舵信号(与操舵角 α 成比例)相等时,偏差信号 $U_i=0$,舵叶才会停止。舵轮从 α 角回到零位,舵叶也从 β 角回到首尾线上。

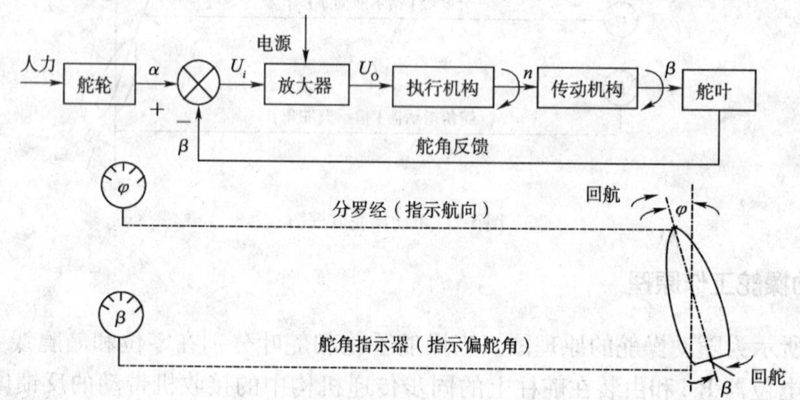

图 5-9 随动操舵方框图

随动操舵的方法是,船舶左偏航操右舵,舵轮操右舵某一角度,舵叶右偏,并自动停在舵某一角度上。为了减小 S 形航迹的振幅,船舶在返回正航向过程中,必须操回舵。

三、自动操舵工作原理

图 5-10 为自动操舵的原理图。当船舶沿给定航向 K 航行,舵叶在艏艉线上。如图 5-10 所示,滚轮 1 恰好与绝缘块 4 接触,两个继电器 KA1、KA2 线圈都不通电,其常开触头都开启,直流发电机 G 磁场电流为零,输出电压 U_0为零,直流电动机 M 停转。沿着正航向航行的船舶,当受到风、流等外界干扰而向右或向左偏转离开正航向 K 某一角度 φ 时,通过罗经的航向发送器,使航向接收器也转动同一角度 φ,于是被航向接收器带动的滚轮 1 也就在两个导电半圆环 2、3 内侧滚动某一角度,或与导电半圆环 2 接触,或与 3 接触,于是继电器 KA1 或 KA2 线圈通电,电动机 M 正转或反转,视船舶偏离正航向的方向而定。

下面分 5 个阶段(其实是连续的)说明船舶因外界干扰偏离正航向 K 后是如何通过自动舵的作用又重返正航向的,在如图 5-11 所示。

第一阶段(Ⅰ)船舶沿正航向 K 航行,滚轮 1 恰好与绝缘块 4 接触,电动机不转动,舵叶在艏艉线与正航向 K 重合,偏航角 φ 、偏舵角 β 都为零。

第二阶段(Ⅱ)假设由于受风、流影响,船舶向右偏航,首先航向发送器使自动操舵仪上的航向接收器(即罗经复示器)同步转动某一角度,并带动滚轮 1 向左偏转,与左边导电半圆环 2

接触，电动机向左转动，舵叶向左偏转，通过舵角反馈同步传递机构，即在舵柱上装发送器，导电环上装接收器的自整角机同步传递系统，使导电环以相同的方向向左作随滚轮的运动，这一阶段由于外界干扰的持续存在，开始偏舵时偏舵角很小，舵效不明显，所以和船舶继续向右偏航（φ增加），舵叶也继续向左偏转（β增加），导电环继续作追随滚轮的运动。

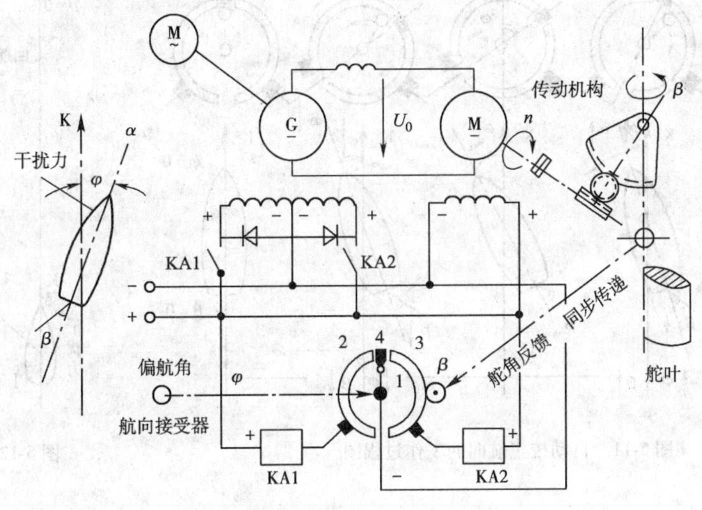

图 5-10　G-M 系统自动操舵原理图

第三阶段（Ⅲ）：由于较强的舵效，使船舶偏航到某一最大偏航角 φ_{max} 而停止偏航，导电环追上滚轮，即绝缘块与滚轮接触，电动机停转，偏舵角也达到最大值 β_{max}。

第四阶段（Ⅳ）：船舶在左舵作用下，向正航向 K 回转，偏航角从 φ_{max} 逐渐减小，又通过航向发送器作用，使滚轮开始与右边导电环 3 接触，电动机向右转，舵叶朝着首尾方向偏转（β 减小），导电环向右作追随滚轮的运动。

第五阶段（Ⅴ）：船舶在回到正航向 K 上，导电环正好追上滚轮，使滚轮处于绝缘块上，电动机停转，舵叶位于艏艉线上。

上述连续的 5 个阶段为船舶偏离正航向又重返正航向的过程，船舶的航迹如图 5-12，可见采用这一系统运行操舵，能够使船舶在偏航后有自动恢复正航向的能力。这就是自动舵的基本原理。

把图 5-10 所示自动操舵原理图画成方框图如图 5-13 所示。该系统由检测元件、比较元件、信号变换环节，放大环节、执行传动机构和反馈环节等组成，系统的调节对象是船，被调量是航向。

图 5-13 中的舵角反馈称为内反馈，航向反馈称为外反馈，所以自动操舵系统是一个具有双重负反馈环节和两个比较单元的闭环调节系统。

从以上分析知单动操舵：就是靠人的经验，经常操纵舵轮或手柄，控制舵机左右偏舵来保持给定航向。随动操舵：操舵人员只要给定一个舵角信号，舵机就能把舵转到给定舵角而自动停下。但要保持航向，还要靠人经常给出操舵信号，它属于半自动操舵性质。自动操舵：是用电罗经代替人发出偏舵信号，只要一次给定航向，再不需要人工经常转动舵轮就能使船舶自动保持在给定航向上航行。三种操舵装置相比，自动舵有明显的优点：减轻操舵人员的劳动强

度;保持航向的精度高;提高实际航速。

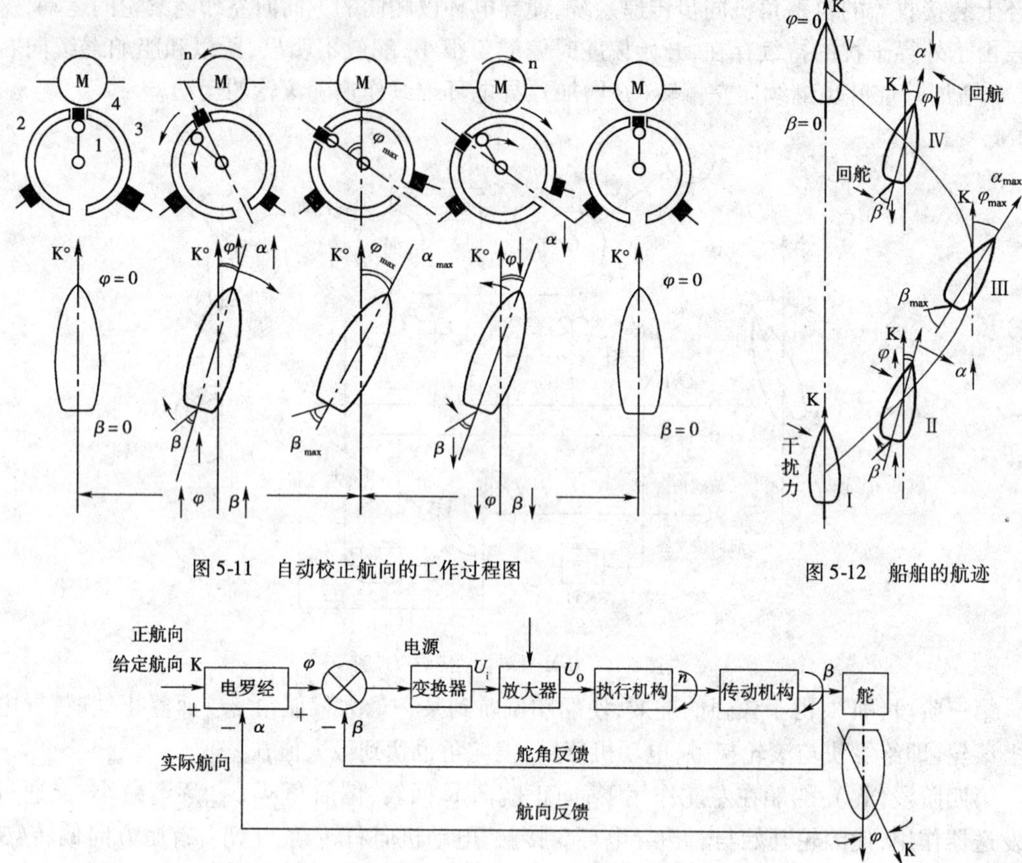

图 5-11　自动校正航向的工作过程图

图 5-12　船舶的航迹

图 5-13　自动操舵方框图

任务三　自动舵的基本类型及其调节规律分析

从目前世界各国已投入运行的船舶来看,所应用的自动舵的类型很多,其调节规律更是多种多样,还在不断的发展。但从自动舵的发展过程来看,就其基本闭环调节规律来分类,无非有下列三种。

一、比例舵

其调节规律是以船舶偏航角 φ 的大小按比例给偏舵角 β,即

$$\beta = -K_1\varphi$$

式中,K_1 为比例系数,负号表示偏舵的方向是消除偏航。比例系数 K_1 可根据不同船型、装载量和航速作适当调节,通常 $\beta/\varphi = 2 \sim 3$,即每偏航 1°偏舵 2°~3°。比例系数 K_1 过小,或过大,将使偏航振幅加大或偏航振荡次数增多,导致航速降低稳定性差。这种类型的自动舵,其

优点是机构简单，但保持航向的精度较差，船舶营运的经济性较差。

二、比例-微分舵

其调节规律是以船舶偏航角 φ 和偏航角速度$\frac{\mathrm{d}\varphi}{\mathrm{d}t}$按比例给出偏舵角 β，即

$$\beta = -\left(K_1\varphi + K_2\frac{\mathrm{d}\varphi}{\mathrm{d}t}\right)$$

式中，K_2是微分系数，$\frac{\mathrm{d}\varphi}{\mathrm{d}t}$是微分环节检测偏航角速度，并给出了相应的附加偏舵角信号 $K_2\frac{\mathrm{d}\varphi}{\mathrm{d}t}$，从而加快航向的调整过程，提高系统的灵敏度。

在船舶开始偏航的初始阶段，偏航角较小，而偏航角速度较大，因此使偏舵角和舵效比相同偏航角（φ）下的比例舵效要大。这就能有效阻止船舶进一步的偏航。随着偏舵角的增加偏航角速度逐渐减小为零，此时的最大偏航角要小于单纯比例舵的 φ_{max}。当船舶在舵的作用下开始向正航向回转时，偏航角逐渐减小，而偏航角速度逐渐增大，但符号相反，使偏舵角等于比例舵角减去微分舵角。在未回到正航向前，两信号已相减为零，继续下去将出现反舵角，因此在船舶回到正航向前已受到反向舵的作用，从而能有效地阻止因惯性而向反方向偏航，通常所说的纠偏舵、稳舵角或反舵角等均指微分舵的作用。

可见加入微分环节后使得系统具有“超前”的校正控制作用，即在偏航过程中提前施以最大舵角，在回正航过程中提前施以反舵角，使 S 航迹的振幅变小，并很快衰减。由于航向振荡减小，舵机负担减轻，航速增强，系统灵敏度提高，这将使船舶有更好的营运效益。

三、比例-微分-积分舵

其调节规律是以船舶偏航角 φ、偏航角速度 $\frac{\mathrm{d}\varphi}{\mathrm{d}t}$ 和偏航角角积分 $\int\varphi\mathrm{d}t$ 按比例给出偏舵角，即

$$\beta = -\left(K_1\varphi + K_2\frac{\mathrm{d}\varphi}{\mathrm{d}t} + K_3\int\varphi\mathrm{d}t\right)$$

式中，K_3是积分系数。

这种类型的自动舵也称为比例-积分-微分舵即 PID 舵。

船舶在航行时，常常由于船体的不对称，双桨工作的不对称以及受单侧风和流等外力的影响，使船舶发生左、右向不对称的偏航。对称偏航时，S 航迹在正航向两侧对称，平均偏航角 $\varphi = 0$。当不对称偏航时，S 航迹在向正航向一侧的摆幅增大，另一侧摆幅减小，使 S 航迹的轴线方向偏离正航方向，即平均偏航角 $\varphi \neq 0$。船舶受单侧力的横向漂移和小的偏航角（在系统灵敏区以内）都不能被检测，因而无偏舵指令，这将使船舶“差之毫厘，失之千里”。但系统加入积分环节将对偏航角进行积分并发出与偏航角相应的恒定偏舵角指令，利用恒定偏舵来抵消持续的外力作用，保证船舶的正航向，这种作用还称为自动“压舵”调节。在正常的对称偏航情况下，积分环节也能提高航向的稳定精度，因为它能检测小的偏航角。

由于 PID 舵是比例、积分和微分的综合调节系统，因此它是动态和静态性能指标以及稳定

性都比较好的一种自动检测系统。

国产自动舵以及远洋船舶中采用的外国生产的自动舵（如安休斯、HSH、斯派瑞、东京计器等）均有上述三种基本类型的自动舵。无论哪种类型的自动舵，都应具有三种操舵方式，正常航行时采用自动操舵，靠离码头、进出狭窄水道等机动状态能转换为随动操舵，当这两种操舵方式失灵又在紧急情况下应能立即转为应急操舵。

PID 自动操舵系统原理方框图如图 5-14 所示。

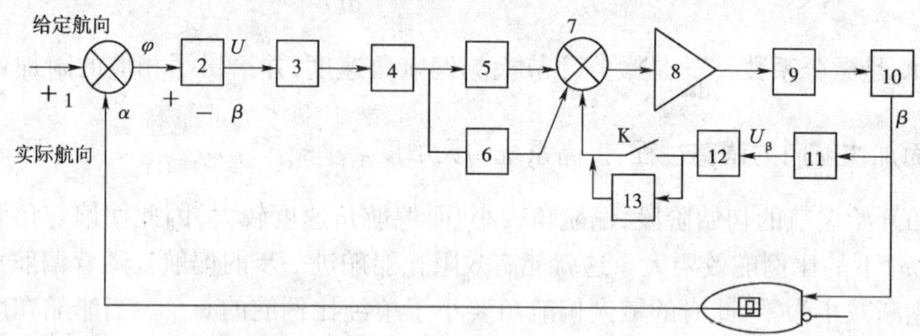

图 5-14　PID 自动操舵系统原理方框图

1-偏航信号；2-自动信号发讯机；3、12-相敏整流器；4-灵敏度调节；5-比例运算；6-微分运算；7-信号比较器环节；8-运算放大器；9-功率放大器；10-执行机构；11-舵角反馈发讯机；13-积分运算

本系统的自动操舵信号及舵角反馈信号的检测与发送均采用控制式自整角机完成的。当船舶没有受到外界干扰时，就按航向调节旋钮给定的航向航行。这时舵叶处于艏艉线上，舵角指示为 0°。

当船舶受到外界干扰时，船舶就会偏离给定航向，如向右偏 φ 角度时电罗经指示出航向偏差，通过电气同步传动，操舵仪内的接收机通过差动器带动自动发信机 XB_1 旋转一个相应的角度，使 XB_1 输出一个与偏航角 φ 成正比的交流电压信号 U_φ。U_φ 通过相敏整流输出直流信号，经天气调节电路送到比例、微分运算电路，信号综合后送入运算放大器，使开关电路工作。开关电路工作后，控制继电器接通电磁阀，舵机工作，因为有微分的作用，所以加速了舵叶的偏转，提高了船舶按给定航向航行的精确度。

舵偏转后，通过机械传动带动反馈装置中的舵角反馈发讯器 XB_3 转动。XB_3 转动后产生与偏舵角成正比的讯号电压 U_β。U_β 通过相敏整流输出直流信号经偏航积分运算电路的运算后，再与经比例、微分运算的偏航角的直流信号一起送入运算放大器，按一定的比例运算综合放大。两信号相等时，因极性相反，放大器没有输出，继电器就释放，电磁阀关闭，舵机停止工作。舵叶暂时停留在艏艉线左边某一角度上。在舵效的作用下，产生恢复力矩，使船舶逐渐回到给定航向上，在这一过程中，操舵仪内的接收机带动 XB_1 反转，此时综合信号使放大器输出与原极性反相位的信号电压，另一继电器工作。开启相应的电磁阀，回舵。

天气调节电路的作用是人为设定系统的死区，以调节系统的灵敏度，称为天气调节或灵敏度调节。

航向调节（小舵角航向调节）在自动操舵运行中，可以通过航向调节改变船舶的给定航向，使船舶在新的航向上航行。

比例舵调节电路的作用是调节系统的舵角比例系数。可以根据船舶大小，船型，装载情况

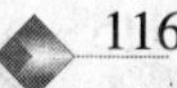

及航速高低予以合适的选择。

微分电路的作用是利用微分电容的充放电作用。使船舶还未回到给定航向时,舵已提前回到艏艉线。并反方向转过一个角度,来克服船舶的惯性。起到阻尼作用,以保证船舶能很快的回到给定航向。

偏航积分运算电路的作用是实现自动压舵。当船舶长时间受到恒定力矩(如:风、浪、潮流及装载的不对称等)的影响,使船舶处于不对称偏航时,将出现不对称偏舵。由于不对称偏航在偏航积分运算电路中的电容器 C 上将积累起电压。若积累的电压信号超过系统的灵敏度。则使舵机工作,产生偏舵。其偏舵角大小和电容器 C 上所积累的信号电压相对应。如果此时偏舵角所产生的恢复力矩与恒力矩相抵消,船舶就稳定在给定航向上航行。在图 5-14 中设有开关 K,可根据偏舵的要求予以开闭:打开,自动舵按 PID 调节规律工作;闭合,积分电路被短路,自动舵按 PID 调节规律工作。这种 PID 舵实际上是航向保持仪,不能实现航迹的自动跟踪。而且在不同的海况下,比例、微分、积分等参数需要人为地进行调节,才能达到比较满意的调节效果。

通过计算机将所有检测信号进行处理,使舵机按照给定航线进行操舵的自动舵称为自适应舵。自适应舵可以对航线进行判别,自动修正内部参数以适应船舶的各种状态或海况。

任务四　舵角指示器的调整

舵角指示器是用以检测和传递舵叶转向、转角的一种仪器。它们是保证船舶安全航行的重要设备之一。它能够把舵叶所转动的角度准确地完全地输送到船舶所需要的部位,舵叶的转角通过机械的联动带动舵角发送器,再由舵角接收器将舵角复示出来,所以说舵角指示系统与舵机系统没有电气方面的联系,也可以说舵角指示器自成系统。

舵角指示器分为两部分,发送器安装在舵机上,其转子与舵杆机械相连;接收部分安装在驾驶室门外两侧、在驾驶室自动操舵仪部位的顶部,桥楼两翼、机舱集控室、舵机舱等处,其转子与舵角刻度盘上的指针机械相连,从而指示了舵角的实际位置。一般在驾驶台天花板上装有三面舵角指示器($-35° \to 0 \to +35°$),舵角指示器刻度盘的指示数,中间为零左右最大示数为 35°,每小格为 1°。并且带内部照明,其调光器可安装在指示器上,也可独立布置,如布置在控制台上。通常在三相整步绕组间三根连线上接有热保护装置,作为过载保护,当电流太大时,热保护装置即熔断动作,切断连线。当检查舵角指示器的故障时,应首先注意这一点。

一、自整角机做成的交流同步器的原理

舵角发送器和接收器大多采用自整角机做舵角同步器。由于舵角指示器系统与舵角只有机械的联系而没有电的联系,而舵角发送器与接收器间又只有电的联系没有机械联系。尽管如此它们是如何使信号同步的,下面介绍由自整角机做成的交流同步器的原理。

如图 5-15 所示,在交流同步系统中有发讯机(也就是发送器)和收讯机(也就是接收器),它们的构造完全一样,都是有定子与转子两大部分组成:定子上有一对磁极,其激磁线圈由交

流电源供电；转子铁心上装有三相线圈，各相线圈的绕法完全一样，经三个导电环和三对电刷分别与另外一个交流同步机的对应部分连接。交流同步器的工作原理，建立在电磁感应的基础上。它有两种工作方式：一种是指示器工作方式；一种是变压器工作方式。这里我们只介绍指示器工作方式，因舵角指示器就是采用这种工作方式的。指示器工作方式的原理：最简单的指示器工作方式的同步系统是由一个发讯机和一个收讯机所组成如图5-15所示，它们的激磁线圈并联在同一交流电源上，其三相线圈采用星形接法，我们把每一相连到中点的那一端叫尾，而把另一端叫头，收、发讯机各对应的头相互连接。下面我们讨论：发讯机转动后，为什么收讯机也跟着转动。

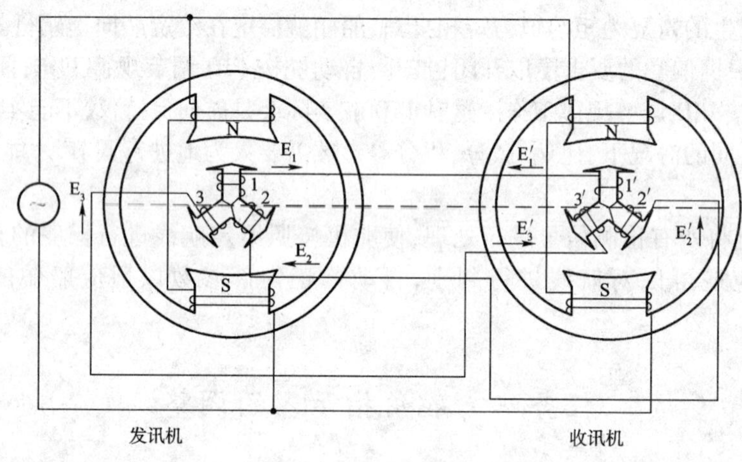

图5-15　交流同步器原理图

当收、发讯机的激磁线圈接通交流电源后，磁极便产生了交变磁通，该磁通穿过三相线圈，各相线圈分别产生感应电压，感应电压的大小和方向，取决于每相线圈与磁极的相对位置。就大小而论，若线圈的轴线与磁极的轴线重合时，全部交变磁通通过线圈，固感应电压最大如图5-16a）所示，若线圈顺时针转过一个θ角后，只有部分交变磁通穿过线圈，固感应电压变小，而且随着θ角的增大而越来越小，如图5-16b）所示。当线圈的轴线与磁极的轴线相交90°时，即线圈轴线位于中性面时，感应电压为零，如图5-16c）所示。

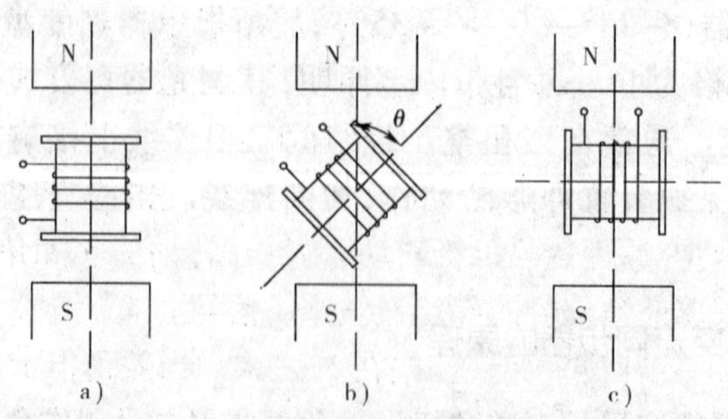

图5-16　感应电压的大小和方向示意图

就方向而言，线圈在“N”极范围内所产生的感应电压方向，必与在“S”极范围内的方向相反。例如，图5-15中，设在“N”极范围内的第一相线圈的感应电压E_1与E_1'是向外的，则在“S”极范围内的第二和第三相线圈的感应电势E_2、E_3、E_2'及E_3'等的方向便向里。

参看图 5-15 发讯机转子与收讯机转子相对位置一致时(即相对于磁极的位置一致),则各对应线圈感应电压大小相等,即 $E_1 = E_1'$,$E_2 = E_2'$,$E_3 = E_3'$,但方向相反,故三相线圈内无电流通过,发讯机和收讯机转子便停留在原位置上。

如图 5-17 所示,(图中激磁未画出来,三相线圈以简图表示),现将发讯机转子顺时针转过 30°,这时,收、发讯机转子相对位置便不一致了,各对应相感应电压的大小便不相等,$E_1 < E_1'$,$E_2 > E_2'$,$E_3 < E_3'$,各线圈中便有电流通过,电流方向与较大的电压方向一致。电流通过收讯机的各相线圈时,便产生相应的磁通 Φ_1',Φ_2',Φ_3',(为讨论问题方便起见,假定电流从尾流向头时,则磁通方向也从尾指向头,反之,就从头指向尾),把 Φ_1',Φ_2',Φ_3'合成为 $\Phi' = \Phi_1' + \Phi_2' + \Phi_3'$,根据磁力线的特性,$\Phi'$从转子铁心出来的一端应呈"N"极,另一端呈"S",它们与磁极的 N,S 极相互作用,就推动收讯机转子也按顺时针方向转动,直到收讯机转子也转过 30°,即收、发讯机各相的相对位置又一致时,便停止下来。

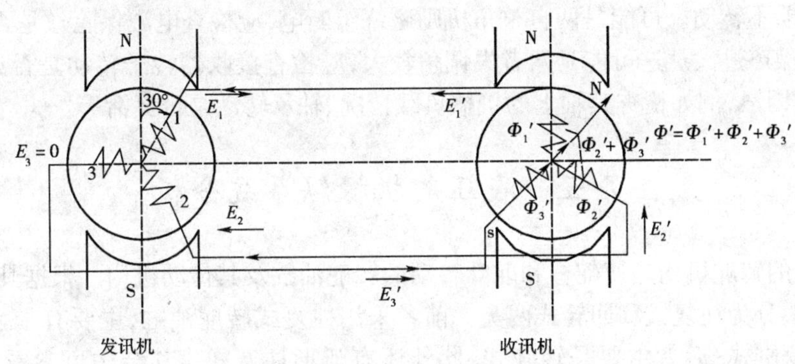

图 5-17　发讯机转子与收讯机转子相对位置图

当然发讯机那一边也有个合成磁通 Φ,因为发讯机内各相电流与收讯机的相反,固其合成磁通 Φ 也应相反,它与磁通作用企图使转子向逆时针方向转动,但实际上发讯机转子是由外力控制的,它是不能自由转动的。

二、舵角指示器的调整

当发讯机与收讯机相对位置一致时,收讯机不动,当发讯机在外力作用下转动一个角度时,则各相中就有电流流动,这些电流产生一个合成磁场,该磁场与合成磁场相互作用,使收讯机也跟着转动同样一个角度,这就是交流同步器在指示器工作方式下的工作原理。

舵角指示器系统正是利用自整角机做成的交流同步器,它的发讯机所借用的外力则是舵叶带动其转动。经过电磁感应原理使收讯机转动,将舵叶转动的实际角度准确无误地及时地复示出来,向船舶各个所需要舵角信号的部位提供这一信号。

指针式舵角指示器指示舵叶位置允许偏差在 1°之内。当舵角指示器的偏差大于 1°时,应进行调整。调整的方法:起动舵机,把舵叶置于 0°,观察舵角接收器的指示,如偏差大,可松开接收器的定子固定螺钉,缓慢转动定子,使接收器指示亦为零度。然后暂时固定定子,开动舵机,扳动操作手轮,在左右满度之间进行同样校准。直到接收器指示与舵叶位置偏差均小于 1°时,则调整完毕,将定子按原状固定好。

三、交流型舵角指示器常见故障和排除方法

交流型的舵角指示器是基于力矩式自整角机同步传动原理进行工作的，对于这种系统，常见的故障和排除方法如下：

(1)发送器和接收器转向相反。这是由于两只自整角机的三相整步绕组相序接错，可把任一只自整角机中的三相接线互换任意两根。

(2)接收器和发送器同步失调，力矩小。这可能是三相整步绕组电路中有一相断路或开路。首先应检查三相接线中过载保护是否已断，排除电路开路故障，若不能解决，则可更换绕组断路的自整角机。

(3)发送器和接收器定子三相绕组过热，且接收器指示误差大。这可能是由于有一只自整角机励磁绕组不工作，应检查励磁绕组是否开路或电源断路。

(4)接收器不转动。可能是两自整角机励磁绕组断电，应检查电源保险丝是否已烧断。

(5)交流噪声过大。这可能是两者失调角较大，应检查接收器转子转动是否灵活，排除其转动不灵活的因素，例如检查其轴上的机械负载情况、轴承转动是否灵活等。

任务五　液压舵机操纵系统分析

液压舵机的转舵机构是使舵杆和舵叶转动的转舵油缸及其传动机构。根据其运动部件的运动方式不同，分为往复式和回转式两类。前者采用往复式转舵油缸，主要有十字头式、拨叉式、滚轮式和摆缸式；后者主要是转叶式，此外还有弧形柱塞式。其结构可参看有关船舶辅机图。

一、液压舵机

液压舵机作为一个液压传动系统，工作时总是希望有较大的转舵速度，不存在调速问题。工作油压决定于负载，只需用安全阀限定最高油压。为实现左右转舵和停止转舵，只要控制油流的通断和换向即可，因而液压舵机的操纵就是如何控制油流的通断和换向。

液压舵机有阀控式和泵控式两种基本形式，也就是为实现控制液流通断和换向，基本采用控制换向阀和控制双向变量泵变量机构两种方法。舵机的操纵是在驾驶台上进行的，所以舵机操纵系统必须是一个远距离操纵系统，但通常在舵机间也设有现场操纵机构用于应急。

现今船舶航行中一般都采用随动操舵或自动操舵。

根据从驾驶室到舵机间传递操舵信号的方法不同，舵机遥控系统可分为机械式、液压式、电气式。机械式仅用于小船，液压式已基本淘汰，电气式是目前舵机遥控系统的主要形式。阀控型舵机电气遥控的对象是三位四通电磁换向阀；泵控型舵机电气遥控的对象可以是三位四通电磁换向阀(伺服油缸式)，或伺服电动机、力矩电动机(力矩马达)，也可以控制电磁比例泵。自整角机可以无触点传递角位移信号，可靠性高，电气遥控系统广泛用它作为操舵发讯元件和反馈元件。

常用的舵机遥控系统有阀控型舵机电磁换向阀遥控系统、伺服油缸式舵机遥控系统、力矩

马达式舵机遥控系统。本任务介绍力矩马达式舵机遥控系统随动部分的工作原理。

二、力矩马达式舵机遥控系统

图 5-18 示出了川崎舵机所采用的力矩马达式舵机电气遥控系统的原理图。

在驾驶台操作舵轮，带动发讯自整角机给出指令舵角信号 θ，在操舵仪 1 中和与舵柄（或舵杆）相连的舵角反馈发信器 13 送来的实际舵角信号 θ' 相比较，给出一个与舵角偏差（$\theta-\theta'$）的方向相对应、大小成比例的信号电压 $U_{(\theta-\theta')}$。信号电压经相敏整流后送至舵机室的控制箱 2，再经放大后加在力矩马达 3 的绕组上，使马达输出方向与信号电压方向相对应、大小与之成比例的转矩，克服主泵调节器 4 中先导阀 6 的回中弹簧的张力，使先导阀偏离中位。

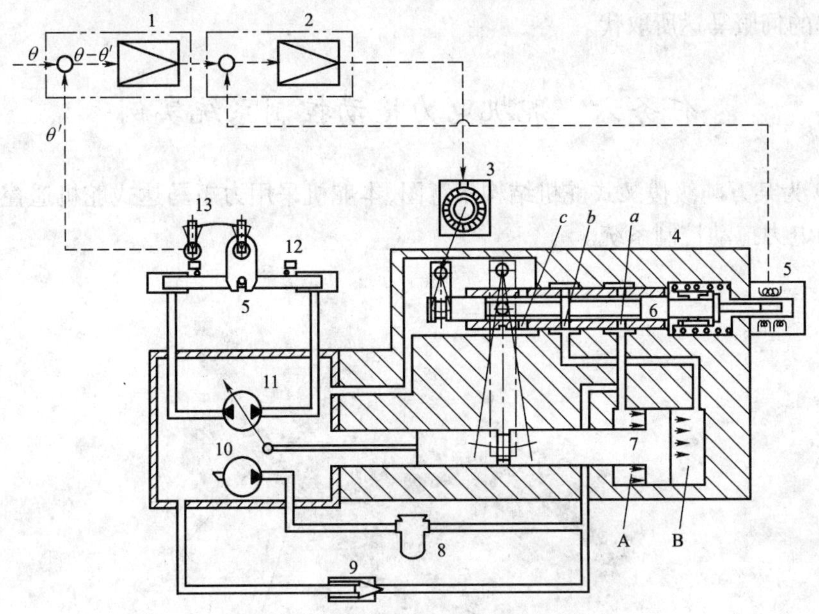

图 5-18　力矩马达式舵机遥控系统原理图

1-操舵仪；2-控制箱；3-力矩马达；4-调节器；5-差动变压器；6-先导阀；7-伺服活塞；8-滤器；9-安全阀；10-伺服油泵；11-主泵；12-舵角限位开关；13-舵角反馈发信器

伺服油泵 10 的排油经过滤器 8、常通伺服活塞 7 受力面积小的 A 端，向先导阀 a 口供油。若先导阀从中位右移，则伺服活塞受力面积大的 B 端经 b—c 口向工作油箱泄油，于是伺服活塞也右移；同时通过反馈杆带动先导阀阀套也右移，直至 b 口重新被先导阀凸缘堵死。这样，伺服活塞的位移始终与先导阀的位移方向相同、大小成正比，去控制主泵 11 的摆角，即控制主泵流量的方向和大小。

一般不太大的舵角偏差就会使泵达到最大排量，这时先导阀的位移信号经差动变压器（LVDT）5 负反馈至控制箱 2，使力矩马达接受的电信号和输出扭矩受抑制而不致太大，但足以转到限定的最大摆角处再停止偏转。

主泵向转舵油缸供油使舵转动，当实际舵角接近指令舵角时，舵角偏差信号减小至力矩马达输出力矩不足以克服先导阀被压缩的弹簧的张力，先导阀开始左移回中，这时伺服油泵供油由 a—b 通至伺服油缸受力面积较大的 B 腔，伺服活塞左移使主泵向小摆角方向回行，

同时反馈杆也带先导阀阀套向左回移。直至实际舵角与指令舵角相符，舵角偏差信号为零，力矩马达的输出扭矩也为零，先导阀在弹簧作用下回中，伺服活塞和它控制的主泵变量机构也都回到排量为0的中位，舵即停在指令舵角位置。回舵时工作情况正好与上述相反。

舵机遥控系统在舵机室的受控元件也可以不采用上述的伺服活塞或力矩马达，而采用直流或交流伺服电机。前者输出功率较大，可通过螺杆-螺套（螺母）机构将回转运动变为直线运动，去控制机械追随机构的操纵杆；但目前船舶都是交流电站，采用直流伺服电机需要设交流电动机带动直流发电机供电，现已基本弃用。交流伺服电机输出功率较小，通常是通道螺杆-螺套机构将输出回转运动转变为直线运动，去控制伺服变量泵的先导阀，现也多被机械传动更加简单的伺服马达所取代。

任务六　舵机电力拖动控制系统实例

图5-19为某万吨级拨叉式舵机结构示意图，本舵机采用力矩马达式舵机遥控系统。下面介绍舵机的电力拖动控制系统。

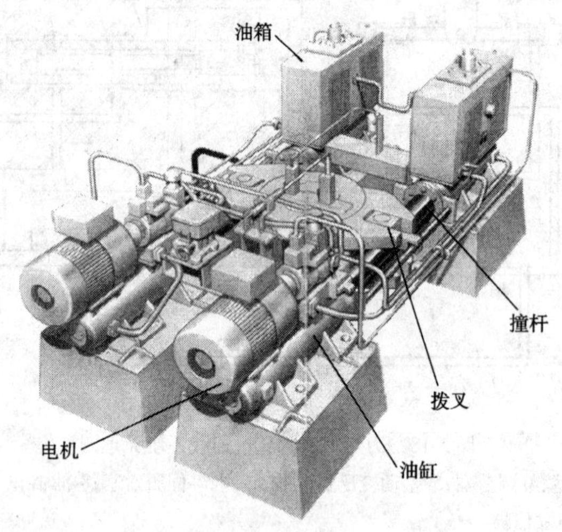

图5-19　液压舵机结构示意图

在船舶的舵机舱室装一舵机台，实际上除了自动操舵仪系统不安装在它上面外，绝大部分液压系统的部件全都安装于此。它起到一个支撑连接液压系统各部件的作用。在上面主要安装有：两个油箱、两个主泵电机、电磁阀、舵角发送装置、舵角反馈装置、指示大角度的铜牌，控制舵叶转动的轴杆等等。

一、舵机起动器概括说明(general specification of starter)

表5-1为舵机起动器概括说明表，概括说明了舵机起动器的工作环境，电源电压、相序的鉴别等基本情况，在识读舵机工作图之前仔细阅读，可以了解舵机起动器的所遵循的规范、电源情况、内线材料、铭牌及警告牌所用文字语言等内容。

舵机起动器的概括说明表　　表 5-1

概括说明(起动器) GENENAL SPECIFICATION (STARTER)		
RULE AND REGULATION　规范	□ABS □BV □NK □LR ■CCS □DNV □GL □RINA □	
STANDARD　标准	□CSSC. CB　□JIS　■IEC	
DRAWING AND DOCUMENT　文件	LANGUAGE 文字　■ENGLISH 英文　■CHINESE 中文 UNIT 单位　■METRIC 公制	
AMB. TMP.　环境温度	□40℃　■45℃　□50℃	
PAINT COLOR(MUNSELL CODE) 油漆颜色(孟塞尔标准)	OUTSIDE(CASING) 外表面(箱壳)	□RAL7032　□2.5G 7/2　■7.5BG 7/2
	INSIDE(CASING) 内部(箱壳)	□RAL7032　□2.5G 7/2　■7.5BG 7/2
ACCESSIBILITY　检查	■FRONT 前　□REAR 后　□SIDE 侧	
STARTER UNIT　起动装置	■FIXED TYPE 固定型　□WITHDRABLE TYPE 移动型	
VOLTAGE RATING　额定电压	MAIN CIRCUIT　主线路	□AC 440V 60Hz 3□ ■AC 380V 50Hz 3□
	CONTROL CIRCUIT 控制线路	AC□440V □380V ■220V □110V
	SPACE HEATET 空间加热器	AC■220V　□110V
PHASE IDENTFICATION　相的鉴别	(R)(A):　□RED 红　■GREEN 绿	
	(S)(B):　□WHITE 白　■YELLOW 黄	
	(T)(C):　□BLUE 蓝　■BROWN 褐	
INTERNAL WIRING MATERIAL 内线材料	CIRCUIT　线路	TYPE 型号
	MAIN CIRCUIT　主线路	CBVR
	CONTROL CIRCUIT 控制线路	CBVR
NAMEPLATE　铭牌	LETTER 文字　■ENGLISH 英文　■CHINESE 中文	
CAUTION PLATE　警告牌	LETTER 文字　■ENGLISH 英文　■CHINESE 中文	
STARTING METHOD　起动方式	■DOL(37kW、0.4kW)　■Y-Δ(37kW)　□AT	

二、舵机电器配置图(steering electric equipment assembly)

图 5-20 为舵机电器配置图,从图中可以了解到整个舵机电器配置情况,在舵机舱舵机旁有 1#和 2#舵机起动器,在驾驶(W/H)和集控室(ECC)分别设有报警控制面板。

三、舵机电器电缆图(steering electric cable)

图 5-21 为舵机电器电缆图,图中明确了舵机电气系统的电缆规格及走向等情况,图中电缆编号附近还标示了此电缆的芯线数量以及芯线的截面积。舵机各系统电源的供给,是由配电盘(主配电盘、应急配电盘)送到起动器内,再由舵机起动器输出的,自动舵控制箱的电源也是由起动器传送到的,报警信号传输同样经由起动器来输出的,所以起动器能否正常工作,对整套舵机能否正常工作起着非常重要的作用。

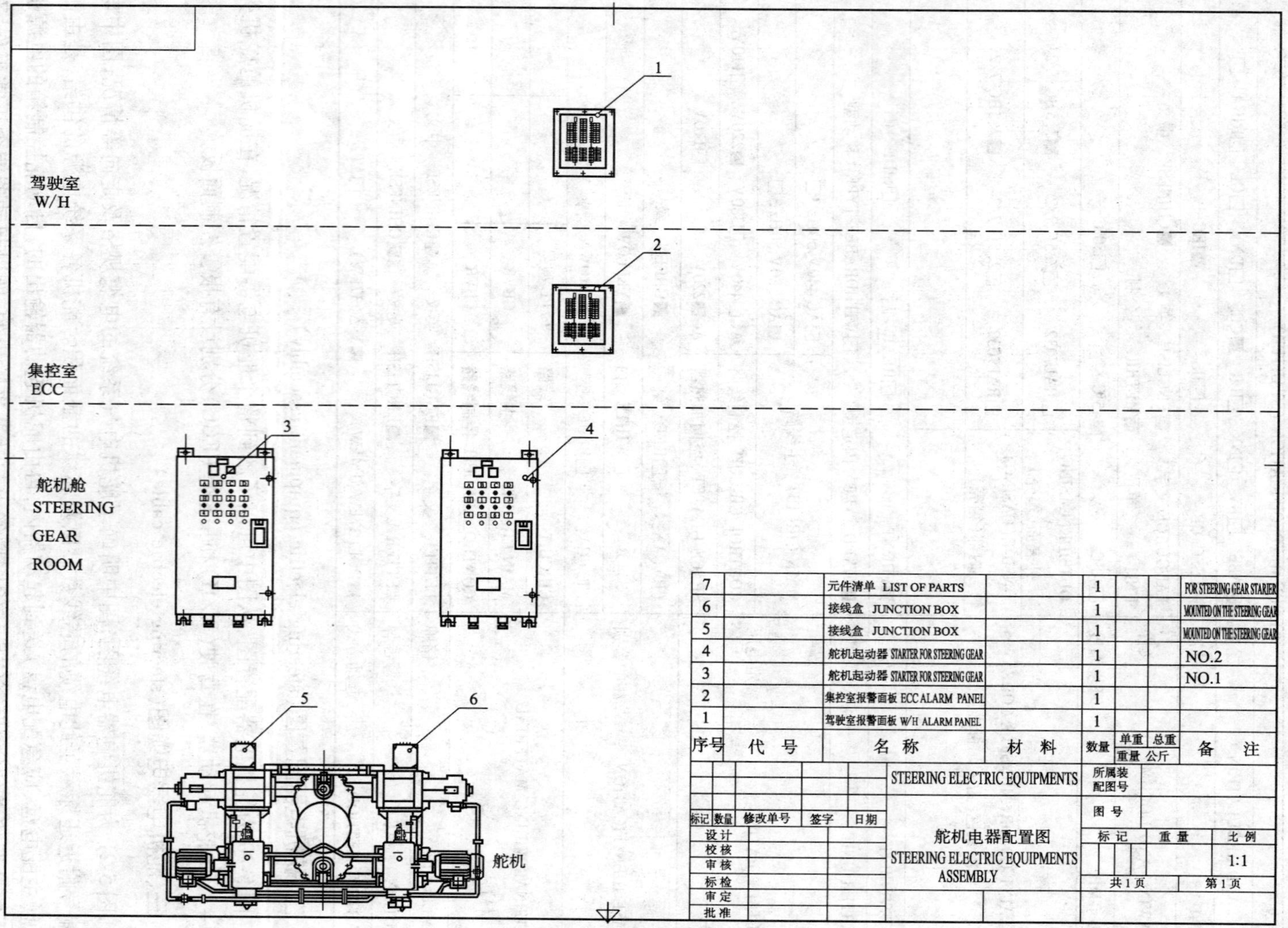

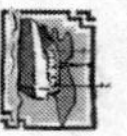

驾驶室
W/H

1

集控室
ECC

2

舵机舱
STEERING
GEAR
ROOM

3

4

5

6

舵机

序号	代号	名称	材料	数量	单重	总重	备注
7		元件清单 LIST OF PARTS		1			FOR STEERING GEAR STARTER
6		接线盒 JUNCTION BOX		1			MOUNTED ON THE STEERING GEAR
5		接线盒 JUNCTION BOX		1			MOUNTED ON THE STEERING GEAR
4		舵机起动器 STARTER FOR STEERING GEAR		1			NO.2
3		舵机起动器 STARTER FOR STEERING GEAR		1			NO.1
2		集控室报警面板 ECC ALARM PANEL		1			
1		驾驶室报警面板 W/H ALARM PANEL		1			

重量 公斤

STEERING ELECTRIC EQUIPMENTS

所属装配图号

图号

标记 数量 修改单号 签字 日期

设计
校核
审核
标检
审定
批准

舵机电器配置图
STEERING ELECTRIC EQUIPMENTS ASSEMBLY

标记	重量	比例
		1:1

共1页 第1页

图 5-20 舵机电器配置图

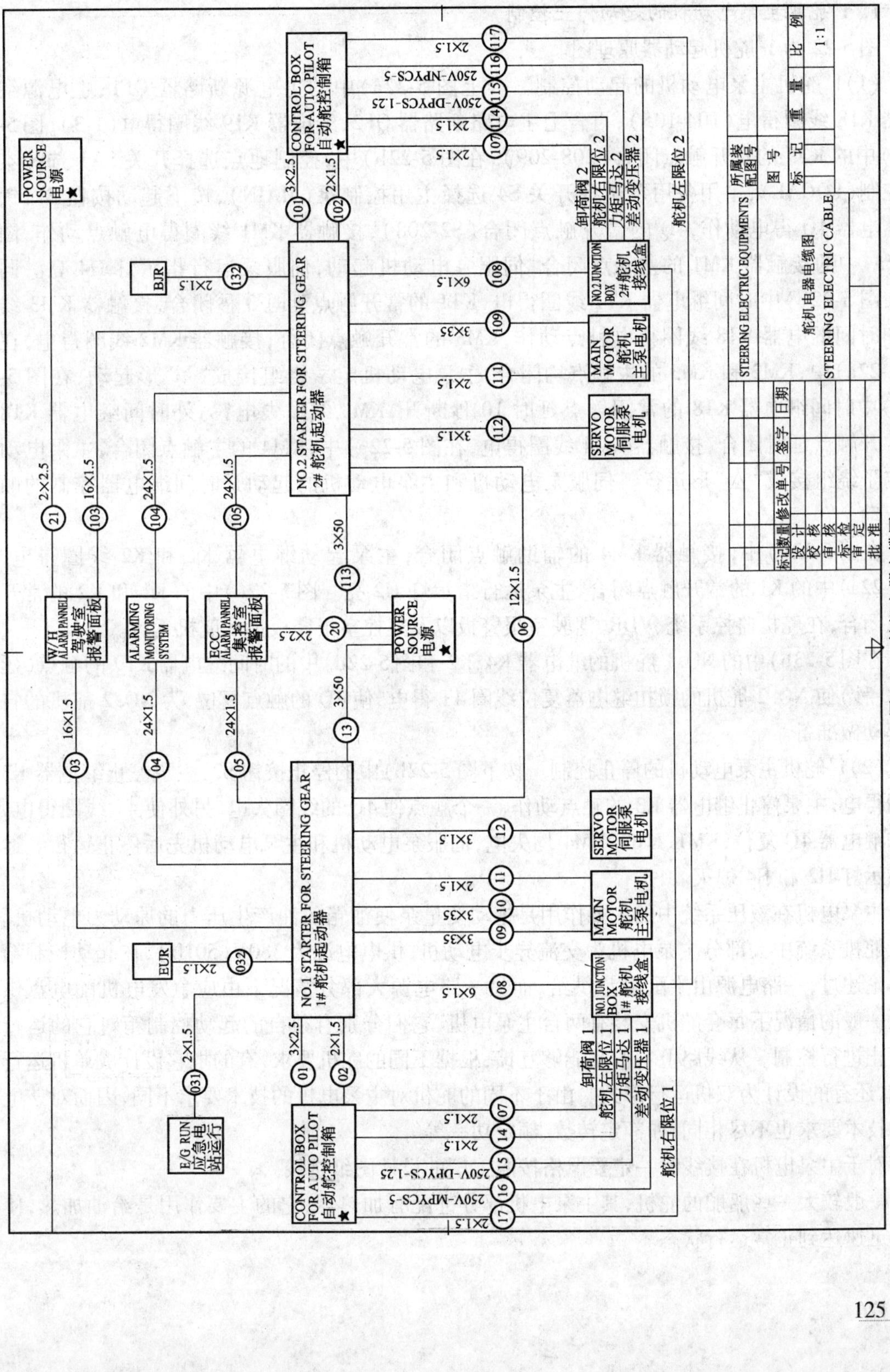

POWER SOURCE 电源 ★
21 2×2.5
W/H ALARM PANNEL 驾驶室报警面板
03 16×1.5
103 16×1.5
ALARMING MONITORING SYSTEM
04 24×1.5
104 24×1.5
ECC ALARM PANNEL 集控室报警面板
05 24×1.5
105 24×1.5
EUR
032 2×1.5
BJR
132 2×1.5
E/G RUN 应急电站运行
031 2×1.5
CONTROL BOX FOR AUTO PILOT 自动舵控制箱 ★
01 3×2.5
02 2×1.5
NO.1 STARTER FOR STEERING GEAR 1# 舵机起动器
13 3×50
20 2×2.5
POWER SOURCE 电源 ★
113 3×50
NO.2 STARTER FOR STEERING GEAR 2# 舵机起动器
101 3×2.5
102 2×1.5
CONTROL BOX FOR AUTO PILOT 自动舵控制箱 ★
17 2×1.5
16 250V-MPYCS-5
15 250V-DPYCS-1.25
14 2×1.5
07 2×1.5
08 6×1.5
09 3×35
10 3×35
11 2×1.5
12 3×1.5
06 12×1.5
112 3×1.5
111 2×1.5
109 3×35
108 6×1.5
107 2×1.5
114 2×1.5
115 250V-DPYCS-1.25
116 250V-NPYCS-5
117 2×1.5
卸荷阀 1
舵机左限位 1
力矩马达 1
差动变压器 1
舵机右限位 1
NO.1 JUNCTION BOX 1# 舵机接线盒
MAIN MOTOR 舵机主泵电机
SERVO MOTOR 伺服泵电机
SERVO MOTOR 伺服泵电机
MAIN MOTOR 舵机主泵电机
NO.2 JUNCTION BOX 2# 舵机接线盒
卸荷阀 2
舵机右限位 2
力矩马达 2
差动变压器 2
舵机左限位 2

					STEERING ELECTRIC EQUIPMENTS	所属装配图号					
						图号					
标记	数量	修改单号	签字	日期	舵机电器电缆图 STEERING ELECTRIC CABLE	标	记	重	量	比	例
设计										1:1	
校核											
审核											
标检											
审定											
批准											

图 5-21　舵机电器电缆图

四、舵机起动器原理(steering gear starter skeleton)

1. 1#舵机主泵电动机的起动停止控制

图 5-22 为 1#舵机起动器原理图。

(1)1#舵机主泵电动机的起动控制。合上图 5-22a)中的主电源断路器 QF1,主电源继电器 K18 线圈得电(104-105),再合上主电路断路器 QF2,继电器 K19 线圈得电(1-3),图 5-22b)中的 K19 的常开触点闭合(208-209),在图 5-22b)中,控制地点选择开关 SA1 选择本地控制(LOCAL),主用备用泵选择开关 S4 选择主用控制泵(MAIN),按下起动按钮 S1,锁扣继电器 4Q 得电动作,4Q 的常开触点闭合(S2-208),接触器 KM1 线圈得电触点动作,图 5-22a)中的接触器 KM1 的主触点闭合,伺服泵电动机起动,伺服泵运行指示灯 H4 亮。同时在图 5-22b)中时间继电器 KT1 线圈得电,KT1 的常开触点延时 3 秒闭合,接触器 KM3 线圈和时间继电器 KT8 线圈得电触点动作,KM3 的常开触点闭合,接触器 KM2 线圈得电,在图 5-22a)中,KM2 和 KM3 的主触点均闭合,主泵电动机定子绕组接成"Y"形起动;在图 5-22b)中时间继电器 KT8 的常闭触点延时 10 秒断开,KM3 线圈失电,另外时间继电器 KT8 的常开触点延时闭合,接触器 KM4 线圈得电,在图 5-22a)中,KM4 的主触点闭合,主泵电动机定子绕组接成"△"形运行。伺服泵电动机和主泵电动机的起动是时间继电器控制的顺序起动。

在图 5-22b)中,接触器 KM4 的辅助触点闭合,主泵起动继电器 K1 和 K2 线圈得电,图 5-22a)中的 K1 的常开触点闭合,主泵运行指示灯 H2 亮。图 5-22e)中的 K1 和 K2 的常开触点闭合,在舵机监控系统、VDR、驾驶室报警板以及集控室报警板指示舵机运行。

在图 5-23b)中的 NO.1 舵机的继电器 K4、K2 和图 5-22d)中的时间继电器 KT9 的触点(延时 10 秒)使 NO.2 舵机的锁扣继电器复位线圈 4T 得电,使 4Q 的触点复位,为 NO.2 舵机的自动起动做准备。

(2)1#舵机主泵电动机的停止控制。按下图 5-22b)中的停止按钮 S2,主泵停止继电器 K3 线圈得电,主泵停止继电器 K3 的触点动作,一个触点使 4Q 的线圈失电,另外使 4T 线圈得电,锁扣继电器 4Q 复位,KM1、KM2、KM4 均失电,伺服泵电动机和主泵电动机先后停止运行。运行指示灯 H2 和 H4 熄灭。

主泵电机在液压系统中的主要作用是拖动变量泵使油箱的油产生压力的原动力电动机。现在舵机系统中大部分主泵电机为交流异步电动机,供电电源为 380V(50Hz),在起动控制箱中已论述过,一路电源由主配电盘供给,而另一路电源大部分情况下由应急发电机配电盘供给。一般的情况下每套舵机安装有两台主泵电机,它们分别有独自的起动控制箱对它的运行与停止进行控制。从线路上它们又能够互馈,根据不同的舵机要求,有的把它设计成单机运行形式,还有的设计为双机运行形式。由于不同的舵机对主泵电机的技术要求不同,因而对该电机的技术要求也不尽相同,如额定转数、额定功率等等。

对于主泵电机在接线时一定要严格按照工厂的设计图纸接线。

一般较大一些船舶的舵机,其主泵电机部分都配有加热器,它的主要作用是给油加热,使系统迅速达到正常运行状态。

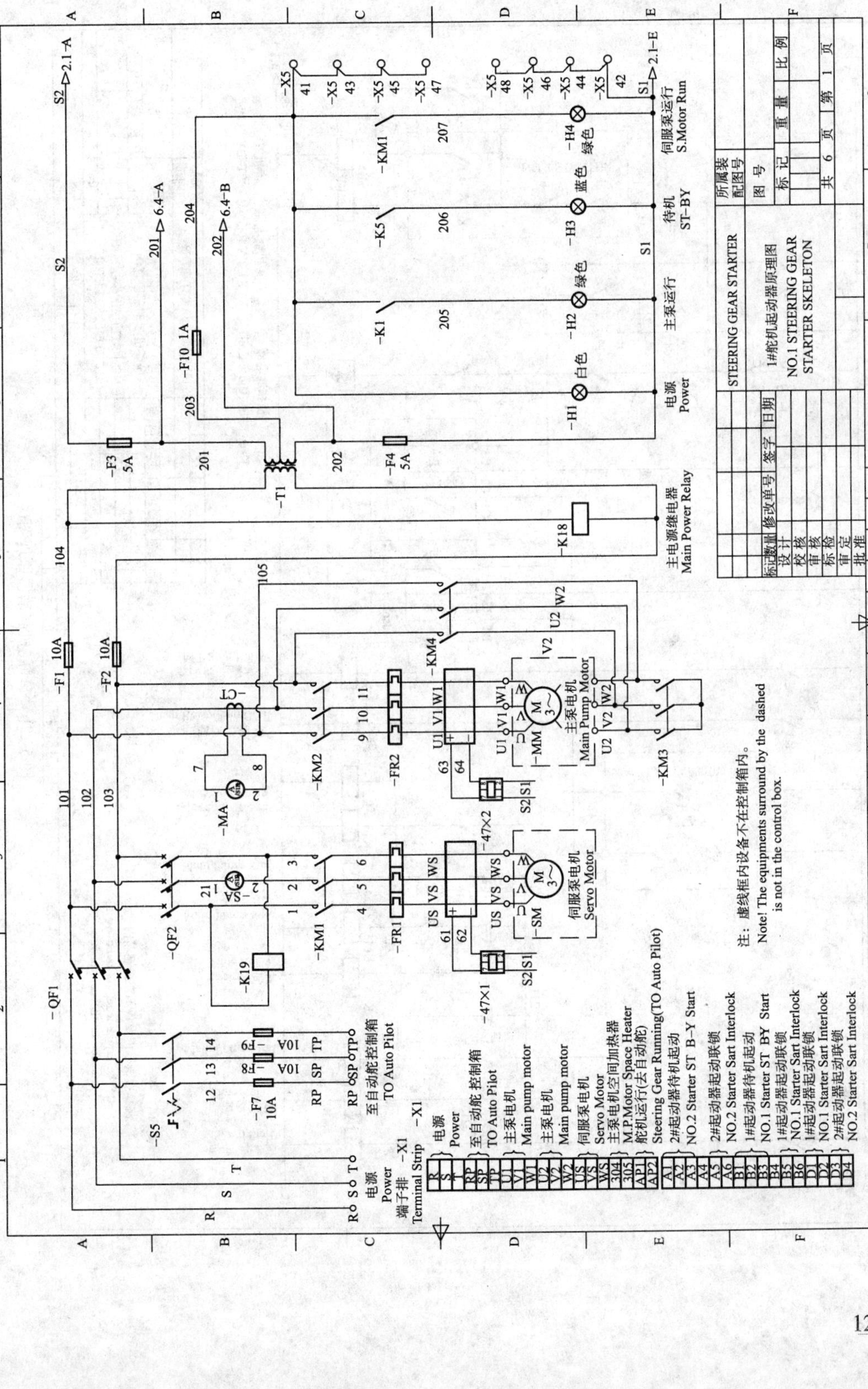

R　S　T
电源 Power
端子排 −X1
Terminal Strip −X1

RP SP TP
至自动舵控制箱
TO Auto Pilot

−QF1　101　102　103　−F1 10A　−F2 10A　104　105
−S5　12　13　14　−F7 10A　−F8 10A　−F9 10A
−QF2　21　−SA　−K19　1　2　3　−KM1　4　5　6　−FR1
US VS WS　61　62　−47×1　S2 S1　−47×2
−SM　伺服泵电机 Servo Motor
−MA　7　8　−CT　−KM2　9　10　11　−FR2
U1 V1 W1　63　64　−KM4　S2 S1
−MM　主泵电机 Main Pump Motor
U2 V2 W2　−KM3
−K18　主电源继电器 Main Power Relay
−T1　−F3 5A　−F4 5A　201 ▷6.4−A　202 ▷6.4−B　203　−F10 1A　204
S2 ▷2.1−A　S1 ▷2.1−E
−K1　205　−K5　206　−KM1　207
−H1 白色　电源 Power
−H2 绿色　主泵运行
−H3 蓝色　待机 ST−BY
−H4 绿色　伺服泵运行 S.Motor Run
−X5 41　−X5 43　−X5 45　−X5 47　−X5 48　−X5 46　−X5 44　−X5 42

端子	说明
R, S, T	电源 Power
RP, SP, TP	至自动舵 控制箱 TO Auto Pilot
U1, V1, W1	主泵电机 Main pump motor
U2, V2, W2	主泵电机 Main pump motor
US, VS, WS	伺服泵电机 Servo Motor
304, 305	主泵电机空间加热器 M.P.Motor Space Heater
AP1, AP2	舵机运行(去自动舵) Steering Gear Running(TO Auto Pilot)
A1, A2, A3	2#起动器待机起动 NO.2 Starter ST B−Y Start
A4	
A5, A6	2#起动器起动联锁 NO.2 Starter Sart Interlock
B1, B2, B3	1#起动器待机起动 NO.1 Starter ST BY Start
B4	
B5, B6	1#起动器起动联锁 NO.1 Starter Sart Interlock
D1, D2	1#起动器起动联锁 NO.1 Starter Sart Interlock
D3, D4	2#起动器起动联锁 NO.2 Starter Sart Interlock

注：虚线框内设备不在控制箱内。
Note! The equipments surround by the dashed is not in the control box.

标记	数量	修改单号	签字	日期	STEERING GEAR STARTER	所属装配图号	
设计					1#舵机起动器原理图 NO.1 STEERING GEAR STARTER SKELETON	图号	
校核						标记 重量 比例	
审核							
标检						共 6 页	第 1 页
审定							
批准							

图 5-22a)　1#舵机起动器原理图(一)

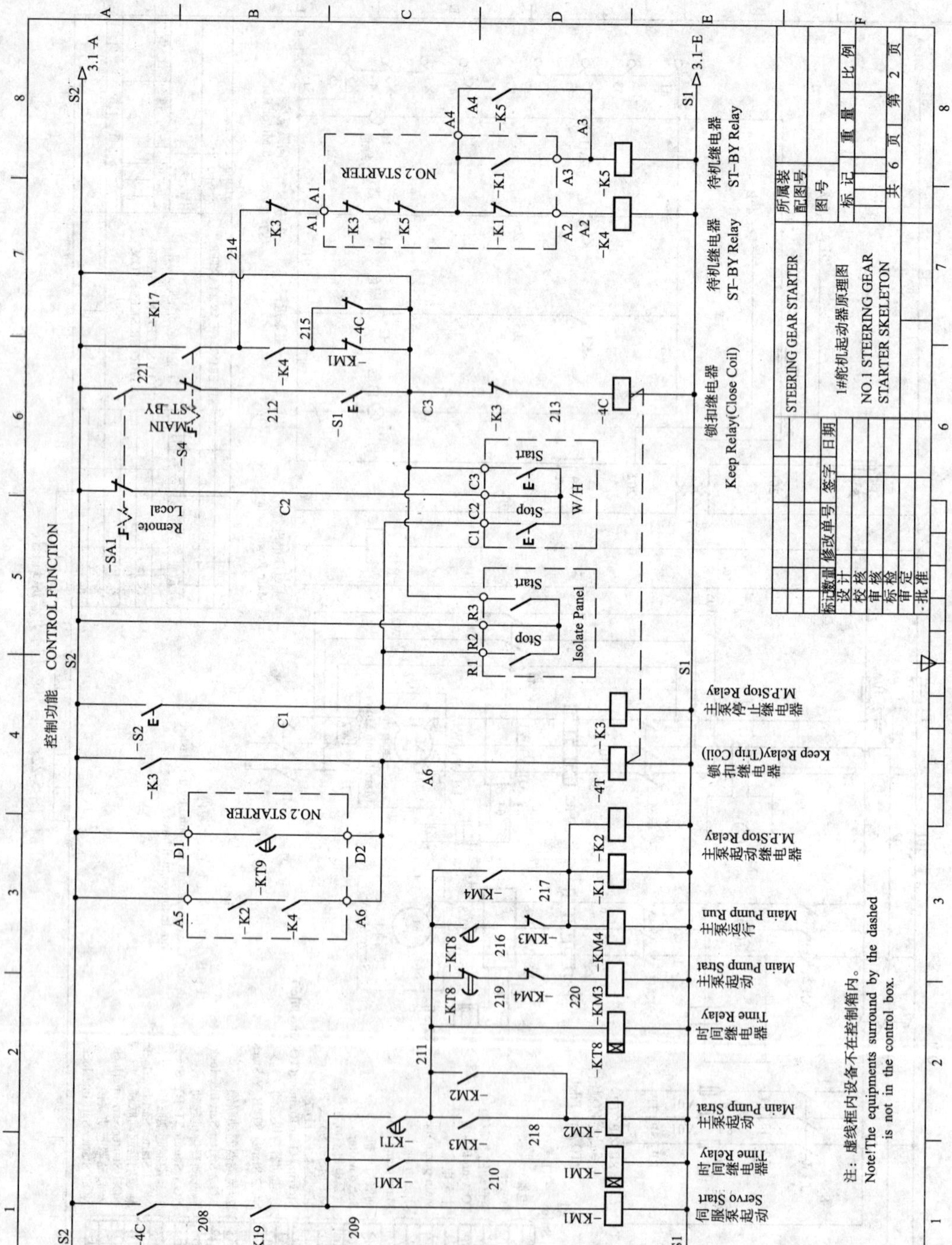

控制功能 CONTROL FUNCTION

伺服泵起动 Servo Start

时间继电器 Time Relay

主泵起动 Main Pump Strat

时间继电器 Time Relay

主泵起动 Main Pump Strat

主泵运行 Main Pump Run

主泵起动继电器 M.P.Stop Relay

锁扣继电器 Keep Relay(Trip Coil)

主泵停止继电器 M.P.Stop Relay

锁扣继电器 Keep Relay(Close Coil)

待机继电器 ST-BY Relay

待机继电器 ST-BY Relay

注：虚线框内设备不在控制箱内。

Note!The equipments surround by the dashed is not in the control box.

标记	数量	修改单号	签字	日期	STEERING GEAR STARTER	所属装配图号		
设计					1#舵机起动器原理图	图号		
校核					NO.1 STEERING GEAR STARTER SKELETON	标记	重量	比例
审核								
标检						共 6 页	第 2 页	
审定								
批准								

图 5-22b) 1#舵机起动器原理图(二)

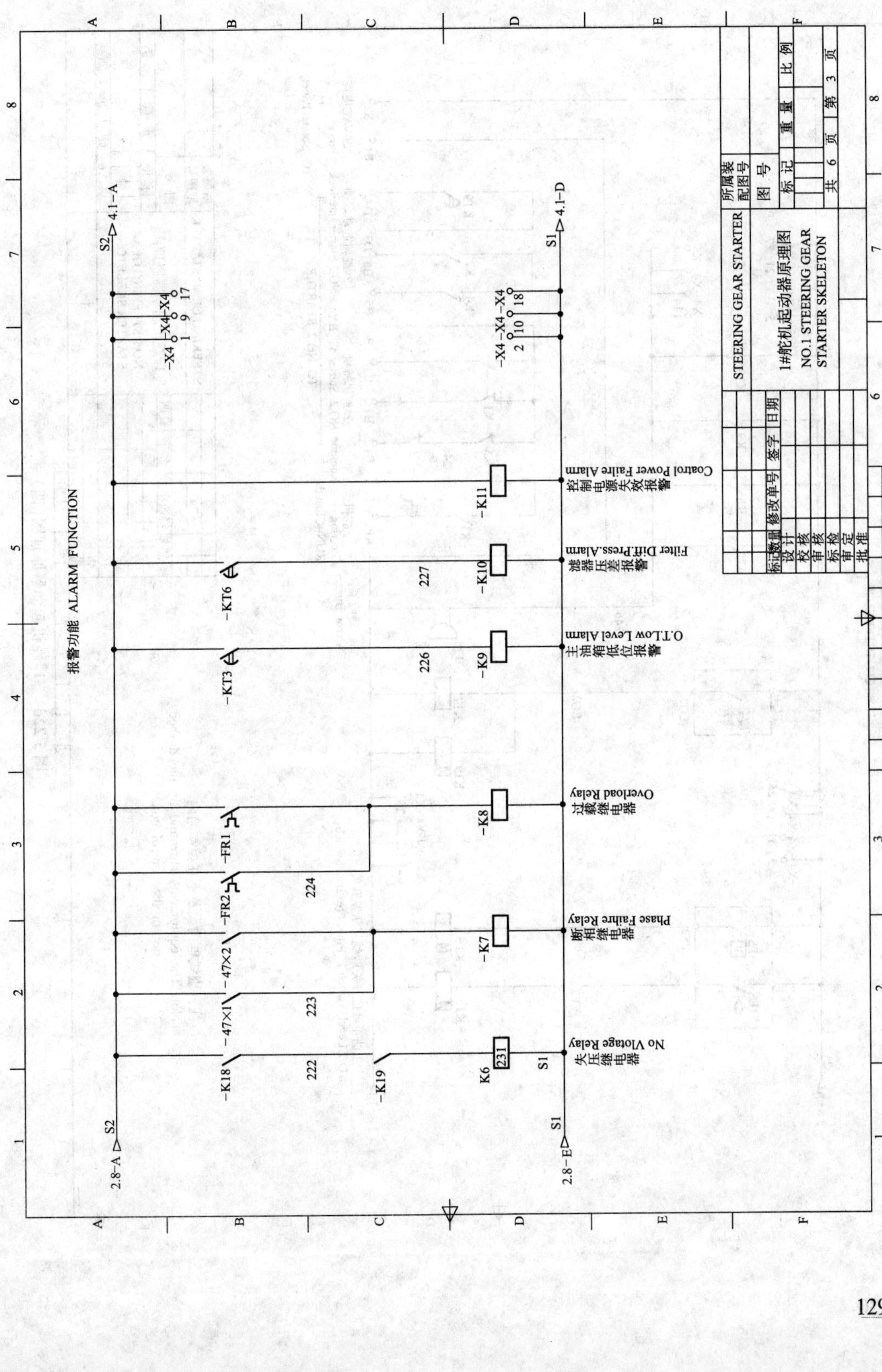

报警功能 ALARM FUNCTION

2.8-A S2
S2 4.1-A
-X4 -X4 -X4
1 9 17
-K18 -47×1 -47×2 -FR2 -FR1 -KT3 -KT6
222 223 224 226 227
-K19
K6 231 -K7 -K8 -K9 -K10 -K11
-X4 -X4 -X4
2 10 18
S1
2.8-E S1
S1 4.1-D

失压继电器 No Vlotage Relay
断相继电器 Phase Faihre Relay
过载继电器 Overload Relay
主油箱低位报警 O.T.Low Level Alarm
滤器压差报警 Filter Diff.Press.Alarm
控制电源失效报警 Coatrol Power Failre Alarm

标记	数量	修改单号	签字	日期	STEERING GEAR STARTER	所属装配图号		
设计					1#舵机起动器原理图	图 号		
校核					NO.1 STEERING GEAR STARTER SKELETON	标 记	重 量	比 例
审核								
标检						共 6 页	第 3 页	
审定								
批准								

图 5-22c)　1#舵机起动器原理图(三)

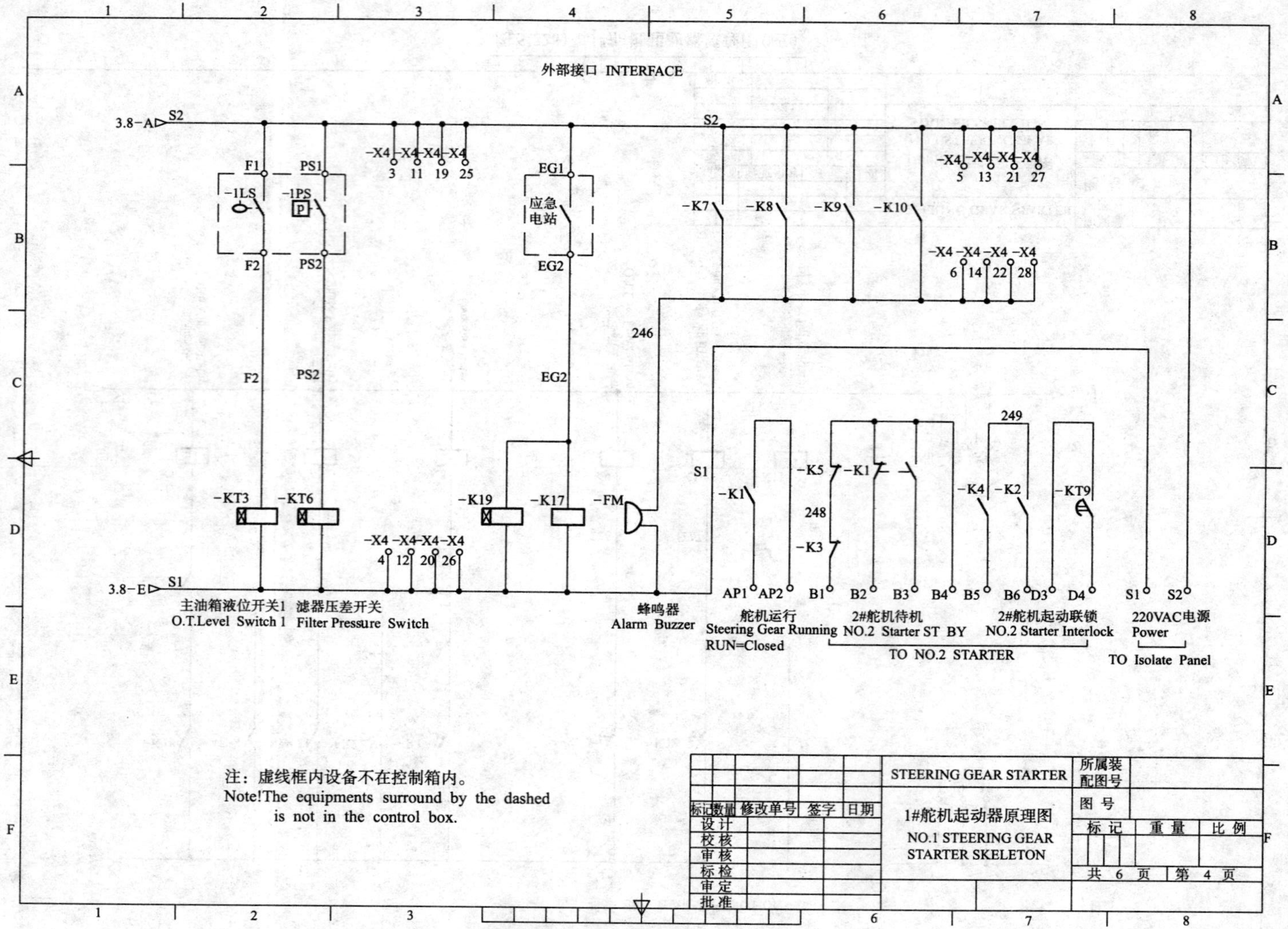

外部接口 INTERFACE

3.8−A S2　S2

F1　PS1　−1LS　−1PS　F2　PS2

−X4 −X4 −X4 −X4　3　11　19　25

EG1　应急电站　EG2

−K7　−K8　−K9　−K10

−X4 −X4 −X4 −X4　5　13　21　27

−X4 −X4 −X4 −X4　6　14　22　28

246　F2　PS2　EG2

−KT3　−KT6　−K19　−K17　−FM

−X4 −X4 −X4 −X4　4　12　20　26

3.8−E S1　S1

−K1　−K5　−K1　248　−K3　249　−K4　−K2　−KT9

AP1　AP2　B1　B2　B3　B4　B5　B6　D3　D4　S1　S2

主油箱液位开关1　O.T.Level Switch 1

滤器压差开关　Filter Pressure Switch

蜂鸣器　Alarm Buzzer

舵机运行　Steering Gear Running　RUN=Closed

2#舵机待机　NO.2 Starter ST BY

2#舵机起动联锁　NO.2 Starter Interlock

TO NO.2 STARTER

220VAC电源　Power

TO Isolate Panel

注：虚线框内设备不在控制箱内。
Note!The equipments surround by the dashed is not in the control box.

标记	数量	修改单号	签字	日期	STEERING GEAR STARTER	所属装配图号	
设计					1#舵机起动器原理图 NO.1 STEERING GEAR STARTER SKELETON	图号	
校核						标记	重量	比例
审核							
标检						共 6 页	第 4 页
审定							
批准							

图 5-22d)　1#舵机起动器原理图(四)

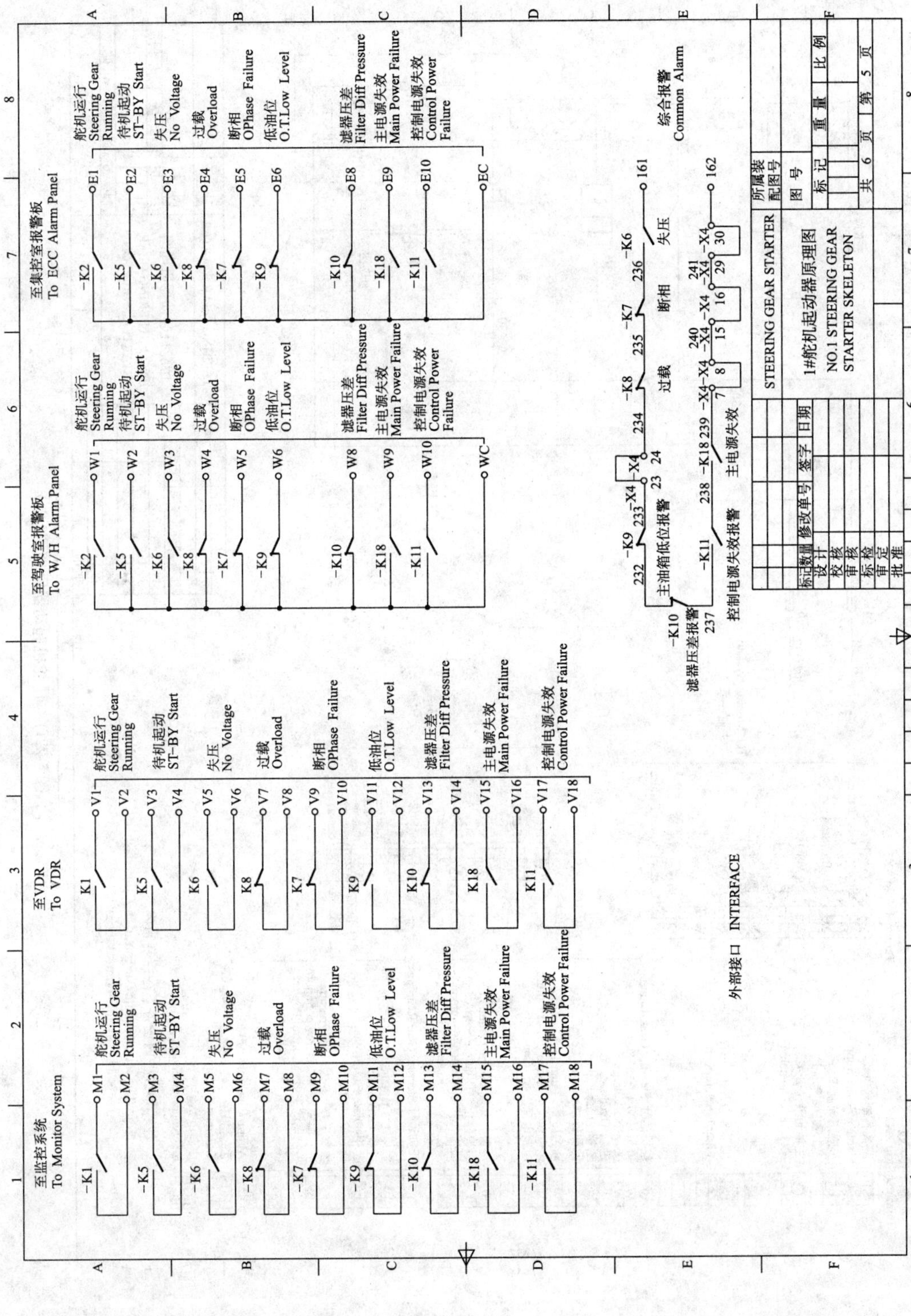

至监控系统
To Monitor System

-K1 M1 M2 舵机运行 Steering Gear Running
-K5 M3 M4 待机起动 ST-BY Start
-K6 M5 M6 失压 No Voltage
-K8 M7 M8 过载 Overload
-K7 M9 M10 断相 OPhase Failure
-K9 M11 M12 低油位 O.T.Low Level
-K10 M13 M14 滤器压差 Filter Diff Pressure
-K18 M15 M16 主电源失效 Main Power Failure
-K11 M17 M18 控制电源失效 Control Power Failure

至VDR
To VDR

K1 V1 V2 舵机运行 Steering Gear Running
K5 V3 V4 待机起动 ST-BY Start
K6 V5 V6 失压 No Voltage
K8 V7 V8 过载 Overload
K7 V9 V10 断相 OPhase Failure
K9 V11 V12 低油位 O.T.Low Level
K10 V13 V14 滤器压差 Filter Diff Pressure
K18 V15 V16 主电源失效 Main Power Failure
K11 V17 V18 控制电源失效 Control Power Failure

至驾驶室报警板
To W/H Alarm Panel

-K2 W1 舵机运行 Steering Gear Running
-K5 W2 待机起动 ST-BY Start
-K6 W3 失压 No Voltage
-K8 W4 过载 Overload
-K7 W5 断相 OPhase Failure
-K9 W6 低油位 O.T.Low Level
-K10 W8 滤器压差 Filter Diff Pressure
-K18 W9 主电源失效 Main Power Failure
-K11 W10 控制电源失效 Control Power Failure
WC

至集控室报警板
To ECC Alarm Panel

-K2 E1 舵机运行 Steering Gear Running
-K5 E2 待机起动 ST-BY Start
-K6 E3 失压 No Voltage
-K8 E4 过载 Overload
-K7 E5 断相 OPhase Failure
-K9 E6 低油位 O.T.Low Level
-K10 E8 滤器压差 Filter Diff Pressure
-K18 E9 主电源失效 Main Power Failure
-K11 E10 控制电源失效 Control Power Failure
EC

外部接口　INTERFACE

232 -K9 233 -X4 -X4 23 24 主油箱低位报警
234 -K8 过载
235 -K7 断相
236 -K6 失压
161
-K10 滤器压差报警 237
-K11 控制电源失效报警 238
-K18 主电源失效 239
-X4 -X4 7 8
240 -X4 -X4 15 16
241 -X4 -X4 29 30
162
综合报警 Common Alarm

				STEERING GEAR STARTER	所属装配图号		
标记数量	修改单号	签字	日期	1#舵机起动器原理图 NO.1 STEERING GEAR STARTER SKELETON	图 号		
设计					标 记	重 量	比 例
校核							
审核					共 6 页	第 5 页	
标检							
审定							
批准							

图 5-22e)　1#舵机起动器原理图(五)

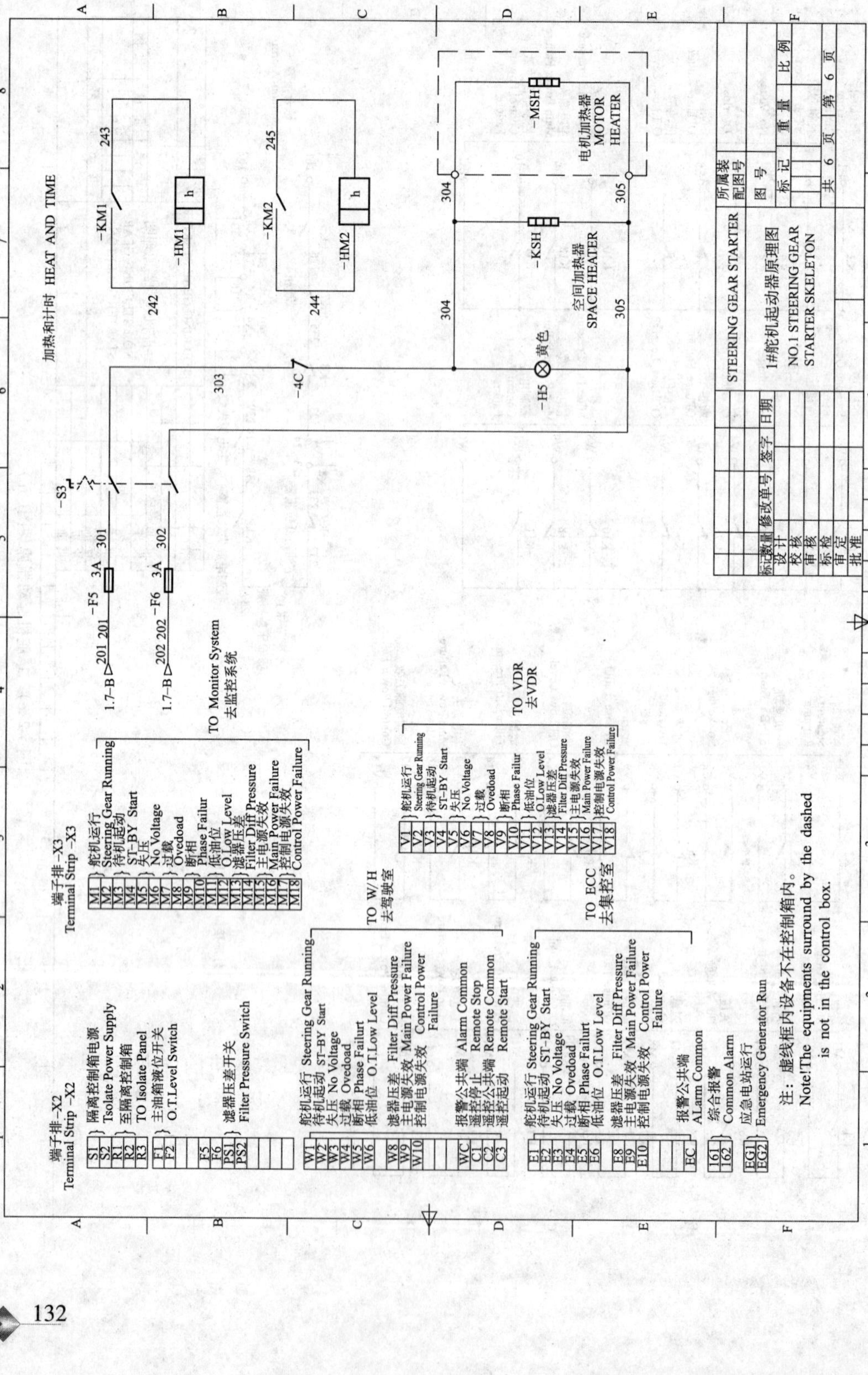

端子排 -X2
Terminal Strip -X2

- S1, S2 隔离控制箱电源 Tsolate Power Supply
- R1, R2, R3 至隔离控制箱 TO Isolate Panel
- F1, F2 主油箱液位开关 O.T.Level Switch
- F5, F6
- PS1, PS2 滤器压差开关 Filter Pressure Switch

TO W/H 去驾驶室

- W1 舵机运行 Steering Gear Running
- W2 待机起动 ST-BY Start
- W3 失压 No Voltage
- W4 过载 Ovedoad
- W5 断相 Phase Failurt
- W6 低油位 O.T.Low Level
- W8 滤器压差 Filter Diff Pressure
- W9 主电源失效 Main Power Failure
- W10 控制电源失效 Control Power Failure
- WC 报警公共端 Alarm Common
- C1 遥控停止 Remote Stop
- C2 遥控公共端 Remote Common
- C3 遥控起动 Remote Start

TO ECC 去集控室

- E1 舵机运行 Steering Gear Running
- E2 待机起动 ST-BY Start
- E3 失压 No Voltage
- E4 过载 Ovedoad
- E5 断相 Phase Failurt
- E6 低油位 O.T.Low Level
- E8 滤器压差 Filter Diff Pressure
- E9 主电源失效 Main Power Failure
- E10 控制电源失效 Control Power Failure
- EC 报警公共端 ALarm Common
- 161, 162 综合报警 Common Alarm
- EG1, EG2 应急电站运行 Emergency Generator Run

端子排 -X3
Terminal Strip -X3

TO Monitor System 去监控系统

- M1, M2 舵机运行 Steering Gear Running
- M3, M4 待机起动 ST-BY Start
- M5, M6 失压 No Voltage
- M7, M8 过载 Ovedoad
- M9, M10 断相 Phase Failur
- M11, M12 低油位 O.Low Level
- M13, M14 滤器压差 Filter Diff Pressure
- M15, M16 主电源失效 Main Power Failure
- M17, M18 控制电源失效 Control Power Failure

TO VDR 去VDR

- V1, V2 舵机运行 Steering Gear Running
- V3, V4 待机起动 ST-BY Start
- V5, V6 失压 No Voltage
- V7, V8 过载 Ovedoad
- V9, V10 断相 Phase Failur
- V11, V12 低油位 O.Low Level
- V13, V14 滤器压差 Filter Diff Pressure
- V15, V16 主电源失效 Main Power Failure
- V17, V18 控制电源失效 Control Power Failure

加热和计时 HEAT AND TIME

1.7-B 201 201 -F5 3A 301
1.7-B 202 202 -F6 3A 302
-S3
303
-4C
-KM1 242 243 -HM1 h
-KM2 244 245 -HM2 h
304 305
-H5 黄色
-KSH 空间加热器 SPACE HEATER
-MSH 电机加热器 MOTOR HEATER

注：虚线框内设备不在控制箱内。
Note!The equipments surround by the dashed is not in the control box.

标记	数量	修改单号	签字	日期	STEERING GEAR STARTER	所属装配图号
设计					1#舵机起动器原理图	图 号
校核					NO.1 STEERING GEAR STARTER SKELETON	标 记 / 重 量 / 比 例
审核						
标检						共 6 页 第 6 页
审定						
批准						

图 5-22f) 1#舵机起动器原理图(六)

伺服液压泵机组排油用于主泵变量机构的伺服控制、主油路的补油和主泵冷却等供液压系统正常工作。

2.2#舵机主泵电动机的起动停止控制

图5-23为2#舵机起动器原理图。

(1)2#舵机主泵电动机的起动控制。合上图5-23a)中的电源断路器QF1,若电源电压为正常工作电压,变压器T1输出电压,舵机控制电路有电压,同时主电源继电器K18线圈得电(104-105),图5-23e)中的K18的常开触点闭合,将信号送至报警板电路。

再合上图5-23a)中的断路器QF2,继电器K19线圈得电(1-3),图5-23b)中的K19的常开触点闭合(208-209),控制地点选择开关SA1选择本地控制(LOCAL),主用备用泵选择开关S4选择主用控制泵(MAIN),按下起动按钮S1,锁扣继电器4Q得电动作,接触器KM1线圈得电,图5-23a)中的接触器KM1的主触点闭合,伺服泵电动机起动,伺服泵运行指示灯H4亮。同时图5-23b)中的KM1的常开触点闭合,时间继电器KT1线圈得电,KT1的常开触点延时3秒闭合,接触器KM2线圈得电,图5-23a)中的接触器KM1的主触点闭合,主泵电动机起动并运行。伺服泵电动机与主泵电动机为顺序起动控制。

KM2线圈得电同时,主泵起动继电器K1和K2线圈得电,图5-23a)中的K1的常开触点闭合,主泵运行指示灯H2灯亮;图5-23e)中的K1、K2的常开触点闭合,在舵机监控系统、VDR、驾驶室报警板以及集控室报警板指示舵机运行。

在图5-22b)中的NO.2舵机的继电器K4、K2和图5-23d)时间继电器KT9的触点(延时10秒)使NO.1舵机的锁扣继电器复位线圈4T得电,使4Q的触点复位,为NO.1舵机的自动起动做准备。

(2)2#舵机主泵电动机的起动控制。按下图5-23b)中的停止按钮S2,主泵停止继电器K3线圈得电,主泵停止继电器K3的常闭触点动作,一个常闭触点断开(C3-213),使4Q的线圈失电;常开触点闭合(S2-B6),使4T线圈得电,锁扣继电器4Q复位。4Q的常开触点断开(S2-208),KM1、KM2均失电,伺服泵电动机和主泵电动机先后停止运行。运行指示灯H2和H4熄灭。

在图5-22b)中的NO.1舵机的继电器K4、K2和时间继电器KT9的触点(延时10s)使NO.1舵机的锁扣继电器复位线圈4T得电,使4Q的触点复位,为NO.1舵机的自动起动做准备。

3.主用、备用泵的自动切换控制

如果NO.2舵机选为主用泵机,在图5-23b)中,S4扳到主用档(MAIN),在图5-22b)中1#舵机的S4扳到备用档(ST-BY)。起动2#舵机,在图5-22b)中的NO.2的K1的常开触点闭合,NO.1舵机的待机继电器K5线圈得电并自保;图5-22a)中的NO.1舵机的待机指示灯H3亮;同时切断图5-23b)中NO.2舵机的待机控制线路。由于某故障原因,NO.2舵机断电停机,图5-23b)中的NO.2的K1断电,使图5-22b)中NO.1的待机继电器K4线圈得电,K4的常开触点闭合(214-215),NO.1的锁扣继电器4Q线圈得电路线是:

S2—S4(ST-BY)—K4(214-215)—KM1(4Q)—K3(C3-213)—4Q(线圈)—S1。4Q的触点动作,NO.1舵机起动并运行。NO.2舵机排除故障后,可以重新投入运行,或者将NO.2舵机S4扳到备用档(ST-BY),由NO.1舵机作为主用泵。

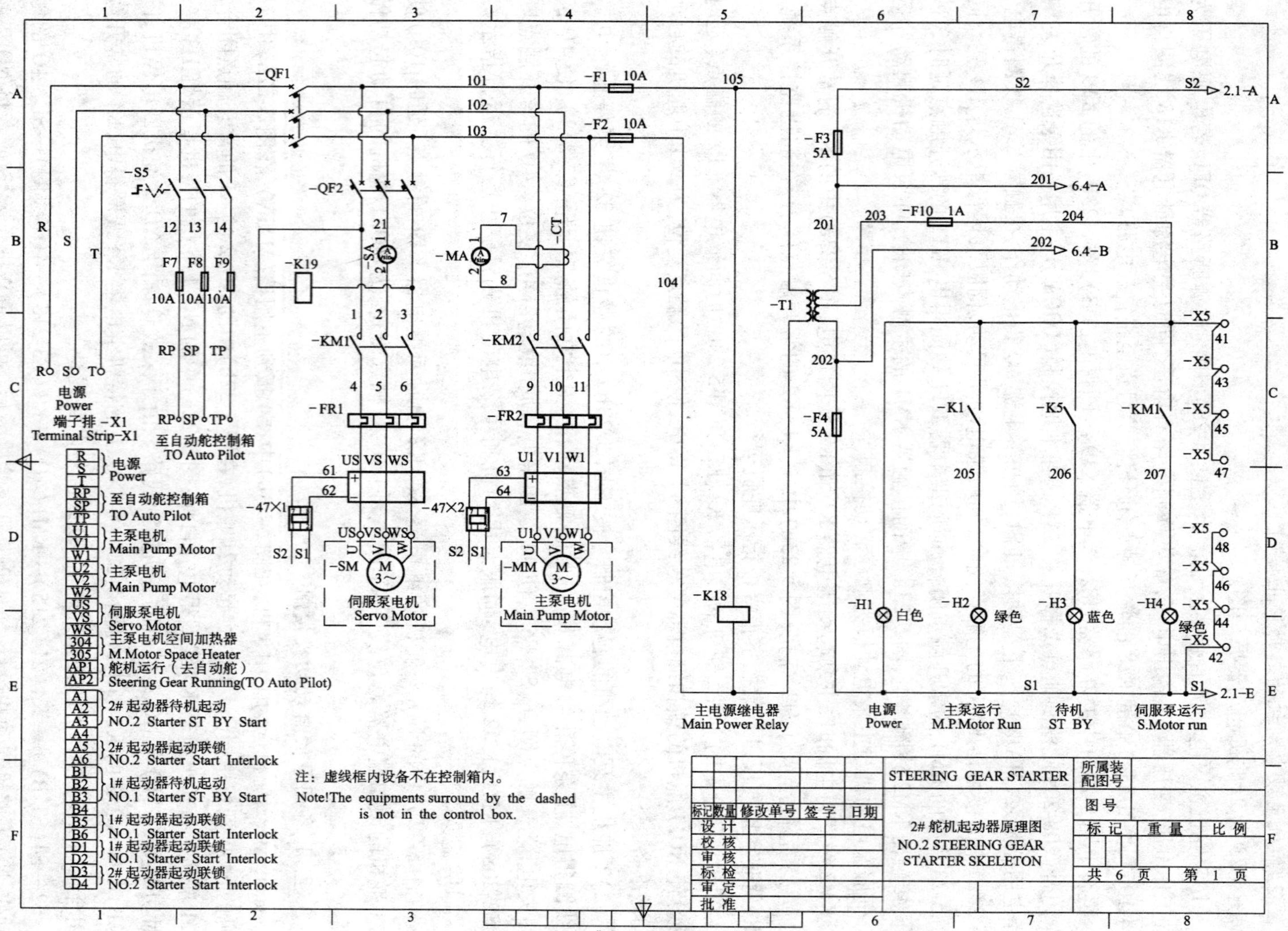

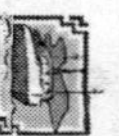

-QF1
101
102
103
-F1 10A
-F2 10A
105
104
-S5
12 13 14
F7 F8 F9
10A 10A 10A
RP SP TP
R S T
电源
Power
端子排 -X1
Terminal Strip-X1
至自动舵控制箱
TO Auto Pilot
-QF2
-K19
-SA
-MA
-CT
-KM1
-KM2
-FR1
-FR2
US VS WS
U1 V1 W1
-47×1
-47×2
-SM
-MM
伺服泵电机
Servo Motor
主泵电机
Main Pump Motor
R S T 电源 Power
RP SP TP 至自动舵控制箱 TO Auto Pilot
U1 V1 W1 主泵电机 Main Pump Motor
U2 V2 W2 主泵电机 Main Pump Motor
US VS WS 伺服泵电机 Servo Motor
304 305 主泵电机空间加热器 M.Motor Space Heater
AP1 AP2 舵机运行（去自动舵） Steering Gear Running(TO Auto Pilot)
A1 A2 A3 2# 起动器待机起动 NO.2 Starter ST BY Start
A4 A5 A6 2# 起动器起动联锁 NO.2 Starter Start Interlock
B1 B2 B3 1# 起动器待机起动 NO.1 Starter ST BY Start
B4 B5 B6 1# 起动器起动联锁 NO.1 Starter Start Interlock
D1 D2 1# 起动器起动联锁 NO.1 Starter Start Interlock
D3 D4 2# 起动器起动联锁 NO.2 Starter Start Interlock
注：虚线框内设备不在控制箱内。
Note!The equipments surround by the dashed is not in the control box.
-K18
主电源继电器
Main Power Relay
-T1
-F3 5A
-F4 5A
-F10 1A
S2 2.1-A
201 6.4-A
202 6.4-B
S1 2.1-E
-K1
-K5
-KM1
-H1 白色
-H2 绿色
-H3 蓝色
-H4 绿色
-X5
电源
Power
主泵运行
M.P.Motor Run
待机
ST BY
伺服泵运行
S.Motor run
STEERING GEAR STARTER
所属装配图号
图号
标记 数量 修改单号 签字 日期
设计
校核
审核
标检
审定
批准
2# 舵机起动器原理图
NO.2 STEERING GEAR STARTER SKELETON
标记 重量 比例
共 6 页 第 1 页
图 5-23a) 2#舵机起动器原理图(一)

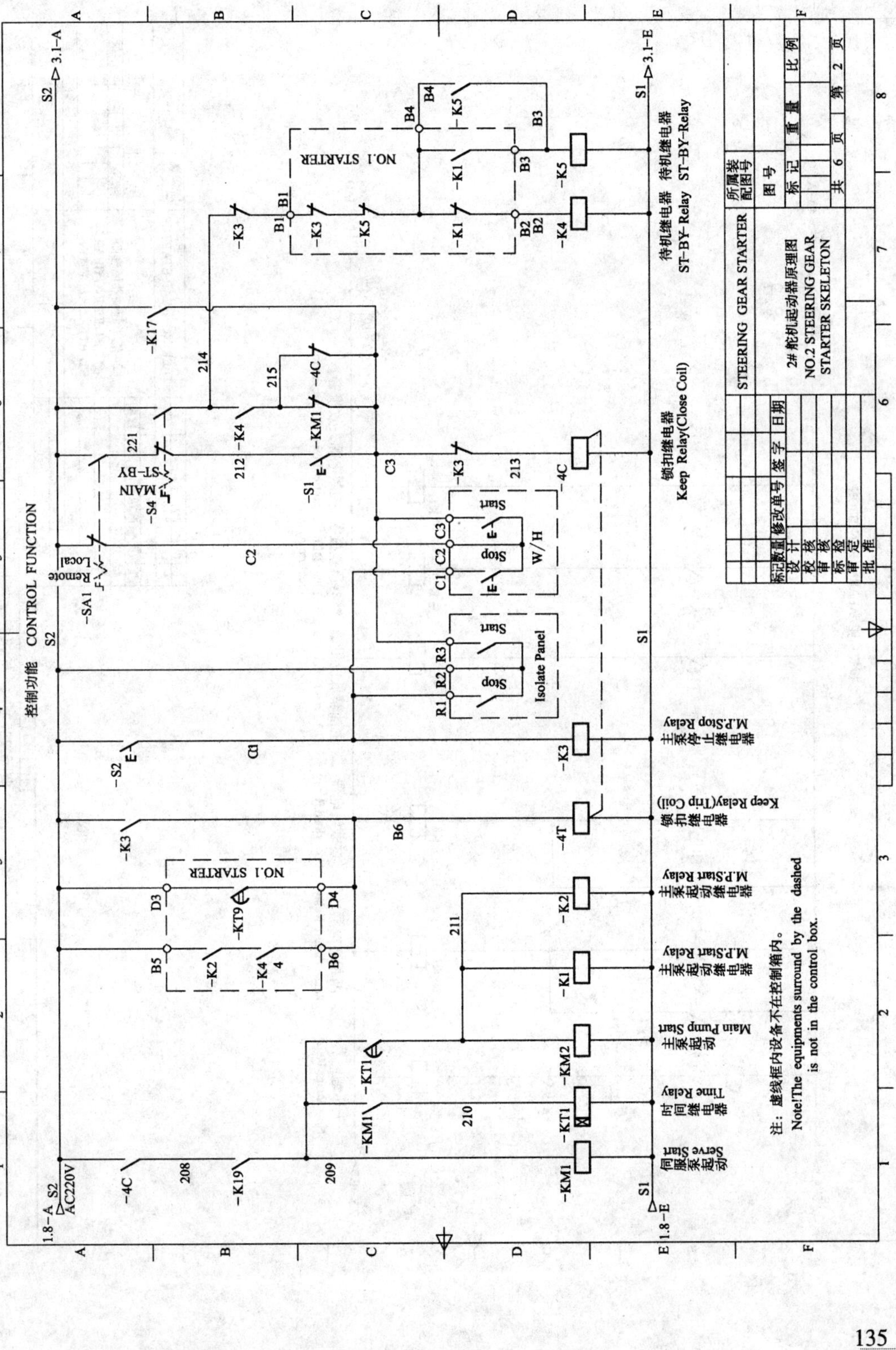

控制功能　CONTROL FUNCTION

1.8−A S2 AC220V　S2　S2 3.1−A

−4C　208　−K19　209　−KM1　−KT1　210　211

B5　D3　−K2　−KT9　−K4　4　B6　D4　NO.1 STARTER

−K3　B6　−S2　C1

−SA1　Remote　Local　C2

−S4　MAIN　ST−BY　221　212　−K4　214　215　−S1　−KM1　−4C　−K17　C3　−K3　213

R1　R2　R3　Stop　Start　Isolate Panel

C1　C2　C3　Stop　Start　W/H

−K3　B1　B1　−K3　−K5　−K1　−K1　−K5　B4　B4　B2　B2　B3　B3　NO.1 STARTER

−KM1　−KT1　−KM2　−K1　−K2　−4T　−K3　−4C　−K4　−K5

1.8−E S1　S1　S1 3.1−E

伺服泵起动 Serve Start

时间继电器 Time Relay

主泵起动 Main Pump Start

主泵起动继电器 M.P.Start Relay

主泵起动继电器 M.P.Start Relay

锁扣继电器 Keep Relay(Trip Coil)

主泵停止继电器 M.P.Stop Relay

锁扣继电器 Keep Relay(Close Coil)

待机继电器 ST−BY−Relay　待机继电器 ST−BY−Relay

注：虚线框内设备不在控制箱内。

Note!The equipments surround by the dashed is not in the control box.

标记	数量	修改单号	签字	日期	STEERING GEAR STARTER	所属装配图号	
设计					2# 舵机起动器原理图 NO.2 STEERING GEAR STARTER SKELETON	图号	
校核						标记 重量 比例	
审核						共 6 页	第 2 页
标检							
审定							
批准							

图 5-23b)　2#舵机起动器原理图(二)

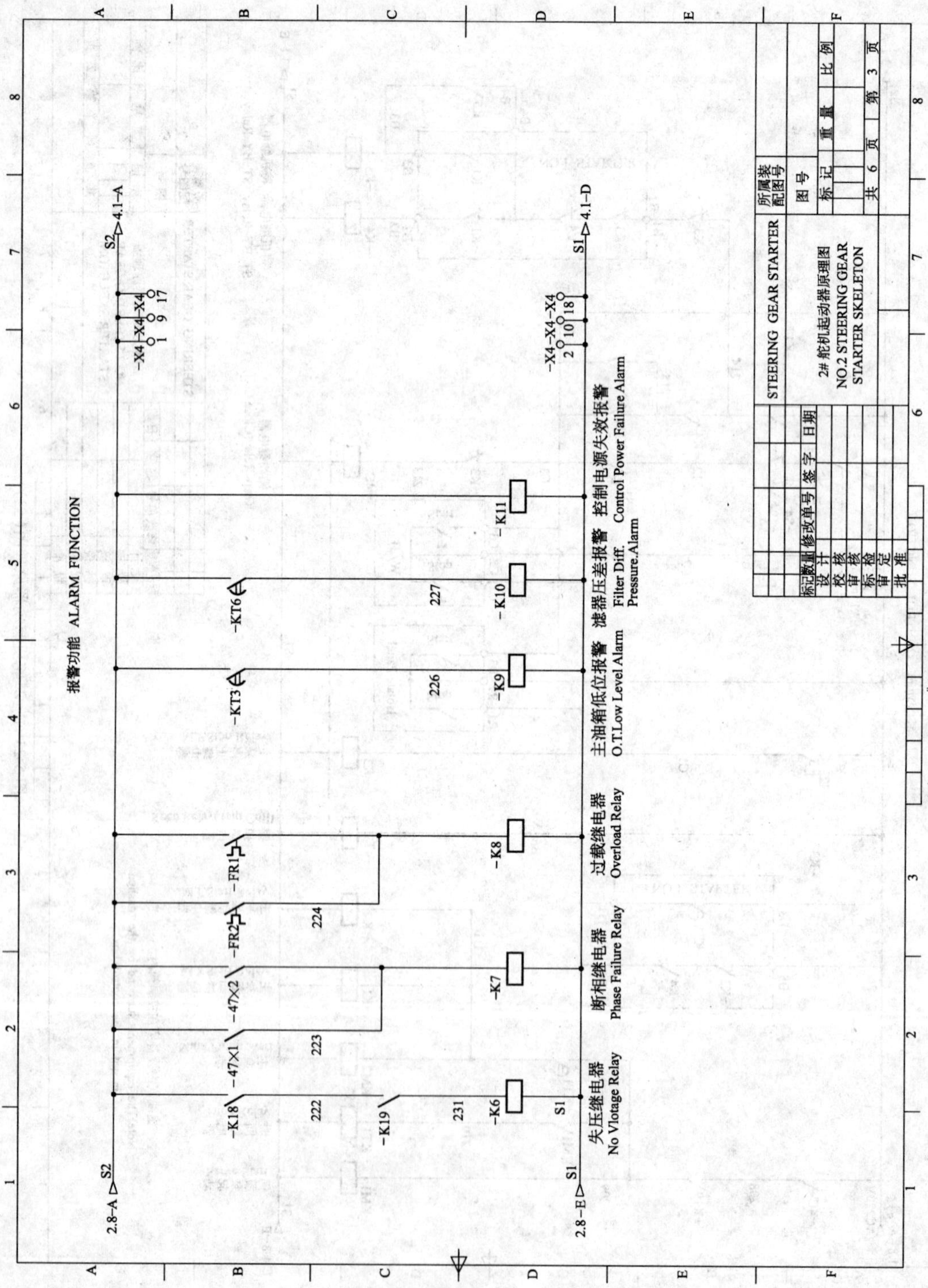

报警功能 ALARM FUNCTION

2.8–A S2 ▷ S2 4.1–A

2.8–E S1 ▷ S1 4.1–D

–X4 –X4 –X4 1 9 17

–X4 –X4 –X4 2 10 18

–K18 –47×1 –47×2 –FR2 –FR1 –KT3 –KT6

–K19

222 223 224 226 227 231

–K6 –K7 –K8 –K9 –K10 –K11

失压继电器 No Vlotage Relay

断相继电器 Phase Failure Relay

过载继电器 Overload Relay

主油箱低位报警 O.T.Low Level Alarm

滤器压差报警 Filter Diff. Pressure.Alarm

控制电源失效报警 Control Power Failure Alarm

所属装配图号		STEERING GEAR STARTER
图号		2# 舵机起动器原理图 NO.2 STEERING GEAR STARTER SKELETON
标记	重量	比例
共 6 页		第 3 页

标记	数量	修改单号	签字	日期
设计				
校核				
审核				
标检				
审定				
批准				

图 5-23c） 2#舵机起动器原理图（三）

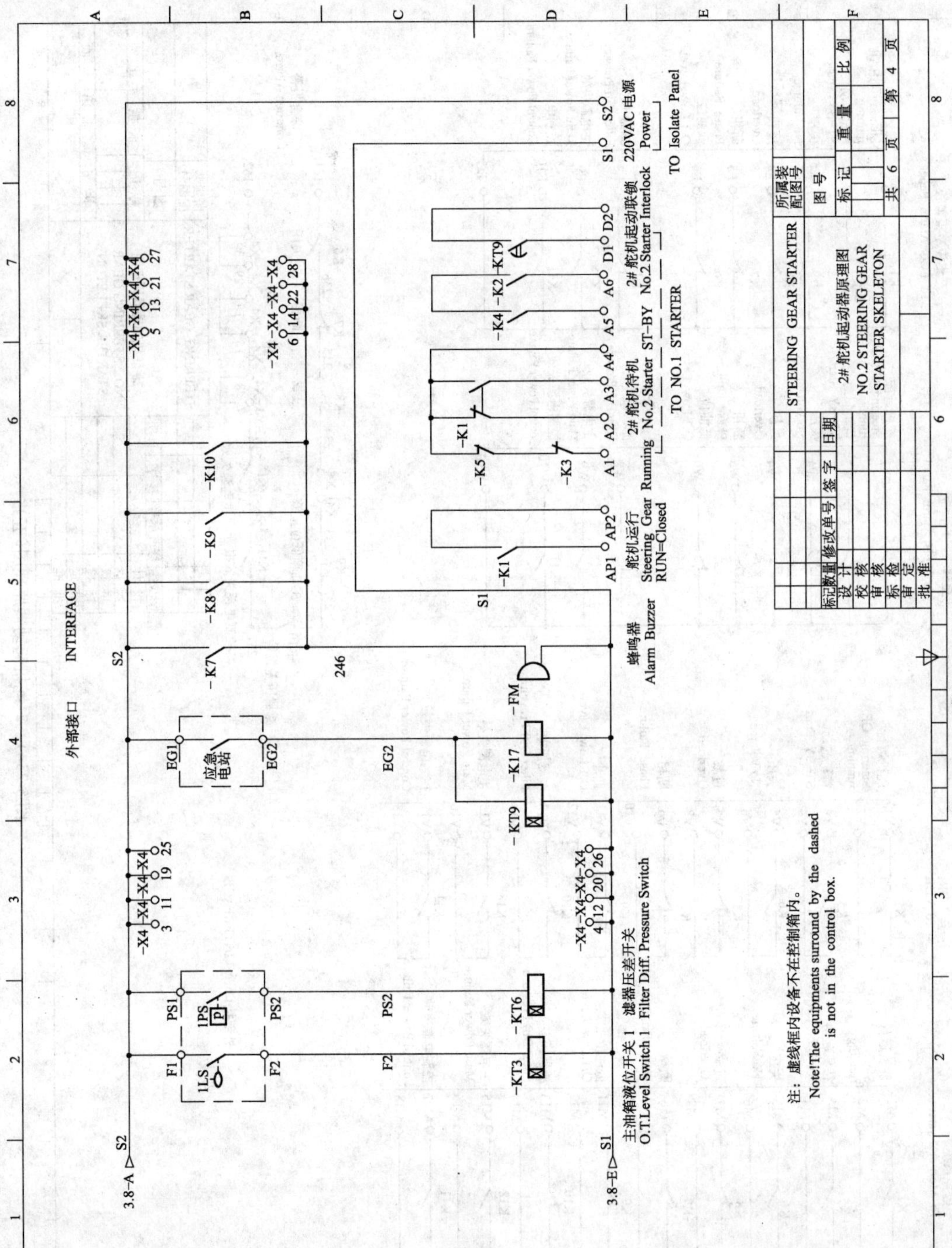

外部接口　INTERFACE

3.8–A S2　S2

−X4 −X4 −X4 −X4　3 11 19 25

−X4 −X4 −X4 −X4　5 13 21 27

F1　PS1　1LS　1PS　F2　PS2

EG1　应急电站　EG2

−K7　−K8　−K9　−K10

−X4 −X4 −X4 −X4　6 14 22 28

246

F2　PS2　EG2

S1　−K1　−K5　−K1　−K3　−K4　−K2　−KT9

−KT3　−KT6　−KT9　−K17　−FM

−X4 −X4 −X4 −X4　4 12 20 26

3.8–E S1

AP1 AP2　A1 A2 A3 A4 A5 A6 D1 D2　S1 S2

主油箱液位开关 1
O.T.Level Switch 1

滤器压差开关
Filter Diff. Pressure Switch

蜂鸣器
Alarm Buzzer

舵机运行
Steering Gear Running
RUN=Closed

2# 舵机待机
No.2 Starter ST–BY

2# 舵机起动联锁
No.2 Starter Interlock

TO NO.1 STARTER

220VAC 电源
Power

TO Isolate Panel

注：虚线框内设备不在控制箱内。
Note!The equipments surround by the dashed is not in the control box.

标记	数量	修改单号	签字	日期	STEERING GEAR STARTER	所属装配图号		
						图号		
设计					2# 舵机起动器原理图 NO.2 STEERING GEAR STARTER SKELETON	标记	重量	比例
校核								
审核						共 6 页		第 4 页
标检								
审定								
批准								

图 5-23d)　2#舵机起动器原理图(四)

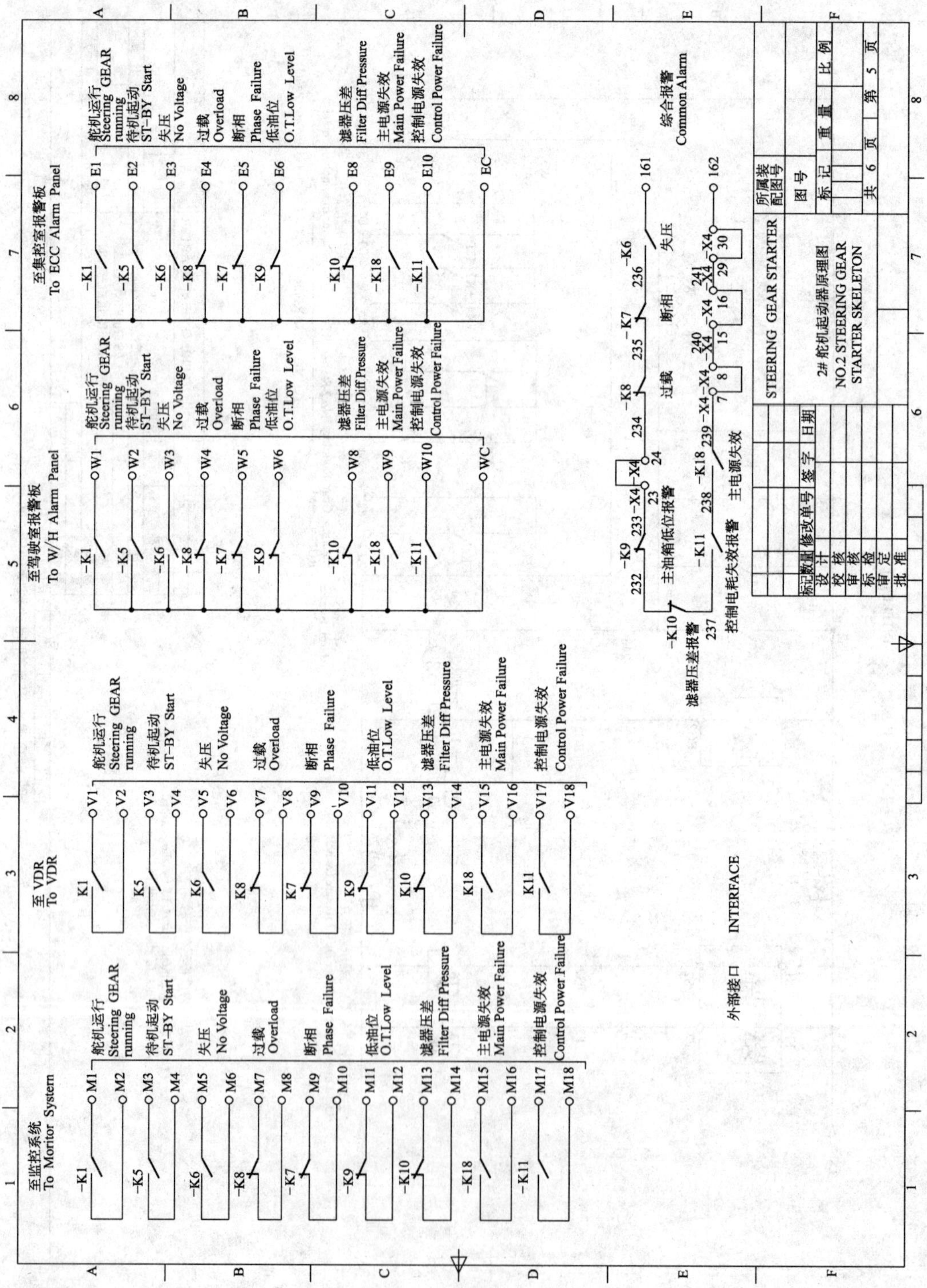

至监控系统
To Moritor System

-K1 M1 M2 舵机运行 Steering GEAR running
-K5 M3 M4 待机起动 ST-BY Start
-K6 M5 M6 失压 No Voltage
-K8 M7 M8 过载 Overload
-K7 M9 M10 断相 Phase Failure
-K9 M11 M12 低油位 O.T.Low Level
-K10 M13 M14 滤器压差 Filter Diff Pressure
-K18 M15 M16 主电源失效 Main Power Failure
-K11 M17 M18 控制电源失效 Control Power Failure

至 VDR
To VDR

K1 V1 V2 舵机运行 Steering GEAR running
K5 V3 V4 待机起动 ST-BY Start
K6 V5 V6 失压 No Voltage
K8 V7 V8 过载 Overload
K7 V9 V10 断相 Phase Failure
K9 V11 V12 低油位 O.T.Low Level
K10 V13 V14 滤器压差 Filter Diff Pressure
K18 V15 V16 主电源失效 Main Power Failure
K11 V17 V18 控制电源失效 Control Power Failure

至驾驶室报警板
To W/H Alarm Panel

-K1 W1 舵机运行 Steering GEAR running
-K5 W2 待机起动 ST-BY Start
-K6 W3 失压 No Voltage
-K8 W4 过载 Overload
-K7 W5 断相 Phase Failure
-K9 W6 低油位 O.T.Low Level
-K10 W8 滤器压差 Filter Diff Pressure
-K18 W9 主电源失效 Main Power Failure
-K11 W10 控制电源失效 Control Power Failure
WC

至集控室报警板
To ECC Alarm Panel

-K1 E1 舵机运行 Steering GEAR running
-K5 E2 待机起动 ST-BY Start
-K6 E3 失压 No Voltage
-K8 E4 过载 Overload
-K7 E5 断相 Phase Failure
-K9 E6 低油位 O.T.Low Level
-K10 E8 滤器压差 Filter Diff Pressure
-K18 E9 主电源失效 Main Power Failure
-K11 E10 控制电源失效 Control Power Failure
EC

232 -K9 233 -X4 23 -X4 24 234 -K8 235 -K7 236 -K6 161
主油箱低位报警 过载 断相 失压
-K10 滤器压差报警 237
-K11 238 -K18 239 -X4 7 -X4 8 240 -X4 15 -X4 16 241 -X4 29 -X4 30 162
控制电耗失效报警 主电源失效

综合报警
Common Alarm

外部接口 INTERFACE

				STEERING GEAR STARTER	所属装配图号		
					图号		
标记	数量	修改单号	签字	日期	标记	重量	比例
设计				2# 舵机起动器原理图 NO.2 STEERING GEAR STARTER SKELETON			
校核							
审核					共 6 页	第 5 页	
标检							
审定							
批准							

图 5-23e) 2#舵机起动器原理图(五)

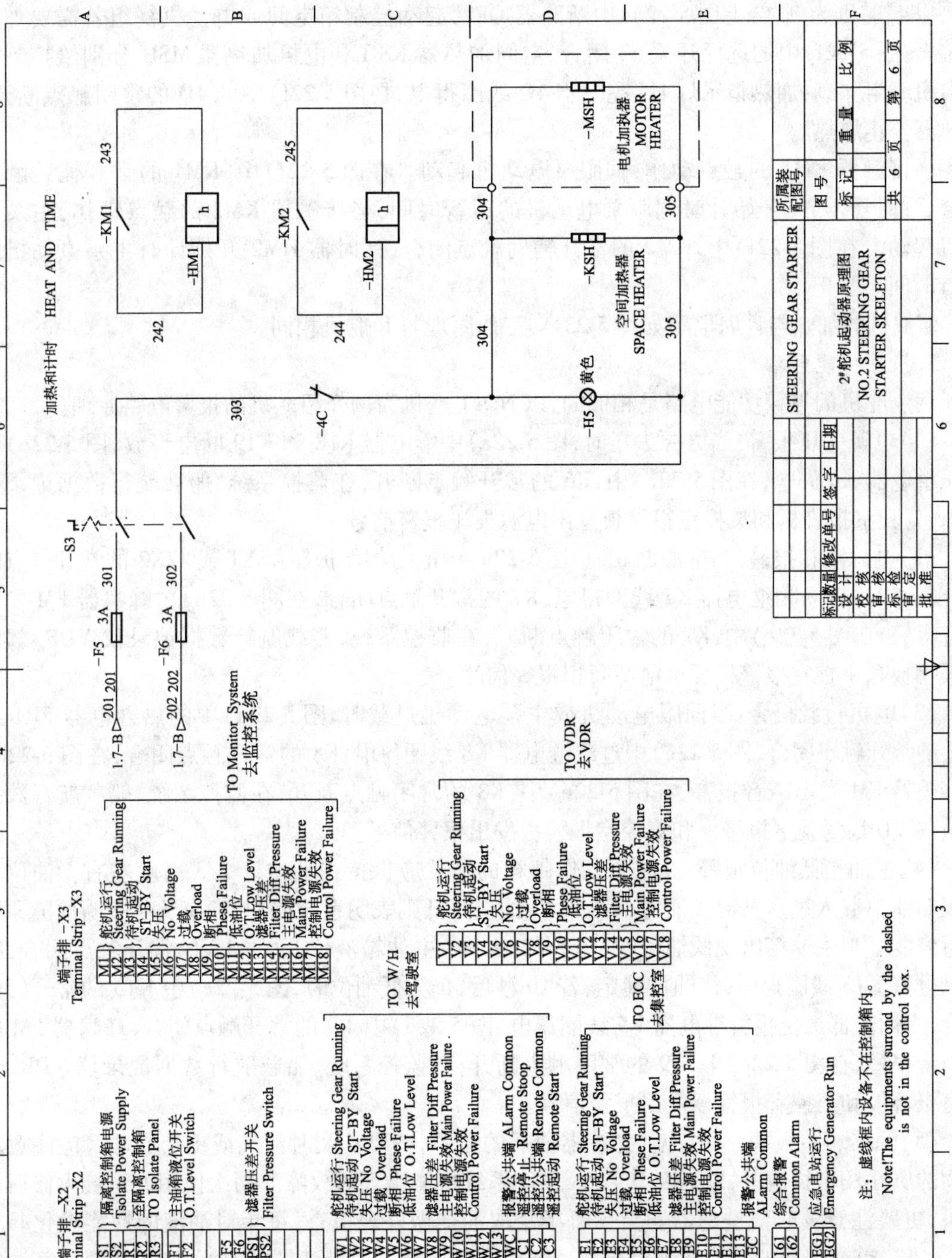

端子排 −X2
Terminal Strip −X2

S1, S2 隔离控制箱电源 Tsolate Power Supply
R1, R2, R3 至隔离控制箱 TO Isolate Panel
F1, F2 主油箱液位开关 O.T.Level Switch
F5, F6, PS1, PS2 滤器压差开关 Filter Pressure Switch

W1 舵机运行 Steering Gear Running
W2 待机起动 ST−BY Start
W3 失压 No Voltage
W4 过载 Overload
W5 断相 Phese Failure
W6 低油位 O.T.Low Level
W7
W8 滤器压差 Filter Diff Pressure
W9 主电源失效 Main Power Failure
W10, W11 控制电源失效 Control Power Failure
W12, W13
WC 报警公共端 ALarm Common
C1 遥控停止 Remote Stoop
C2 遥控公共端 Remote Common
C3 遥控起动 Remote Start
TO W/H 去驾驶室

E1 舵机运行 Steering Gear Running
E2 待机起动 ST−BY Start
E3 失压 No Voltage
E4 过载 Overload
E5 断相 Phese Failure
E6 低油位 O.T.Low Level
E7
E8 滤器压差 Filter Diff Pressure
E9 主电源失效 Main Power Failure
E10, E11 控制电源失效 Control Power Failure
E12, E13
EC 报警公共端 ALarm Common
TO ECC 去集控室

161, 162 综合报警 Common Alarm
EG1, EG2 应急电站运行 Emergency Generator Run

注：虚线框内设备不在控制箱内。
Note!The equipments surround by the dashed is not in the control box.

端子排 −X3
Terminal Strip−X3

M1, M2 舵机运行 Steering Gear Running
M3, M4 待机起动 ST−BY Start
M5, M6 失压 No Voltage
M7, M8 过载 Overload
M9, M10 断相 Phese Failure
M11, M12 低油位 O.T.Low Level
M13, M14 滤器压差 Filter Diff Pressure
M15, M16 主电源失效 Main Power Failure
M17, M18 控制电源失效 Control Power Failure
TO Monitor System 去监控系统

V1, V2 舵机运行 Steering Gear Running
V3, V4 待机起动 ST−BY Start
V5, V6 失压 No Voltage
V7, V8 过载 Overload
V9, V10 断相 Phese Failure
V11, V12 低油位 O.T.Low Level
V13, V14 滤器压差 Filter Diff Pressure
V15, V16 主电源失效 Main Power Failure
V17, V18 控制电源失效 Control Power Failure
TO VDR 去VDR

1.7−B 201 201 −F5 3A 301
1.7−B 202 202 −F6 3A 302
−S3
303
−4C
304
305
−H5 黄色

加热和计时　HEAT AND TIME
−KM1 243
242 −HM1 h
−KM2 245
244 −HM2 h
−KSH 空间加热器 SPACE HEATER
−MSH 电机加执器 MOTOR HEATER

标记	数量	修改单号	签字	日期	STEERING GEAR STARTER	所属装配图号		
设计					2#舵机起动器原理图 NO.2 STEERING GEAR STARTER SKELETON	图号		
校核						标记	重量	比例
审核						共 6 页		第 6 页
标检								
审定								
批准								

图 5-23f)　2#舵机起动器原理图（六）

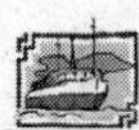

主用、备用泵的自动切换控制工作的前提是两台舵机均通电。

4. 加热与计时

以1#舵机为例，合上图5-22a)中断路器QF1，起动控制箱空间或电动机绕组若需要加热去湿，将图5-22f)中的选择开关S3闭合，空间加热器KSH和电机加热器MSH分别给控制箱和电机绕组除潮，加热指示灯H5亮。当4Q线圈得电，在图5-22f)中的4Q的常闭触点断开，加热器停止加热。

当接触器KM1的触点动作，伺服泵电动机起动。在图5-22f)中，KM1的常开辅助触点闭合，计时器HM1开始计时伺服泵电动机的运行时间；当接触器KM2的触点动作，主泵电动机起动。在图5-22f)中，KM2的常开辅助触点闭合，计时器HM2开始计时主泵电动机的运行时间。

2#舵机的加热与计时电路如图5-23f)，工作原理与1#舵机相同。

5. 报警功能电路

两个舵机的报警功能电路是相似的，以NO.1舵机为例介绍舵机的报警电路原理。

(1)电源失压报警：当电源失压时，图5-22a)中继电器K18和K19断电释放，图5-22c)中失压继电器K6失电，在图5-22e)中，K6的常开触点断开，在监控系统、船载航行数据记录仪VDR、驾驶室报警板和集控室报警板发出电源失压报警信号。

(2)电源断相报警：当电源断相时，图5-22a)中的断相保护器47X1或47X2的常开触点闭合，图5-22c)中断相继电器K7线圈得电，K7的常开触点闭合，在图5-22d)中蜂鸣器FM发出声音报警，在图5-22e)中，K7的常闭触点断开，在监控系统、船载航行数据记录仪VDR、驾驶室报警板和集控室报警板发出电源断相报警信号。

(3)电机过载报警：当伺服电动机或主泵电动机过载时，图5-22a)中的热继电器FR1或FR2的常开触点闭合，图5-22c)中过载继电器K8线圈得电，K8的常开触点闭合，在图5-22d)中蜂鸣器FM发出声音报警，在图5-22e)中，K8的常闭触点断开，在监控系统、船载航行数据记录仪VDR、驾驶室报警板和集控室报警板发出报警信号。

(4)主油箱低油位报警：液压泵工作邮箱的油位应保持在油位计2/3高度左右。油位增高表明油中混入过多气泡或油冷却器漏水，油位降低则表明系统漏油，都应及时查明故障原因进行修复。当主油箱出现低油位时，图5-22d)中的主油箱液位开关1LS的常开触点闭合，时间继电器KT3线圈得电，待油位稳定，若10秒后，仍为低油位时，图5-22c)中KT3的常开触点闭合，主油箱低油位报警继电器K9线圈得电，图5-22d)中K9的常开触点闭合，蜂鸣器FM发出声音报警，在图5-22e)中，K9的常闭触点断开，在监控系统、船载航行数据记录仪VDR、驾驶室报警板和集控室报警板发出报警信号。

(5)滤器压差报警：平时应注意滤器前后的压差，按要求及时清洗或更换滤芯。应注意滤出物的属性及增长情况，以判断其来源，预测系统可能出现的故障。初次使用或系统大修后的舵机，更要注意及时清洗滤器。至少每半年取油样做外观检查，每年对油液的性能做化验分析，污染严重或变质的油液要及时更换。要保持邮箱透气口处滤器的完好，充入系统的新油应严格过滤，防止外界杂质进入系统。当滤器前后的压差过高时，图5-22d)中的滤器压差开关1PS闭合，时间继电器KT6线圈得电，待压力稳定，若10s后，仍为压差过高时，图5-22c)中KT6闭合，滤器压差报警继电器K10线圈得电，图5-22d)中K10的常开触点闭合，蜂鸣器FM

发出声音报警，在图 5-22e）中，K10 的常闭触点断开，在监控系统、船载航行数据记录仪 VDR、驾驶室报警板和集控室报警板发出报警信号。

（6）主电源失效报警：当主电源失效时，图 5-22a）中继电器 K18 释放，在图 5-22e）中，K18 的常开触点回复断开，在监控系统、船载航行数据记录仪 VDR、驾驶室报警板和集控室报警板发出报警信号。

（7）控制电源失效报警：当控制电源失效时，图 5-22c）中控制电源失效报警继电器 K11 线圈失电，在图 5-22e）中，K11 的常开触点回复断开，在监控系统、船载航行数据记录仪 VDR、驾驶室报警板和集控室报警板发出报警信号。

2#舵机的报警功能电路工作原理与 1#舵机相同。

6. 应急电源的切入控制

当主电源出现故障时，合上图 5-22d）中应急电站的开关，继电器 K17 和时间继电器 KT9 的线圈得电，在图 5-23b）中，10 秒后 KT9 的触点闭合，使 NO. 2 舵机的锁扣继电器 4T 得电，使 4Q 的触点复位，为 NO. 2 舵机的自动起动做准备。继电器 K17 的线圈得电，在图 5-22b）中，K17 的常开触点闭合，锁扣继电器 4Q 线圈得电，伺服泵和主泵电动机先后起动运行。

2#舵机的应急电源的切入控制电路工作原理与 1#舵机相同。

任务七　舵机系统的调试

舵机系统的通电调试应分为两个大的阶段系泊试验阶段（在码头）和航海试验阶段（在宽阔的水域），只有在经过这两个基本试验阶段，并将各项指针满足规范标准，方可认定该套舵机系统可以交付使用。

一、在系统通电调试前，应掌握以下一些概念及常识

（1）自动舵又称自动操舵仪。它是用来自动保持船舶在给定航向上航行的一种自动装置，实质上它是一种航向自动控制系统，其被控制量是航向。船舶自动舵只是自动控制理论在船舶上应用的一个实例。

（2）操舵装置目前有简单操舵系统、随动操舵系统、自动操舵系统和应急操舵系统。

简单操舵相当于单动操舵，应急操舵是为了更安全的考虑，在自动操舵仪电信号失控时，在舵机台上通过应急手柄来控制力矩马达或电磁阀从而操舵的方式，但并不是每种类型的舵机都设置有该种操作方法。

（3）为了使同一型号的自动舵能适用于不同类型、不同排水量的船舶或适用于同一船舶的不同运行状态和不同海况下航行，自动舵必须具有下列基本调节装置：①灵敏度调节；②舵角比例调节（或称反馈系数调节）；③稳舵角调节（又称反作用调节，又称微分调节）；④积分调整；⑤速率调整（单位时间内舵转过的角度称为速率）；⑥偏航报警（当船跑直航向时，实际航向和设定航向之间的偏航角有一个设定范围，超出这个范围，自动舵便发出声音报警，一般设定值为 1° ~ 15°）；⑦舵限设定（要维持船舶直航线，舵叶要经常地摆动，摆动角度有一定要求，一般情况下为 1° ~ 35°可调整）；⑧速度选择（船舶工作在自动方式，需引入船速信号，可取自计程仪、GPS 等设备，也可人为设定）。

二、系泊试验

1. 自动舵调试前提条件

(1)液压舵机装置调试交验完毕。大功率的舵机装置中,广泛采用液压传动。液压泵电机的转速维持恒定不变,偏舵方向及速度大小,用改变液压泵中液体的流动方向和压力大小来调节。舵机装置的电力拖动采用继电器、接触器控制,线路及工作原理比较简单。

液压舵机中设备及机械部件较多,在做电气调试前,必须请轮机人员精心调整。这些调整可通过液压泵起动后,用舵机上的人工操舵设备进行。除一般常规要求外,需要注意安全阀、零位校准、零位漂移、舵速等问题。

①在液压系统压力大于正常10% ~15% 时,安全阀应动作,以免舵机装置被损坏,这是舵机装置进行其他调试的保障。

②零位校准:按舵安装报验时刻下的记号,将舵叶置于艏艉面即舵角零位,调整舵机上铜排使机械舵角为零。

③零位漂移:将舵叶置于机械舵角为零的位置,分别起动1号机组和2号机组,舵机不应有移动现象。起动时要等电机完全停止转动才能起动另外一台。

④舵速调整:规范要求当船舶处于最深吃水并以最大营运航速前进,舵叶以任意一舷35°转到另一舷30°所需时间,海船不超过28s,江河船则要求不超过15s。

(2)舵角指示系统调整好。舵角指示器系统与舵机系统没有电气方面的联系,是一个独立系统。

将舵叶置于机械零位,然后让舵角指示器和舵角发送器同时通电。如果这时的舵角指示器的指针不在零位,可用小螺丝刀轻轻松动一下指针上的压板螺丝,将指针拨到零位。由于安装时已确保舵角发送器零位与舵叶零位相对应,调整时无特殊情况一般不再考虑。舵角指示器安装同自动舵的反馈装置,在后面有详细说明。舵角收发讯器零位核对结束后,将舵叶偏向某一舷若干度,观察舵角指示器指针是否同方向偏转相同的角度。如果舵角偏向不对,则需将舵角指示器里三相线中的任意两根对调。对调后重新送电。如果有必要,再核对并调整一下零位继续实验。

规范要求零度无误差,实际舵角与舵角指示误差不应大于1°,在±35°之间不应有任何异常现象。确保舵角指示器指针方向和实际偏舵方向两者一致。

2. 舵机通电前的必要工作

对于任意一种新建船舶的舵机系统,在通电前,以下工作是一定要完成的。

(1)清洁。整个舵机系统从安装到通电调试,一般要经过几个月的时间,在这期间,舵机舱及驾驶室的环境是比较恶劣的,要经过电焊、除锈等一系列产生粉尘较大的工作,若不进行清洁检查,可能会造成严重的后果。所以,应仔细检查控制箱、起动箱、接线箱、报警箱、主泵电机、伺服电机、操舵台等相关设备,如有必要的话,可用一些干净的碎布片、绸布、酒精等擦干净。这里特别要提醒的是控制箱的清洁问题,以最近几年的控制箱类型看,大体上有两种形状。一种是采用填料函进线的控制箱,这类控制箱,密封较好,灰尘不易进入箱内,但对另一种采用下部大开口电缆集束进线的控制箱来说,由于下部开口,施工过程中可能出现没有密封或密封不严的情况,所以对这类箱体,检查时要认真一些。注意清洁之前要关掉总电源。

(2)安装接线检查。熟悉图纸、检查系统接线的正确性和完整性。通过图纸,了解整个系统组成、设备的位置、安装要求,电气原理、调试方法、试验要求。有条件最好参考厂家的完工图,对照船厂的施工图,如有不同,应及时与设计部门联系解决。电气安装结束后,主要检查各设备的安装位置是否正确,如控制箱,有的规范要求是左 1 右 2,即左舷方向应是 1 号控制箱,右舷方向是 2 号控制箱等。应按照正确图纸进行严格对线。电缆芯线必须有与图纸、设备相对应的接线标记,接线有差错需要修改时,标记也要随之更换。接线端子应该足够牢,不应有松动。安装位置是否利于操作,是否和其他设备如风筒、地板架等相抵触,安装是否牢固,弹簧垫片及平垫大小是否规范,检查电机接线是否与铭牌或图纸相符。

(3)绝缘检查。和其他电器设备一样,干路电源,电机要用 500V 以上兆欧表测试,报警电源,自动操舵仪等电源电压较低的设备可用常用的 100V 兆欧表测试或者不测,这种绝缘测试称其为冷态绝缘测试,有的船东还要求测试热态绝缘,一般要求如下:冷态绝缘为 2μΩ 以上,热态绝缘为 1μΩ 以上。

(4)准备好所需要的测试仪表,包括一块精度好的数字万用表和秒表。

(5)让舵叶处于机械零位。

3. *在经过上述的工作之后,便可进行通电调试*

自动舵初次通电调试,分简单操舵、随动操舵、自动操舵、越控操舵四个阶段,要分别进行调试。先简单操舵后随动操舵,其次自动操舵,最后越控操舵。操舵地点先舵机舱后驾驶室。控制系统及机组先用 1 号后用 2 号,按这样的顺序,把整个自动舵系统调试完毕。

1)力矩马达和差动变压器调试方法

在液压舵机装置的控制系统中力矩马达和差动变压器组成的环节替代了机械反馈环节,简化了舵机装置的结构。下面介绍力矩马达和差动变压器调试方法。

(1)检查外部接线:首先断掉舵机起动器和电控箱电源,断开差动变器及力矩马达船厂接线,用数字万用表测如下端子间阻值,以确定外部电缆是否连接正确。如图 5-24 所示。

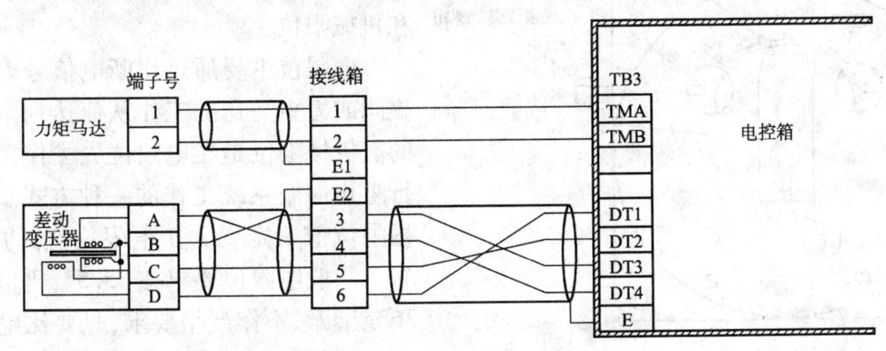

图 5-24　力矩马达和差动变压器外部接线图

DT1—DT4——$R_{AD}=18\Omega$(接收端)

DT2—DT4——$R_{AC}=18\Omega$(接收端)

DT3—DT4——$R_{AB}=8\Omega$(激励端)

TMA—TMB——约 3.5Ω(力矩马达内阻)

(2)力矩马达设置检查。手动旋转力矩马达上的旋钮直到它与机械限位接触,确定力矩

马达泵冲程刻度设置在满刻度的约3/4处。力矩马达泵冲程因舵机型号的不同而不同,要求舵的转速达到设定值(28秒/65度)。

(3)舵机操纵检查。起动舵机起动器(关断电控箱电源)。按下卸荷阀手动按钮并用锁紧螺母锁紧。手动旋转力矩马达旋钮到左和右,检查舵机旋转方向。检查当放开力矩马达旋钮并回到空档时,舵机是否漂移。当力矩马达旋钮置于空档时,舵机液压泵冲程为零,舵机停止。如果舵机漂移,说明舵机有故障,需与轮机人员或联系厂家解决。

(4)力矩马达旋转方向检查。图5-25为力矩马达示意图,起动舵机泵,按下卸荷阀手动按钮,并用锁紧螺母锁紧。通过旋转力矩马达旋钮将舵设置在零位。打开电控箱电源并解锁卸荷阀的手动按钮。设置力矩马达控制放大板的输入信号选择开关到正常模式,并检查力矩马达泵行程刻度是否停在空档位置。

①如果泵行程指示超过了限位,说明力矩马达外部端子“TMA”和“TMB”或者差动变压器外部端子“DT1”和“DT2”可能接反了。

②用数字万用表检测差动变压器发送的反馈信号的极性,当力矩马达向右时信号为负,力矩马达向左时信号为正。

③力矩马达行程调零。断开图5-24中电控箱端子板TB3上的“TMA”和“TMB”之间的接线,通电并确认力矩马达停在空档位置。将线重新接好,调节相应的电位器,用数字万用表检测差动变压器发送的反馈信号的电压应为0V。这时当舵角偏差信号为零度,力矩马达行程指示应是零度。如果舵角偏差信号为零时,舵发生漂移,可调整力矩马达控制放大板的相应电位器。

④差动变压器范围调整。调整差动变压器发送的反馈信号电压,在力矩马达左右旋转27°时达到±5V。

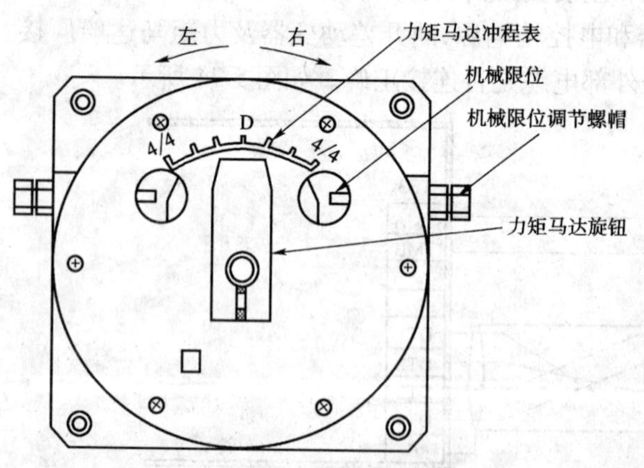

图5-25 力矩马达示意图

2)限位调整

舵机系统主要有两种限位方式,电限位和机械限位。

电限位主要通过切断电信号来停止电磁阀或力矩马达的工作从而达到限位的目的。机械限位是在电限位失去作用后来强行阻止伺服系统工作的一种方式。所以机械限位值一定要大于电限位值,约1.5°左右。一般电限位要求在35.5°,机械限位在36°或37°,不作严格要求,只要比电限位值略大一些即可,电限位又可分为1号系统左限位、右限位,2号系统左限位、右限位。机械限位则只有左右之分。下面介绍一下调整方法。

(1)首先调整机械限位:拆下电限位装置,先估算一下机械限位限位值位置,初步固定好档块,用随动或简易操打满舵,检查档块位置是否合适,若不合适则继续调整。一般在经过几次调整后,便可达到要求,见图2-25。(该项工作通常由机装人员负责)

(2)调电限位:在机械限位调整好后,操舵到电限位值,这时固定电限位开关,同时用万用

表低阻档测试开关上常开或常闭触点(要根据切断电信号位置而定),也可仔细听声音,在开关恰好动作的位置,固定好限位开关装置,回舵继续检验。其他几个限位调整方法相同。

3)舵角指示器的调整

舵角指示器要指示出舵叶的实际转角,舵叶在舷外,舵角指示器在船内,舵角的传递是同步的,如图 5-26 所示。

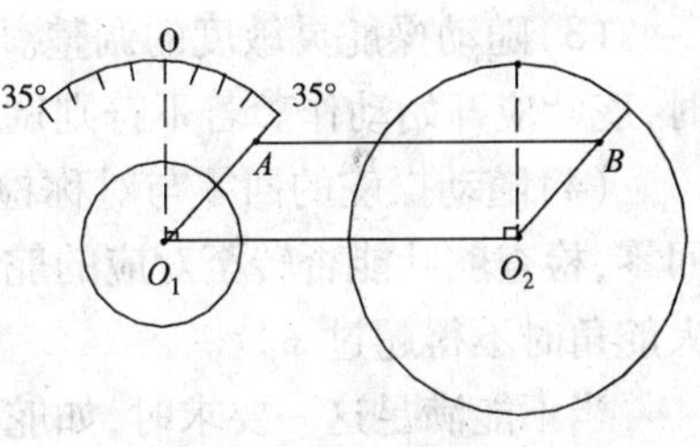

图 5-26　舵角指示器连杆图

大圆为舵杆,小圆为舵角发送器,O_1为自整角发送机转轴,O_2为舵杆中心,舵杆和舵叶相连,O_1A、AB 分别为连接杆,要求尽可能用重量轻、强度大的材料。图 5-26 中所示刻度盘为舵角发送器刻度盘,有的舵角发送器不附带刻度盘。当舵处于机械零位即正舵位置时,发送器指示应处在零度位置,O_1A 垂直 O_1O_2,O_2B 垂直 O_1O_2(如图 5-26 中虚线所在位置),这样当舵杆转动一个角度,连杆 AB 便带动 O_1A 转过相应角度,自整角发送机便输出一定的转角电压到其他的同步机,只要在设计上使铜牌指针所示刻度与舵角发送器刻度和舵杆(舵叶)转角相一致,便达到了舵角传递的目的,所以在舵角发送器安装上要求特别严格。在实物中 AB、O_1A 连杆均可调整。

舵角指示器的匹配过程,实际上就是要求所有的舵角指示器指示值和舵机台上铜牌指针所示刻度一致,调整过程如下:

(1)零位调整:用简易操将舵操到机械零位,然后关掉电机(以防调整舵角时舵机工作)这时分别检查各个舵角指示器,均调整到零位。

(2)分别将舵打到 5°、10°、35°,检查误差情况。规范要求实际舵角与舵角指示器在零位时不应大于 0.5°,其他位置不应大于 1°。一般情况下,舵角发送器安装精度高,自整角同步机质量好,误差基本上都在范围内。

4)报警系统的调试

具体测试方法是:

(1)主辅泵运行:直接起动电机;

(2)主辅泵失电:切断控制箱上对应电源;

(3)油低位报警:从油箱上拉出行程开关整套装置。

对于过载报警,断相报警实际做起来非常困难,也有一定的危险,所以一般采用插拔对应的报警保险丝,人为控制继电器动作,或在接线端子上短路或断开接线端子的办法来实现。总之,尽可能采取最简洁、最有效的方式。在调试报警点时,驾驶室、集控室都要有人站位,以便汇报报警情况。

5)单动操舵的调试

单动操舵的调试部分不牵涉到内部复杂的元器件,可单独进行调试。操作特点:手扳舵转、手放舵停、左舵左扳、右舵右扳。如指令舵角信号为左舵,而来右舵,说明线路接反了。

6)随动舵操舵的调试

(1)检查左、右舵方向。转动操舵手轮,给出少许操舵信号,如指令舵角信号为左,而来右舵,说明线路有接反的地方。

(2)检查舵角反馈信号极性。转动操舵手转,如果指令舵角信号为左舵,但仅为少许操舵信号,这时来的是左舵,但一直偏转到最大偏舵角,说明是正反馈,应改正舵角反馈信号的极性。

(3)随动操舵灵敏度的调整。左、右操舵,检查灵敏度是否符合要求。指令舵角为1°~2°时,舵叶应开始动作。若不符则调整灵敏度电位器。

(4)随动操舵的回零与对称检查。操动手轮,给出一定的"左"和"右"指令舵角,然后再回零,检查舵叶能否转至对应的舵角并可回到艏艉线。要求在小舵角时误差不得超过±0.5°,大舵角时不得超过±1°。

当不能满足这一要求时,如舵机本身完全正常,应检查随动舵机发讯机与舵角反馈发讯机零位、放大板等有无故障。

(5)偏舵时间的检查。舵从一舷偏至另一舷的舵角为±35°时,其时间不应超过28s。不能满足这一要求时,应重新检查执行机构。

(6)偏舵动态稳定性的要求。要求舵叶快速而且无振荡地停在给定舵角,超调量不得超过1°、只超过一次,即可认为合格。在调试中,如果出现系统发生振荡、冲舵太大等现象,这是属于随动系统动态质量不好的表现。要提高动态质量,排除振荡,不需要断开舵机执行装置,也不需要将舵角反馈与舵柄脱开,而应该在一起进行调试。

(7)互为备用性检查。舰船规范要求两台主泵电机必须具有互为备用功能。检查时可将两个控制箱电源送上,然后起动1号泵再切断1号控制箱电源。检查2号泵是否起动,用同样的方法检查1号泵的备用性。

7)自动舵操舵的调试

自动工作方式的调试内容大部分都要求在船舶跑直线时进行,但系泊试验阶段可检查以下几项的工作情况。

(1)调整自动操舵的灵敏度。将操舵方式选择开关打到自动位置,左右转动舵向修正旋扭,观察舵角指示器,看灵敏度是否满足要求,调整方法同随动舵灵敏度调整步骤。

(2)自动操舵时归零检查。用航向修正旋扭给出某一舵角指令,然后回零,观察零位误差大小,误差应在范围内。

(3)压舵检查。向某一方向调节压舵旋扭,检查是否对应方向上每隔若干秒增加一小角度舵角,若不正常可检查压舵电路。

8)越控操舵的调试

越控操舵也是一种简单操舵,有最高的优先权,一般在自动舵有故障或船舶避碰应急状况下使用。在自动舵系统中,无论系统的操舵方式选在什么位置,当按下越位操作开关,越位操作手柄被确认。扳动越位操作手柄检查操舵方向,如指令舵角信号为左舵,而来右舵,说明线路接反了。

以上介绍了舵机系统系泊试验的调试项目和方法,该方法应该说对大多数类型的舵机系统都是适用的。

9)调试注意事项

(1)起动路电源电缆一个来自主配电盘、一个来自应急配电盘。在敷设时不能走同一托架,要各有自己的路径,去驾驶室的控制电缆也尽可能做到这一点。每次动舵之前,切记查看舵叶附近是否有人在作业，舵叶是否被异物缠住。

(2)在主机工作时，严禁大角度打舵，以防船倾斜角度过大或将缆绳扯断等事故发生。

(3)舵角指示系统工作正常，否则不允许进行遥控操舵。特殊情况下，也必须有驾驶室到舵机舱的直接通讯联络手段。

(4)调试舵机必须注意安全，防止发生设备事故和人身事故。尤其在驾驶室进行操舵时，舵机舱必须有人照应，在舵柄和舵杆活动范围内，不应有人做其他工作。留在舵机舱里的人员，应该懂得如何使舵机紧急停车，以防止事故发生。

(5)零位校准是舵机系统通电调试中一个重要环节，中途检查机械传动等工作时，注意不能改变机械零位基准。

(6)舵角限位开关必须安装牢靠，工作正常。

(7)逐级调试可以把故障限制在最小范围内，便于及早发现和解决。要认真记录调试过程中的各种测量数据，以便分析情况，提供进一步调试的依据。

(8)对不清楚功能的电位器不要轻易调节，以免造成系统混乱。

10)舵机系统的报验程序

作为一名船舶电工，熟知舵机系统的报验交工过程是很必要的。在系泊试验阶段船工和船检主要进行下列各项的验收工作。

(1)安装接线检查。重点是填料函禁锢程度，冷压头的规格及芯线的压紧和螺丝垫片。

(2)绝缘检查。这里可只检查电机绝缘。

(3)舵速检查(同调试)。

(4)报警调整(同调试)。

(5)舵机限位检查(同调试)。

(6)舵角正确性检查。要求用“随动”操舵，分别检查0°至左右舷35°，每5°操舵一次，检查各个舵角指示器指示值，要求0°时不应超过0.5°其他角度不应超过1°。

(7)简易操舵功能检查：只检查香蕉手柄的灵活性和正确性。

在经过上述调试及交验过程后，系泊试验结束。

三、航海试验

1.在航海试验期间，对自动舵的功能主要以进行效用为主

除试验简单操舵和随动操舵，尚需进行自动操舵试验，其中下面检验应为重点。

(1)任意改变航向试验：用“航向改变器”改变航向，观察船只是否转到新的航向上航行。

(2)航海稳定性试验：在给定的航向上，加上适当的调整，航行一段时间，观察船只是否能保持原来的航向不变。

(3)检查偏航报警功能(需实际做出)。

正常航行中，在宽阔的水域，征得驾驶人员的同意后，将偏航报警值设定到5°~7°，报警时间10~20s，舵角限位设定小点(5°~10°)。用随动操舵向左操一大角度(20°~30°)等到船完全转动起后，立即回舵到零度，将这时的船艏向作为自动舵预定航向输入，迅速将随动操舵转换到自动操舵模式并确认，舵应向右偏转一角度，由于舵限作用，舵产生力矩不足以克服船的惯性，左偏航报警将发出。如一次不成功要多试几次，关键是时机掌握，左、右两个方向都要做。

在 P500A-K2T 操舵仪中,结合操作手册说明,通过自动舵单元(PB343)对其自动舵操舵的功能进行效用,如图 5-27 所示。

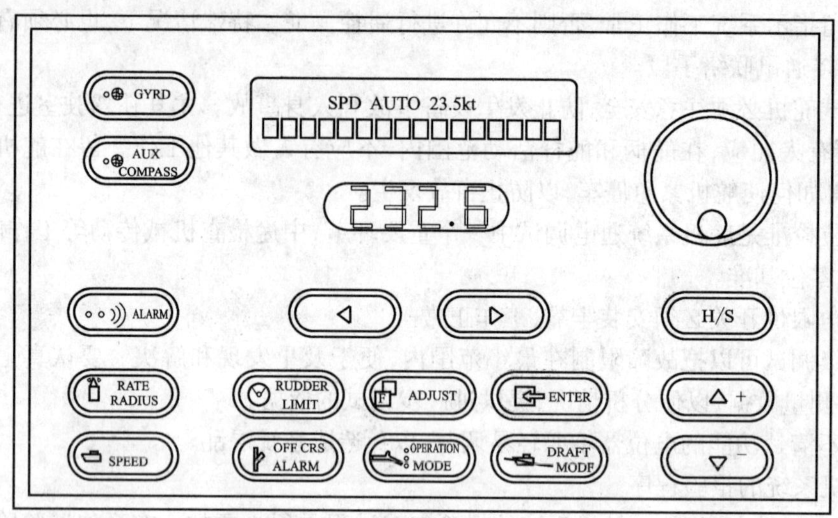

图 5-27　自动舵单元(PB343)面板布置图

设定操舵模式,通过 OPERATION　MODE 和 ENTER 键,根据航向保持精度要求,可分别选择经济、精确 1、精确 2。

设定吃水模式,通过 DRAFT MODE 和 ENTER 键,根据压载的实际情况,可分别选择满载、半载、空载。

设定航向,①通过 H/S 键;②通过方向设定旋钮和 ENTER 键;③通过左、右键和 ENTER 键,分别输入航向。

通过 RATE RADIUS 和 ENTER 键设定航向自动改变模式; OFF-COURSE 和 ENTER 键设定偏航报警角度和时间; RUDDER LIMIT 和 ENTER 键设定自动舵操舵的舵限。操作功能还有很多,主要把自动舵功能教会接船船员使用。

至此,经过系泊实验和航海试验后,各项指标满足规范标准,方可认为自动舵调试完成。

2. 航海试验交验内容,要求在全速航行时进行

(1)起动 1 号泵(主配电盘供电)用随动操舵,在此过程中,舵自一舷 35°转至另一舷 30°所需时间不大于 28s。

①正舵—右满舵 35°,保持 10s。

②右满舵 35°—左满舵 35°,保持 10s。

③左满舵 35°—右满舵 35°,保持 10s。

④右满舵 35°—正舵,保持 10s。

⑤正舵—左满舵 35°,保持 10s。

⑥左满舵 35°—正舵。

(2)转换 2 号泵(应急电源供电),重复上述过程。

(3)两泵同时工作,重复上述过程。

(4)应急操舵,起动 2 号泵,关掉自动舵控制电源,根据舵机台上应急操舵说明进行操舵,要求:

①正舵—左舵 15°,保持 10s。

②左舵 15°—右舵 15°,保持 10s。

③右舵 15°—左舵 15°保持 10s。

④左舵 15°—正舵。

在航速小于 7kn 时,使舵自一舷 15°转至另一舷 15°所需时间不超过 60s。(该项工作要在无人机舱实验时进行)

(5)主机倒车时的操舵试验。主机以"后退一"倒车运转时操舵,逐渐增大到舵角 15°。在进行操舵试验时,电机及液压系统应无异常发热,无漏油现象。

(6)自动操舵检查。可参照"自动操舵调试"。

四、常见故障现象分析及排除方法

自动舵调试表面看起来内容十分繁杂,但却有一定规律可循,随着大量新技术的使用,调试方法简便实用。调试的难点主要是随动部分,它是自动舵的基础,这就要求我们平常注意资料的搜集,经验的汇总,配合轮机人员调试时,按照系统要求提出合理建议。自动舵种类繁多,但就自动舵原理来说基本是相同的,以上介绍的自动舵调试方法,对大多数自动舵都是适用的。常见故障见表 5-2 ~ 表 5-4。

舵机工作异常　　表 5-2

序号	主要现象	现象分析	可能原因	排除方法
1	电控箱"电源"指示灯不亮	保险丝烧断	氖灯损坏 控制箱内部 变压器故障	更换 检查力矩马达控制板 更换保险丝
2	电控箱"卸荷阀"指示灯不亮	力矩马达工作正常	氖灯损坏	更换
		力矩马达工作不正常	力矩马达烧毁或卡住 保险丝烧断	更换
3	卸荷电磁阀不工作	卸荷电磁阀线圈烧毁		更换
		卸荷阀没有信号供给	力矩马达控制板故障 继电器不工作	检查力矩马达控制板 更换
			时间继电器 TR1 不工作	更换
4	力矩马达电机不工作	开关 SW1 在测试位置	误操作	开关拨到正常位置
		系统转换开关在正常位置	检查控制选择电路	检查终端板
		只有在非随动状态不工作	继电器故障	更换
		输入信号没有送到控制箱	在测试模式下工作正常	检查控制端

舵机达不到操作要求

表5-3

序号	主要现象	现象分析	可能原因	排除方法
1	舵只向一侧转动	执行机构故障报警	力矩马达控制板故障	检查力矩马达控制板
2	舵打过头	舵超过舵角限位	卸荷电磁阀故障	根据维修手册检查舵机
		限位开关不动作	限位开关设定点偏移	重新调整限位开关
		尽管限位开关动作,但卸荷阀没有电压	力矩马达控制板故障	检查力矩马达控制板
3	舵振荡	力矩马达工作不稳定	力矩马达控制板故障	检查力矩马达控制板
		执行机构故障报警	差动变压器故障	更换

舵偏向一面

表5-4

序号	主要现象	现象分析	可能原因	排除方法
1	输入信号错误	系统开关在正常位置	操舵台中终端板故障	检查终端板
2	反馈系统故障	执行机构故障报警	液压泵上差动变压器故障	检查舵机
		伺服回路故障	变送器故障	检查舵机
		端子螺丝松动	检查变送器内端子	拧紧松动螺丝
		伺服回路故障	力矩马达控制板故障	检查舵机
		输入零信号,液压泵仍在小范围内工作	差动变压器零点漂移	调整液压泵零位

思考与练习 SIKAO YU LIANXI

5.1 对舵机有哪些基本要求?

5.2 什么是随动操舵?叙述它的工作原理。

5.3 什么是比例-微分舵?它是怎样迅速使S航迹的振幅衰减到零的?

5.4 积分环节在自动操舵过程中起什么作用?

5.5 叙述自动舵的基本类型及其调节规律。

5.6 论述在自动操舵方式下自动校正航向的工作过程。

5.7 论述在指示器工作方式下交流同步器的工作原理。

5.8 液压舵机操纵系统的作用是什么?简述力矩马达式舵机遥控系统的工作原理。

5.9 叙述在图5-22a)中1#舵机主泵电动机的起动停止控制过程。

5.10 在任务六中,叙述主用、备用泵的自动切换控制原理。

5.11 在任务六中液压舵机有哪些报警功能电路?叙述其工作原理。

5.12 舵机系统通电调试前,应掌握哪些概念及常识?

5.13 舵机系统系泊试验主要有哪些项目?调试时有哪些注意事项?

5.14 舵机系统航海试验重点检验哪些内容?在全速航行时进行交验的内容有哪些?

5.15 叙述舵机系统常见故障现象分析及排除方法。

项目六　船舶空压机系统的电力拖动控制

● **教学目标**

能力目标

1. 能安装与调试船舶空压机系统的控制线路；
2. 对照船舶空压机系统电气原理图排除电路常见故障；
3. 能撰写船舶空压机电气控制系统检修维护报告书。

知识目标

1. 了解船舶空压机系统的作用、结构、分类；
2. 学会识读船舶空压机电气系统图、原理图、接线图及规范；
3. 会分析船舶空压机系统的控制线路；
4. 会船舶空压机系统的调试及故障排查。

情感目标

1. 具备良好的职业道德；
2. 具备严谨的工作态度；
3. 具备面对险情,冷静思考的能力；
4. 具备高度责任感。

任务一　船舶空压机系统认识

空气压缩机简称空压机,空压机主要作用是将普通的空气进行压缩使其成为具有一定压力的空气,称为压缩空气。

一、船舶上压缩空气的作用

压缩空气在船舶上的主要应用有:①作为舰船主机的柴油机起动动力源;②操纵大型柴油机的换向机构和轴系离合器;③吹洗精密机件、管路、海底阀、锅炉烟道、潜艇水下厕所;④作为报警系统、自动控制系统和风动工具的能源;⑤充填压力水柜;⑥舰艇上的火炮操纵和鱼雷发射动力;⑦潜艇压载舱吹除海水使潜艇上浮,在海船中建立背压舱,防止海水进入并供救生用。

二、船舶空压机系统的分类

空气压缩机按工作原理分为容积型和速度型两大类。

1. 容积型压缩机

容积型压缩机是依靠活塞在气缸里作往复运动或滑片作旋转运动或螺杆旋转运动使工作

腔室的容积发生变化,而使气体的压力增高。通过运动的部件往复运动不断地吸入空气,压缩排出空气。在这些过程中空气的温度、压力是随着活塞的运动而随之变化的。容积式压缩机分为活塞式(适用于中型排气,各种压力)、回转式(适用小排量、中、低压力场合)。

2. 速度型压缩机

速度型压缩机是依靠高速旋转叶轮的作用,使空气获得很高的动能,并在能量转换装置中使动能转换为空气压力能。速度型压缩机分为离心式(适用于大排量低压的场合)、轴流式(适用于更大排气量、压力更低的场合)。

在船舶上活塞式空气压缩机应用最普遍。活塞式压缩机压力范围广、效率高、适应性强。空气压缩机是舰船安全航行、保持战斗力和争取生存力的必需设备,是船舶辅机系统的主要设备之一,是各国船级社规定的必检设备。

三、船舶空压机系统组成

不同类型的船舶、不同吨位的船舶空压机系统设置是不完全相同的,主要组成基本相似。由压缩机、空气储气瓶、管路、各种阀门、控制装置及辅助装置等组成。如图 6-1 所示,船舶空压机的设置一般是两套主空压机,设计成互为备用的系统,同时还要安装一台应急空压机,以保证船舶主电源故障或者两台主空压机故障时的应急状态下,应急空压机能够起动工作,提供船舶应急使用的压缩空气。船舶应急空压机一般由船舶应急供电网络供电。还有采用小型柴油机作为原动力,柴油机采用蓄电池或者手摇方式起动。

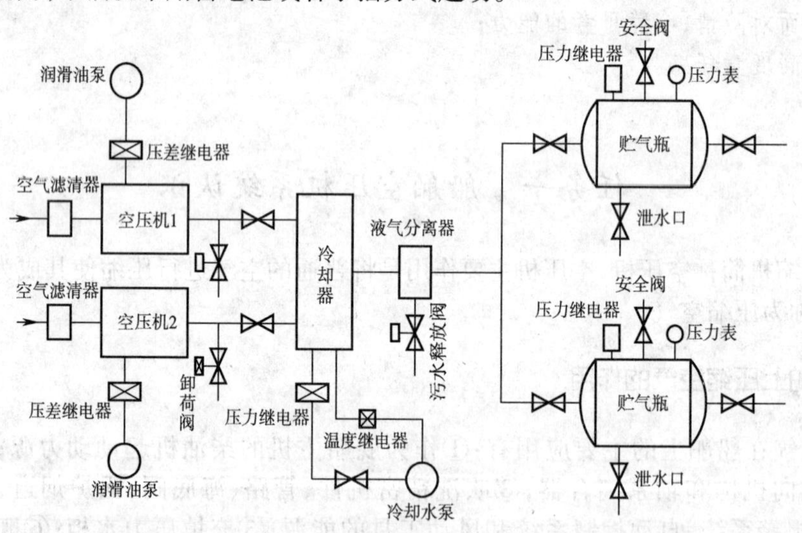

图 6-1　空压机系统结构示意图

主空压机系统通常安装两个贮存压缩空气的高压空气瓶,两个高压空气瓶管路间采用桥阀连接,两个空气瓶之间的压缩空气可以连通同时使用,也可以关闭桥阀分别独立工作。空气瓶按压力又可分为高压空气瓶、低压空气瓶,还可按用途分为主机用空气瓶、杂用空气瓶等。在空气瓶上设有安全阀(在压缩空气仪表或其他故障,使空气瓶内的压力大于安全阀设定值时,此阀自动安全泄放,确保船舶的安全)。每个空气瓶上装有压缩空气压力表。一般还设有压力变送器，以供船舶集控台遥控监视。同时空气瓶还安装有手动卸放阀和相应的控制阀和管系组成压缩空气系统。

四、空压机系统自动起运和停止控制

船舶空气压缩机一般由独立的原动机驱动，以交、直流电动机较为普遍，其次是柴油机驱动，小型船舶可由主机通过中间轴带动空压机。压缩机将空气进行压缩后排至压缩空气瓶中，应保证空气瓶内具有一定的压力，以满足对压缩空气使用设备的需求。为保证空压机系统的可靠运行，须对空气压缩机系统实行自动控制。一般包括以下几方面：

1. 船舶空气压缩机的自动起动和停止控制

保持空气瓶中一定的压力，保证用气负载正常工作，压缩机工作是间歇式的。压缩机的起运和停止工作，是利用安装在空气瓶上的压力继电器控制实现的。当空气瓶中的空气压力低于设定下限值时，压力继电器的触点闭合，压缩机控制电路得电工作，压缩机起动运行，向压缩空气瓶供气，随之空气瓶中的空气压力上升。当空气瓶空气压力上升到设定上限值时，压力继电器触点断开，压缩机控制电路断电，压缩机停止工作。随着压缩空气的使用和消耗，空气压缩瓶中空气压力又下降，当达到设定下限值时，压力继电器触点又重新闭合，控制电路得电，压缩机又开始运行工作。不断重复上述过程。从而保持空气中压缩空气压力处于动态平衡。

空压机自动起动和停止的自动工作状态的可靠性、灵敏度、准确性取决于空气瓶上的压力继电器，压力继电器动作值一经试验调整后，不能随意改动。压力继电器的灵敏度必须定期检查和校正，确保动作准确性，防止故障发生。

2. 船舶空压机起动时自动卸荷控制

一般船舶空压机功率比较大，采用电力拖动时起动电流比较大，压缩机的机械部分冲击力大；电网压降大，影响供电系统稳定性；起动时间长，电机容易过热，绝缘强度降低，降低电机使用寿命。因此，大功率船舶空压机起动时，必须采取一定的措施。一般通过自动卸荷电路使压缩机在轻载下起动，自动卸荷装置通过控制电磁阀使压缩机输出端管路在起动时相对空气处于打开状态，使压缩机在轻载下起动，从而减小压缩机起动电流，减小压缩机的机械冲击。

起动自动卸荷电路主要由时间继电器和电磁阀组成。在空气压缩机起动时，电磁阀打开，压缩机排出端与大气相通，压缩机轻载起动，时间继电器通电延时。经过时间继电器整定的延时时间后，时间继电器动作，电磁阀通电关闭，自动卸荷起动结束，压缩机把压缩空气排入压缩空气瓶中。

3. 船舶空压机报警保护

为保证压缩机正常工作，系统还配有其他装置。如空压机冷却系统、润滑油系统等。必须对压缩机一些工作参数进行控制，主要参数电机过载、电路短路、冷却水压力、冷却水温度、润滑油压力、压缩空气排气温度等。这些参数采用相应继电器来控制压缩机的通电和断电。在压缩机正常运行时，某参数超过调定值时，相应继电器动作，压缩机断电，同时报警，达到保护作用。经排除故障，重新测定参数，符合正常参数范围内，才能重新起动恢复正常工作。

此外还有先卸荷后停机电路,油水分离器、定时排污控制等。空气压缩瓶上还安装有安全阀,当压力超过整定值时,安全阀开启,高压气体卸放到大气中,压力下降,从而保护压缩系统不发生爆炸危险。

任务二　船舶空压机系统的电力拖动控制实例

图6-2～图6-4为某万吨级无人机舱自动化船舶主空压机系统电气原理图。图6-2为主电路,图6-3为控制电路,图6-4为报警电路。下面以此线路为例介绍分析船舶空气压缩机系统的具体工作过程。该空压机系统设置两台空压机,两台空压机通过转换开关切换互为主、备运行提供压缩空气。两台空压机控制电路完全相同,仅以一台空压机电路为例。

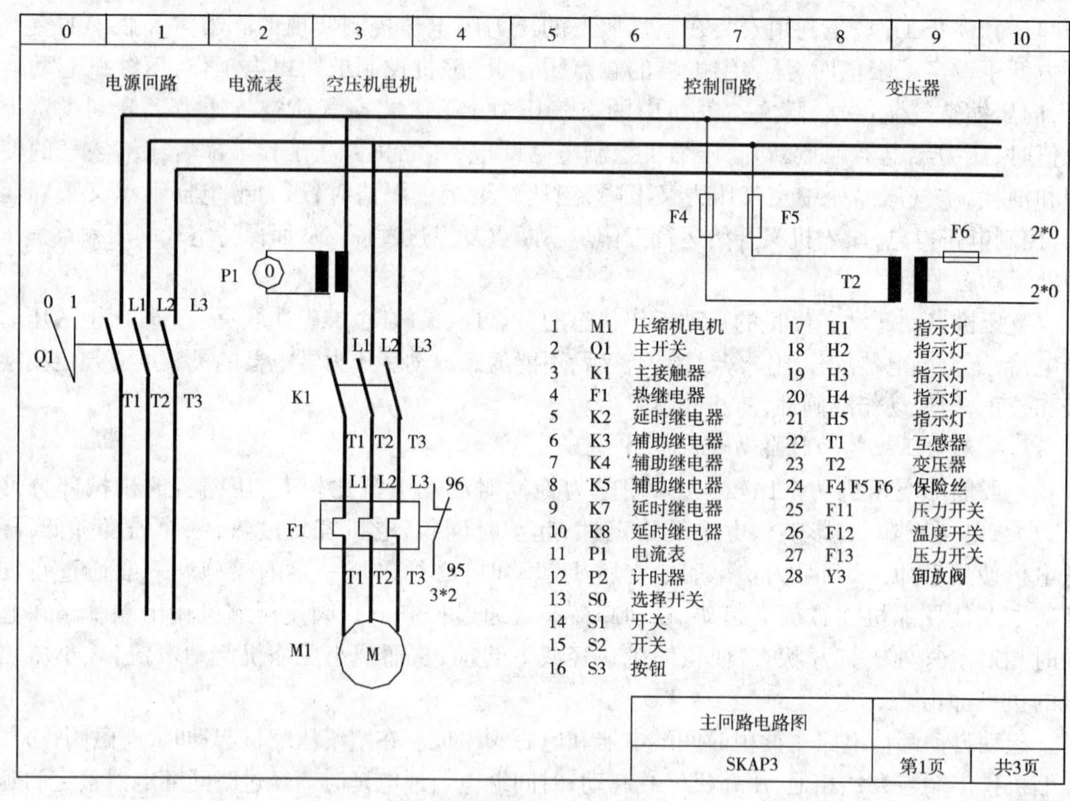

图6-2　空压机系统主电路

两台空压机主、备分配由图6-3转换开关S0控制切换。

控制地点有手动和遥控控制两种:手动控制是指由操作转换开关或由按钮控制空压机起动、停止工作;自动控制是指由压力继电器的压力开关依据空气瓶中的空气压力大小来控制空压机起动、停止工作。手动—自动转换控制由图6-3转换开关S1操作切换。图6-3中的虚框手动—自动转换开关S1安装在集控室。

船舶空压机系统的控制地点有本地控制和遥控两种:本地控制是指在空压机附近电气控制箱控制压缩机工作;遥控是指在集控室控制压缩机工作。本地、遥控通过图6-3中的转换开

关S2控制切换。

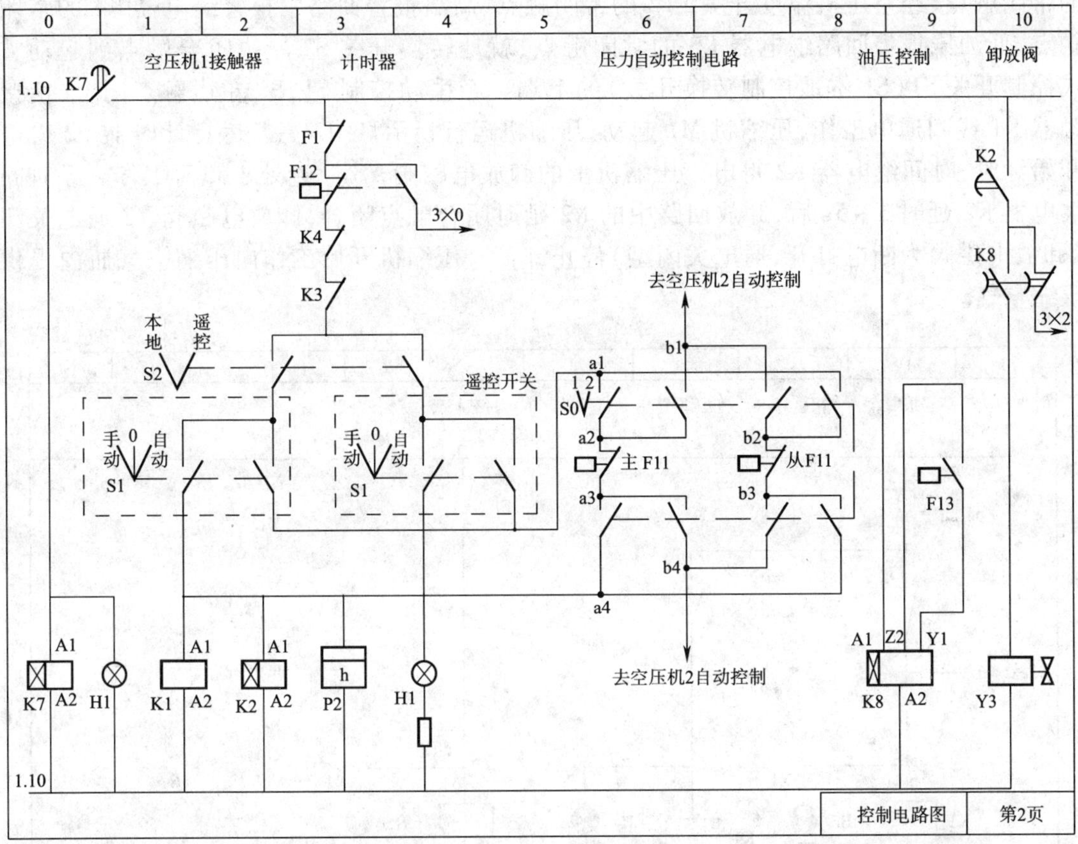

图6-3　空压机系统控制电路

船舶空压机系统的主要保护环节有：空压机过载保护；润滑油压力低保护；压缩空气温度高保护；冷却水压力低保护；电路短路保护；储气柜高压保护；冷却水高温保护等。

空压机控制箱由主配板三相电440V 60Hz电源供电。

一、接通空压机控制电路

合上图6-2中控制箱电源开关Q1，这时图6-3中的电源指示灯H1亮，表示电源供电。图6-3控制线路中的延时继电器K7线圈得电工作，经30s延时后，控制线路中的K7延时闭合触点闭合，控制电路得电。时间继电器K8电源接通。在K7延时闭合后，延时准备回路中延时继电器K8工作线圈得电动作，压缩机卸放电磁阀回路中的K8瞬时闭合延时断开触点闭合，为关闭卸荷阀Y3做好准备。此时卸放电磁阀断电处于卸荷状态，K8的延时闭合触点瞬时断开，切断图6-4中的低油压报警电路。

二、空压机的本地-手动控制压缩机工作

手动起动空压机：将图6-3中的空压机控制箱上的控制位置转换开关S2置于“本地”位

置，将图6-3中自动手动开关S1打到“手动”方式，控制电路电源经压缩机热继电器F1的常闭触点、经空压机温度开关F12的常闭触点、高温报警回路中报警继电器K4的常闭触点、低油压报警回路继电器K3的常闭触点、就地转换开关S2左边闭合触点到起动方式控制开关S1（S1本地控制转换开关）的上端。经手动控制S1，S1左边触点闭合，使接触器K1线圈通电工作，压缩机M1起动，压缩机运行指示灯H2亮。运行计时器P2得电开始计时，时间继电器K2得电。压缩机上的卸放电磁阀Y3一直处于卸荷工作。经时间继电器K2延时3～5s后，卸放回路中的K2延时闭合触点闭合，卸放电磁阀Y3通电关闭（卸放电磁阀为断电打开，通电关闭型）停止卸荷。压缩机开始工作向压缩空气瓶内提供压缩空气。

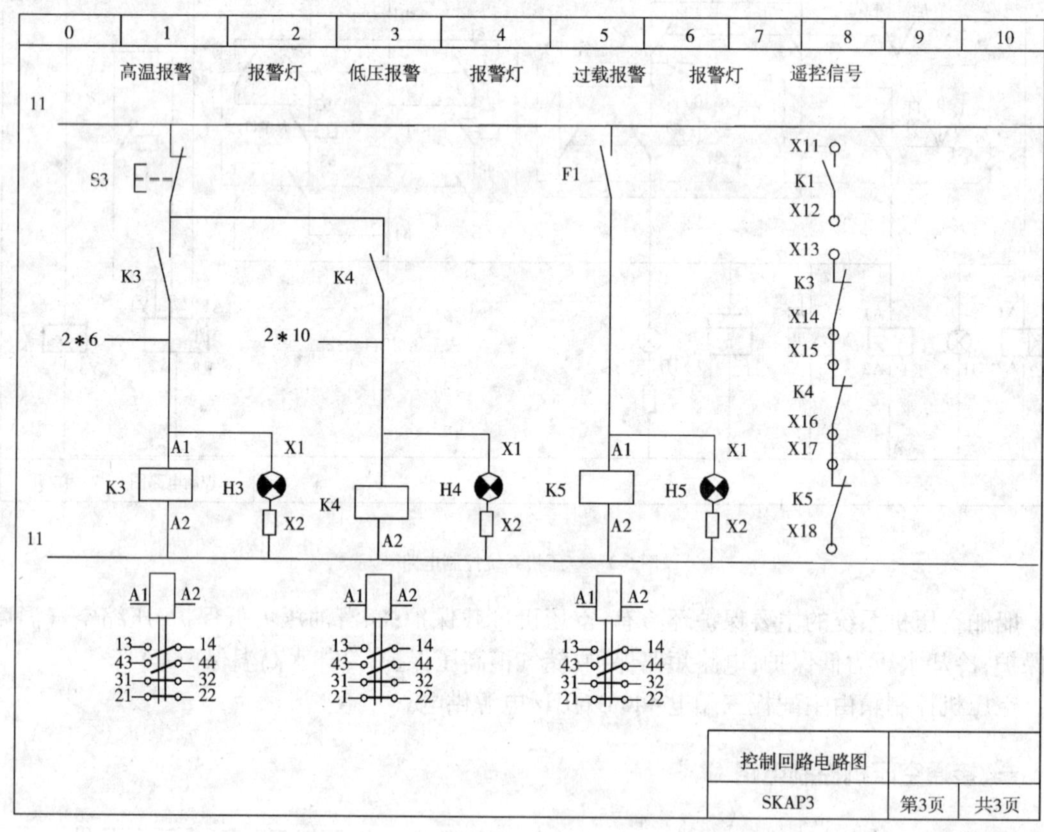

图6-4　空压机系统报警电路

手动“停止”压缩机工作的过程：如果要停止压缩机，只需要将控制方式装置转换开关S1打到“0”位，K1断电，压缩机断电停机。

三、空压机的本地自动控制

在图6-3中的F11两个压力继电器分别为主用和备用控制。两台空压机的主用和备用不是固定的，可以根据实际工作状态进行相互转换。主、备用的转换是通过控制箱上的S0转换开关实现的。主用空压机的自动控制压力整定为2.5～3 MPa，备用空压机的自动控制压力值

整定为2.3~2.8 MPa,我们现在假定1号空压机为主用空压机,2号空压机为备用空压机为例来说明空压机的自动起、停工作过程。在图6-3电气原理图中只给出了1号空压机的控制原理图。2号空压机的控制原理图和1号空压机的工作原理是一样的。两台控制箱共用一组压力继电器F11。两个控制箱之间自动控制部分连接起来。在1号空压机控制箱上的控制位置转换开关S2置于"本地"位置,合上控制箱电源开关Q1,控制线路得电。同样操作2号空压机控制箱的开关。设已将主、备用转换开关S0打到"1"位置,控制方式开关S1打到"自动"位置。

假设此时压缩空气瓶的压力为2 MPa以下。这时控制电源经时间继电器K7延时触点K7、热继电器F1的常闭触点、高温报警继电器K3的常闭触点、低压报警继电器K4的常闭触点、高温继电器常闭触点F12、本地开关S2、自动开关S1、到压力控制电路a1点、经主从选择开关S0到a2点、经主压力开关F11到a3点、再经主从开关S0到a4点、使空压机主接触器K1线圈得电动作,K1接触器主触点闭合,压缩机起动运行。时间继电器K2得电,运行指示灯H2亮,计时器P2开始计时。经时间继电器K2延时卸荷,向空压瓶充气。

2号压缩机控制电路与1号压缩机控制电路相似,2号压缩机控制接触器线圈经由b1、过主从开关S0到b2点、经从压力开关F11到b3点、再经主从开关S0到b4点,2号压缩机控制接触器线圈得电,接触器主触点闭合,2号压缩机起动运行工作。其延时时间继电器得电,经延时卸荷结束也向空气瓶内提供压缩空气。

两台空压机运行一段时间后,空气瓶的压力不断升高。当空气瓶的压力达到备用空压机停机设定值2.8 MPa时,从压力开关F11触点断开,备用压缩机停止运行。这时主用空压机继续运行,当空气瓶的压力达到3 MPa时,主用空压机压力继电器F11触点a2和a3断开,主用1号压缩机也停止运行。

当用气工作时,空气瓶的压力降低,降低到2.5 MPa时,主用空压机压力开关F11闭合,主用空压机起动运行,当空气瓶压力达到3 MPa时,主用空压机压力开关F11断开,空压机自动断电停车。在用气量不大的情况下由主压缩机工作供气即可满足需求。在没有故障停车的情况下,自动起停循环工作。如果消耗压缩空气量很大,一台主用空压缩机工作不满足用气量需求时,空气瓶压力会持续降低到2.5 MPa以下,空气瓶压力继续降低,当压力降低到2.3 MPa以下时,这时从压力开关F11的b2和b3触点也闭合,备用空压机起动工作。在自动工况下,两台空压机同时工作。当压力升高到2.8 MPa时,从压力开关F11触点b2和b3断开,备用空压机停止工作,当压力升高到3 MPa时,主压力开关F11触点a2和a3断开,主用空压机停止运行,如此往复工作。

四、空压机的遥控控制

遥控位置一般在机舱集控室控制台上。在控制箱电源开关Q1合上,控制箱和系统具备起动条件后,将图6-3控制位置转换开关S2打到"遥控"位置,才能在集控台上进行手动操作。通过集控室手动、自动转换开关,其手动、自动控制工作过程同"就地"手动、自动控制过程一样。控制位置开关的变换,在实际工作中,根据具体工作要求选择控制方式和控制地点,为操作者提供了方便。

五、空压机的保护电路

1. 空压机低油压停机保护

如果低于系统设定最低压力值时,图 6-3 中延时继电器 K8 延时线路中串接的油压压力继电器 F13 常开触点闭合,延时继电器 K8 断开线圈得电动作,开始延时,如果在 5 ~ 15s 后,油压仍然低于设定值,此时 K8 延时断开触点断开,泄放电磁阀开始泄荷。同时 K8 常闭触点闭合,图 6-4 中低压报警继电器 K4 线圈得电,并自锁,K4 串入控制电路中的常闭触点断开,使控制压缩机接触器 K1 断电,K1 主触点断开,压缩机停机,图 6-4 中低压报警灯 H4 报警。如果要重新起动压缩机,需要在排除油压低故障后,手动按下图 6-4 中复位开关 S3,继电器 K4 断电,解除自锁,压缩机控制电路中 K4 常闭触点闭合,复位后压缩机控制电路才能再次通电起动。

2. 空压机高温停机保护

如果空压机在工作过程中,出现高温情况,这时图 6-3 温度继电器 F12 常闭触点断开,压缩机控制电路断电;同时 F12 常开触点闭合,使图 6-4 中高温报警继电器回路中的报警控制继电器 K3 得电动作(并自锁),图 6-3 中的继电器 K3 常闭触点断开,使压缩机控制电路断电,压缩机停机,高温报警灯 H3 亮报警。如果要重新起动压缩机,需要在排除高温故障后,同样将图 6-4 中手动复位开关 S3 按下,继电器 K3 断电,解除自锁,图 6-3 中的 K3 常闭合触点闭合,复位后压缩机控制电路才能再次通电起动运行。

3. 压缩机过载保护

在空压机电动机电流过大或断相工作时,热继电器 F1 动作,串入控制电路中的常闭触点 F1 断开,切断压缩机控制回路电源,使接触器 K1 断电,压缩机停止运行。排除故障后,手动复位热继电器,才能重新起动空压机。

4. 卸荷停机

无论压缩机是正常停机还是故障停机,控制电路断电,控制接触点 K1 断电,时间继电器 K2 就断电,K2 常闭触点断开,卸荷电磁阀 Y3 断电。就是说压缩机停机和卸荷电磁阀 Y3 卸荷是同时进行的,即压缩机是在无负载下进行的。

无论是低油压报警停机、高温报警停机以及电机过载停机均属于非正常停机,都属于保护空压机系统安全的。所以出现上述故障停机时,要查清原因排除故障后才能起动空压机,切莫盲目复位后就起动空压机,以免对空压机造成损坏。

不同产品电气设计不同,自动控制,控制保护内容不同,但工作原理基本相同。

任务三　船舶空压机的调试方法与常见故障分析

在系统调试以前要首先根据空压机电气系统图进行核对,确保电气系统的完整性。根据图纸检查控制箱外设的安装接线情况,要在安装以及接线完整且交验后进行调试。

一、调试准备工作

(1)图纸资料的准备:空压机电气系统图、电气原理图、电气接线图、空压机系统随机资

料、空压机系统交验程序。

(2)环境的准备:要保证在调试前对空压机控制箱、电机,以及其他相关电气设备的维护保养完成。空压机及控制箱周围有施工空间和照明等条件。

(3)工具仪器仪表的准备:500V 兆欧表、万用表、手压泵、适当值的压力表、钳形电流表、纱布、酒精、电水壶、温度计以及调试常用工具(扳手、螺丝刀、剥线钳等)

(4)按照系统接线图对整个系统的接线进行核对,确保接线的正确性。

二、外观检查

(1)控制箱、电机,以及温度继电器、压力开关、电磁阀等是否破损。

(2)上述设备的接线是否牢固无松动。

(3)控制箱内的熔断器熔芯无缺损,指示灯、按钮开关等无缺损。

(4)各元件的油漆是否完好。

以上外观检查结束,对缺损问题进行反馈或处理,同时作好记录。

三、绝缘检查

(1)电源绝缘的检查,在主配电板上断开电源开关,在控制箱电源开关的上端用 500V 兆欧表进行绝缘测量,绝缘电阻不小于 1 兆欧。

(2)外接电机、电磁阀、压力继电器等绝缘的检查,在控制箱接线端子处用 500V 兆欧表进行以上元件的绝缘测量。绝缘电阻不小于 1 兆欧。

(3)控制线路的检查,在控制熔断器的下端进行控制回路绝缘的测量。绝缘电阻不小于 1 兆欧。

在上述绝缘检查后,要记录测量的绝缘值。

四、通电调试

1. 参数整定及电源的准备

(1)根据电气原理图检查控制箱内的熔断器熔芯是否与具体标注值是否一致。

(2)检查控制箱的热继电器的整定值与实际匹配,且在标志范围处。

(3)温度继电器报警温度的整定,用电热水壶或其他加热设备对温度开关的感温部分加热,对温度继电器进行调整,使其在试验程序大纲要求的温度动作,同时作好标记。

(4)控制线路延时继电器延时时间的整定,根据试验大纲要求将 K7、K8、K2、延时继电器的时间调整完。

(5)油压压力继电器值的设定,用手压泵打压调整压力继电器,当压力达到报警压力值时压力继电器动作,同时作好标记。

(6)自起、停压力继电器值的设定,首先确定主用压力继电器和备用压力继电器。用手压泵打压调整压力继电器,使备用压力继电器在高于 2.8 MPa 时触点断开,当压力低于 2.3 MPa 时触点闭合;调整主用压力开关值时,使主用压力继电器在高于 3 MPa 时触点断开,当压力低于 2.5 MPa 时触点闭合。

(7)将所有开关(配电网络电源开关、控制箱电源开关、控制线路电源开关等)处于分闸断

开或停止位置。

(8)在主配电板上合上空压机控制箱电源开关,将电源送至控制箱开关上端,用万用表检测电源电压达到额定值,三相电压平衡满足通电要求后,合上控制箱电源开关。

(9)观察电源指示灯工作,待电源指示灯正常工作后,合上控制线路电源开关。

2. 功能试验调试

功能试验调试过程一般在系统全部具备运行条件后进行调试,根据系泊试验大纲及空压机试验程序进行。如果空压机系统还没有完全具备运行条件时进行功能调试可以将空压机拖动电机的电源脱离进行。下面就按照系统完整的情况介绍功能调试步骤。

(1)"手动"功能调试:将控制位置转换开关打到"就地"位置,准备用钳形电流表测量空压机的起动电流和运行电流值。在控制箱上把起动方式控制开关转换到"手动",此时空压机主接触器 K1 线圈得电工作。空压机起动运行。记录空压机的起动电流和运行电流。将转换开关转换到"0"位,空压机主接触器断电,空压机停止工作。

遥控手动功能试验,在控制箱上将控制位置转换开关打到"遥控"位置。在集控台上操作起动方式开关,将起动方式控制开关转换到"手动",空压机起动运行。将转换开关转换到"0"位,同样使空压机主接触器断电,空压机停止工作。

(2)卸荷功能试验,卸荷电磁阀此时为常开阀,空压机起动处于卸荷状态,经 K2 延时继电器的延时后,卸荷电磁阀得电关闭,停止卸荷。空压机停止工作时,卸荷电磁阀失电变为常开,再次卸荷。

(3)"自动"功能试验调试:在手动调试结束后,空压机的空气瓶压力低于 2.3 MPa 时进行"自动"功能试验。控制位置转换开关在"就地"位置,在就地控制箱上把起动方式控制开关转换到"自动",此时两台空压机开始自动运行工作。压力值升高到 2.8 MPa 时备用压力继电器触点断开,备用空压机停机。当压力值升高到 3 MPa 时主用压力继电器触点断开,主用空压机停机。缓慢卸放空气瓶内压力,当压力值降低到 2.5 MPa 时主用压力继电器动作。主用空压机重新起动。继续卸放空气瓶压力,当压力值降低到 2.3 MPa 时备用压力继电器动作。备用空压机也重新起动。此时关闭空气瓶卸放阀重复以上工作过程。

(4)滑油压力低报警功能调试:将取样管上的阀关闭,在压力继电器的取样管上连接手压泵的接头,用手压泵将压力提高到报警值以上,然后起动空压机运行,将手压泵的压力缓慢卸放,待压力值到报警值偏低时停止卸放。待 K8 继电器延时后油压低报警回路得电工作。报警指示灯报警,同时空压机停止工作。手动复位后将压力提高再试验一次。

(5)系统高温报警功能调试:首先起动空压机运行,将温度继电器的感温部分拆下,放在加热水壶中加热,当温度达到报警温度值时。温度报警线路动作,报警指示灯亮,空压机停止工作。待手动复位后,将温度降低再试验一次。

(6)将"遥控"和"就地"转换开关转换到遥控重复两个起动、停止过程。停机后测量热态绝缘,作好记录。

(7)将所有调整准确的整定值作好标记,同时将位置锁紧螺母锁紧。

(8)清洁保养控制箱使设备系统处于正常工作状态。

五、船舶空压机系统的故障分析与排除

船舶空压机系统的故障分析与排除见表6-1。

船舶空压机系统的故障分析与排除　　表6-1

序　号	故障现象	原　因	检查及排除方法
1	系统无电源	a.配电网络有问题 b.控制变压器故障 c.控制线路熔断器故障 d.控制箱电源开关故障 e.电源继电器故障	检查主配电板电源是否合闸 测量变压器原、副边电压 更换控制电路熔断器熔芯 检查电源开关是否合闸 检查电源继电器是否正常
2	空压机高温报警	a.温度继电器故障 b.空压机机械故障 c.空压机压缩空气出口阻塞	检查温度继电器的整定值 检查空压机盘车是否正常 清洁管路、检查系统阀门是否打开
3	滑油压力低报警	a.压力继电器故障 b.滑油压力取样管阻塞 c.系统滑油低于标准值	检查压力继电器的整定值 检查取样管阀门,清洗取样管路 向系统加入润滑油
4	卸放电磁阀不卸荷	a.卸放电磁阀卡死 b.卸放控制回路故障	检修卸荷电磁阀 检查卸放电路及控制元件
5	空压机手动不能起动	a.操作位置与开关位置不一致 b.空压机热继电器过载 c.高温、低油压报警未复位	将转换开关打到对应操作位置 检查电机是否过载或过载后未复位 热继电器整定值不对 电源断相或绝缘低 将手动复位开关复位
6	空压机遥控不能控制	a.选择开关位置不对 b.空压机热继电器过载 c.高温、低油压报警未复位	将选择开关打到"遥控"位置 检查热继电器 将报警消除并复位
7	空压机自起、停失控	a.控制选择没打到"自动"位置 b.压力开关设定值有问题 c.压力开关误动作 d.压力继电器取样管路阻塞	将开关置到"自动"方式 重新按要求整定设定值 修复或更换压力继电器 检查清洗取样管路

思考与练习 SIKAO YU LIANXI

6.1　压缩空气在船舶上有哪些应用?

6.2 压缩机主要保护有哪些？

6.3 叙述自动卸荷电路作用。

6.4 简述压缩机常见故障与排除。

6.5 压缩机主要调试内容有哪些？

6.6 简述主、副压缩机是如何切换工作的。

项目七　船舶辅助锅炉系统的电力拖动控制

● **教学目标**

能力目标

1. 能安装与调试船舶辅助锅炉系统的控制线路；
2. 对照船舶辅助锅炉系统电气原理图排除电路常见故障；
3. 能撰写船舶辅助锅炉电气控制系统检修维护报告书。

知识目标

1. 了解船舶辅助锅炉系统的作用、结构、分类；
2. 学会识读船舶辅助锅炉的电气系统图、原理图、接线图及规范；
3. 会分析船舶辅助锅炉系统的控制线路；
4. 会船舶辅助锅炉系统的调试及故障排查。

情感目标

1. 具备良好的职业道德；
2. 具备团队合作精神；
3. 具备良好的环保意识；
4. 具备高度责任感。

任务一　船舶辅助锅炉系统认识

一、船用锅炉的作用

锅炉是通过燃烧把燃料的化学能转化为热能，并将热能传给工质水，从而产生具有一定温度和压力的饱和蒸汽或过热蒸汽的特殊设备。在汽轮机船上用来产生驱动主汽轮机的高温高压过热蒸汽的锅炉称为主锅炉。在柴油机船上产生不用来驱动主机的饱和蒸汽的锅炉称为辅锅炉，一般是低压锅炉（工作压力≤2.5MPa）。辅助锅炉主要用途是加热燃油、滑油或满足日常生活的需要（炊用、加热水 及冬季空调加热加湿等）；在油船上蒸汽还用于加热货油或清洗货油舱，有的还驱动汽轮货油泵或汽轮发电机等辅机。

柴油机干货船通常设一台辅锅炉，工作压力约0.7MPa，蒸发量一般设计在1～4t/h之间；吨位稍大的油船因耗汽量大，常设两台工作压力1.6MPa左右的辅锅炉，蒸发量多在18～35t/h之间；大型柴油机客轮一般至少设两台工作压力0.7MPa左右的辅锅炉，即使一台损坏也不至于严重影响船员和旅客的日常生活。

二、船用锅炉的分类

船用锅炉的种类有多种，按热源不同分类有以下四种：

1. 燃油锅炉

燃油锅炉是指以燃油(一般为轻油和重油)为燃料的船用锅炉。

2. 废气锅炉

废气锅炉主机排烟温度一般都在 300 ~ 400℃之间,为了利用这些余热,在柴油机烟囱中装设废气锅炉,装设多大的废弃锅炉要根据柴油机的背压(排气管里的压力)情况而确定。用柴油机排烟余热把水加热成饱和蒸汽,这样既满足了船舶对蒸汽的需要,又提高了动力装置的效率。

3. 燃油废气组合式锅炉

将燃油部分和废气锅炉组合在同一炉体结构内,就构成燃油废气组合锅炉。船舶在海上航行时,利用柴油机排烟的余热通过废气锅炉部分产生的蒸汽就能满足船舶需要,燃油部分可不使用。如果船舶靠岸,主机停止运行时,则使用组合锅炉燃油部分满足船舶需要。

4. 电热式锅炉

电热式锅炉是以电加热管组为热源,将水加热成一定压力下饱和蒸汽或饱和水的船用锅炉。

现代船舶上应用最广泛,使用最多的是燃油废气组合锅炉。

三、船舶辅锅炉的结构与附件

本书主要介绍船舶燃油锅炉、废气锅炉、燃油废气组合式锅炉的结构与附件。

1. 燃油锅炉

锅炉按受热面的特点大致可分为烟管式(亦称火管式或锅壳式)和水管式两大类。若燃油燃烧产生的高温烟气在受热面管内流动,管外是水,则称为烟管锅炉。若锅炉受热面管内流动的是水或汽、水混合物,而烟气在管外流过,则称为水管锅炉。

下面以广泛使用的丹麦欧堡公司的两种船用锅炉为例,来介绍燃油锅炉的一般结构。

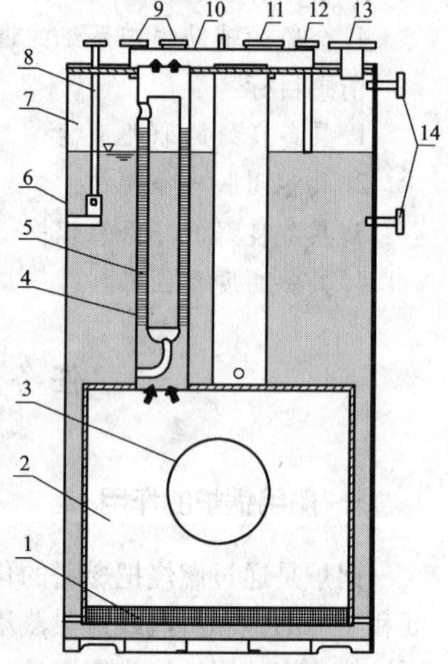

图 7-1　OS 型针形管锅炉

1-耐火层;2-炉膛;3-燃烧器孔;4-烟管;5-针形管;6-锅壳;7-蒸汽空间;8-给水管;9-安全阀接口;10-烟箱;11-主蒸汽阀接口;12-上排污接口;13-水位控制器接口;14-水位表接口

(1)OS 型针形管锅炉。图 7-1 所示的烟管锅炉结构是常见于干货船、集装箱船的 MISSON™OS 型锅炉,它是一种改进了的烟管锅炉。其蒸发量 0.75 ~6.5 t / h,工作压力 0.7MPa,设计压力 1.0MPa。这种锅炉的圆筒形锅壳 6 内大部分装水,上部是蒸汽空间 7,下部中间设有圆筒形的炉膛 2,是燃油燃烧的场所。炉膛由钢板围成,底部有耐火层 1,正前方的燃烧器孔 3 置有压力雾化式燃烧器。燃烧器喷入炉膛的油雾着火燃烧后,高温火焰的热量主要以辐射方式加热炉膛周围的水。烟气离开炉膛后,向上经烟管 4 和设在其中的针形管(pin tube)元件 5 流入烟箱 10,然后排往烟道。早期的 OB 型烟管锅炉有几十根直烟管从炉膛通烟箱,现在被少量大直径的烟管取代。这种烟管内增设了针形管,它是一根外壁焊有许多细长钢棒(增加放热系数较低的烟气侧的

传热面积)的无缝钢管,上、下端分别通汽、水空间。离开炉膛后的烟气温度明显降低,烟管及其内设的针形管主要是以对流方式向水传热。

在水侧,炉膛和换热管壁面的水被加热产生气泡,含气泡的水的密度较低,迅速升起,在蒸气空间实现汽、水分离,其余的水从下方流过来补充,形成自然水循环。蒸汽从蒸汽空间经设在接口11的主蒸汽阀送往蒸汽管道,给水从给水管8补入。

这种锅炉是在立式烟管锅炉的基础上研发的,保留有烟管锅炉的某些特点:以容积较大的锅壳存水;炉膛周围的辐射受热面是平板。但其引入的针形管具有水管特点,水自然循环良好。一个针形管元件可顶替多根烟管,使锅炉的蒸发率明显提高,尺寸显著减小。

为了减少锅炉的散热损失和降低周围环境温度,并防止工作人员烫伤,锅壳外面包有隔热材料层,最外面是一层铁皮外罩。我国《钢质海船入级规范》(2006)规定锅炉工作时外表面温度应≯60℃,不包隔热材料的锅炉是不允许工作的。

(2)OL型水管锅炉。图7-2示出了欧堡MISSION™ OL型水管锅炉的结构简图。它多用于油轮,蒸发量12~55 t/h,工作压力1.6 MPa,设计压力1.8 MPa。这是立式的双锅筒锅炉,其主要结构如下。

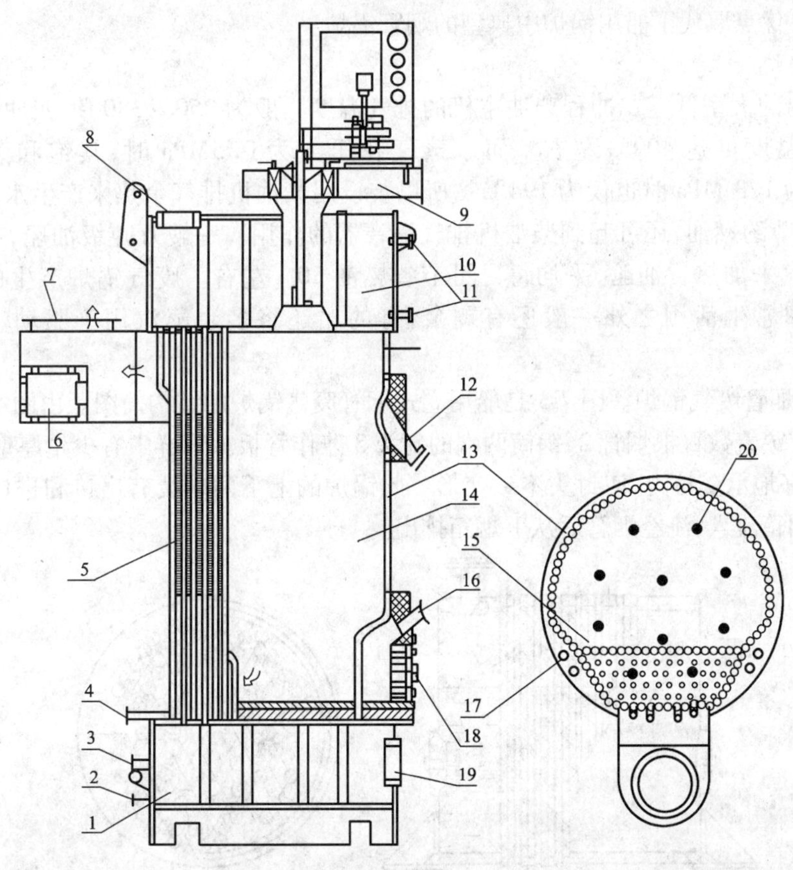

图7-2　水管锅炉

1-水筒;2-下排污接管;3-去废气炉接管;4-炉膛泄放管;5-蒸发管束;6、18-检查门;7-烟箱;8、19-人孔;9-燃烧器;10-汽包;11-水位表接口;12、16-观察孔;13-膜式水冷壁;14-炉膛;15-疏排水冷壁;17-下降管;20-牵条杆

上、下锅筒10、1都呈圆筒形结构，分别称为汽包和水筒，内部有若干直立的实心牵条杆连接上、下端板，各设有人孔门8、19，可供进入内部检查。汽包和水筒之间有许多水管相连接，其中围绕炉膛14的管排称为水冷壁，它包括膜式水冷壁13（管排间焊有窄钢条）和靠炉膛出口侧、下部相间隔地前后交错排列的疏排水冷壁15。疏排水冷壁后面的蒸发管束（亦称沸水管）5是叉排的针形管。汽包和水筒之间还通有直径较粗、受热很少的水管17，其中的水比水冷壁和沸水管中的汽水混合物的密度大，成为水自然循环的下降管。

这种锅炉采用蒸汽雾化式燃烧器9，装在顶部。在炉膛中燃烧产生的高温烟气，从疏排水冷壁15下部前后错开的空隙离开炉膛，扫过蒸发管束5，从烟箱7排往烟囱。通过上、下观察孔12、16可以观察炉膛的火焰，判断燃烧状况。通过上部检查门6可以检查沸水管外壁积灰情况，也可由此用水管冲洗积灰。通过下部检查门18可以检查炉膛和管束。

水冷壁是水管锅炉的辐射受热面，同时还保护炉墙不致过热烧坏。沸水管是水管锅炉的对流换热面，其所占受热面积的比例较大，但平均蒸发率较低。

水管锅炉以其蒸发率较高、更能适用高汽压、蓄水量少、水循环好、结构刚性较小、点火升汽时间较短等优点取代了船用锅炉中典型的烟管锅炉。

2. 废气锅炉

柴油机船的大型低速二冲程柴油主机的排气温度一般为250～380℃，四冲程中速柴油主机的排气温度可达400℃左右。而水蒸气在压力为0.5MPa时，其饱和蒸汽温度为165℃；压力为1.3 MPa时也仅为194℃。所以装设用柴油机排气余热来产生水蒸气的废气锅炉，不仅能节约燃油，还可起到柴油机排气消音器的作用。一艘万吨级油船，利用废气锅炉产生的蒸汽来加热货油舱，平均每月可节省燃油50 t左右。废气锅炉产生的蒸汽量在满足加热和日常生活用之外一般还有剩余，有的船还将多余蒸汽用于驱动一台汽轮发电机。

（1）立式烟管废气锅炉。图7-3是船用立式烟管废气锅炉的结构简图。由图可见，在圆筒形锅壳1中贯穿着数百根烟管2，锅筒两端的封头3兼作管板。管群中有少量厚壁管（称为牵条管）4能更好地承受拉力，使封头不致变形。此锅炉的上下两端装有出口和进口烟箱，柴油机排气从下烟箱流入，流经烟管后从上烟箱排出。

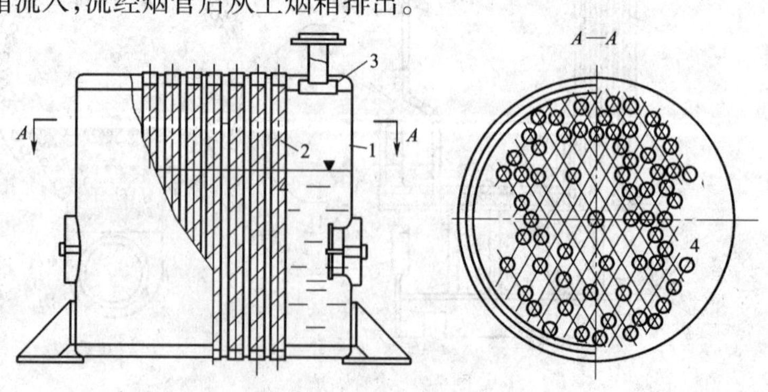

图7-3 立式烟管废气锅炉

1-锅壳；2-烟管；3-封头；4-牵条管

(2)强制循环水管废气锅炉。如图 7-4 所示是 AV - 6N 型强制循环水管废气锅炉的结构示意图。整台锅炉由多组垂直并列放置的盘管 8 组成,每根盘管的进、出口分别与水平的进口联箱 3 和出口联箱 4 相连。柴油机排气在盘管外侧流过,水由专门的循环水泵从燃油锅炉水空间吸入,压送到进口联箱 3,再进入各盘管被加热,然后由出口联箱汇集后送回燃油锅炉进行汽水分离。强制循环水管锅炉蒸发率大,体积紧凑,但其循环水泵所需扬程较高。

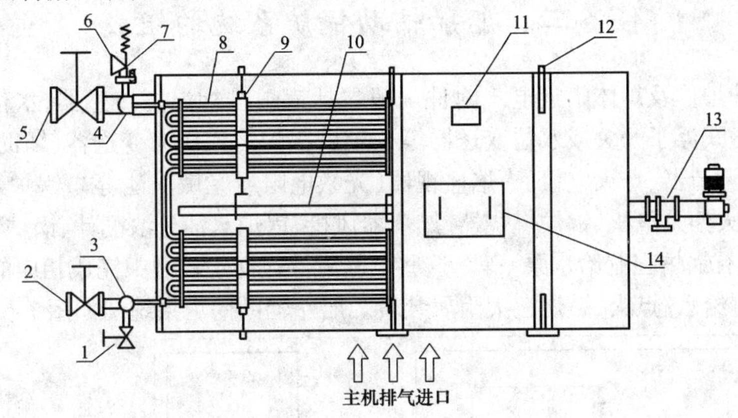

图 7-4　AV - 6N 型强制循环水管废气锅炉

1-泄放阀;2-进口阀;3-进口联箱;4-出口联箱;5-出口阀;6-安全阀;7-空气阀;8-盘管;9-支架;10-吹灰喷嘴;11-铭牌;12-吊环;13 -吹灰器;14-检查门

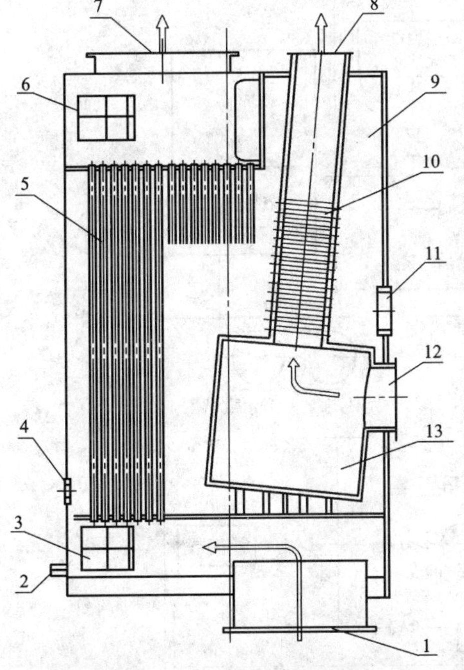

图 7-5　AQ -16 型组合式锅炉

1-柴油机排气进口;2-冲洗水泄口;3、6-清洁门;4-手孔;5-烟管;7-柴油机排气出口;8-燃油烟气出口;9-汽、水空间;10-沸水管;11-人孔;12-燃烧器口;13-炉膛

3. 组合锅炉

组合式锅炉是将燃油锅炉与废气锅炉合为一体,只能安放在机舱顶部,因此要求有可靠的远距离水位指示和完善的自动调节设备。图 7-5 是 AQ -16 组合式锅炉的结构简图。汽、水空间 9 是共用的,废气锅炉换热面采用直烟管束 5,燃油锅炉以沸水管束 10 作为对流换热面,转杯式燃烧器口 12 设有转杯式燃烧器。所需蒸汽停航时靠烧油产生;航行时则靠柴油机排气加热产生,若产汽量不能满足需要,汽压降至整定值时燃油自动点火帮助供热。

四、船用锅炉主要参数

1. 额定蒸发量 D(额定热功率 Q)

额定蒸发量 D(一般指蒸汽锅炉)或额定热功率 Q(一般指热水锅炉)是指锅炉在额定工况下,1h 连续工作所产生的蒸汽量(或热功率)。蒸发量 D 的单位为 t/h,热功率 Q 的单位为 kW,两者关系为 1t/h 相当于 0.7MW。通常额定蒸发量 D 在 10t/h 以下的为小型锅炉,50t/h 左右的为中型锅炉,100t/h 左右的为大型锅炉。

2. 设计压力 P 与工作压力 P_{gz}

设计压力是锅炉及压力容器最大的工作压力，它是锅炉及压力容器强度计算的依据。设计压力应不小于任一安全阀的最高设定压力；工作压力为锅炉及压力容器正常运行时的压力。一般设计压力为工作压力的1.1倍。

任务二　船舶辅助锅炉系统的组成

安装在锅炉炉体及炉体附近电气附件一般包括锅炉排烟温度传感器、水位调节器（水位电极或水位电磁式浮子开关或水位变送器等）、辅助锅炉蒸汽压力变送器、辅助锅炉蒸汽压力开关、风油比例调节器、点火电极、火焰监视器（光敏电阻或光敏电池等）、锅炉水位灯、燃油低压压力开关、点火油泵电机、锅炉燃烧器、燃烧器风机、锅炉水油分浓度计、锅炉燃油泵、锅炉水输送泵（有的还有锅炉强制给水泵）等。这些电气附件在锅炉控制中完成相应的控制功能。

辅助锅炉有给水、点火、燃烧三大附属装置。船舶辅助锅炉系统图如图7-6所示。

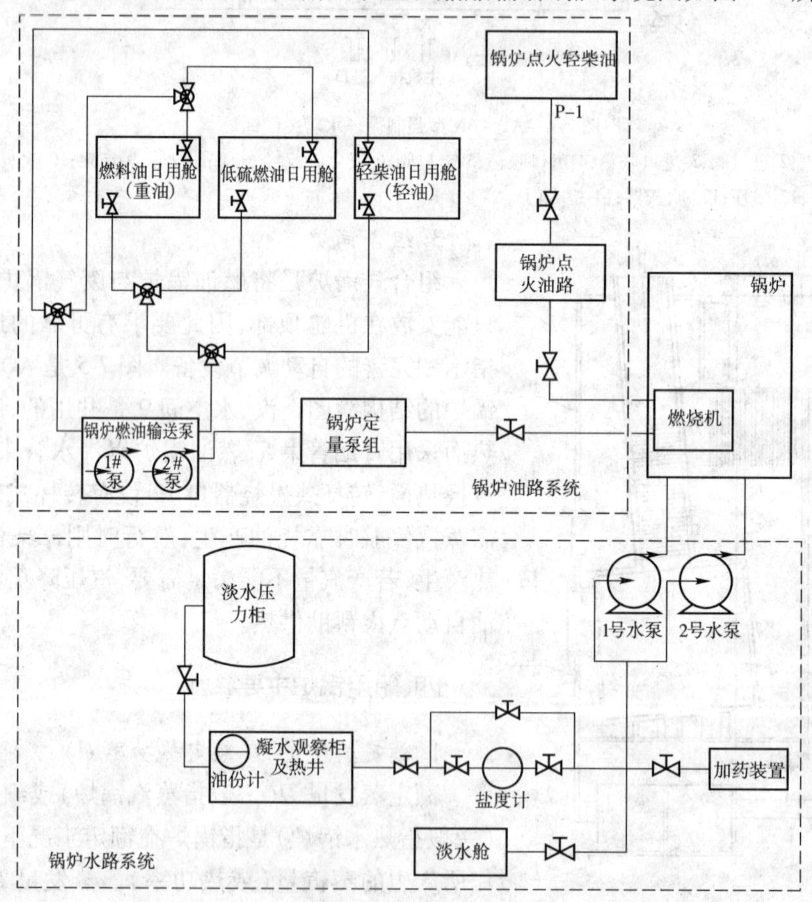

图7-6　船舶辅助锅炉系统图

一、给水装置——向锅炉供给足够的干净炉水

主要装置有清水柜、电动给水泵、给水安全阀、止回阀、截止阀、压力表（水位表）等。

(1)清水柜:用来存储经过过滤的清洁炉水。

(2)电动给水泵:通常每台锅炉设有两路给水管系,两台电动给水泵,一台为备用。通过自动控制及时的向炉内给水或停水。

(3)给水安全阀:保护给水管系及防止水泵机组过载之用。

(4)止回阀:防止水泵不工作而导致炉水发生倒流现象。

(5)截止阀:用来连同或截止给水管路。截止阀有两种状态,全开,全闭。不应处于中间状态,否则阀盘因受水流冲蚀而破坏其水密性。起动水泵前应先打开截止阀。

(6)水位表:水位表是指示锅炉水位高低的仪表。辅助锅炉有最高工作水位,最低工作水位和危险水位(低低水位)。锅炉运行时,容许锅炉在最高工作水位和最低工作水位之间波动。锅炉水位低于最低工作水位成为失水。高于最高工作水位称为满水。满水,则容器空间小,蒸汽湿度大,易发生汽水共腾,导致大量炉水跑进蒸汽管系和蒸汽动力设备,造成机件因液击而发生损坏。失水,则导致受热面过热而导致烧塌破裂。因此每一台锅炉至少安装一个准确可靠的水位表,并在水位表旁边安装两个到三个试水阀。当水位表损害而锅炉又不可能立即停止使用时,可开启试水阀,根据从其中放出来的是蒸汽或是水来判断炉内水位的高低,以确保锅炉安全运行。

二、燃烧装置——辅助锅炉靠炉膛中燃油燃烧来产生热量

目前燃油锅炉燃烧常用方法是通过喷油嘴使油成雾状喷入炉膛,通过调风器提供高速旋转的空气,使油气在风口处良好的混合,以达到完全燃烧的目的。主要装置有锅炉燃烧器及风机、调风器、点火器。

(1)锅炉燃烧器及风机:锅炉转杯式燃烧器包括全部燃烧系统和部分控制线路部分,它是一套小型的燃烧装置。在燃烧器得到起动信号后,风机开始工作(有的燃烧器同时带动风机和点火油泵同时工作)进行预扫气,此时由于喷油电磁阀没有打开,虽然油泵已经工作,但没有燃油流入燃烧室,一般在喷油嘴之前与油管路之间循环。同时自行调节风门打开一定开度,燃烧室预扫气时间在 20~40 秒之间,即将结束时点火变压器工作,点火电极发出火花,扫气结束,电磁阀打开,喷油嘴处燃油被雾化并由电火花点燃。

(2)调风器:控制一次和二次风量,使助燃空气与油雾充分混合,使油雾迅速汽化受热分解,以利于稳定和充分燃烧。

同时,二次送风要有足够的风速,使燃烧后期有良好的混合作用。调风器根据二次送风是否旋转分为旋流式、平流式。

(3)点火器:是一个火花发生器,通用连根耐热的镍、铬合金制成的电极组成。

三、热井

船舶辅助锅炉系统,为保障锅炉节能/节水以及锅炉给水、给水温度和多余蒸汽的排放等,通常都配有热井单元,简称热井。热井模块由热井(含凝水观察柜)和大气冷凝器组成。

热井的功能是将蒸汽冷凝水冷却到≤60℃,以供燃油锅炉给水以及必要时加药或配合自动水处理调整 PH 值。

锅炉凝水系统主要用于回收各处的蒸汽凝水,并防止混入水中的油污进入锅炉。各处用

于加热油、水和空气的蒸汽，在加热管中放出热量后凝结为水，并经各加热设备回水管上的阻汽器流回热水井。加热油的蒸汽产生的凝水，有时有可能由于加热管的泄漏，从而将油分带进锅炉中。锅炉中的水含油分对锅炉的工作是很不利的。因为导热性比较差的油会粘附在锅炉受热面上或包含在水垢中，阻碍锅炉水对受热面的有效冷却，导致锅炉受热面的工作温度提高。如果受热面管子的壁长期在500℃以上，管子就会爆裂。随着轮机自动化程度的提高，为了尽量减少油分含量高的水进入锅炉中，越来越多的船舶辅助锅炉开始使用锅炉凝水油分浓度检测报警装置。油分浓度报警装置的作用是检测锅炉凝水中的油分含量不超出锅炉水样要求的含量一般不大于15PPM（PPM是英文 Parts Per Million 的缩写，译意是每百万分中的一部分，即表示百万分之几，或称百万分率），超出这个范围就会自动发出报警信号甚至自动停炉。此时则需将热井中的水排入舱底，待查明原因并予以消除。油分浓度报警装置对于锅炉安全保护是非常必要的组成部分，一般分为报警油分传感器、油分浓度分析检测装置、声光报警三部分。

四、加药装置

船舶辅助锅炉系统中加药装置主要包括：锅炉加药泵、加药泵管系、药桶，有的还具有水质分析功能。船舶辅助锅炉系统中的加药装置的功能是将炉水中的钙、镁盐类形成泥渣，在通过排污的方法把它们排除，防止结垢，另一方面，使炉水保持足够的碱性，防止发生锈蚀。需要时起动加药泵就可完成。

五、排污阀

每台锅炉上下各有一个排污阀。安装在锅炉融水空间的最高位和最低位。开启下排污阀，排除锅炉水中的沉淀和泥渣。开启上排污阀，排除锅炉水中的悬浮污物。为使炉水清洁，每天排污一次。排污条件：炉水加足，炉火熄灭，炉内有汽压。排污时要密切关注炉内水位变化。

任务三　船舶辅助锅炉检测与控制基本理论知识

一、用于检测辅助锅炉电气设备

辅助锅炉利用传感器作为检测设备。传感器能够使控制量（温度、湿度、水位、压力等）转换为电压和电流信号，为辅助锅炉自动化控制系统提供参数。

1. 压力传感器

我们通常使用的压力传感器主要是利用压电效应制造而成，这样的传感器也称为压电传感器。压力传感器的工作原理：被测介质的压力直接作用于传感器膜片上（不锈钢或陶瓷），使膜片产生于介质压力成正比的微位移，使传感器的电阻值发生变化，这样用电子线路检测这一变化，并转换输出一个对应于这一压力的标准测量信号。

常用压力传感器的种类：应变片压力传感器，陶瓷压力传感器，扩散硅压力传感器，蓝宝石压力传感器，压电压力传感器。

2. 温度传感器

温度传感器中，热电偶与热电阻是测量和控制温度中最常用的两种。

(1)热电偶。热电偶是将温度转换为电势（热电势）的一种感温元件，一般配置一块二次仪表，通过测量热电势从而测量温度。热电偶结构简单，性能相对稳定，使用方便，检测温度范围广、精度高。在温度环境较高场所，如锅炉炉体与排烟温度测量、炼钢炉温度测量。缺点是在低温段热电势线性度差，在0℃以下测量就更加困难。

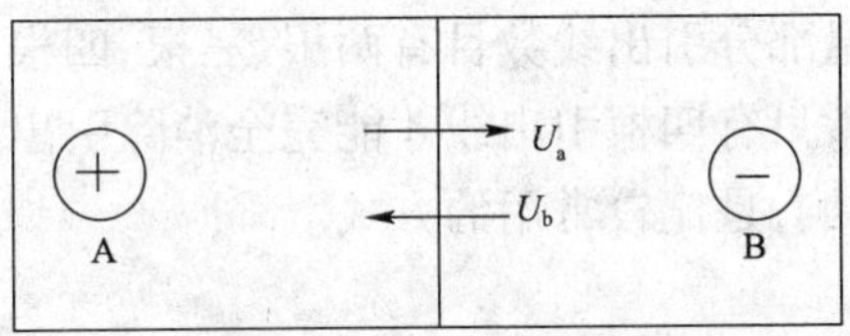

图7-7　两种金属接触时接触电位差形成示意图

热电偶的工作原理如图7-7所示，A、B两种不同的金属接触时，两种金属的电子逸出功和自由电子密度不同，金属中作不规则热运动的自由电子，从一个方向越过接触面的数目比从另一个方向过来的多，这样就使接触面不同的金属分别带正电和负电，并产生一个电位差，这个电位差就是接触电位差。如图7-7假设两金属逸出电位分别为U_a和U_b，且U_a大于U_b；自由电子密度分别为N_a和N_b，那么接触电位差的数值即可表达为

$$U_{ab} = U_a - U_b + \frac{KT}{e}\ln\frac{N_a}{N_b}$$

式中：K——玻耳兹曼常数；

e——电子电荷的绝对值；

T——接触面的绝对温度。

通过测定温差电势便可决定测定的温度。如果将这两种金属导线的任一端焊接在一起，就构成一只热电偶。两根导线就是所谓的热电极，一端是工作端，另外一端就是自由端。在温度测定时，将工作端置于测量介质中，自由端接入测量仪表。热电偶所产生的热电动势只与工作端温度存在一定关系，与工作端的长度、截面和直径无关。热电偶的结构如图7-8所示。

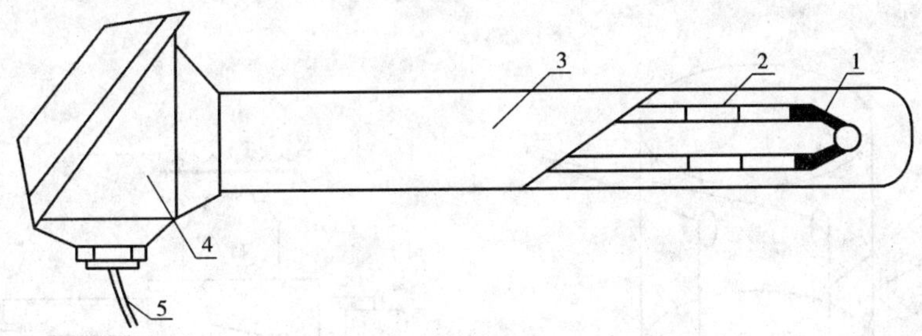

图7-8　热电偶的结构

1-热电极；2-绝缘管；3-保护管；4-接线盒；5-补偿导线

(2)铂电阻。铂电阻是利用物质在温度变化时其电阻值变化的性质而制成的一种测温传感器，通过测量电阻的有规律的增减从而测量温度的变化。现在经常采用在铂电阻回路中加一稳定直流电源，通过测量回路中电流的变化或电压分量的变化测量温度。铂电阻优点是结构简单，性能相对稳定，使用方便，测量精确。其测量范围仅仅限于低温段，一般不超过650℃。然而在0℃以下的范围内，它的测量温度下限可达到-200℃，而且线性度好。所有在600℃以下温度测量中广泛应用。

铂电阻制作过程中是按照标准化生产的，其制造材料的纯度及其在0℃时的电阻值R_0统一规定。常用的铂电阻有PT100、PT1000。PT100即表示在0℃时它的电阻100Ω，它的阻值会随着温度上升，它的阻值是成匀速增长的。

铂电阻基本结构可以分为感温部分、绝缘部分、接线盒等3部分组成，常见外形和热电偶没有什么区别。只是感温部分是由铂电阻丝绕制在绝缘材料（如陶瓷、玻璃、云母等）制成的支架上。电阻丝的引出线一端与电阻丝焊牢，另一端则接在接线盒的接线柱上一起装在套管中，套管内材料常用石英砂，外部为不锈钢和黄铜。从感温部分引出线数目有两根、三根、四根的区别。只用两根引线时，感温元件电阻包括引出线电阻，只有四根引出线才能完全消除引出线电阻的影响；通常在一定条件下三根引出线即能免除影响，是比较常用的方式。

3. 火焰感受器

火焰感受器是辅助锅炉用来监视炉内有无火焰。当锅炉喷油点火后，点火没有成功，或在持续燃烧中突然熄火时，为避免继续向锅炉喷油引起事故，要求立即关闭燃油电磁阀停止供油，发出报警。因此自动化锅炉都装有火焰感受器，火焰检测器的主要组成元件是光敏元件。辅助锅炉上常用的有光敏电阻、紫外线灯泡（属于光电管一类）和光电池。下面介绍一下常用的光电管与光电池的工作原理。

(1)紫外线灯泡。近来辅助锅炉开始广泛采用紫外线灯泡作为火焰感受器的光敏元件，它的结构原理如图7-9所示，管泡用能透过紫外线的石英玻璃制成，泡内充惰性气体，两个电极对称布置。当阴极接受到足够数量的紫外线时，就有光电子发射出来。在外电场的作用下，光电子加速运动，使惰性气体电离，管子导通。如果无光照时，紫外线管截止。紫外线管的优点是不受高温炉墙辐射的影响，它的特性较光敏电阻好。可接在直流和交流的控制电路中。

(2)光电池。光电池实际上也是一种半导体材料，它是利用有光照射后在两极之间产生电压的原理工作的。如图7-10所示，为光电池控制电路。在图中RAR型硒光电池为光敏元件。当它接受光照时，在正负两极之间产生电压，输入到磁放大器MV，被放大到足以推动继电器动作。

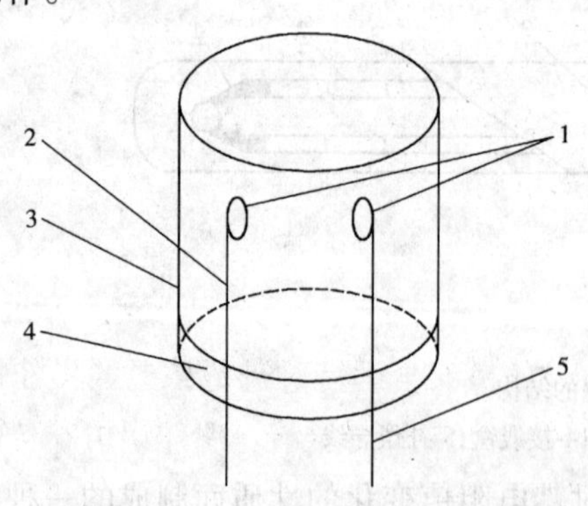

图7-9 紫外线灯泡

1-电极；2-引线；3-玻璃管泡；4-管座；5-管脚

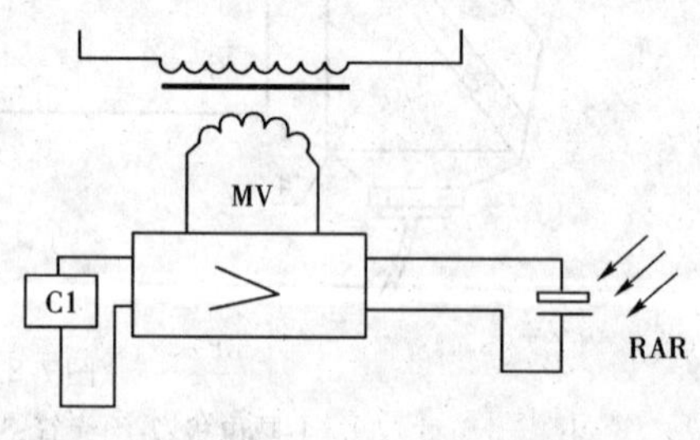

图7-10 光电池控制原理

C1-继电器；MV-磁放大器；RAR-硒电池

二、船舶辅助锅炉自动控制系统

船舶辅助锅炉是船舶自动控制中最早实现自动控制的设备之一，正常运行时，除锅炉起动

和停止需要有轮机拨动开关操作外，其余时间锅炉运行均为自动，只要按下起动键，锅炉就按照一定程序自动点火，运转。其自动控制通常包括：点火时序控制，水位自动控制，蒸汽压力自动控制和安全保护。

1. 点火时序控制

点火时序控制是指给锅炉一个起动信号后，按时序的先后顺序进行与预扫风、预点火、喷油点火以及点火后锅炉进行预热，接着转入正常燃烧的负荷控制阶段（即蒸汽压力控制）。同时对锅炉进行一系列的安全保护，通常的点火时序包括：起动前准备，预扫风，点火，预热和正常燃烧。

预扫风的目的是防止点火时发生“冷爆”。预扫风把炉膛、烟道等处可能积存的不完全燃烧的煤粉、可燃气体排出去，防止点火时发生爆燃。

2. 水位自动控制系统

水位自动控制系统的目的是保证锅炉在正常水位下工作，控制给水泵的启、停和给水阀的开度，从而控制给水量，使锅炉的给水量与蒸发量相当，以适应锅炉负荷的变化。在蒸发量较小，蒸汽压力较低的锅炉中，大多数采取双水位控制，即当锅炉水位达到水位下限时，自动起动给水泵，向锅炉供水。当水位达到上限时，自动停止给水泵的工作，因此这种锅炉工作水位不会稳定在固定值，而是在一定范围内波动。在大型油轮中，锅炉的蒸发量一般很大，蒸汽量较高，他要求水位稳定在某一定值上，所以控制给水一般通过改变调节阀的开度来实现，即根据水位偏差信号来控制给水调节阀的开度，从而使给水量适应蒸发量。

3. 蒸汽压力自动控制系统

蒸汽压力自动控制系统，被控量是锅炉的蒸汽压力，在单冲量控制系统中，控制器根据汽压的高低自动改变进入炉膛的燃油量和送风量，维持锅炉汽压恒定或在允许的范围内波动，并维持一定的风油比，以保证获得较高的经济效益。对于货轮锅炉，蒸汽压力控制系统要求比较简单、可靠而且对锅炉的经济性要求不是很严格，因此大多数采取双位控制。在油轮辅助锅炉中，要求汽压稳定，同时对锅炉的经济性要求比较高，这就要求控制系统在不同负荷下保证一个最佳的风油比，所以常采用比例积分控制。油轮的蒸汽压力自动控制系统通常由两个回路组成，其中一个回路根据汽压的偏差信号经比例积分的蒸汽压力调节来控制燃油调节阀的开度，即改变向炉膛的喷油量；另一回路是根据燃油量的多少来改变送风量，已达到最佳风油比，从而获得较高的经济效益。

4. 安全保护控制系统

主要是在锅炉的某个工作过程中处于异常状态，危机安全运行时进行必要的操作使锅炉停止运转，同时将信号反馈到机舱监测报警信号中，发出光电信号报警。船舶锅炉安全保护报警有锅炉燃油供油泵出口压力低，锅炉燃烧器废气温度高等。

任务四　船舶辅助锅炉电力拖动控制系统实例

以格林沙洲的燃油废气组合锅炉（ZYC1.2/197-0.7）为例来分析锅炉系统的电力拖动控制。

一、ZYC1.2/197-0.7 锅炉参数

锅炉设计参数如表 7-1 所示。

ZYC1.2/197-0.7 锅炉参数值　　表 7-1

参　数	值	参　数	值
工作压力	0.7MPa	锅炉外径	2500mm
设计压力	0.78MPa	锅炉高度	5352mm
给水温度	60℃	锅炉干重	18100kg
燃油部分蒸发量	1200kg/h	锅炉湿重	25020kg
废气部分蒸发量	1000kg/h		

二、燃烧程序点火回路 PLC 自动控制

船用辅助锅炉燃烧时序程序控制是指给锅炉一个起动信号后，能按时序的先后自动进行预扫风、预点火、喷油点火，点火成功后对锅炉进行预热，接着转入正常燃烧的负荷控制阶段。图 7-11 为辅助锅炉燃烧时序控制框图。

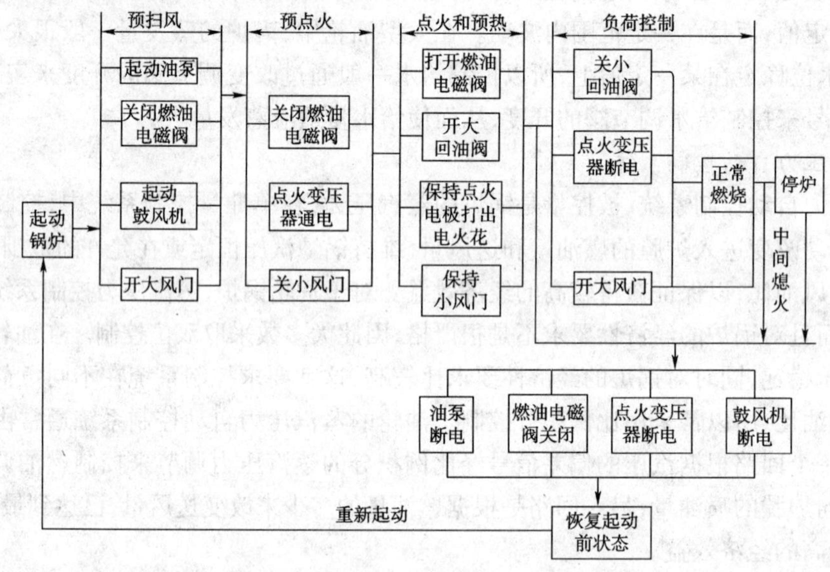

图 7-11　辅助锅炉燃烧时序控制框图

锅炉在整个自动控制过程中，从点火到锅炉燃烧这个过程，原来一直采用继电器和延时继电器组成的电路进行过程控制，但相对体积庞大，故障点多。随着电子工业的发展，当程序比较复杂时，越来越多的大中型船舶使用的是集成化的时序控制继电器，即由一个同步电机通过减速器和电磁离合器带动一串凸轮，来控制一系列触点，当程序开始时电机开始转动凸轮。按规定程序断开或闭合这些触点，来完成一系列动作。当一串程序结束，因点火失败而中断程序时电磁离合器失电脱开，弹簧使凸轮轴转回到原始位置，触点全部复位（有的也可以按复位按钮复位），以备下一次重复这一程序。有的整个锅炉控制系统全部采用 PLC 可编程控制器来进行过程控制，程序控制就不作为一个单独的单元了。燃烧器时序程序控制器的工作是否可

靠直接关系到锅炉在自动控制情况下的工作是否可靠。本任务介绍由 PLC 控制对燃油废气组合锅炉实现自动点火燃烧的控制原理，以便理解锅炉点火燃烧的自动控制过程。

表 7-2 为燃烧器控制开关(BURNER CONTROL SWITCH)SA1 的触点闭合表，SA1 有 8 个状态位。有 8 个触点，在不同的位置闭合，实现锅炉的自动点火控制。控制电路中部分继电器的作用如表 7-3 所示。

燃烧器控制开关 SA1 的触点闭合表　　表 7-2

触点 \ 状态	0 自动	1 断开	2 复位	3 预扫气	4 点火	5 建主火	6 正常燃烧	7 后扫气	
1-2			通						0:AUTO 1:OFF 2:RESET 3:PRE-PURGE 4:PILOT FLAME 5:PILOT MAIN FLAME 6:NORMAL BURN 7:PCST-PURGE
3-4						通	通		
5-6					通	通			
7-8							通		
9-10				通	通	通	通		
11-12								通	
13-14	通								
15-16		通							

主要继电器的作用　　表 7-3

继电器符号	名　称	得 电 条 件	断 电 条 件
KA2	蒸汽排放压力继电器	压力正常	压力高
KA5	燃烧机铰链继电器	铰链未合(可点火，燃烧)	铰链合上(无法点火燃烧)
KA25	过低水位报警继电器	水位过低报警	水位正常
KM1.3	风机起动控制继电器	风机起动	风机断开
KM5	燃烧机起动控制继电器	燃烧机起动	燃烧机断开
KA21	主火火焰检测继电器	有主火焰	无主火焰
KA20	点火火焰检测继电器	有点火火焰	无点火火焰
KA17	主火焰失败继电器	主火焰失败	主火焰正常燃烧

图 7-12 为燃烧程序点火回路 PLC 控制电路，首先介绍燃烧程序点火回路手动控制过程，以便进一步理解 PLC 控制的自动点火线路。在锅炉调试阶段，燃烧程序点火回路的手动和自动控制都要试验。

1. 工作过程

(1)将燃烧器控制开关 SA1 扳到“1”位：触点 15-16 闭合，继电器 KA7 得电，则进入手动控制模式。KA7 的两个常闭触点断开，切断点火、燃烧及火焰失败报警电路，保证手动点火程序的正常进行。

(2)准备工作中，将燃烧器控制开关 SA1 扳到复位“2”位：触点 1-2 闭合，同时，当锅炉蒸汽压力为正常值，常开触点 KA2 闭合；燃烧机铰链未合，常开触点 KA5 闭合；锅炉水位正常，常闭触点 KA25 处于闭合位置；手动点火模式继电器 KA7 不得电，KA7 常闭触点处于闭合位置，则复位继电器 KA15 线圈得电，有两个触点动作：一个是 KA15 常闭触点断开，切断点火变

压器控制电路，即燃烧器必须在开始位置时才能进行点火控制，否则不能；另一个是 KA15 常开触点闭合，使手动复位继电器 KA10 得电。KA10 有三个常开触点闭合，一个实现自锁，另一个为手动风机起动做准备，还有一个为正常燃烧做准备。

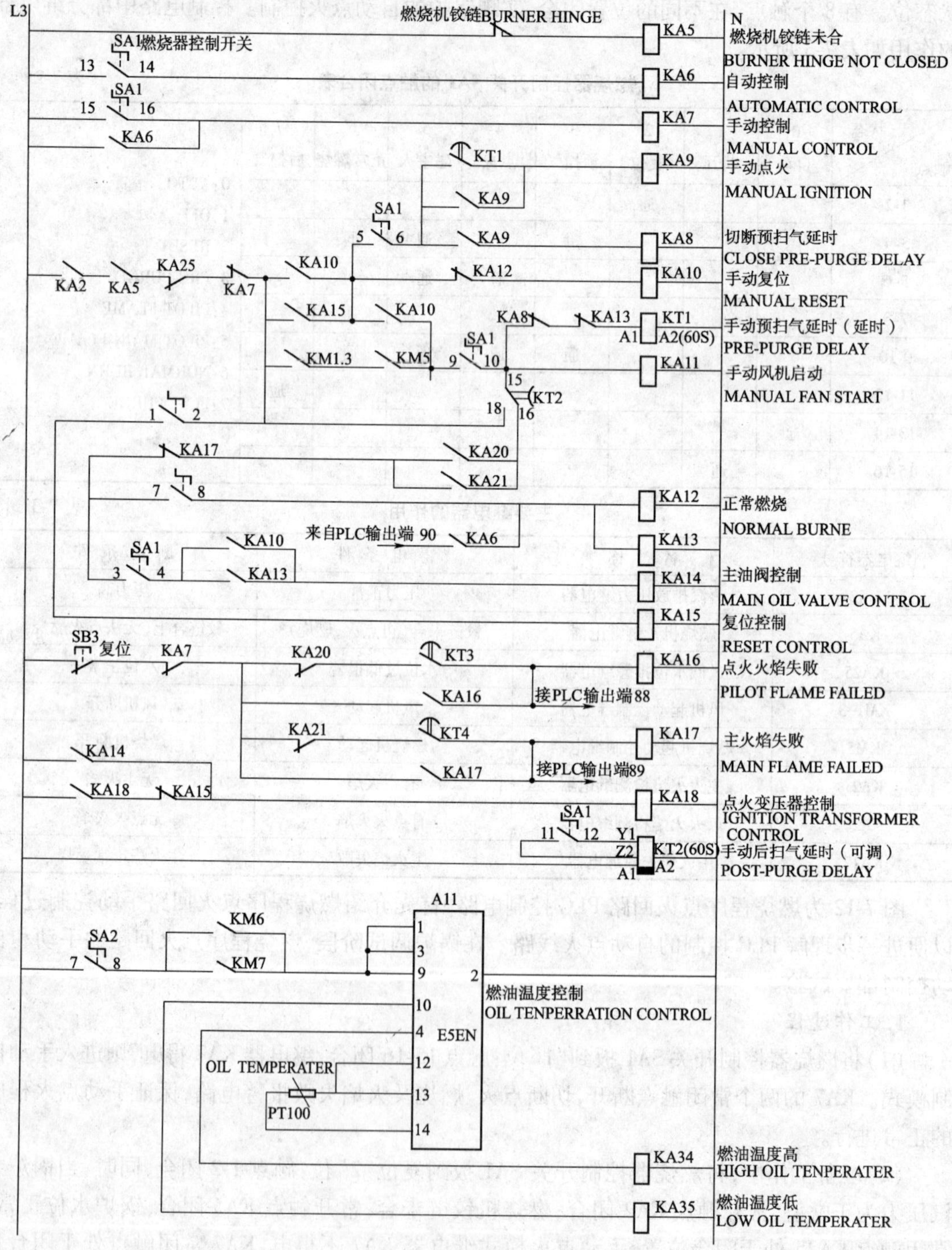

L3
燃烧机铰链BURNER HINGE
N
KA5 燃烧机铰链未合 BURNER HINGE NOT CLOSED
SA1燃烧器控制开关 13 14
KA6 自动控制 AUTOMATIC CONTROL
SA1 15 16
KA6
KA7 手动控制 MANUAL CONTROL
KT1
KA9
KA9 手动点火 MANUAL IGNITION
SA1 5 6
KA9
KA8 切断预扫气延时 CLOSE PRE-PURGE DELAY
KA2 KA5 KA25 KA7 KA10 KA12
KA10 手动复位 MANUAL RESET
KA15 KA10
KA8 KA13
KT1 A1 A2(60S) 手动预扫气延时（延时） PRE-PURGE DELAY
KM1.3 KM5 SA1 9 10
KA11 手动风机启动 MANUAL FAN START
15 KT2 18 16
1 2
KA17 KA20
KA21
7 8
KA12 正常燃烧 NORMAL BURNE
SA1 KA10 来自PLC输出端 90 KA6
KA13
3 4 KA13
KA14 主油阀控制 MAIN OIL VALVE CONTROL
KA15 复位控制 RESET CONTROL
SB3 复位 KA7 KA20 KT3
KA16 点火火焰失败 PILOT FLAME FAILED
KA16 接PLC输出端88
KA21 KT4
KA17 主火焰失败 MAIN FLAME FAILED
KA14
KA17 接PLC输出端89
KA18 KA15
KA18 点火变压器控制 IGNITION TRANSFORMER CONTROL
SA1 11 12 Y1 Z2 A1 A2
KT2(60S)手动后扫气延时（可调） POST-PURGE DELAY
A11
SA2 7 8 KM6 KM7
1 3 9 2 10 4 12 13 14
E5EN
燃油温度控制 OIL TENPERRATION CONTROL
OIL TEMPERATER PT100
KA34 燃油温度高 HIGH OIL TENPERATER
KA35 燃油温度低 LOW OIL TEMPERATER

图 7-12　燃烧程序点火回路控制电路

(3)将燃烧器控制开关 SA1 扳到前(预)扫气"3"位,触点 9-10 闭合。同样:当锅炉蒸汽压力为正常值,常开触点 KA2 闭合;燃烧机铰链未合,常开触点 KA5 闭合;锅炉水位正常,常闭触点 KA25 处于闭合位置;手动点火模式继电器 KA7 不得电,KA7 常闭触点处于闭合位置;并且此时继电器 KA10 自锁得电,则风机起动继电器 KA11(预扫气专用)得电,手动预扫气延时继电器 KT1 得电。

KA11 的常开触点闭合,此信号送至风机和燃烧机及点火油泵起动控制电路,有三个电路接通:一是实现风机的Y-△降压起动并运行,预扫气开始;另外起动燃烧机电动机,带动燃烧器旋转杯转动,为燃油的雾化做准备;还有点火油泵起动,为点火供油做准备。三个电路的主电路如图 7-17 所示。

KT1 的常开触点延时闭合,为点火做准备,即 KT1 的延时时间为预扫气时间。

至此,风机起动接触器 KM1.3 的常开触点闭合,燃烧机起动接触器 KM5 的常开触点闭合,在锅炉燃烧时,为手动风机继电器 KA11(预扫气专用)保持得电提供通路。

(4)燃烧器控制开关 SA1 扳到点火"4"位,触点 5-6 和触点 9-10 闭合。当时间继电器 KT1 的常开触点延时闭合后,手动点火继电器 KA9 得电,有四个触点动作:

一个 KA9 的常开触点闭合,实现自锁保护;另外一个 KA9 常开触点闭合,使切断预扫气继电器 KA8 得电,KA8 的常闭触点断开,使 KT1 失电。预扫气结束,点火程序开始。其余两个常开触点闭合,使点火变压器得电,点火电极打出电火花进行点火,同时使点火油阀开启喷油(一般为轻油),开始点火程序。

(5)燃烧器控制开关 SA1 扳到建主火"5"位,触点 3-4、5-6、9-10 闭合。触点 9-10 闭合使风机继续得电;触点 5-6 闭合使点火继电器 KA9 继续得电;触点 3-4 闭合,同时手动后扫气时间继电器 KT2 的触点(15-16)接通,若点火火焰建立,点火火焰检测继电器 KA20 得电,KA20 的常开触点闭合,手动复位继电器 KA10 的常开触点闭合,主油阀控制继电器 KA14 得电,主油阀喷油。同时 KA14 的常开触点闭合,点火变压器控制继电器 KA18 得电,使点火变压器工作点火,建立主火焰。

(6)燃烧器控制开关 SA1 扳到正常燃烧"6"位,触点 3-4、7-8、9-10 闭合。当主火焰正常时,主火焰检测继电器 KA21 得电,KA21 的常开触点闭合,KA17 常闭触点闭合,则正常燃烧继电器 KA12,KA13 得电,指示锅炉正常燃烧;触点 3-4 闭合使主油阀控制继电器 KA14 继续得电,主油阀喷油;触点 9-10 闭合使风机继续得电,锅炉为正常燃烧状态。

(7)燃烧器控制开关 SA1 扳到后扫气"7"位,触点 11-12 闭合。当锅炉停火后,要向炉膛内进行后扫气,以清除残留的油雾,为锅炉下次的点火燃烧做准备。后扫气时间由时间继电器 KT2 来实现。当触点 11-12 闭合时,KT2 的触点 15-18 闭合,为风机提供通路;KT2 的触点 15-16 断开,切断后面的主油阀电路,锅炉熄火;此时将燃烧器控制开关 SA1 扳到"1"位即 OFF 位,触点 11-12 断开,KT2 的线圈失电,KT2 的常开触点 15-18 延时断开,切断风机电路,后扫气结束。KT2 的延时时间即为后扫气时间。

(8)将燃烧器控制开关扳到"0"位:触点 13-14 闭合,继电器 KA6 得电,则进入自动控制模式,按 PLC 程序进行锅炉点火燃烧的自动控制,在点火过程中会自动输出各种故障报警等,部分 PLC 控制电路如图 7-16 所示。

2. 燃油温度高报警

合上燃油温度控制开关 SA2,SA2 的触点 7-8 闭合,1 号或 2 号燃油泵起动,接触器 KM6 或 KM7 的常开触点闭合,燃油温度控制器得电,燃油温度控制器根据其输入端接收的铂电阻 PT100 的温度信号,输出相对应的电压信号,当燃油温度高时,燃油温度高继电器 KA34 得电,KA34 的常开触点闭合,并将燃油温度高信号输送到 PLC 控制器输入端,PLC 控制器输出信号,使燃油温度高报警灯亮,发出燃油温度高报警;当燃油温度低时,燃油温度低继电器 KA35 得电,KA35 的常开触点闭合,并将燃油温度低信号输送到 PLC 控制器输入端,PLC 控制器输出信号,使燃油温度低报警灯亮,PLC 电路接线参照图 7-16 接法,图中没有画出。

三、燃油辅助锅炉的负荷控制——蒸汽压力控制

在正常燃烧阶段,辅锅炉是采用燃烧双位控制的方案。当蒸汽压力达到下限值时,自动转为高火燃烧,燃油阀开度增大,喷油量增加的同时,也需要开大风门;当汽压升高到上限值时,自动进行低火燃烧,燃油阀开度减小,喷油量减小的同时,也需要关小风门。这样既保证有最佳的风油比又实现了燃油辅助锅炉蒸汽压力的自动控制,也称为负荷控制。蒸汽压力的自动控制线路如图 7-13 所示。

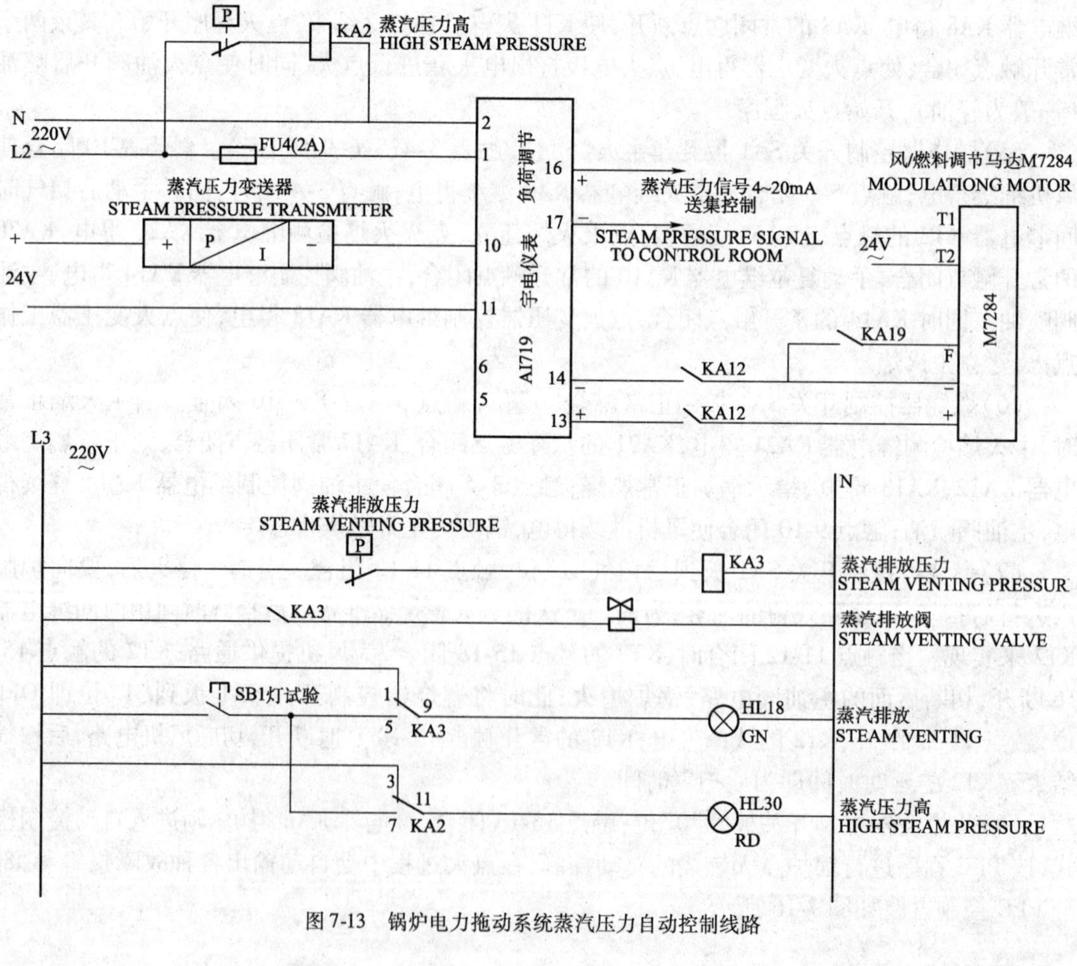

图 7-13　锅炉电力拖动系统蒸汽压力自动控制线路

1. 工作原理

蒸汽压力变送器将检测到的燃油辅助锅炉的蒸汽压力信号转换为与压力相对应的电信号,并将此电信号直接输送到负荷调节器的输入端,经负荷调节器后,输出4~20mA的电流信号。负荷调节器有两路输出:一路送至集控室,用以工作人员及时了解锅炉蒸汽压力情况;另一路送至风/燃料调节马达,也称风油比例调节器,作为调节器的输入信号,当锅炉正常燃烧时,燃烧继电器KA12的常开触点闭合,调节器根据输入信号的大小,输出与锅炉蒸汽压力相对应的力矩值,驱动马达旋转,并带动风门和燃油阀开到相应的位置,使燃油辅助锅炉根据蒸汽压力的大小来调节燃烧情况。当强制风门控制继电器KA19得电时,KA19的常开触点闭合,风/燃料调节马达将风门开到一定位置,不受锅炉蒸汽压力大小控制。

2. 锅炉蒸汽压力报警

当锅炉蒸汽压力正常时,压力继电器P的常闭触点是闭合状态,使蒸汽压力高继电器KA2得电,KA2的三个触点动作:KA2的常开触点闭合,在图7-12中接通锅炉燃油阀和风机等电路,保证锅炉正常燃烧提供通路;在图7-16中,KA2的另一常开触点闭合,将压力正常信号输送到PLC控制器的输入端;在图7-13中KA2的触点11-7接通,蒸汽压力高指示灯HL30断电,不亮。

当锅炉蒸汽压力超过允许压力时,压力继电器P的常闭触点断开,使蒸汽压力高继电器KA2失电,KA2的三个触点恢复未触发前的状态:KA2的常开触点断开,在图7-12中切断锅炉燃油阀和风机等电路,使锅炉停炉;在图7-16中KA2的常开触点断开,PLC控制器的输入端信号改变相应的输出电路动作;在图7-13中KA2的触点11-3接通,蒸汽压力高指示灯HL30得电,指示灯,指示蒸汽压力高,发出灯光报警。

3. 锅炉过量蒸汽泄放控制

锅炉过量蒸汽泄放是锅炉系统重要组成部分之一,是锅炉安全运行的主要保障。当锅炉压力达到规定值时,锅炉就要把压力释放出去,以免发生危险。在图7-13中,当蒸汽达到泄放压力值时,蒸汽排放压力继电器P的常闭触点恢复闭合,使蒸汽排放压力继电器KA3得电,KA3的常开触点闭合,蒸汽排放阀打开,泄放过量蒸汽;在图7-16中KA3的常开触点断开,PLC控制器的输入端信号改变相应的输出电路动作;在图7-13中KA3的触点9-1接通,蒸汽排放指示灯HL18得电,指示灯指示蒸汽排放,发出灯光报警。

四、水位自动控制

1. 水位控制器

水位控制器A10选用五点式控制器,对应5个水位,是锅炉水位控制中心元件,其结构如图7-14a)所示,控制器与锅炉炉体相通,形成一连通器,控制器检测到的水位反应炉体内水位。具体接线如图7-15所示,输入端E1、E2、E3、E4,分别接受锅炉高水位、低水位、水泵起动/停止的电平信号,同时水位控制器根据所输入的信号做出判断,将与之对应的继电器接通或断开来实现锅炉水位的自动控制。图7-14b)图为A4、A5低低水位报警控制器的结构图,当这两个水位控制器均检测到低低水位时,才发出低低水位报警信号。

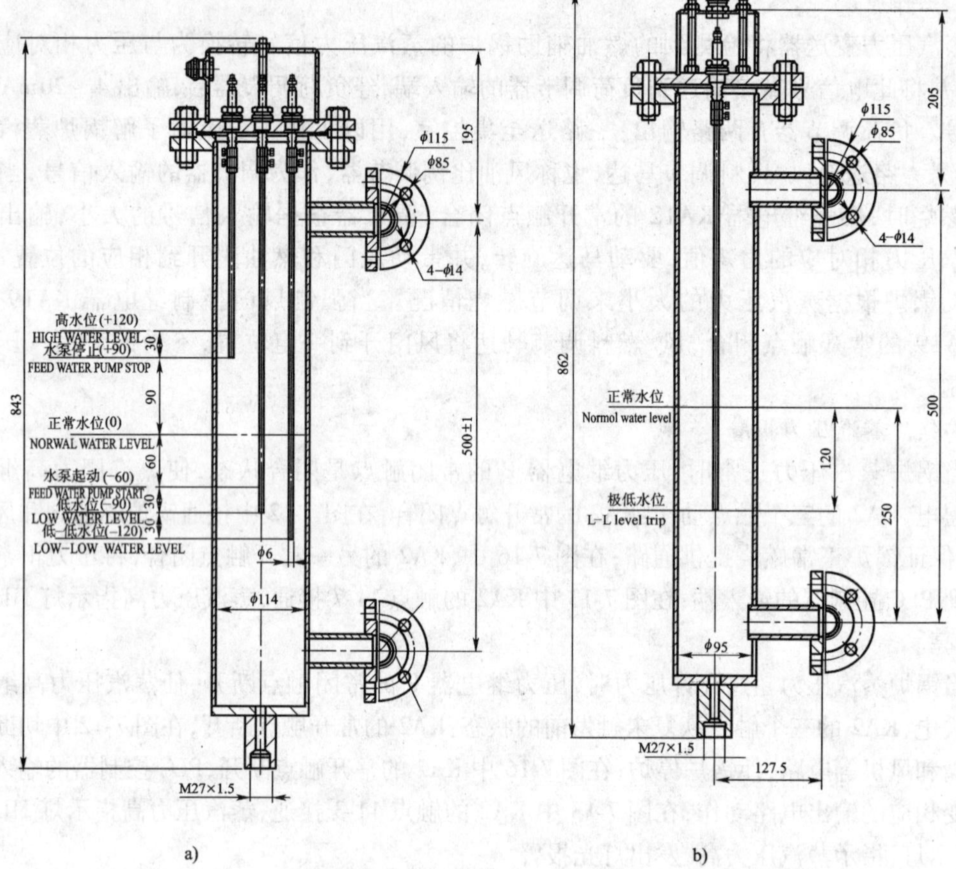

图 7-14 水位控制器

a) A10 水位控制器的结构图；b) A4、A5 低低水位报警控制器的结构图

2. 水位自动控制转换开关

在图 7-15 中，转换开关 SA 为控制地点选择开关，当 SA 选择就地控制时，SA 的触点 13-14 闭合，21-22 断开，按下 SB1 或 SB2，起动 1#水泵或 2#水泵，并且相应的运行指示灯亮；当 SA 选择遥控时，SA 的触点 13-14 断开，21-22 闭合，为水泵遥控电路提供通路。

转换开关 SA3 为控制方式选择开关，触点闭合情况如表 7-4 所示，如选择手动控制时，SA3 的触点 1-2、7-8 闭合，水泵起动和停止由操作人员通过改变 SA3 的手柄位置来控制；如选择自动控制时，SA3 的触点 5-6、11-12 闭合，水泵起动和停止由水泵启停继电器 KA33 的触点的闭合与断开来控制。

转换开关 SA4 为水泵选择控制开关，触点闭合情况如表 7-4 所示，1#和 2#水泵互为备用，如选择 1#水泵为主用供水泵，2#水泵为备用水泵时，SA4 的触点 1-2、5-6 闭合；如选择 2#水泵为主用供水泵、1#水泵为备用水泵时，SA4 的触点 3-4、7-8 闭合。

3. 水位自动控制原理

SA 选择遥控，SA 的触点 21-22 闭合；SA3 选择自动控制时，SA3 的触点 5-6 闭合；SA4 选择 1#水泵为主用供水泵、2#水泵为备用供水泵，SA4 的触点 1-2、5-6 闭合。

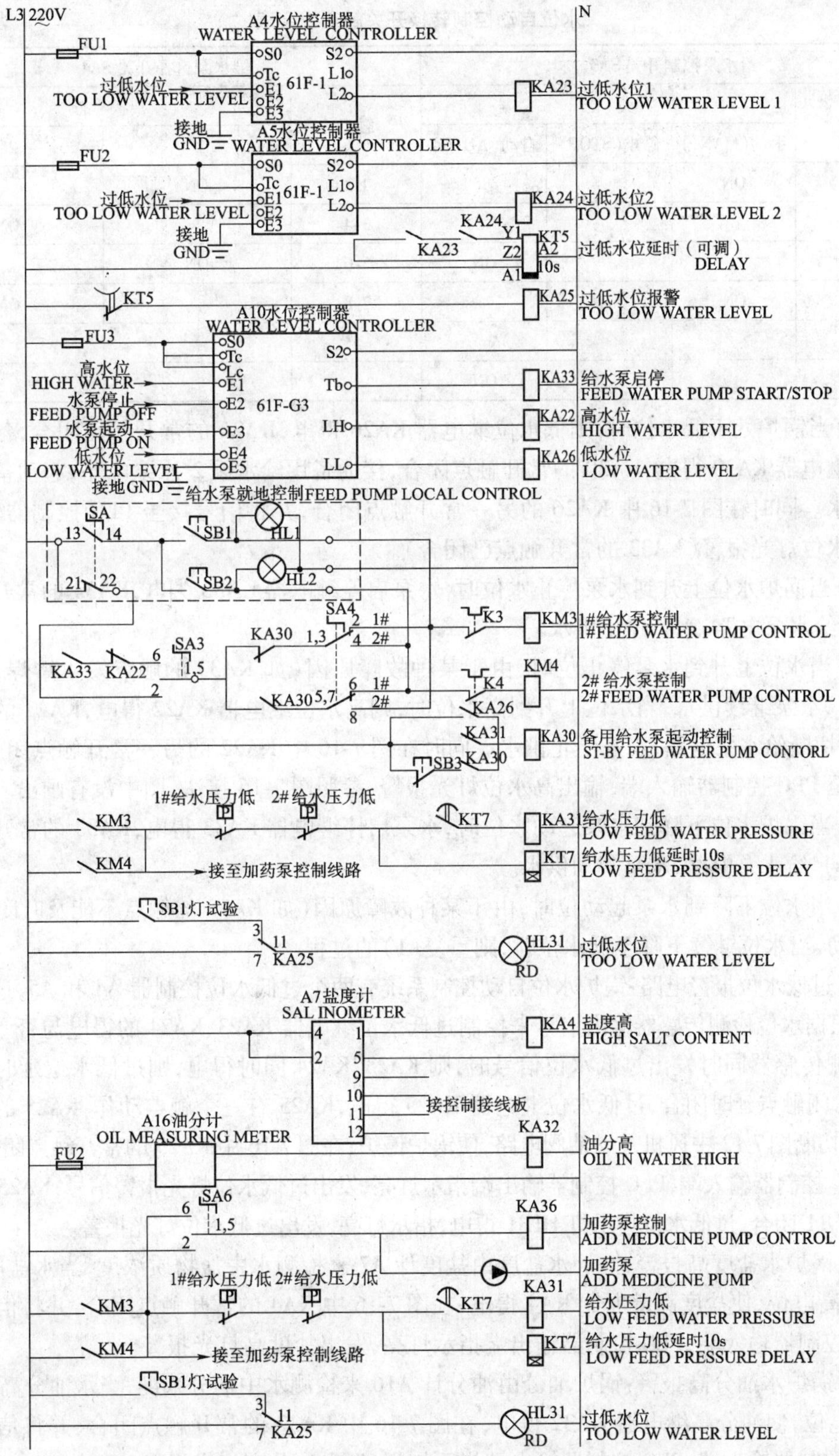

L3 220V ~　N

FU1
A4水位控制器
WATER LEVEL CONTROLLER
S0 Tc E1 E2 E3 61F-1 S2 L1 L2
过低水位
TOO LOW WATER LEVEL
接地
GND
KA23 过低水位1
TOO LOW WATER LEVEL 1

FU2
A5水位控制器
WATER LEVEL CONTROLLER
S0 Tc E1 E2 E3 61F-1 S2 L1 L2
过低水位
TOO LOW WATER LEVEL
接地
GND
KA24 过低水位2
TOO LOW WATER LEVEL 2

KA23 KA24 Y1 Z2 A1 A2 KT5 10s
过低水位延时（可调）
DELAY

KT5
KA25 过低水位报警
TOO LOW WATER LEVEL

FU3
A10水位控制器
WATER LEVEL CONTROLLER
S0 Tc Lc E1 E2 E3 E4 E5 61F-G3 S2 Tb LH LL
高水位
HIGH WATER
水泵停止
FEED PUMP OFF
水泵起动
FEED PUMP ON
低水位
LOW WATER LEVEL
接地GND
KA33 给水泵启停
FEED WATER PUMP START/STOP
KA22 高水位
HIGH WATER LEVEL
KA26 低水位
LOW WATER LEVEL

给水泵就地控制FEED PUMP LOCAL CONTROL
SA 13 14 21 22 SB1 HL1 SB2 HL2
SA4 1,3 2 4 1# 2#
KA30 KA33 KA22 SA3 6 1,5 2
KA30 5,7 6 8 1# 2#
K3 KM3 1#给水泵控制
1#FEED WATER PUMP CONTROL
K4 KM4 2# 给水泵控制
2# FEED WATER PUMP CONTROL
KA26 KA31 KA30 SB3
KA30 备用给水泵起动控制
ST-BY FEED WATER PUMP CONTORL

1#给水压力低　2#给水压力低
KM3 KM4 KT7
KA31 给水压力低
LOW FEED WATER PRESSURE
KT7 给水压力低延时10s
LOW FEED PRESSURE DELAY
接至加药泵控制线路

SB1灯试验
3 11 7 KA25
HL31 RD 过低水位
TOO LOW WATER LEVEL

A7盐度计
SAL INOMETER
4 2 1 5 9 10 11 12
接控制接线板
KA4 盐度高
HIGH SALT CONTENT

A16油分计
OIL MEASURING METER
FU2
KA32 油分高
OIL IN WATER HIGH

SA6 6 1,5 2
KA36 加药泵控制
ADD MEDICINE PUMP CONTROL
加药泵
ADD MEDICINE PUMP

1#给水压力低 2#给水压力低
KM3 KM4 KT7
KA31 给水压力低
LOW FEED WATER PRESSURE
KT7 给水压力低延时10s
LOW FEED PRESSURE DELAY
接至加药泵控制线路

SB1灯试验
3 11 7 KA25
HL31 RD 过低水位
TOO LOW WATER LEVEL

图7-15　锅炉水位自动控制线路

水位自动控制转换开关触点闭合表

表 7-4

给水泵控制开关 SA3				给水泵选择开关 SA4		
触点	状态			触点	状态	
	手动(MAN.)	停止(STOP)	自动(AUTO)		1#	2#
1-2	ON			1-2	ON	
3-4				3-4		ON
5-6			ON	5-6	ON	
7-8	ON			7-8		ON
9-10						
11-12			ON			

(1)当锅炉处于低水位时,则低水位继电器 KA26 得电,KA26 的常开触点闭合,备用给水泵控制继电器 KA30 得电,KA30 的常开触点闭合,接通备用给水泵 2#水泵电路,起动备用泵 2#水泵供水。同时在图 7-16 中 KA26 的另一常开触点闭合,并将信号接至 PLC 控制器输入端,输出低水位灯光报警(KA33 的常开触点已闭合)。

(2)当锅炉水位上升到水泵停止水位时,水泵启停继电器 KA33 失电,KA33 的常开触点断开,切断给水泵电路,水泵停止供水。

(3)当水位上升到水泵停止位时,由于某种故障原因(如 KA33 的触点发生熔焊,不能及时分断),水泵继续供水,当水位上升到高水位时,则高水位继电器 KA22 得电,KA22 的常闭触点断开,切断给水泵电路,水泵停止供水。同时在图 7-16 中 KA22 的另一常开触点闭合,并将信号接至 PLC 控制器输入端,输出高水位灯光报警,参照图 7-16 接法,图中没有画出。

(4)当锅炉水位下降到水泵起动水位时,水泵启停继电器 KA33 得电,KA33 的常开触点闭合,接通 1#给水泵电路,水泵起动供水。

(5)当水位下降到水泵起动位时,由于某种故障原因(如 KA33 的触点不能及时闭合),水泵没起动,当水位继续下降至低水位时,则重复(1)的过程。

(6)过低水位报警电路:锅炉水位自动控制系统有两个过低水位控制器 A4 和 A5,过低水位控制器根据水位检测传感器输出信号来控制过低水位继电器 KA23、KA24 的得电与否。当两个水位检测传感器同时发出过低水位信号时,则 KA23、KA24 同时得电,则过低水位延时继电器 KT5 的常闭触点延时闭合,过低水位继电器 KA25 得电,KA25 有三个触点动作:KA25 的常闭触点断开,切断图 7-12 中风机及燃油阀电路,使锅炉停炉;在图 7-16 中 KA25 的常开触点闭合,并输送至 PLC 控制器输入端,PLC 控制器输出端指示灯亮,发出过低水位灯光报警信号;KA25 的第三个触点 7-11 闭合,过低水位指示灯 HL31 得电,指示灯亮,发出过低水位灯光报警。

(7)锅炉水盐度高报警:锅炉水盐度由盐度计 A7 来检测水中盐物质浓度,当水盐度高时,A7 输出高电位,使盐度高继电器 KA4 得电,在图 7-16 中 KA4 的常开触点闭合,并将信号输送至 PLC 控制器输入端,PLC 控制器输出端指示灯亮,发出盐度高灯光报警。

(8)锅炉水油分高报警:锅炉油分由油分计 A16 来检测水中油分浓度,当水油分高时,A16 输出高电位,使油分高继电器 KA32 得电,在图 7-16 中 KA32 的常开触点闭合,并将信号输送至 PLC 控制器输入端,PLC 控制器输出端指示灯亮,发出油分高灯光报警。

(9)锅炉水加药泵控制:锅炉水需要加药时,可开启加药泵。锅炉水加药泵的运行有手动和自动两种控制方式:若选择手动控制,将锅炉水加药控制转换开关 SA6 转换到手动控制位置,SA6 的触点 1-2 闭合,加药泵起动向水中加药;若选择自动控制,将锅炉水加药控制转换开关 SA6 转换到自动控制位置,SA6 的触点 5-6 闭合,并且起动 1#或 2#给水泵,水泵起动接触器 KM3 或 KM4 的常开触点闭合(参见图 7-17),加药泵起动向水中加药。同时,不论手动控制还是自动控制方式,加药泵起动运行的同时,加药泵继电器 KA36 得电,在图 7-16 中 KA36 的常开触点闭合,并将信号输送至 PLC 控制器输入端,PLC 控制器输出端加药泵运行指示灯亮,发出加药泵运行灯光指示。

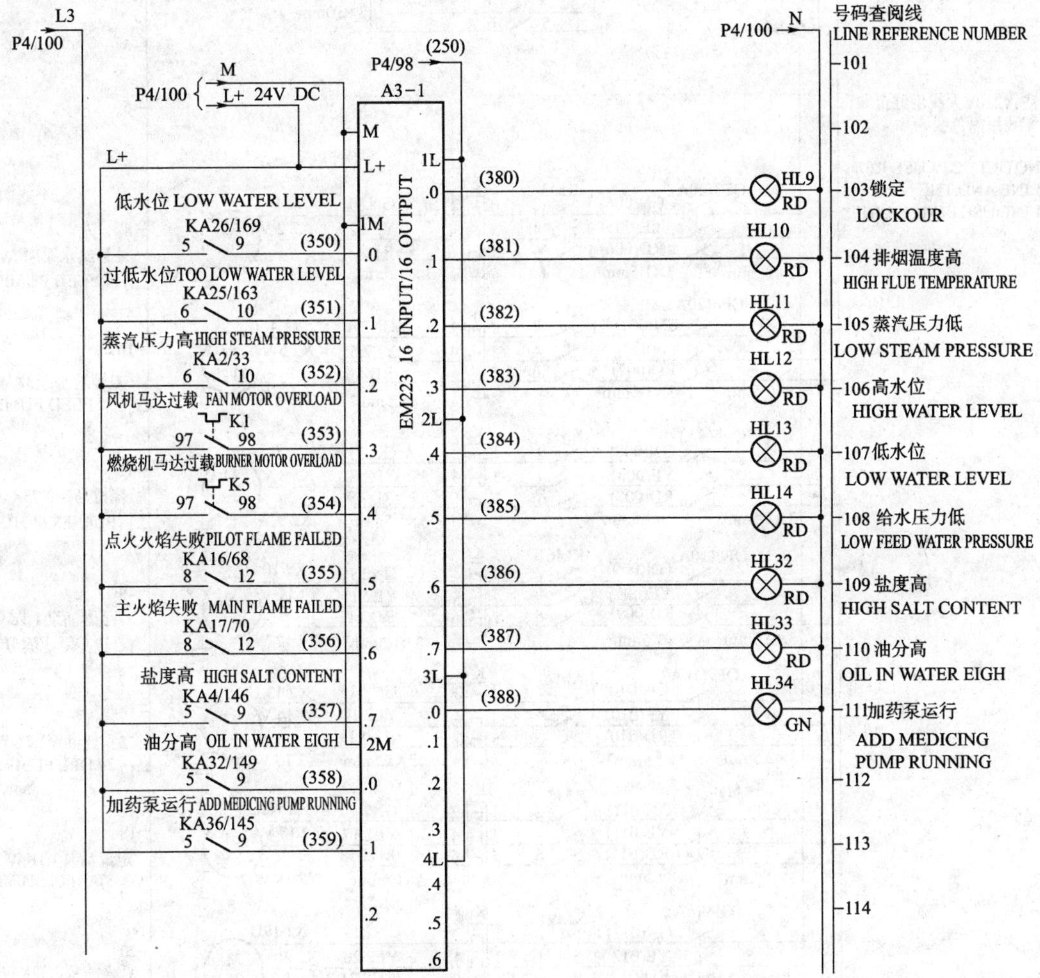

图 7-16　锅炉电力拖动系统 PLC 控制电路的部分接线

若需停止加药泵,将 SA6 扳至停止位置,加药泵失电停止运行,继电器 KA36 失电,KA36 的常开触点断开,加药泵运行指示灯不亮。

(10)锅炉给水压力低报警:当锅炉给水压力低时,给水压力低时间继电器 KT7 得电,KT7 的触点延时闭合(确认确实是水压低),则给水压力低继电器 KA31 得电,KA31 的常开触点闭合,备用给水泵控制继电器 KA30 得电,KA30 的常开触点闭合,接通备用给水泵 2#水泵电路,

起动备用泵 2[#] 水泵供水。同时 KA31 的另一常开触点闭合，并将信号接至 PLC 控制器输入端（图中没有画出），输出低水位灯光（HL14）报警（图 7-16 中）。

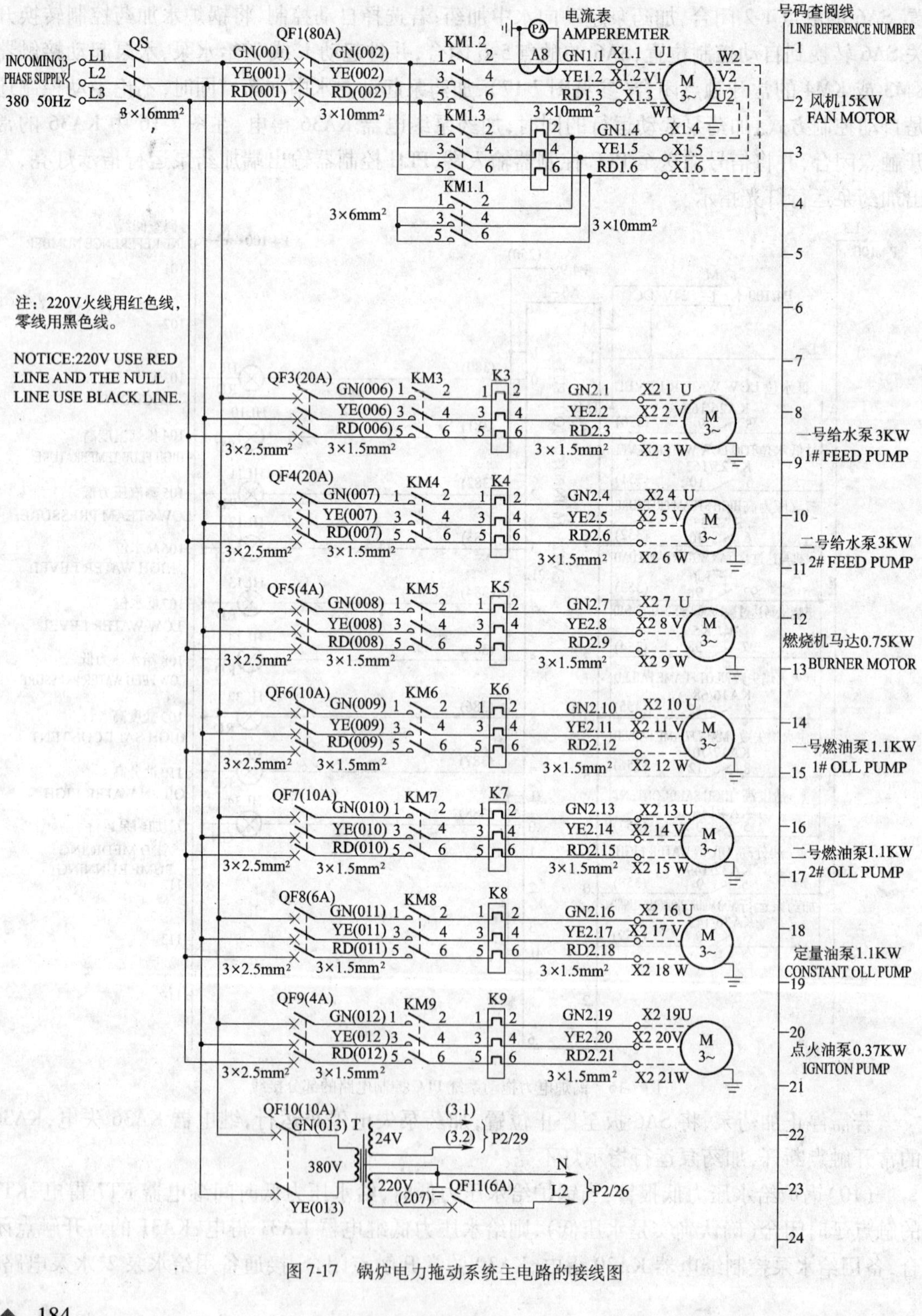

图 7-17　锅炉电力拖动系统主电路的接线图

图 7-16 为锅炉电力拖动系统 PLC 控制电路的部分接线图,图 7-17 为锅炉电力拖动系统主电路的接线图。提供给读者参考。

任务五　船舶辅助锅炉系统调试

一、调试前准备工作

(1)图纸准备:船舶辅助锅炉随机资料、电气控制原理图、锅炉电气系统图、锅炉电气系统接线图、铂电阻温度对照表。

(2)仪器仪表准备:500V 绝缘摇表、万用表、钳形电流表。

(3)材料及现场准备:酒精、白布、组合工具、绝缘胶带、校验用电水壶或电加热炉、适合规格连接头。环境要求现场清洁,无大的粉尘,有足够亮度的照明或临时照明,安全警示牌等。

二、系统安装接线检查

(1)主配电板向锅炉供电条件达标。

(2)锅炉控制柜安装接线达标,接地正确可靠。

(3)锅炉安装附件(所有电控元件)安装接线结束。

(4)锅炉油路,水路系统安装接线达到要求。

三、锅炉送电条件

(1)从主配电板到锅炉控制箱的电源,从控制箱到机舱集控台的控制、运行、工作指示、故障报警等,从锅炉控制箱到燃烧器,从控制箱到机前仪表板,水泵油泵电机等。按照基本框图进行电缆接线完整性、正确性、牢固性的检查,测量主回路和控制回路绝缘。

(2)系统电气元件、控制箱外观及控制箱内部元器件有无损坏,是否有与电气图纸规格型号不一致的情况存在,熔断器是否完整,报警及指示灯是否完整。并作好记录。

(3)检查所有锅炉系统空气断路器、电源开关、均处在断开位置。

(4)绝缘测量,先测量锅炉电源部分的绝缘,用 500V 兆欧表测量其绝缘值应该满足造船规范要求的 MΩ 以上。然后测量锅炉系统所有电机的绝缘和外接设备的绝缘(同时应该注意如果是工作电压在 DC24V 以下的元件或设备应该用万用表或低压绝缘表测量以免损坏)。

四、通电调试过程

(1)电源部分的调试。测量配电板的电源,要保证三相电压均衡,且三相电压值在额定范围内。上、下范围波动在允许范围内。合上电源开关送电源至控制箱开关前端。再次测量电压值在范围内。

(2)锅炉水位调节及锅炉给水设备的调试。首先手动起动锅炉给水泵,检查锅炉水泵的转向是否与标志相一致,否则停泵调相。用钳形电流表测量锅炉给水泵的起动电流及运行电流是否与设计值一样。起动另外一台锅炉给水泵重复上述试验。有的锅炉还设有强制循环水泵,也作同样的调试工作,同时校验热继电器的整定值。

(3)水位控制器的调试。手动操作锅炉给水泵向锅炉炉体加水,用万用表监视水位电磁开关的闭合情况,通过水位计观察炉体内水位。在最低水位时,控制锅炉给水的开关应闭合。在中间水位时,用于锅炉工作水位的电磁开关触点应闭合。到最高水位时,控制锅炉给水泵的触点断开,停止向锅炉给水。反复试验一次,在水位计上作好标记,以备将来再次调节水位值参考。此时将锅炉给水部分转换到自动状态,泄放锅炉里的水到最低工作水位,观察锅炉给水泵是否自动起动,如果在最低工作水位时起动正常,进行下一步调试工作。否则检查水位控制器及水泵控制部分。起动正常后,模拟锅炉给水不正常工况,使锅炉水位继续下降,一直降到极低水位。检查控制锅炉停炉的水位继电器触点是否断开,要保证在极低水位时一定保证锅炉要自动熄火并且发出报警以引起值班人员注意及时处理,确保安全。反复试验两次。有问题要查清原因及时调整水位值。

(4)锅炉燃油系统及点火油泵的调试。锅炉燃油系统一般在自动状态下是受压力开关控制的。首先应根据试验调试大纲用手压泵调整压力值,保证动作准确可靠。在模拟状态下试验点火油泵的工况,使其工作在正常状态下。

(5)点火电极和点火电磁阀及火焰探测器的调试。点火电极的试验一般要实际操作进行。需要模拟进行试验时,将点火电极在炉体上拆下,起动点火变压器的点火按钮或开关。看电极端是否有点火火花。如果正常试验结束。在点火时检测点火供油电磁阀是否开启,正常状态下在点火时,电磁阀打开供油。

(6)安全保护的调试。锅炉在自动控制过程中,最重要的控制要素是要确保安全保护的可靠性。锅炉在预扫气、点火和正常燃烧期间,如果发生某些故障,必须能够自动停炉,故障排除后,要经过复位后才能够再次重新起动锅炉。在预扫气阶段提前检测到火焰,一般是在锅炉停炉后不久容易发生,通常由于燃油阀的故障所致(没有关严)。燃油经油头滴入炉膛内,停炉不久的炉腔灼热,或外界火种使燃油燃烧,这时不能点火喷油,时序控制器不能继续运行,否则会因炉膛积油过多而引起爆炸。

任务六　锅炉常见故障分析与排除

一、缺水

(1)锅炉自动控制给水时,如给水柜脱水或其他原因引起锅炉水位降低至过低水位(危险水位),锅炉即自动报警,同时燃油泵及风机工作全部停止,应立即检查原因并解决后,再重新投入运行。

(2)当突然发现锅炉水位低于过低水位而自动控制系统又不报警,但此时在水位表中还可以看到水位时,则可立即补充给水和检查自动控制系统的故障。

(3)当突然发现水位表内已经看不到水位时,应立即停炉检查,如肯定缺水时间很短,则可立即补充给水,若发现缺水时间较长,则可不再进行给水,以免由于温度较低的给水接触过热的锅炉受热面,而引起材料或结构的损坏,此时必须立即停炉,检查受热面过热情况。同时,检查水位表通道是否堵塞,水位表旋塞的位置是否正确。

二、超压

当在外部负荷不变的情况下,锅炉汽压超过允许使用压力而直至使用安全阀起跳排气时,应立即停止燃烧检查原因。如果系统处于自动控制条件下,检查自动控制系统及相关控制元件,找到原因并消除之,如果手动操作运行,则立即纠正操作上的疏忽,待故障排除后再投入运行。

三、排烟温度过高

(1)锅炉超负荷使用,由于燃油量增加使排烟温度升高,则限制燃油量。

(2)锅炉使用时间过久未加清洗,致使受热面两侧大量集聚水垢、烟后降低传热面使排烟温度升高,应安排时间对锅炉进行检查,清楚水垢、烟垢。

(3)进入燃烧器的空气量过多,亦可使排烟温度提高,此时应调整好空气量。

四、火焰故障

(1)在电路上初步判断点火变压器回路,用万用表检查点火变压器的端电压,有电压而电极端无火花产生,可判断点火变压器已损坏。排除方法是维修变压器或更换新的点火变压器。

(2)点火电极出现问题,旋开燃烧器检查内部,电极表面是否有结炭污物,点火电极间距是否过大,点火电极与喷油嘴之间的距离是否合适。排除方法是清洁两电极表面形成的污物和积炭,校正点火电极之间的距离,同时校正电极与喷油嘴之间的位置和距离。

(3)喷油嘴堵塞结焦,打开燃烧器检查内部,发现喷油嘴周围充满了污垢,由于长时间的使用和质量较差的油而造成积物堵塞喷油嘴,或者由于油温过低,雾化不良所造成。排除方法是拆下喷油嘴用干净的油或者高压空气进行冲洗,然后清洁管路上的滤器,选用较好的燃油。

(4)火焰感受器积满灰尘,拆下火焰感受器观察是否有灰尘污物,排除方法是清洁火焰感受器。上述方法仍然不能解决的话,应该确认火焰感受器是否老化或故障,排除方法是用手电筒代替燃烧的火焰,来检查火焰感受器工作是否正常,仍然无效的话,更换新的火焰感受器。

五、油温低报警

(1)预加热电源没有投入:打开控制箱检查电源是否供给,或者电源供给电路是否出现故障,开关是否损坏,接触器是否老化损坏,加热器损坏。排除方法是确认线路,更换损坏的元器件。

(2)油高温控制开关误动作,而不能复位。根据报警记录出现过高温报警,确认是动作而无法自动复位,加热回路无法正常投入工作,油无法加热,至油温低报警。排除方法修复油温加热温度开关,使其工作正常。

六、燃烧器突然停火

(1)自动程序控制器故障:根据时序控制器动作顺序,检测时序器每一工作点的输入输出信号是否正常。燃烧器上的凸轮开关部分工作是否有卡壳等现象。将锅炉控制改为手动控制,观察锅炉点火、燃烧是否正常,如果正常工作。可判断为时序控制器损坏,修复或更换新的

时序控制器。

(2)锅炉蒸汽压力继电器损坏:用短接线短接压力继电器的触点,检查工作是否恢复正常,如果恢复正常则压力继电器损坏。排除方法修复或更换新的压力继电器。

(3)锅炉蒸汽压力继电器设定值漂移:方法同(2)一样,设定值的漂移其一是造成锅炉突然熄火停炉;另外还可能使锅炉蒸汽压力过高,安全阀动作。排除方法是用合适的压力泵重新调整设定值,作好标记然后锁死,防止设定值改变。

(4)燃油电磁阀线圈烧坏或吸力不足往复抖动:用铁制螺丝刀放在电磁线圈磁柱上,确认电磁线圈是否工作,吸力是否稳定,或者是电磁阀被卡死油路不通。造成燃油电磁阀损坏的最大可能是电源不稳定。或者电磁阀额定频率与电源频率不同。在我国工频是50Hz,而在国外船舶上都是60Hz,两种电源频率的变化经过一段时间就会造成损坏。

(5)造成突然停炉的其他故障:燃料油压力过低,水位太低,蒸汽压力突然升高,燃烧器电极过载、风压过低、锅炉水位极低等。出现上述原因的停炉,根据具体的锅炉设置,进行逐步的分析,最后确定故障点的存在,一一进行排除。

七、无法点炉

(1)电源供电线路问题:检查相关设备有无绝缘低的问题,检查供电线路中开关的接通状态,接线部位是否有脱落或松动,是否存在电源断路的情况。

(2)燃料油质量太差:燃料油质量太差或燃料油中水分含量太高都是造成锅炉突然停炉的原因之一。另外油路不通也是造成停炉的原因。在这种情况下检查燃油管路和更换燃料油,检查过滤器,如果堵塞清洗,更换新的滤网。

(3)总之,由于油的原因造成的无法点火问题,主要是定期清洗滤器和燃料油柜,严格定期排放油柜底部的杂质和积水,使燃料油加热具有一定的温度。

八、水泵自动切换报警

(1)备用水泵起动运行,检查自动状态下的主用水泵是否过载停止。用手盘车看水泵是否有机械堵转现象。另外即使水泵正常运转但管路不畅,锅炉仍会出现低水位备用水泵起动,或者是锅炉水位控制器出现问题。逐项进行检查,过载、堵转的问题。最后模拟实验锅炉水位控制器排除故障。

(2)当然还有其他多种原因,那时就要结合整个锅炉系统和锅炉整个工作状态作出具体的判断加以排除。

思考与练习 SIKAO YU LIANXI

7.1 论述测量和控制温度中最常用的两种温度传感器的原理。

7.2 船舶锅炉的种类有哪几种?叙述其原理。

7.3　船舶辅助锅炉自动控制系统分哪四部分?

7.4　分析图7-12中,燃烧程序点火回路PLC控制电路原理。

7.5　何谓燃油辅助锅炉的负荷控制(蒸汽压力控制)?

7.6　分析图7-15中,锅炉处于低水位时的水泵工作过程。

7.7　分析锅炉电力拖动控制过程中有哪些报警点?

7.8　当锅炉正常燃烧时,分析燃烧器突然停火的故障。

第四部分　船舶辅机自动调节系统的电力拖动控制

本部分中包含有两个项目,分别为“船舶制冷系统的电力拖动控制”和“船舶空调系统的电力拖动控制”。通过本部分的学习,学会船舶辅机自动调节系统的控制系统的组装和调试;能对照船舶辅机自动调节系统的电气原理图排除电路常见故障;会撰写船舶辅机自动调节系统的电气控制系统检修维护报告书。船舶制冷系统和空调系统是船舶上不可缺少的重要设备,也是国际船检部门必检项目。

项目八　船舶制冷系统的电力拖动控制

● **教学目标**

能力目标

1. 能安装与调试船舶制冷系统的控制线路;
2. 对照船舶制冷系统的电气原理图排除电路常见故障;
3. 能撰写船舶制冷系统的电气控制系统检修维护报告书。

知识目标

1. 了解船舶制冷系统的作用、结构、分类;
2. 学会识读船舶制冷系统电气系统图、原理图、接线图及规范;
3. 会分析船舶制冷系统的控制线路;
4. 会船舶制冷系统的调试及故障排查。

情感目标

1. 具备良好的职业道德;
2. 具备严谨的工作态度;
3. 具备团队的等级及服从意识;
4. 具备高度责任感。

任务一　船舶制冷系统的认识

制冷系统在船舶上的主要应用有以下几点:

(1)为保障长时间航行的远洋船舶上船员、旅客的生活所需,需对船上所携带的生活食品进行冷藏保存。

(2)用于海洋船舶冷藏运输。如鱼、肉、水果、蔬菜,一些化工原料产品等。

(3)保证船员和旅客生活和工作有一个比较适宜的环境。

(4)海洋船舶捕渔业对海产品进行粗加工冷藏、保鲜储存。

(5)海洋科学考察船舶(对标本、样本等存放)所必需的制冷装置。

(6)海军舰艇生存和作战所需的必备系统。

一、船舶制冷系统的基础知识

制冷就是从被需要降温的对象中移出热量并建立一个相对较低温度的环境,使被制冷对象保存在一定的低温度范围之内。

1.一般制冷方法

(1)利用天然冰或人造冰等现成的冷体来制冷。这种方法简单,但冷藏温度无法精确调节。同时,冰溶化潮湿,食品受潮繁殖微生物,不适合物质长时间冷藏保存。

(2)利用机械制冷,常用方法有蒸发制冷、气体膨胀制冷、半导体制冷。气体膨胀制冷应用于飞机空调系统、低温液化装置。半导体制冷用于潜艇、医疗器械、小型空调等设备。蒸发制冷应用最普遍,它可分为压缩制冷、吸收制冷、蒸汽喷射制冷三种。船舶中用得最多的是压缩式制冷方法。压缩式制冷系统又分为直接制冷系统和间接制冷系统。压缩式制冷装置的主要核心部件是制冷压缩机,它又可分为活塞式、螺杆式和离心式,应用中以活塞式为多见。

2.压缩制冷系统的基本工作原理

从物理学知道,任何液态物质在蒸发气化时,都要从周围物体上吸收大量的热量,称为气化潜热。利用这一规律,选择气化温度很低的液体,例如在一个标准大气压(10^5Pa)下气化温度为 -29.8℃的氟利昂 12(F_{12})作为制冷剂,让它在一定的条件(如较低的压力)下蒸发气化,则氟利昂将从周围吸取大量的热量,使周围温度迅速降低,从而达到制冷的目的。

由热力学可知,气体的饱和温度(即气体开始冷凝成液体的温度),是和一定的饱和压力相对应的。因此,用压缩机吸入制冷剂蒸汽,进行压缩使其具有较高的压力,则气态制冷剂的饱和温度也相应提高,造成向周围释放热量,制冷剂液化,实现通过制冷剂的冷凝进行制热的条件。

如将 F_{12}气态冷凝压缩到 74×10^4Pa(7.58kg · f/cm^2)的压力时,它的饱和温度升高到30℃,再在冷凝器中用温度较低的舷外海水对制冷剂进行冷却,使氟利昂放出热量,从而实现气态制冷剂的液化。

3.压缩式制冷装置基本组成

压缩式制冷系统基本组成如图 8-1 所示,基本组成部分主要有压缩机、蒸发器、冷凝器、节流阀等。

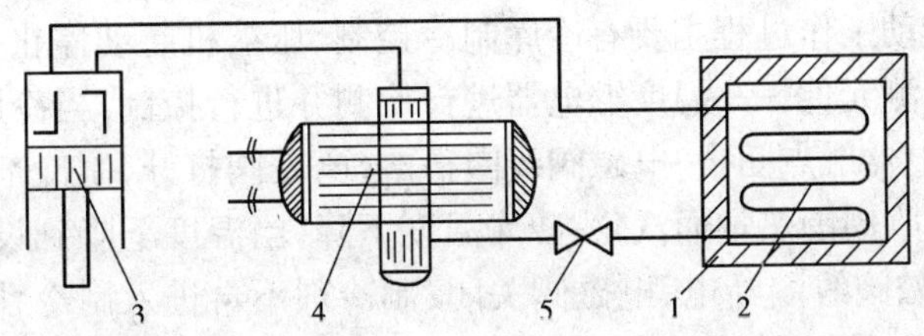

图 8-1　压缩式制冷装置组成示意图

1-冷库;2-蒸发器;3-压缩机;4-冷凝器;5-节流阀

(1)压缩机:在制冷系统中对制冷剂进行加压、输送使其不断地循环,保证蒸发器在制冷剂不断蒸发过程中具有相对低的压力环境,有利于制冷剂蒸发气化。同时,把制冷剂压缩为高温、高压制冷剂,使气态制冷剂的饱和温度相应提高,使制冷剂通过冷凝器时易于放出所吸收的热量而冷却液化。制冷压缩机主要有往复式、螺杆式、滑片式、离心式四种。船舶压缩机主要是往复式压缩机。

(2)冷凝器:将压缩机排出的高温、高压、过热的气态制冷剂进行冷却使其放出热量进行液化,以便供制冷系统不断循环使用。根据冷却方式有冷面式(壳管式、套管式)、喷淋式、蒸发式。船舶上主要采用卧式壳式冷凝器。

(3)蒸发器:使制冷剂在较低的压力和温度下膨胀蒸发并吸收大量的热量,使被冷却物体热量传递给制冷剂,降低被冷却物体的温度。按蒸发器结构分为浸没式、壳管式、套管式;按制冷剂在蒸发器中的状态分为干式、满液式;按被冷却的介质分为空气冷却器、水冷却器。

(4)节流阀:对制冷剂进行节流(流量调节)并降低其压力,使其在蒸发器易于蒸发汽化。大型制冷系统采用热力膨胀阀。小型制冷系统采用简单节流阀即可。

(5)制冷剂:凡能在制冷循环中利用液体的气化过程来吸收热量,并在外功或补偿机的作用下将热量传递给周围介质的物质,称为制冷剂。常用制冷剂有:

①无机化合物:氨、二氧化碳、水;

②氟利昂:就是各种饱和碳氢化合物的氟、氯、溴衍生物,即饱和碳氢化合物中的全部或部分氢原子被氟、氯、溴所代替而衍生出来的。船舶制冷系统中常用的氟利昂是R12、R22、R404;

③碳氢化合物:主要有甲烷、乙烷、丙烷、乙烯、丙烯等。易燃易爆,用于石油、化工行业;

④共沸溶液:两种或两种以上制冷剂按一定比例混合而成。

4. 压缩制冷基本工作过程

图8-1为一基本的压缩制冷装置示意图。图中的制冷剂F_{12}由冷却器出来通过节流阀5,在节流阀5的作用下,经节流、降压后进入冷库蒸发器2的蛇形管中,由于节流阀降压的结果,制冷剂在蒸发器里较低的压力下膨胀,蒸发汽化,从周围吸收大量的热量,降低周围的温度,实现制冷。蒸发中的压力因制冷剂不断流入气化的发生而升高,为保证蒸发器中制冷剂在一定的低压下不断地蒸发气化,压缩机将及时抽出并压缩制冷剂。经压缩机压缩后制冷剂成为高温、高压气体而排出,高温、高压制冷剂通过管路进入冷凝器4中被水(空气)冷却放热,重新凝结成液态制冷剂,并经节流阀再次进入蒸发器蒸发气化,从而不断完成封闭的制冷循环。

图8-2为一般制冷装置的系统组成示意图。以此图为例说明制冷系统自动工作过程。

一般制冷系统自动工作过程主要有冷库制冷控制、压缩机起动停止控制两种。主要由安装在冷库里的温度检测元件——温度继电器进行检测并进行控制,当冷库温度高于设定的温度上限值时,温度继电器触点闭合,电磁阀线圈得电,电磁阀打开,制冷剂由贮液器经电磁阀、节流阀进入蒸发器吸收周围热量而汽化,冷库温度下降,当温度下降到设定的下限值时,温度继电器触点断开,电磁阀线圈断电,电磁阀关闭,制冷剂不再进入制冷系统循环,停止制冷工作。压缩机起动、运行、停止由压缩机进气端低压继电器控制,当制冷剂进入制冷系统进行制冷时,进入蒸发器的制冷剂量增加,压缩机进气端制冷剂压力增加,达到一定值时,低压继电器触点闭合,压缩机控制电路得电,压缩机起动并运行工作。从而保证蒸发器在一定低压下制冷

剂有效地汽化、吸热、制冷。当冷库温度达到设定下限值时,电磁阀关闭,压缩机继续工作一段时间后进气端压力降低到设定下限值时,压力继电器触点断开,压缩机控制电路断电,压缩机停止工作。从而保证压缩机进气端压力不能太低,否则制冷系统压力太低造成系统损坏漏气。图 8-2 中高压继电器保护压缩机输出压力过高时停止压缩机工作,防止制冷系统压力过高损坏管路或元件。大型制冷系统冷库还有风机运行控制,一般与制冷同步运行,风机出现故障时报警。冷凝器还有冷却水循环控制,水温控制,与压缩机同步运行,冷却水出现问题时,压缩机停止,并报警。

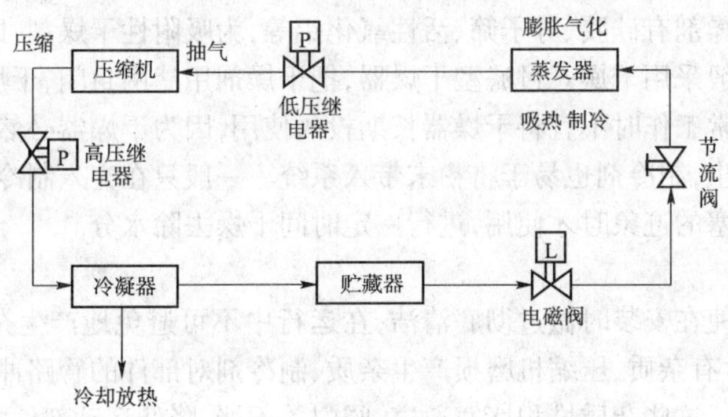

图 8-2　一般制冷装置系统组成图

二、船舶制冷其他装置

在制冷装置中,船舶制冷系统除了必需的压缩机、冷凝器、节流阀、蒸发器等四个基本组成部件外,必需配有其他附件,如滑油分离器、贮液器、干燥器、过滤器、回热器、除霜装置等。它们虽不是完成制冷循环必需的设备,但是为了保证制冷装置的正常运行工作,提高装置运行的经济性及确保装置的工作安全,防止发生事故,在船舶制冷装置实际应用中这些附件是不可缺少的设备。

1. 滑油分离器

在压缩机排出制冷剂中不可避免地混有小滑油滴和油蒸汽。在制冷装置中滑油进入制冷系统循环里会附着在冷凝器和蒸发器的管壁上,影响传热效果。另一方面进入冷凝器和蒸发器中的滑油如不能返回,造成润滑系统缺油。特别是大型制冷装置中大量滑油使通过节流阀的制冷剂流量减少,妨碍制冷剂的正常循环量,影响制冷效果。因此在压缩机排出口处安装滑油分离器,使混入制冷剂中的滑油分离后再返回到滑油系统中。在分油器和压缩机曲轴之间装有滤器、电磁阀、节流孔板。电磁阀随压缩机起动而通电,压缩机停机电磁阀也断电。在小型制冷装置中,为简化设备不装设滑油分离器。

2. 贮液器

贮液器的功能:收存和输送出制冷剂,以便在制冷负荷变化时调剂蒸发器中制冷剂的输出量;补充系统中制冷剂的泄漏;检修或长期停用制冷装置时贮存系统中的全部制冷剂,以免漏失;对供液管起液封作用,以防止气体进入蒸发器,从而保证系统的正常工作。为此在制冷装置的冷凝器出口处都设有贮液器。小型制冷装置中为简化设备不设专门的贮液器而以冷凝器的底部兼起贮液器的作用。

贮液器与冷凝器之间顶部安装平衡管,使贮液器与冷凝器压力相等,便于制冷剂流入贮液器,同时使贮液器中的蒸汽引回冷凝器中。

3. 干燥器

由于氟利昂的水分溶解度小,水分在系统中以游离水的状态存在。长时间存在使金属腐蚀,形成杂质。同时使滑油变质,堵塞通道和油路,失去润滑作用。另外,由于节流阀和蒸发器处于低温地带,且通道比较狭窄,在这些地方容易结冰阻碍制冷剂的循环(这种现象称为冰堵),不能正常制冷。通常在贮液器的出液管处安装干燥器,利用干燥器里的干燥剂对制冷剂进行干燥。常用干燥剂有硅胶、分子筛、活性氧化铝等,为吸附性干燥剂,即将水分子吸附在其表面的细孔中。一般采用干燥—过滤型干燥器,把干燥剂用滤网封闭,干燥过滤一体化。

制冷系统在正常工作时不宜将干燥器长期投入使用,因为干燥器必然有较大阻力,这会使液管中闪发气体产生,制冷剂也易于将粉末带入系统。一般只在充入制冷剂后的一段时间内,或在系统中出现冰塞的迹象时才使用,进行一定时间干燥去除水分。

4. 滤器

制冷系统中即使在安装时做过彻底清洁,在运行中不可避免地产生杂质。如制冷剂中含有杂质、润滑油中含有杂质、压缩机磨损产生杂质、制冷剂对部件的管路冲刷和腐蚀产生杂质、干燥器产生杂质等。这些杂质堆积堵塞通道,阀门关不严,降低运动部件的寿命。因此在紧靠阀件和管路中多处安装滤器。定期检查清理。

用于气体的滤网为 0.2mm 网眼的黄铜丝网、镍丝网、不锈钢丝网;用于液体的为 0.1mm 的网眼。一般安装在紧靠阀件,或安装在管路中。

5. 回热器

在氟利昂制冷装置里,将压缩机的出液管与回气管联系起来进行热交换。在回热器中将贮液器的温度相对较高的制冷剂与来自蒸发器的温度相对较低的气液混合态制冷剂进行热交换,使液态制冷剂进一步过冷,增加单位制冷量,保证流过节流阀的制冷剂处于温度更低的液态制冷剂;同时使来自蒸发器的气液混合的制冷剂进一步过热,以防止压缩机产生液击。因此在蒸发器附近安装回热器。

回热器典型结构有盘管式、肋片管式。小型制冷装置中,为了简化设备,不设专门回热器,只将进液管与回气管紧靠在一起,再用隔热材料进行包覆。

6. 融霜装置

制冷装置长期运行时,蒸发器表面会结成比较厚的霜层,使蒸发器的吸热效果变差,制冷室温度增高,白白消耗能量。因此设置融霜装置,进行定期除霜,保证制冷效果。一般有热气融霜、电热融霜,在融霜期间压缩机和制冷系统停止运行。

三、船舶制冷装置的自动化元件

制冷系统是一个封闭的具有一定压力的系统,为保证制冷装置正常工作时,安全而又不损坏任何设备和部件,提高装置的工作质量和工作效率,减少管理人员,降低管理人员的劳动强度。需要制冷系统实现自动化工作。为使制冷系统实现自动化工作,就需要一些必要的自动化元件。如热力膨胀阀、高压继电器、低压继电器、温度继电器、电磁阀、背压阀、水量调节阀等自动化元件。

1. 热力膨胀阀

热力膨胀阀是制冷装置中基本元件，安装在蒸发器前端。热力膨胀阀主要作用。

(1)是对制冷剂进行节流和降压。多数具有一定压力的液体经过针孔阀后，流速增大、压力降低、能迅速膨胀极易于吸收周围热量而蒸发汽化。这有利于实现制冷的需要。

(2)是能根据热负荷的大小自动调节制冷剂进入蒸发器的流量，保持蒸发器工作在一定的温度范围内，实现温度自动调节作用。当热负荷增加时，经蒸发器出口处的制冷剂过热度增大。热负荷减少时，经蒸发器出口处的制冷剂过热度减小。如果制冷剂流量不变，热负荷的变化必然使冷库温度有很大波动，影响制冷效果。热力膨胀阀通过感温包检测蒸发器出口处温度自动调节膨胀阀开度，增加或减少制冷剂流量，使制冷剂根据热负荷大小调节流量，从而保证蒸发器中的过热度在一定的范围内，实现温度自动调节作用。

(3)热力膨胀阀根据热负荷的大小自动调节制冷剂进入蒸发器的流量，使压缩机不会因吸入湿蒸气而发生液击，也防止供液量过少蒸发器不能充分发挥作用。

在小型制冷装置中，可用简单的节流阀，不用热力膨胀阀。

2. 高压继电器

安装在压缩机出口处。在压缩机排出制冷剂的压力过高时，自动地停止压缩机工作，防止制冷系统由于压力过高而损坏制冷装置(压力过高使密封件、连接件等部位容易漏气)，起到高压保护作用。

3. 低压继电器

安装在压缩机吸入制冷剂端。当压缩机吸入端压力达到一定的下限值时，自动停止压缩机工作。保证制冷系统不会因压力过低，造成制冷装置漏入空气。同时当制冷装置处于制冷工作时，由蒸发器出来到压缩机入口处的制冷剂压力增加到设定的上限值时，低压继电器触点接通，压缩机又重新开始通电工作，保证制冷剂在蒸发器中的一定低压力范围内进行蒸发汽化而有效地工作。不影响制冷效果。

4. 温度继电器

利用安装在制冷库的感温包检测制冷库的温度，在制冷装置进行制冷工作过程中，当制冷库温度达到设定的下限时，温度继电器触点断开，安装在贮液柜出液端向制冷库供液的电磁阀断电，电磁阀关闭，停止向蒸发器提供制冷液；当制冷库温度上升到设定的上限时，温度继电器触点闭合，电磁阀又通电，向蒸发器供应制冷剂，又开始制冷，库温度得以回降，实现库温的双位自动控制。如此反复保证温度在一定范围内稳定。

5. 电磁阀

电磁阀是用电磁力操纵的阀门，可由压力继电器、温度继电器或手动开关来控制。在制冷系统中电磁阀大多用在制冷剂和滑油管路中，作为遥控截止阀、双位调节系统的执行机构或安全保护设备，如供液电磁阀、旁通卸载电磁阀、融霜电磁阀、回油电磁阀等。电磁阀的型式有直接作用式电磁阀、间接作用式电磁阀、三通电磁阀等。

6. 压差继电器

以压缩机润滑油泵排出润滑油压力与曲轴箱润滑油压力差作为信号，当吸、排压力差小于设定值时，经延时一定时间后，压缩机停止工作，实现保护性停机。如果不设置压差继电器，若出现润滑系统漏油、油阻现象，压缩机没有润滑油还在工作会造成压缩机工作温度过高，加速

磨损机械而损坏压缩机及部件。

在有压差继电器控制电路中,要有延时功能,即需设置延时装置。有的延时机构设置在压差继电器里,有的设置在压差继电器外部的电路中。

7. 恒压阀(背压阀)

以蒸发器出口的蒸汽压力(蒸发温度)为信号,控制阀门的开度的大小,以调节制冷剂蒸汽通过蒸发器的流量,从而保持阀前的压力恒定,即保持蒸发器的蒸发温度在一定的范围内。不同的被制冷对象要求制冷温度不同,即不同货物冷库要求的制冷温度不同,通过调整恒压阀不同开度来实现不同温度的制冷效果。在多效制冷系统中除最低温库外,其他库的蒸发器的出口端都安装恒压阀。

8. 冷却水量调节阀

安装在用淡水或海水冷却冷凝器的进水管上,以冷凝器的冷凝压力(冷却水出水口的水温,水温与冷凝压力相对应)为信号控制调节阀开度的大小,以调节冷却水流量,使冷凝器的冷凝压力保持在一定的范围内,即保持冷凝器的冷凝温度在规定的范围内。

9. 融霜定时器

根据工作需要,利用定时器设定间隔时间,定期接通融霜电路,对蒸发器进行适当的加热,使霜融化。或利用检测元件检测霜的厚度程度作为信号,控制融霜电路工作。或通过开关定期手动控制融霜电路工作。

10. 冷却水压力阀

安装在冷凝器进水管道上,用以检测冷却水的压力,当冷却水的压力低于下限值时,触点断开,压缩机应停止工作,同时报警。

四、船舶制冷系统自动控制及保护内容

1. 船舶制冷自动控制主要内容

(1)制冷压缩机自动启停控制;

(2)冷库温度自动控制;

(3)冷凝器的冷凝温度自动控制;

(4)蒸发器融霜自动控制;

(5)压缩机自动卸载控制。

2. 船舶制冷系统主要保护内容

(1)制冷系统压缩机吸入端低压保护;

(2)制冷系统压缩机排出端高压保护;

(3)压缩机过载保护;

(4)压缩机润滑系统保护;

(5)冷却水泵过载保护;

(6)冷库风机过载保护;

(7)冷凝器冷却水温度保护;

(8)主电路、控制电路电路短路保护;

(9)冷却水低压保护。

不同设备生产商、不同种类、型号的制冷系统的结构组成也不同,其需要设置的设备、元件并不完全一样,其控制工作过程也不太相同,但基本工作原理相同。

任务二　船舶制冷系统电力拖动控制实例

船舶制冷系统按拖动压缩机电动机电源性质分直流电拖动制冷系统、交流电拖动制冷系统。现代大中型船舶都为交流发电系统,故多采用交流电控制制冷系统。船舶上的冷库主要用于冷藏食品。肉类库,规定温度为(-9 ±2)℃;蔬菜库规定为(+2 ±2)℃。图 8-3 是船舶制冷系统主电路、图 8-4 是控制电路、图 8-5 是信号与供液电路。表 8-1 为控制方式选择开关 1SA 和冷库选择开关 5SA 的触点闭合表。

选择开关触点闭合表　　表 8-1

控制方式选择开关 1SA 触点闭合表					冷库控制转换开关 5SA 触点闭合表			
触点	a-b	c-d	e-f	g-h	触点	高温库	两库	低温库
自动	×		×			45°	0°	45°
零位					1-2	×	×	
手动		×		×	3-4		×	×

如图 8-3 ~ 图 8-5 所示为某船舶冷藏系统,有一个主电源箱,一个控制箱,电控箱上设有“自动”、“手动”转换开关,融霜开关,手动高、低温库控制转换开关。

主电路设置拖动电机有压缩机电机 M1、水泵电机 M2、高温库冷风机电机 M3、低温库冷风机电机 M4 等 4 台异步电动机,一组压缩机机油加热器,一组融霜加热器,一组泄水管加热器。详细电器元件图见图 8-3。下面按制冷系统工作状态(工况)分析制冷系统的控制原理。

一、“手动”工作过程

(1)合上图 8-3 主电路中电源开关 Q,断开图 8-4 控制电路中融霜电路开关 3SA,图 8-5 信号电路中电源指示灯 1HR 亮,表示电源正常;图 8-5 中电源变压器 T 得电,为电磁阀、报警电路工作做好准备。如果电路一切正常,图 8-4 中故障保护中间继电器 1KM 线圈得电,串入控制压缩机接触器 K1 线圈电路的 1KM 触点闭合,为接触器 K1 通电(压缩机工作)做好准备;串入时间继电器 3KT 线圈电路的 1KM 触点闭合,为时间继电器 3KT 通电做好准备。

开始制冷工作:

(2)手动控制:将图 8-4 中手动开关 1SA 转到“手动”档位置,转换开关 1SA 触点 c-d,g-h 点接通。

(3)起动水泵:按下图 8-4 水泵起动按钮 SB3,控制水泵接触器 K2 线圈得电并自锁,接触器 K2 主触头闭合,水泵电机通电工作;同时,串入控制压缩机接触器 K1 线圈电路中的接触器 K2 常开触点闭合,为起动压缩机做好准备,用来实现水泵先工作,制冷压缩机才开始工作的联锁控制关系;同时中间继电器 7KM 得电,图 8-5 中的 7KM 常开触头闭合,水泵工作指示灯 1HG 亮,表示水泵处于工作状态。

(4)将图 8-4 中高低温库转换开关 5SA 转到需要控制对象位置(高温库、低温库),相应中间继电器 3KM 或 4KM 线圈得电。常开触点 3KM 或 4KM 闭合,使:

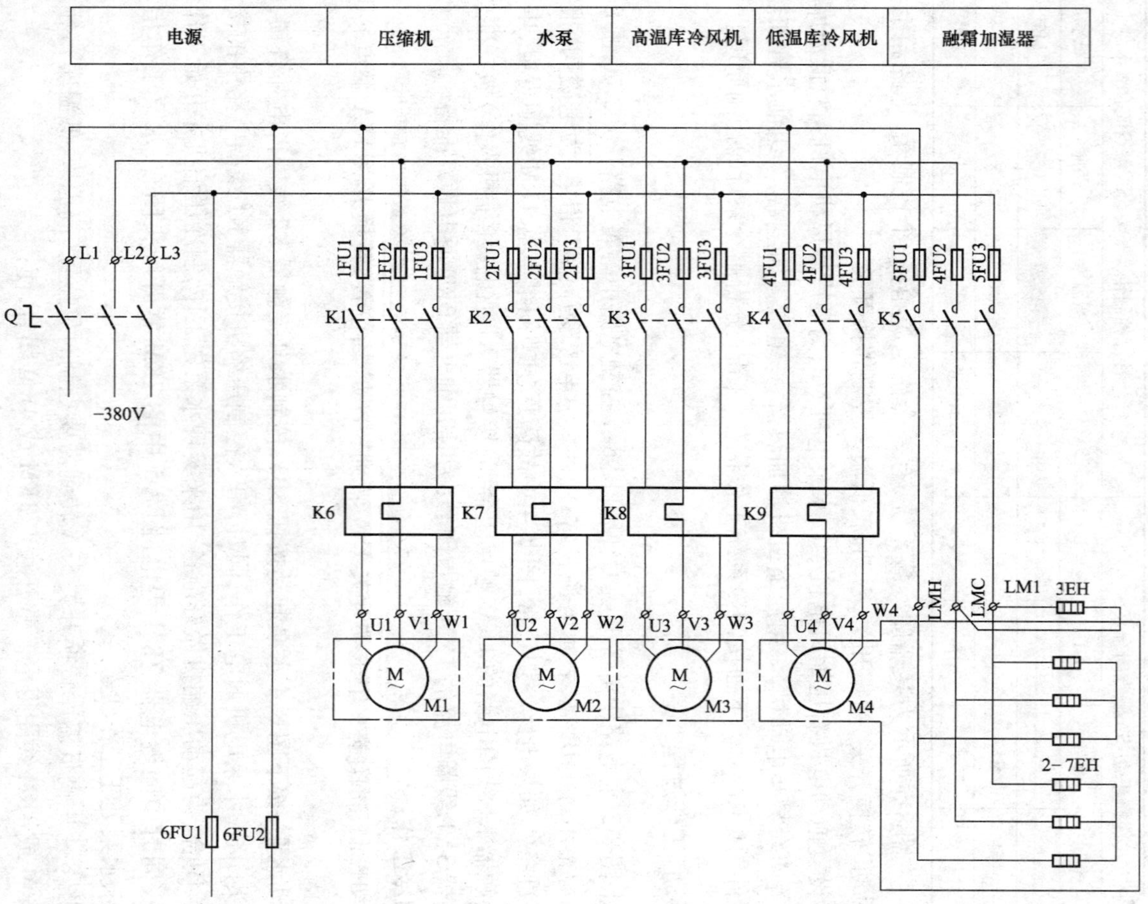

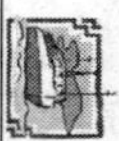

电源　压缩机　水泵　高温库冷风机　低温库冷风机　融霜加湿器

图 8-3　船舶制冷系统主电路

序号	名称	符号
23	低温库风机	M4
22	高温库风机	M3
21	水泵电动机	M2
20	压缩电动机	M1
19	绿色信号灯	1HG—5HG
18	红色信号灯	1HR 、2HR
17	停止按钮	SB2、SB4、SB6
16	启动按钮	SB1、SB3
15	变压器	T
14	电铃	HE
13	转换开关	1SA-5SA
12	压力继电器	ISP-4SP
11	电磁阀	1YV-4YV
10	泄水管加热器	8EH
9	压缩机油加热器	1EH
8	融霜电加热器	2-7EH
7	温度继电器	1K、2K
6	熔断器	1FU-8FU
5	时间继电器	1KT-7KT
4	中间继电器	1KM-8KM
3	热继电器	K6-K9
2	线路接触器	K1-K5
1	电源开关	Q

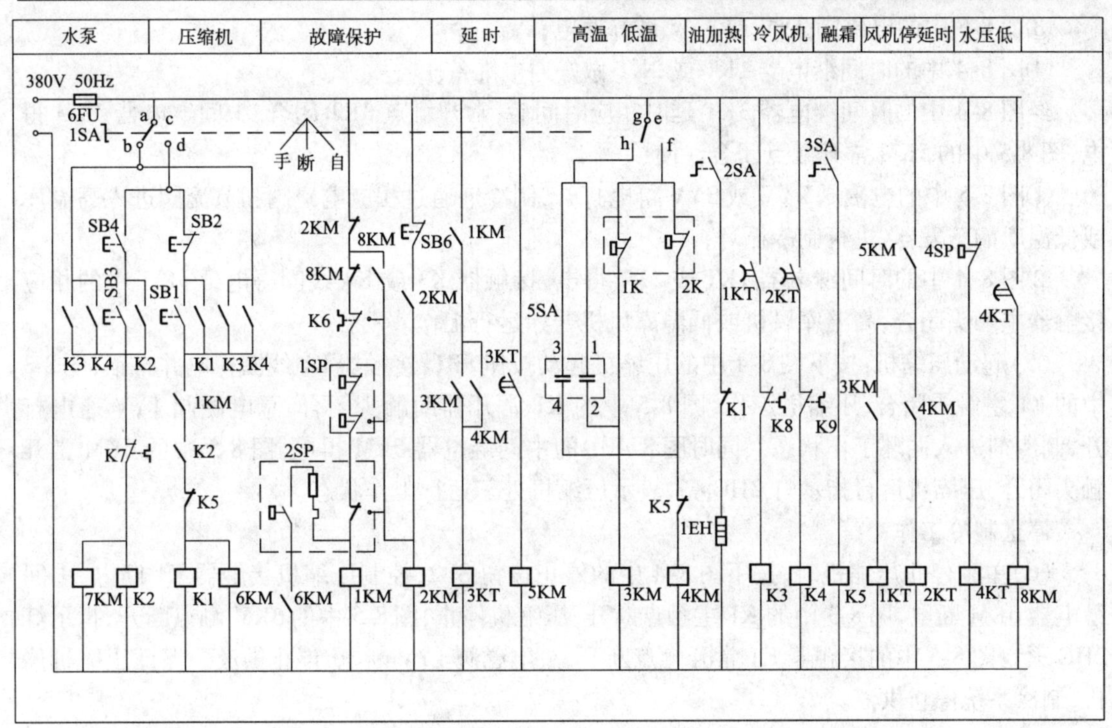

图 8-4　船舶制冷系统控制电路

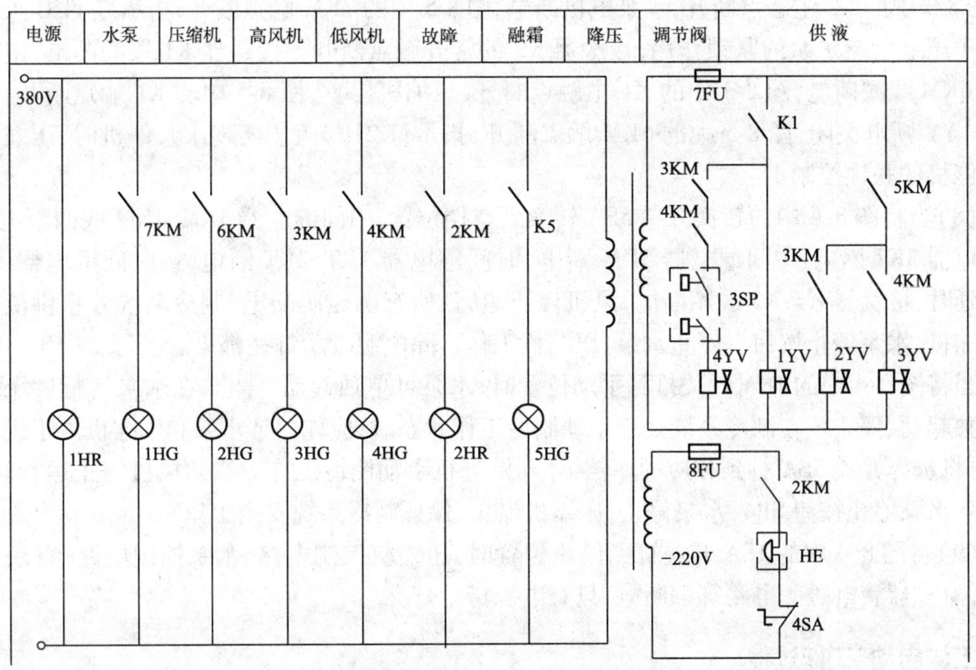

图 8-5　船舶制冷系统信号与供液电路

①时间继电器 3KT 得电，开始延时；

②图 8-5 中高温库风机或低温库风机运行指示灯 3HG 或 4HG 亮；

③图 8-5 中的电磁阀 2YV 或 3YV 做好通电；

④图 8-4 中的时间继电器 1KT 或 2KT 做好通电准备。

经图 8-4 中的时间继电器 3KT 延时相应时间后，常开触点 3KT 闭合，中间继电器 5KM 得电，图 8-5 中的 5KM 常开触点闭合。使：

①图 8-5 中的电磁阀 2YV 或 3YV 得电打开，制冷剂通过相应电磁阀和节流阀进入高温库或低温库的蒸发器，进行制冷循环；

②图 8-4 中的时间继电器 1KT 或 2KT 得电，接触器 K3 或 K4 线圈得电，图 8-3 中的相应接触器主触头闭合，高温库风机或低温库风机开始运行工作。

(5)起动压缩机：按下图 8-4 中的压缩机起动按钮 SB1，接触器 K1 线圈得电并自锁，图 8-3 中的 K1 主触头闭合，压缩机工作，图 8-5 中的 K1 常开辅助触头闭合，总电磁阀 1YV 通电打开，制冷剂进入循环工作状态。同时图 8-4 中的中间继电器 6KM 得电，图 8-5 中的 6KM 常开触头闭合，压缩机运行指示灯 2HG 亮，表示压缩机处于运行工作状态。

停止制冷工作：

(6)单独停止压缩机时，按下图 8-4 中的停止按钮 SB2，控制压缩机接触器 K1 断电，中间继电器 6KM 断电，图 8-3 中的 K1 主触点断开，压缩机停止，图 8-5 中的 6KM 触点断开，指示灯 2HG 灭。图 8-5 中的接触器 K1 常开触点断开，总电磁阀 1YV 断电，停止供液。保证压缩机停机，制冷系统停止供液。

(5)停止水泵时，按下图 8-4 中的按钮 SB4，按触器 K2 线圈断电，中间继电器 7KM 线圈断电，图 8-3 中的 K2 主触点断开，水泵电机断电，图 8-5 中的 7KM 触点断开，指示灯 1HG 灭。同时由于压缩机与水泵的联锁作用，接触器 K2 的常开触点断开使接触器 K1 线圈断电，中间继电器 6KM 线圈断电，图 8-3 中的 K1 主触点断开，压缩机停止，图 8-5 中的 K1 触点断开，总电磁阀 1YV 断电关闭，图 8-5 中的 6KM 触点断开，指示灯 2HG 灭。实现水泵停机时，压缩机也必须停机的联锁控制。

(8)当将图 8-4 中的转换开关 5SA 转换到空档位置，中间继电器 3KM、4KM 线圈断电，时间继电器 3KT 断电、中间继电器 5KM 断电，时间继电器 1KT、2KT 断电，经时间继电器 1KT、2KT 延时，接触器 K4、K3 线圈断电，风机停止运行，所有电磁阀断电，制冷系统停止供液。按下压缩机、水泵停止按钮。停止水泵、压缩机工作。除电源批示灯亮都灭。

当将图 8-4 中的 1SA 开关打到手动位置时，水泵可单独起动、停止，在水泵运行后压缩机可单独起动、停止。在制冷系统处于手动制冷工作状态时，应先保证水泵和压缩机处于工作状态，再将选择开关 5SA 打到相应的库档，才开始进行手动制冷工作。当两风机停止运行时，才应按下水泵停止按钮 SB4，水泵停止，压缩机停止，保证制冷系统安全工作。

(9)将图 8-4 中的 1SA 开关打到停止位置时，压缩机控制电路、水泵控制电路、自动和手动起停止电路、电磁阀电路等都断电，只有电源指示灯亮。

二、"自动"工作过程

(1)合上图 8-3 中的主电源开关 Q，图 8-5 中的控制电路电源指示灯 1HR 亮，表示电源正常；图 8-5 中的电源变压器 T 得电，为电磁阀、报警电路工作做好准备。图 8-4 中的中间继电器 1KM 线圈得电，串入控制压缩机接触器 K1 线圈的 1KM 常开触点闭合，为接触器 K2 通电

(压缩机工作)做好准备;串入时间继电器3KT线圈中的常开触点1KM闭合,为时间继电器3KT通电做好准备。

(2)图8-4中的手动、自动转换开关1SA打到"自动"档,转换开关触点a-b,e-f接通。

制冷运行工作:

当高温库或低温库温度上升到设定的上限值时,图8-4中的温度控制器1K或2K(或全部)触点自动接通。使图8-4中的中间继电器3KM或4KM(或全部)线圈得电,中间继电器常开触点3KM或4KM(或全部)闭合,使:

①时间继电器3KT得电,开始延时;

②图8-3中的高温库风机或低温库风机(或全部)运行,图8-5中的指示灯3HG或4HG(或全部)亮,表示风机运行工作;

③图8-5中的电磁阀2YV或3YV(或全部)做好通电准备;

④图8-4中的时间继电器1KT或2KT(或全部)做好通电准备。

经图8-4中的时间继电器3KT延时相应时间后,常开触点3KT闭合,中间继电器5KM得电,常开触点闭合。使:

①图8-5中的电磁阀2YV或3YV(或全部)得电,相应节流阀打开,为制冷剂进入高温库或低温库的蒸发器,进行制冷循环做好准备;

②图8-4中的时间继电器1KT或2KT(或全部)线圈得电,接触器K3或K4线圈(或全部)得电,图8-3中的相应接触器主触头闭合,高温库风机或低温库风机(或全部)开始运行工作。

③接触器K2线圈得电,图8-3中的K2主触头闭合,水泵开始运行工作;串入接触器K1线圈的接触器K1常开触点闭合,为压缩机工作做好准备。

④中间继电器7KM线圈得电,图8-5中的7KM常开触点闭合,水泵工作指示灯1HG亮,表示水泵处于运行工作状态。

⑤接触器1K线圈电路得电。压缩机开始运行工作,图8-5中的总电磁阀1YV得电打开。制冷剂进入循环运行状态。图8-4中的中间继电器6KM线圈得电,图8-5中的6KM常开触点闭合,压缩机运行指示灯2HG亮,表示压缩机处于运行状态。

制冷停止:

当高温库或低温库温度降到设定的下限值时,图8-4中的相应温度控制器1K或2K断开,中间继电器3KM或4KM线圈断电,图8-5中的相应库电磁阀2YV、3YV断电,制冷停止供应;图8-5中的相应库风机运行指示灯灭;经图8-4中的时间继电器1KT或2KT延时,接触器K3或K4断电,相应库风机停止运行。

压缩机、水泵停止:

只有当高、低温库温度都下降到设定的下限值时,中间继电器3KM、4KM断电,时间继电器3KT断电,中间继电器5KM断电,电磁阀2YV、3YV断电,时间继电器1KT、2KT断电,经1KT、2KT延时,接触器K3、K4线圈断电,两风机都停止工作,这时接触器K1、K2断电,压缩机、水泵、风机、电磁阀都断电停止工作。同时6KM、7KM断电,电源指示灯灭。除电源电源批示灯亮,其余指示灯全熄灭。只要有一个库温没达到设定温度的下限值而处于制冷工作时,相应风机工作、压缩机、水泵就处于工作状态。时间继电器1KT、2KT延时作用时,保证电磁阀断电关闭,制冷剂停止供应后,相应风机、压缩机、水泵继续工作一段时间保证制冷系统中制冷剂

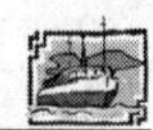

回到储液器里,库温更均匀。

三、融霜控制

该冷藏系统融霜电路比较简单,采用人为手动控制,由图 8-4 中开关 3SA 控制,采用电加热方式。合上开关 3SA,图 8-4 中的接触器 K5 线圈得电,图 8-3 中的主触头闭合,泄水管加热器、融霜电加热器通电,进行加热工作。图 8-5 中的融霜指示灯 5HG 亮,表示处于融霜工作状态。图 8-4 中的接触器 K5 常开触点断开,压缩机停机,图 8-5 中阀关闭,保证在融霜时制冷系统不工作。同时,中间继电器 4KM 处于断开,低温库也不能工作。扳下图 8-4 中开关 3SA,接触器 K5 线圈断电,图 8-3 中主触点断开,加热器停止加热工作,图 8-5 融霜指示灯灭。

在制冷系统处于融霜工作状态时,加热周期和加热时间由管理技术人员掌握控制。

四、压缩机机油加热

机油加热采用手动控制进行,由图 8-4 中开关 2SA 控制。一般在系统工作前几个小时对机油进行加热。保证机油有很好的流动性。

五、自动调节负载控制

当高温库、低温库制冷工作时,中间继电器 3KM 通电、4KM 通电,制冷量比较大,蒸发压力比较大,图 8-5 中压力继电器 3SP 闭合,图 8-5 中电磁阀 4YV 通电,压缩机增加排出制冷剂量,加大制冷能力。当热负荷较小,压力继电器 3SP 断开,电磁阀 4YV 断电,压缩机制冷剂排出量减少,使压缩机处于小负载工作的节能运行状态。

六、系统停机

将图 8-4 中的手动、自动转换开关 1SA 转换到空档即可,控制电路断电。断开图 8-3 中的电源开关 Q,总供电系统断电。

七、制冷系统保护

(1)短路保护:压缩机电机、水泵电机、两台风机电机主电路分别由图 8-3 中熔断器 1FU、2FU、3FU、4FU、5FU 来完成保护;控制电路由熔断器 6FU,变压器由 7FU、8FU 完成保护。当相应电路发生短路时,相应熔断器断开,相应电路断电。

(2)过载保护:压缩机电机、水泵电机、两台风机电机分别由热继电器 K6、K7、K8、K9 来完成保护。

风机过载,图 8-3 中热继电器 K8、K9 故障动作后,相应风机断电。

水泵过载,图 8-3 热继电器 K7 故障动作后,图 8-4 中的串入控制水泵接触器 K2 线圈中 K7 常闭触点断开,K2 线圈断电,图 8-3 中的主触点断开,水泵断电;串入控制压缩机接触器 K1 线圈中的 K2 常开触点断开,接触器 K1 线圈断电,图 8-3 中的 K1 主触点断开,压缩机断电,制冷剂总阀关闭,停止制冷。

压缩机过载,图 8-3 中的热继电器 K6 故障动作后,图 8-4 中的中间继电器 1KM 线圈断电,中间继电器 2KM 线圈通电并自锁,图 8-5 中的 2KM 常开触点闭合,报警电路电铃 HE 通

电，报警响铃。同时1KM常开触点断开，时间继电器3KT断电，中间继电器5KM断电，8-5中的5KM常开触点断开，供液电磁阀2YV、3YV断电。图8-4中的时间继电器1KT、2KT线圈断电，经1KT、2KT常开触点延时打开，接触器K3、K4线圈断电，图8-3中的K3、K4主触点断开，风机停止运行，K3、K4辅助常开触点断开，接触器K2、K1线圈断电，图8-3中的K2、K1主触点断开，水泵停止运行，压缩机停止运行，即制冷系统停止制冷，图8-5中的各电机运行指示灯灭。经技术人员排除故障后，手动解除响铃（按下图8-4中的按钮SB6）。

（3）高压保护：高压开关1SP常闭触点断开，中间继电器1KM线圈断电，中间继电器1KM常开触点断开接触器K1线圈电路，图8-3中的K1主触点断开，压缩机停机。图8-5中的接触器K1常开触点断开，总供电磁阀1YV断电；接触器K 1常开触点断开时间继电器3KT线圈电路，时间继电器3KT断电，时间继电器3KT常开触点断开中间继电器5KM线圈电路，图8-5中的中间继电器5KM常开触点断开，供液电磁阀2YV、3YV断电，停止供液制冷；图8-4中的中间继电器5KM常开触点断开，时间继电器1KT、2KT断电，经1KT、2KT延时，1KT、2KT的常开触点打开，接触器K3、K4线圈断电，图8-3中的K3、K4的主触点断开，风机停止运行；图8-4中的接触器K3、K4常开触点断开，控制水泵接触器K2线圈断电，K2主触点断开，水泵停止运行，同时控制压缩机接触器K2线圈断电，图8-3中K2主触点断开，压缩机断电。图8-5中控制各电机运行指示灯灭。高压开关1SP常开触点闭合，中间继电器2KM得电并自锁，图8-5中的2KM常开触点闭合，报警电路得电响铃。经技术工作人员排除故障后，按下图8-4中的按钮SB6，解除报警。

（4）机油压差保护：压缩机润滑油压力差低时，压差继电器2SP常开压力触点闭合，电阻通电，经压差继电器电阻加热延时，压力差继电器2SP常闭触点断开，中间继电器1KM断电，控制压缩机接触器K1线圈断电，压缩机停机；接触器K1常开触点断开，时间继电器3KT线圈断电，中间继电器5KM断电，图8-5中的5KM常开触点断开，使供液电磁阀3YV、2YV断电，停止供液制冷。图8-4中的中间继电器5KM常开触点使时间继电器1KT、2KT断电，经1KT、2KT延时，接触器K3、K4线圈断电，图8-3中的K3、K4主触点断开，风机停止运行。K3、K4常开触点断开，使控制水泵接触器K2、控制压缩机接触器K1线圈断电，水泵、压缩机停机，图8-5中的各电机运行指示灯灭；压差继电器2SP动作，其常开触点闭合，中间继电器2KM得电并自锁，报警电路响铃。经技术人员排除故障后，（按下图8-4中的按钮SB6）手动解除响铃。

压缩机起动时，润滑油压低，压力继电器2SP常开压力触点闭合，电阻加热，需经加热延时一定时间后，常闭触点才能断开。在2SP常闭触点未断开时，压缩机起动完毕，保证压缩机在正常起动时不由于油压力低而不能起动。

（5）低压保护：当压缩机入口制冷剂压力过低时，低压继电器1SP常闭触点断开，中间继电器1KM断电，接触器K1线圈断电，压缩机停机；时间继电器3KT断电，中间继电器5KM断电，供液电磁阀断电，停止供液制冷。时间继电器1KT、2KT断电，经延时风机停止运行，水泵停止运行，各电机运行指示灯灭。与高压保护、压力差保护时规律相同，不同的只是不报警响铃。

（6）冷却水水压低保护：冷却水压力低时，3SP触点断开，4KT延时动作，接触器8KM断电，故障接触器1KM断电，制冷系统压缩机、水泵等停止工作。4KT延时保证启动时水压低系统能正常启动。

任务三　船舶制冷系统的试验

以某船舶制冷系统为例介绍试验,其他船舶制冷系统基本原理相同,试验内容也一样。

一、试车准备

(1)制冷设备及管系安装结束;管系清洁采用清洗剂或制冷剂的方法按照服务商要求以及用氮气冲净,确保管路没有杂质。

(2)冷凝器的海水管系已用海水进行通水效用试验合格。

(3)冷凝器上安全阀开启压力为2.3MPa。

(4)冷库密性试验结束。

二、制冷剂 R404a 系统的气密试验

系统进行气密试验所用气体为氮气。空调系统采用 R404a 制冷剂,低压侧和高压侧的气密试验的规定压力为2.0MPa 和2.4MPa。

(1)关闭制冷压缩机排气阀与吸气阀,使氮气与加氟阀接通徐徐开启氮气瓶头阀,让氮气充入系统,使低压侧达到试验压力2.0MPa。

(2)将低压侧与高压侧隔断,即隔离热力膨胀阀、电磁阀、手动膨胀阀、隔离高低压继电器、压力表等自控仪表,继续充氮气使高压侧达到气密试验的规定压力2.0MPa,待稳定后,关闭瓶头阀并移开氮气瓶。

(3)当系统内达到2.4MPa 试验压力后,使系统保持试验压力24h,每隔8h 作一次记录。在此时间内若环境温度不变,压力也不应变化;若环境温度变化使系统内产生压力降,如压力降不变,压力也不大于0.034MPa,则可认为管系不漏。

(4)在系统承受压力期间,应进行观察有无漏气处,这时可用肥皂水涂在焊缝、连接管及阀等接头处,全面检查找出漏气地方,等修补完好后,再照上述方法作气密试验,直到符合要求为止。

三、制冷系统抽真空试验

应用抽真空法进行干燥及检查密性。

(1)选用一台真空泵,将其吸气端与制冷剂系统中加氟阀接头相连接,整个制冷管系中除压缩机车头上吸、排气截止阀关闭外,其余所有加氟阀全部开启。多次开动真空泵直到制冷剂系统抽到 -0.096MPa 以上时停车,随即关闭加氟阀静置8h。检查管路及制冷压缩机的真空密性、管路及压缩机的真空 度应能保持在 -0.087MPa 以上。

(2)在上述试验结束后,关闭制冷压缩机的吸排气阀,用真空泵继续抽管路的空气,使真空度抽到一定要求值时停车,检查管路的真空密性。在静置24h 后真空度应保持在710mm 水银柱以上,即管路的真空度基本上保持在 -0.096MPa,则认为制冷管系基本上不漏,制冷剂系统的抽真空试验合格。

四、系统充制冷剂(R404)

制冷系统经气密试验、抽真空试验合格后,可充 R404a,系统内充足 R404a,一台压缩机约为 160kg。润滑油 60L。

五、自动控制器调整试验

1. 高低压控制动作试验

压缩机排出高压端:停车压力整定值为 2.1 MPa。

当制冷压缩机运行时,排气压力超过时能自动切断电路而停车,并发出故障报警信号,此时冷冻机室内控制板上红灯亮,并在主机集控室内发出声光报警讯号;当排除故障,手动复位后才能开车,重复试验两次。

压缩机吸入低压端:压力整定值为:停车 0.09 MPa;开车 0.16 MPa。

当制冷系统回气压力低于 0.09 MPa 时压缩机自动停车,当回气压力回升到 0.16 MPa 时压缩机又自动起动。上述试验重复两次。

在压缩机运行过程中调节热力膨胀阀,使冷风机蒸发盘管上结霜均匀,每隔 1h 记录库设计温度,即鱼肉库 -18℃,蔬菜库 +4℃,粮食库 +12℃。

2. 温度控制器动作试验

温度控制器控制电磁阀,对于鱼肉库,当库温低于预定温度时,温度控制器切断电路,关闭制冷系统中的电磁阀,冷剂停止向库内冷风机盘管供液。反之,当库温高于预定温度时,则开启电磁阀,冷剂恢复向冷风机盘管供液。温度控制器的温度整定值如下:

鱼肉库:	-20℃断开,	-18℃闭合
蔬菜库:	+2℃断开,	+5℃闭合
粮食库:	+10 ℃断开,	+12℃闭合

上述温度控制器的动作试验重复两次。

3. 水压力控制器动作试验

在冷凝器进水管上装有一只压力控制器,当冷藏海水泵运转,供水管路上达到预定水压力时,压缩面才能起动。水压力控制器的整定值为 0.08 MPa,断开值 0.05 MPa。试验重复两次。

六、空库打冷试验

空库打冷试验,拟在舱外大气干球温度为 35℃,相对湿度为 70% 或接近这个条件下进行为宜。

空库打冷试验时关紧冷库门,参照伙食冷藏系统原理图开启有关各阀,然后起动海水泵和制冷压缩机,观察其运行情况。

在制冷压缩机运行过程中,使各个冷库分别达到设计要求的温度(鱼肉库 -18℃,蔬菜库 -4℃,粮食库 +12℃),达到此温度后使压缩机继续打冷 12h,但从制冷开始到试验结束的总时间应不少于 24h,记录从压缩机开始打冷至库内达到设计要求温度所需的时间,并注意制冷压缩机、冷藏海水泵、冷风机及冷库内风扇的电动机的运行情况。

试验时,下列各项应每小时记录 1 次。

(1)制冷压缩机的吸排气温度和压力、润滑油压力;

(2)制冷压缩机的电动机的转速、电流、电压；

(3)冷凝器的冷却水进、出温度及压力；

(4)冷库内各测点温度。

试验结束后，应检测各电动机及其控制设备的热态绝缘电阻，其值应不小于1MΩ。

七、空库打冷试验后压缩机停止运转一昼夜

为了检验冷库绝热结构性能，观察库内温度回升情况，应24h每隔1h记录库内温度，在6h内要求库内温度回升速率不大于表8-2所示。

表8-2

冷库温度与外界大气温度的初差值(℃)	65	60	55	50	45	40	35	30	25	20	15
库温度回升值(℃)	15.6	14.4	13.2	12	10.0	9.6	8.4	7.2	6	4.8	3.6

八、冷库的求援信号进行效用试验

效用后应测量绝缘电阻，绝缘电阻不小于1MΩ；低温冷库门框电热丝加热进行效用试验；检查机舱集控台上制冷单元分显示器工作的正确性。

任务四　船舶制冷装置常见故障分析

虽然制冷装置中有必要的安全保护措施，自动控制系统日趋完善，但决定的因素是人，因此，要求制冷装置操作人员应具敏捷而正确的分析能力，能及时排除制冷装置运行可能发生的故障，以维持其正常运行。

制冷装置可能发生的故障，总结起来种类及其原因很多。现仅对常见故障举例予以简要分析。

一、运行工况参数偏离设计工况

1. 冷凝温度过高

冷凝温度过高(或压缩机排压过高)的原因是：

(1)冷却水量不足；

(2)冷却水温过高；

(3)冷凝器配水不均匀；

(4)冷却器冷却水排管内脏污；

(5)冷凝器中有大量空气；

(6)贮液器出液阀未开足，冷凝器内存液过多；

(7)膨胀阀开度过小。

2. 冷凝温度过低

冷凝温度过低(或排气压力过低)的原因在于：

(1)制冷系统充液不足；

(2)压缩机排气阀漏损；

(3)蒸发器或冷却排管外表面产生冰衣或结霜过厚。

3. 蒸发温度过高

蒸发温度过高(或回气压力过高)的原因有：

(1)压缩机工作不良。如进、排气阀漏气;活塞环装配不当；

(2)膨胀阀开度过大；

(3)热负荷超过设计值；

(4)系统有空气；

(5)分油器回油阀泄漏；

(6)吸气阀工作不良。如封密性差;阀片断裂。

4. 蒸发温度过低

蒸发温度过低(或回气压力过低)原因为：

(1)蒸发器或冷却管外有污垢；

(2)蒸发器或冷却管外有冰衣或结霜过厚；

(3)节流阀开度过小；

(4)节流阀供液管脏堵或节流阀冰塞；

(5)系统中充液不足；

(6)用冷量减少过多；

(7)蒸发器或冷却排管内有空气；

(8)系统中润滑油过多。

二、制冷压缩机运行中的故障

1. 发生不正常响声的可能原因

(1)余隙过小,活塞顶部碰排气阀；

(2)进、排气阀松弛,弹簧力不足；

(3)启发螺栓松动；

(4)阀片断裂或破碎；

(5)活塞销与轴承配合间隙过大；

(6)活塞磨损；

(7)滑油残渣过多,主轴承润滑不良；

(8)连杆开口销折断,螺栓松弛；

(9)主轴承配合间隙过大；

(10)连杆大头瓦与曲柄销间隙过大。

2. 制冷压缩机排气温度过高的可能原因

(1)排气阀损失；

(2)吸气过热度过高；

(3)气缸冷却效果不好。

3. 制冷压缩机排气温度过低的可能原因

(1)节流阀开度过大;

(2)制冷系统充液过多;

(3)蒸发器或冷却排管结霜过厚。

4. 制冷压缩机起动困难的可能原因

(1)电源缺相;

(2)电动机有故障;

(3)自控元件失灵。

5. 制冷压缩机启停频繁的可能原因

(1)低压继电器幅差过小;

(2)压缩机高、低压端泄漏;

(3)温控继电器幅差大小;

(4)膨胀阀冰塞。

6. 滑油压力过高或过低的可能原因

(1)压力表失常;

(2)油压调节阀开度不适宜;

(3)油路不畅。

7. 曲轴箱大量跑油,可能原因

(1)压缩机发生奔油;

(2)油分离器效果不良或不能正常回油;

(3)活塞上刮油环损坏,活塞环装配不当。

8. 制冷压缩机油封处发热或泄漏严重的原因

(1)轴封装配不良,静、动环磨损过剧;

(2)轴封弹簧过紧或过松;

(3)滑油压力过低或油量不足。

三、系统自控元件故障

1. 热力膨胀阀堵塞,可能原因

(1)冰塞。系统中水分过多;

(2)脏堵。系统吹除不彻底;

(3)油堵。油牌号不对,凝固点过高。

2. 压力继电器触点不闭合的原因

(1)触点有脏物或烧毁;

(2)传动杠杆失灵或电源切断。

3. 能量调节装置失灵的可能原因

(1)油压没有建立;

(2)顶杆位置不妥;

(3)能量调节阀出油管被堵;

(4)调节阀所处位置不对；

(5)卸载油缸中活塞卡死；

(6)传动机构卡住失灵。

4. 系统中的制冷剂不足的可能原因

(1)充液量不足；

(2)系统泄漏。

5. 系统中存油过多的原因

(1)曲轴箱大量跑油；

(2)系统设计或安装不适，回油困难。

系统存油过多表现为：制冷量下降，蒸发器结霜不均匀，吸入压力下降、压力表指针波动，压缩机运行中时有敲击声。

SIKAO YU LIANXI

8.1　简述压缩制冷装置的基本组成及各部分作用。

8.2　船舶制冷系统常用有哪些自动化元件？主要作用是什么？

8.3　船舶制冷制冷装置设置哪些保护措施？

8.4　解释压缩机功率调节是如何进行的。

8.5　制冷压缩机常见故障有哪些？

8.6　简述压缩机过载保护控制原理。

8.7　简述制冷装置的试验内容有哪些。

项目九　船舶空调系统的电力拖动控制

● **教学目标**

能力目标

1. 能安装与调试船舶空调系统的控制线路；
2. 对照船舶空调系统电气原理图排除电路常见故障；
3. 能撰写船舶空调电气控制系统检修维护报告书。

知识目标

1. 了解船舶空调系统的作用、结构、分类；
2. 学会识读船舶空调的电气系统图、原理图、接线图及规范；
3. 会分析船舶空调系统的控制线路；
4. 掌握船舶空调系统的调试及故障排查。

情感目标

1. 具备良好的职业道德；
2. 具备严谨的工作态度；
3. 具备实事求是的道德品质；
4. 具备高度责任感。

任务一　船舶空调系统的认识

船舶空调系统就是对船员旅客的住舱、公共舱室（餐厅、休息室、会议室等）以及上层建筑的部分工作室（驾驶室、海图室、报务室等）进行空气调节（过滤、加热、加湿、冷却、除湿等），使房间的空气在温度、湿度、气流和清新程度等方面符合生活和工作的要求，以改善船员的工作条件和生活条件，因此船舶空调又称为舒适型空调。

由于船舶在航行期间一方面外界气候环境的复杂多变，另一方面船舶内部人员生活、设备和管道运行等产生大量的热量和潮汽、油汽，各种货物（矿砂、煤炭）的装卸等也会产生有害物质造成船舶内部的空气污染。如果依靠自然通风或仅用通风机进行通风换气无法为生活和工作创造一个适宜的环境。因此现代船舶一般都采用空气自动调节系统。

一、船舶空调系统组成及各部分作用

船舶空调系统一般由被调对象、空气调节器、冷源装置、热源装置、空气输送设备、空气分配设备、自动控制设备等组成。各组成部分的作用如下：

1. 被调对象

在空调系统中主要是指房间内的空气。

2. 空气调节器

空气调节器把空气进行混合、除尘过滤、加热、加湿、冷却、除湿、消音等处理，达到所要求

的空气。包括空气过滤器、加热器、加湿器、冷却器、挡水板、消音除尘室等。

3. 冷源装置

冷源装置就是对空气进行冷却的低温装置,主要是压缩机制冷系统。

4. 热源装置

热源装置就是利用蒸汽、热水或电热对空气进行加热。船舶上一般用经过降压的锅炉蒸汽(0.2～0.3MPa)来加热空气,或利用蒸汽加热淡水再用加热的淡水加热空气,或用动力装置的冷却水进行加热空气,作为辅助加热或特殊舱室可采用电加热空气。

5. 空气输送装置

空气输送装置即将新鲜空气或部分回风引入空调器中,把处理后的空气送到各舱室,包括新风和回风进口接管、风机、空气分配室、主、支风管等,一般风管采用矩形风管和螺旋风管。

6. 空气分配器(布风器)

空气分配器就是把处理后的空气按一定的速度、方向送入船舶舱室内的装置,使送入空气与室内空气良好的混合,使温度和气流速度分配均匀,又称为布风器。它的形状、大小、位置直接影响舱室内的空气调节效果(还与回风口位置有关)。

7. 自动控制装置

自动控制装置用来控制空气的温度、湿度、供给风量、冷源供给、热源供给等,获得高质量的空气。

船舶空调系统的核心设备就是空气调节器,主要包括新风和回风口及混合室、空气滤尘器、空气制冷器、空气除湿器、空气加热器、空气加湿器、温度检测元件、湿度检测元件、风机等。

二、船舶空调系统的种类

(1)船舶空调系统按照流过空气冷却器的工质不同分为直接制冷式和间接制冷式。直接制冷式就是由制冷剂直接通入空气冷却器(制冷系统中的蒸发器)中通过蒸发汽化吸收空气中的热量,从而对空气进行制冷;间接制冷就是利用制冷系统的制冷剂先冷却冷媒,再利用冷媒通入冷却器对空气进行制冷。

(2)船舶空调装置按照空气在风管中的流速分为高速系统和低速系统。低速系统为10～15m/s;高速系统为15～30m/s,一般采用高速系统。

(3)按照空气处理方式和舱室的布置方式分为集中式、独立式、混合式。集中式空调系统将空气集中在中央空调器中处理,再沿供风管道送到各舱室;独立式空调系统将空调器直接装在需要单独进行空气调节的某些特殊舱室中,如机舱集中控制室;混合式空调系统先把空气集中在中央空调室中处理到某一程度,然后按各舱室的具体要求,在相应的舱室里对空气进行二次调节再送入各舱室。

任务二　空气调节器及工作过程分析

空气调节器主要工作状态分为夏季对空气制冷控制过程,冬季对空气进行加热控制过程,春秋通风工作。图9-1所示为某空调系统示意图,以此为例对空调设备的夏季制冷和冬季制

热的工作过程分别加以简要介绍。

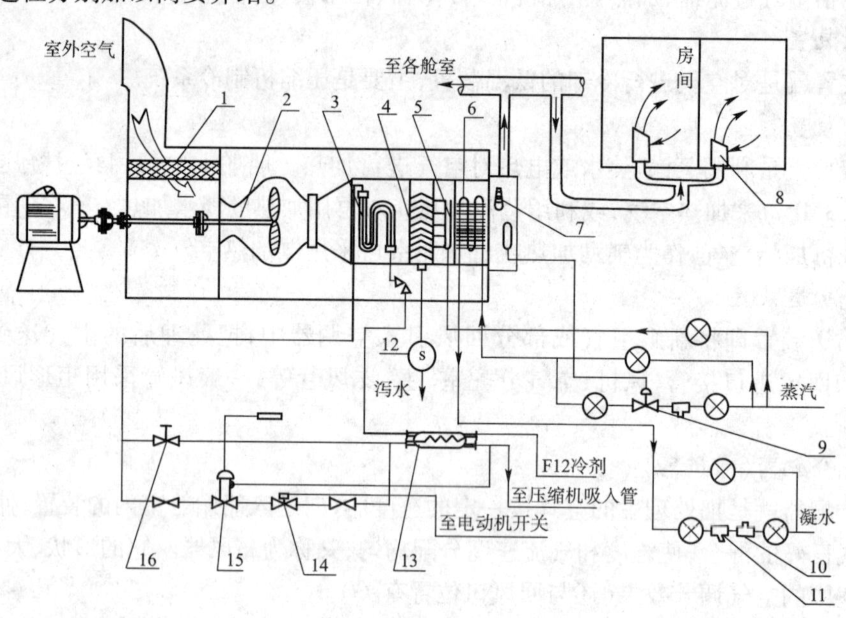

图 9-1　空调系统示意图

1-滤尘器;2-通风机;3-冷却器;4-除水器;5-喷湿器;6-加热器;7-温度计;8-诱导器;9-温度调节器;10-阻汽器;11-凝水滤器;12-视流器;13-过冷器;14-电磁阀;15-热力膨胀阀;16-手动膨胀阀

一、冷风形成过程

夏季的空气处理主要是除尘、降温和除湿,由空气处理器中的空气冷却器和除湿器完成。

室外空气和部分回风经风管进入空气处理器,先经空气滤尘器 1,清除空气中的尘埃,滤尘可使用纱布、粗孔泡沫塑料或金属网等。再经通风机 2 进入冷却器 3。冷却器 3 是由多组外面包有散热片的盘管所组成,管内有冷剂流过,冷剂 F_{12} 的蒸发温度约为 5 ~ 7℃,冷剂从管内流过时可将管外流过的空气冷却到 16℃左右。

空调设备的空气冷却系统和船舶制冷系统大体相同。图 9-1 所示系统为直接制冷式空调系统,具有一定压力的制冷剂由贮液器出来先进入过冷器 13,在过冷器中进一步受到冷却,以提高制冷效率。然后经电磁阀 14 进入热力膨胀阀 15 进行节流、降压,再进入冷却器 3 的盘管中,在管内蒸发汽化、吸热后再进入过冷器 13 冷却,然后送回至压缩机。

电磁阀 14 线圈和空压机电动机的磁力起动器的常开辅助触点串联。当空压机电动机工作时,电磁阀通电开启;空压机停止运行时,电磁阀关闭。这样可以在空压机停止工作时,避免大量液态冷剂进入蒸发器,从而使空压机在起动时不会产生冲缸现象。

当室外空气被冷却后,空气中的饱和度降低,空气中的水分可能凝结析出,所以必须除去,因此在空调设备中装设有除水器,它由许多弯折成锯齿形的薄钢片构成,见 9-1 图中 4 所示。当空气流过两钢片之间的曲折通道,空气流动方向变化,由于空气与水的比重不同,即可将水滴分离出来,并附着在钢片上向下流落,后经泄水管排出。

夏季的空气进行冷却后由空气分配室经送风系统的主管道、支管道、布风器送入舱室。

二、热风的形成过程

冬季的空气处理主要是除尘、加热和加湿，由加热器和加湿器完成。除尘装置同上。空调设备的空气加热系统如图 9-1 右下方所示。

在冬季时，室外空气温度很低，由通风机吸入经滤尘后的空气，必须经加热器 6 进行加热处理。为提高交换热量，加热器盘管外表面具有散热片。一般来讲，加热后空气温度在 40℃左右，40℃左右的热风送至房间，即可维持房间温度在 18～21℃的合适范围。空气加热一般利用蒸汽（锅炉蒸汽）加热空气，也可采用热水（冷却水）加热空气，或电加热器加热冷空气。

冬季的空气比较干燥，经过加热以后，更干燥，因此必须经采用喷湿器 5 往空气中喷一定蒸汽以增加空气中湿度。此外也采用喷水加湿，或采用电加热水成蒸汽来加湿空气的方法。

冬季空气经进行加热和加湿处理后由空气分配室送风系统中主管道、支管道、布风器送入舱室。

三、空气调节器的自动调节控制

空气自动调节控制主要包括空气温度自动调节、空气湿度自动调节、风量的自动调节等。采用控制方法按被控制量变化规律有双位控制法、变量控制法，按控制量有单脉冲控制法、双脉冲控制法。

1. 空气温度的自动调节

(1) 夏季空气温度调节。夏季空气自动控制主要是降温，即降低空气温度的自动调节控制。

①直接制冷式空调系统。此种系统利用制冷剂通过蒸发器后过热度的变化改变制冷剂膨胀阀的开度，控制制冷剂流量来调节供风温度。外界空气温度增大或空调器的供风量增加时，供风温度就相应提高。外界空气温度增加，释放热量增加，冷却器出口处的过热度增加，热力膨胀阀通过温度检测元件检测，使膨胀阀开度增大，增大制冷剂的流量，制冷器吸热量增加，被调空气温度相对下降。相反如果空气温度低、供风量减小，制冷剂吸热量减少，冷却器出口处过热度减小，使膨胀阀开度减小，制冷剂流量减小，制冷剂吸热量下降，空气温度相对升高，从而使被调空气保持在一定的温度内。因此，直接制冷式空调系统在外界空气温度、湿度、供风量变化时能通过自动调节热力膨胀阀的开度调节制冷剂的流量，来调节供风温度。在一定的温度变化范围内，系统不用再另设自动调节装置。

此外还可利用回风口的温度控制供风温度。进入热力膨胀阀的制冷剂先通过由温度继电器控制的电磁阀，温度继电器的感温包放在回风口处，回风温度下降到设定的下限值时，由温度控制器发出信号，电磁阀关闭，停止供制冷剂，供风温度回升。反之，回风温度上升到设定的上限值时，电磁阀发出信号，电磁阀打开，供出制冷剂，冷却器对空气进行冷却，供风温度下降。感温器、温度调节器、电磁阀组合构成双位控制，调节空气温度。

②间接式制冷空调系统。利用媒介水通过制冷系统的蒸发器给水冷却，再利用冷却水冷却要处理的空气。如果冷却水流量不变，当空气温度、供风量增加（热负荷增加）时，吸热能力

因温差大而增加，但增加不大，因此供风温度就明显增加。相反热负荷减少，水温下降，供风温度明显下降。为保持供风温度随热负荷变化而自动调节，必须随热负荷变化改变冷却水的流量，以调节冷却器的冷却能力，调节空气温度，保证供风温度满足要求。

间接式空调系统一般通过检测回风口处感温器检测温度，通过温度调节器来控制调节阀去调节冷却水的流量，达到自动调节供风温度。一种方法是双位控制，回风温度增加时，冷却水电磁阀开启，冷却水通过冷却器对空气进行降温；回风温度下降时，关闭冷却水电磁阀，使空气温度上升。这种方法是使冷却器处于间断式工作状态，空气温度波动较大，电磁阀开启频率大。另一种是变流量控制，当回风温度增加时，通过调节阀使冷却器的冷却水量增加，制冷能力增加，空气温度下降；当回风温度下降时，调节阀开度减小使进入冷却器的冷却的水量减少，制冷能力下降，空气温度回升。冷却水多余量采用外循环系统。此种方法空气温度波动不大，电磁阀开启频率不大。

间接式制冷空调系统中除了自动调节空气温度外，还要自动调节器冷却水温度。冷却水温度是通过感温元件检测冷却水温，再通过电磁阀控制制冷系统中的制冷剂的通断对水进行冷却，一般采用双位控制即可。制冷系统的工作由电磁阀控制，电磁阀打开，制冷剂流经节流阀、电磁阀进入蒸发器对水进行冷却，电磁阀关闭，制冷系统停止工作。压缩机工作的起、停由压缩机吸入端压力继电器控制，与制冷系统工作原理相同。在此制冷系统工作原理不再说明。

(2)冬季空气温度自动调节。冬季空气的温度比较低必须进行加热处理。加热器的工作介质一般采用蒸汽加热或热水加热。自动控制是通过温度检测元件测量，通过控制器控制气动调节阀(电动调节阀)来调节加热工作介质的流量，以改变被加热的空气温度。自动调节方法一种是单脉冲温度调节器控制气动阀(电动阀)来调节加热工作介质的流量。利用一只温度传感器检测处理后的出口空气温度，通过单脉冲温度调器控制气动阀(电动阀)，改变加热工作介质的流量来调节空气温度。这种控制方法温度波动大；另一种是双脉冲温度调节器控制气动阀(电动阀)来调节加热工质的流量。利用两只温度传感器分别检测进口空气温度和处理后的出口空气温度，通过双脉冲温度调节器控制气动阀，改变加热工质的流量来调节空气温度。这种方法调节的空气温度稳定性好，多数采用双脉控制方式。加热工作介质有锅炉蒸汽或其他设备冷却水，还可采用电加热方法。

2. 湿度的自动调节

冬季空气温度低，比较干燥，经过加热后空气更显干燥，必须对加热后空气进行加湿处理。加湿自动调节通过湿度传感器检测处理后的出口供风的湿度，通过湿度调节器控制气动阀来改变喷湿量的多少调节空气湿度。自动控制方式：一种是按比例调节喷湿量，主要由湿度传感器、比例湿度调节器、蒸汽调节阀来完成。另一种是双位式控制喷湿量，主要由湿度传感器、双位式湿度调节器、电磁阀完成。

湿度调节器有干湿球式湿度调节器、尼龙式湿度调节器、氧化锂式湿度调节器。干湿球式调节器就是利用干、湿两个球感温包压差随空气湿度而相对变化，作为控制信号。或利用干、湿两个球的电阻随空气湿度而相对变化，作为控制信号。尼龙式湿度调节器利用尼龙的长度随相对湿度的改变而成正比例变化的特性，作为湿度变化发讯元件，产生控制信号。氧化锂式湿度调节器利用氧化锂电阻大小随空气湿度变化而变化的特性，作为检测元件，产生控制信号。

3. 风量的自动调节

风机的压头和排风量是根据各舱室布风器开足时来确定的，如某些舱室的布风器关小或关闭时，总的供风量就要减少，风机的压头以及风机出口和风道中的静压力就增加，从而使其他舱室的供风量增加，噪声也加大。因此必须设置静压调节系统。

空调系统中静压调节组成主要由压力感受器、风压调节器、执行驱动机构（伺服电机或气动装置）、风门机构等组成。

船舶空调系统中的静压控制可根据静压调节器的安装位置不同分为集中式空调器的静压调节和风管的静压调节。

（1）集中式空调器静压调节。集中式空气调节器的静压控制方法是依靠安装在空气分配室的压力感受器检测空气分配室的静压变化，经静压调节器放大处理发出控制信号，通过电动或气动执行机构调节供风量或出风量，来保持空调分配室中静压的稳定。

（2）风管静压调节。风管静压调节就是依靠安装在风管中的静压感受器感受风管的静压变化，通过风压调节器控制执行元件，驱动风门机构改变风管中空气流量，从而调整风管的静压。

任务三　船舶空调系统电力拖动控制实例

一、系统概述

该系统由 PLC 控制，主要由空气处理单元、压缩制冷单元、水冷却单元等组成。采用蒸汽加热方式和蒸汽喷湿方式。

1. 空调设计条件

空调设计条件如表 9-1 所示。

空调设计条件　　表 9-1

冬天	室外	温度 -10℃	—
夏天	室内	温度 20℃	相对湿度 50% r·h
	室外	温度 35℃	相对湿度 70% r·h
	室内	温度 28℃	相对湿度 50% r·h

空气流比例：50% 新空气，50% 返回空气；

提供新空气量：30m^3/h per person as per minimum（每人每小时至少 30m^3 新空气）

制冷凝剂：氟利昂 R404a；

加热处理方式：蒸汽　4bar（400KPa，即 400 千帕）；

加湿处理方式：蒸汽　4bar；

提供电源：3 ×440V 60Hz

2. 空气处理单元 AHU（AIR HANDLE UNIT）

空气处理单元型号 UTA45S 150 pos. r，主要组成部分见表 9-2。

船舶空调系统主要组成部分 表 9-2

序号	组成	内容	说明
1	空气吸入及混合部分	两个风档，即两个空气流量调节器。及其连接部分	
2	空气过滤器	合成纤维过滤器，CLASS G4	
3	加热部分	铜质加热盘管 加热能力为 146kW 加热消耗量为 246kg/h 加热介质为蒸汽（3bar） 防结霜恒温器 KP61	
4	加湿部分	蒸汽喷嘴，蒸汽消耗量 54kg/h	
5	冷却部分	铜质冷却盘管 冷却能力 101.5kW 蒸发器输出温度为 6.8℃ 不同压力传感器（P233）	
6	排风部分	风机	风机型号 BDB450T 风流量 14256m^3/h 速度 2779rpm（每分钟转速） 总压力 2719Pa 输出外部压力 2000Pa、电源功率为 14.05kW
		风机电机	电机型号 GB160MB 2 输出功率 17.25kW 电机速度 3516rpm 电压 3×440V、60Hz In/Is 26.03/195.23Amp 绝缘等级 F
7	AHU 控制单元	双金属温度表型号 TYP48（−30～12℃） 过滤器 DN40 二位电机控制阀 DN20 阻气阀（凝汽阀）JF3X 湿度控制器 HMH 湿度变换器 HTC-H 温度传感器 AUFO Pt100 电磁阀 ACP4X 压力计 21353.063 电子膨胀阀 AKV20-3（线圈 230V/60Hz）	

二、空调系统图及电路图

图 9-2 为空调系统结构示意图，主要由空气处理单元 1、制冷单元 2、水冷却单元 3 三大部分组成。图 9-3 为压缩机主电路、风机主电路、控制电源电路图。

压缩机主电路由电源隔离开关 60Q5、自动空气断路器 60Q2（带短路保护装置、过载保护装置）、控制压缩机接触器 110K5 主触点组成。

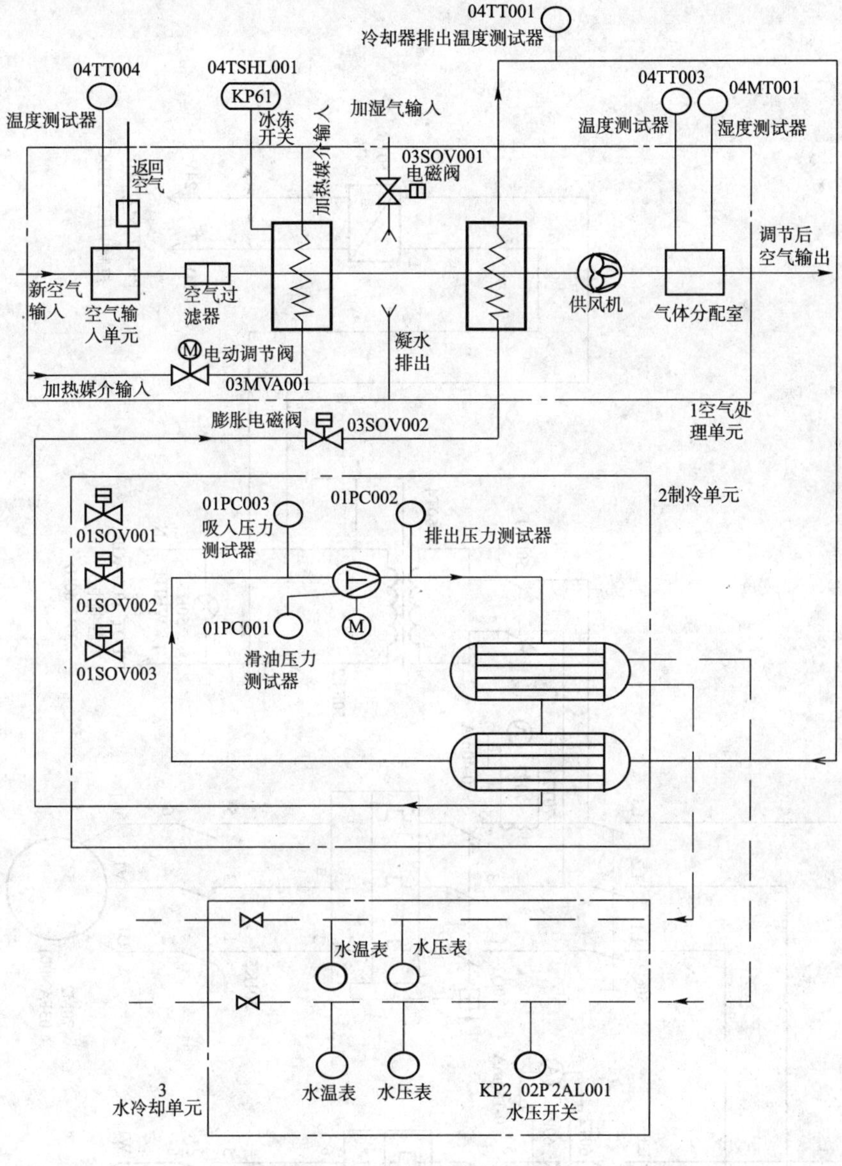

图 9-2　空调系统结构示意图

风机主电路由电源隔离开关 50Q2、自动空气断路器 70Q2（带短路保护装置、过载保护装置）、控制风机接触器 201K5 主触点组成。

控制电源电路由开关 50F4. 1、50F4. 2、变压器 50T4、电源指示灯 50H5、24V 降压/整流器组成。控制电路电路通过风机电源隔离开关 50Q2 供电。

图 9-4 为触摸屏电源电路、压缩机及曲轴加热器电路。加热电路由开关 400F2 手动控制。一般在空调系统制冷工作前几小时根据需要加热，压缩机制冷工作时加热电路不工作，控制压缩机电路接触 110K5 的常闭触点自动断开加热电路。触摸屏信号通过 RS232/RS422 信号转

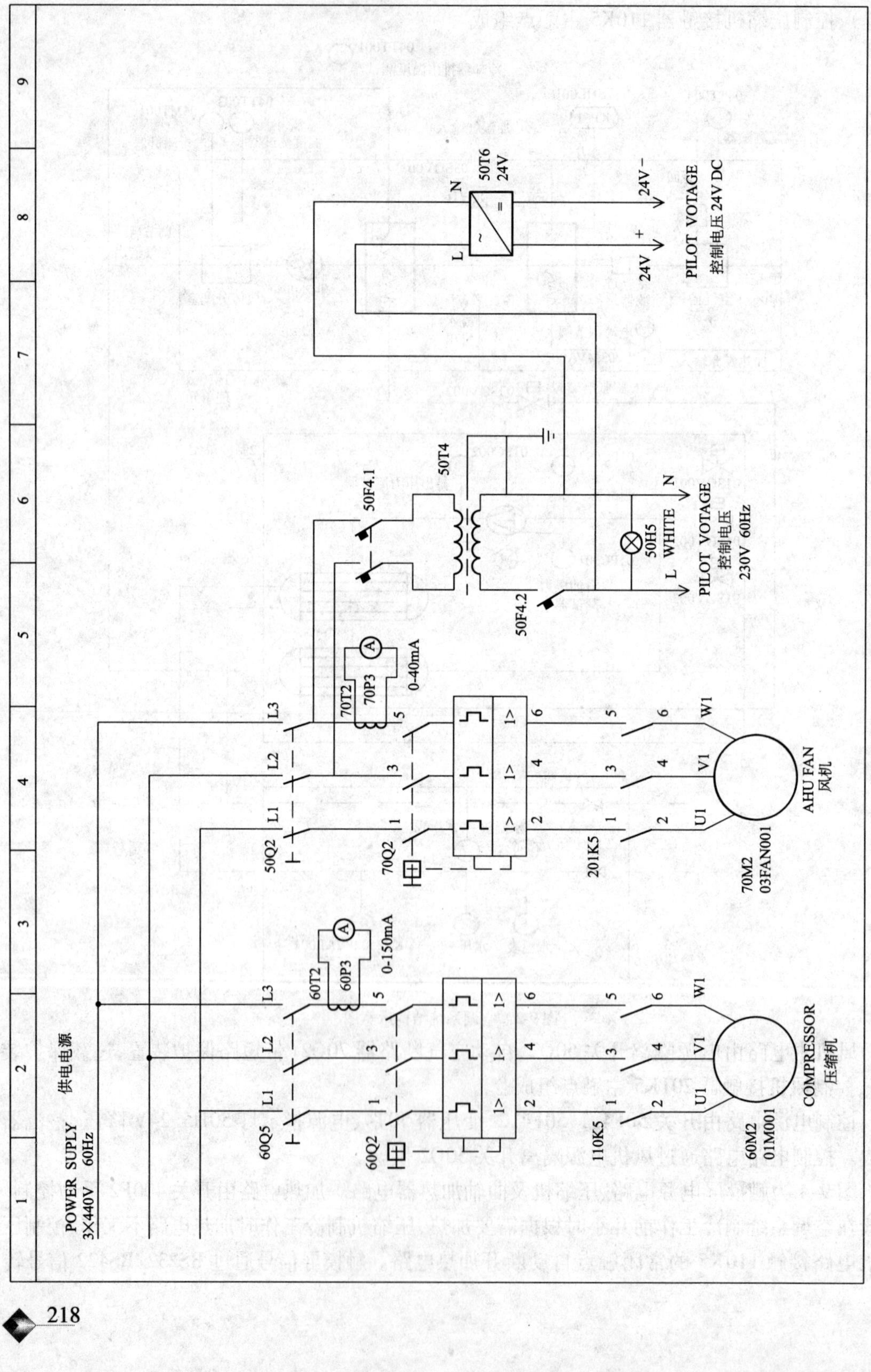

1 2 3 4 5 6 7 8 9

POWER SUPLY 供电电源
3×440V 60Hz

60Q5 L1 L2 L3
60T2
60P3
0-150mA
60Q2 1 3 5
2 4 6
110K5 1 3 5
2 4 6
U1 V1 W1
60M2
01M001
COMPRESSOR
压缩机

50Q2 L1 L2 L3
70T2
70P3
0-40mA
70Q2 1 3 5
2 4 6
201K5 1 3 5
2 4 6
U1 V1 W1
70M2
03FAN001
AHU FAN
风机

50F4.1
50T4
50F4.2
50H5
WHITE
L N
PILOT VOTAGE
控制电压
230V 60Hz

L N
50T6
24V
24V + 24V −
PILOT VOTAGE
控制电压 24V DC

图 9-3 压缩机主电路、风机主电路、控制电源电路图

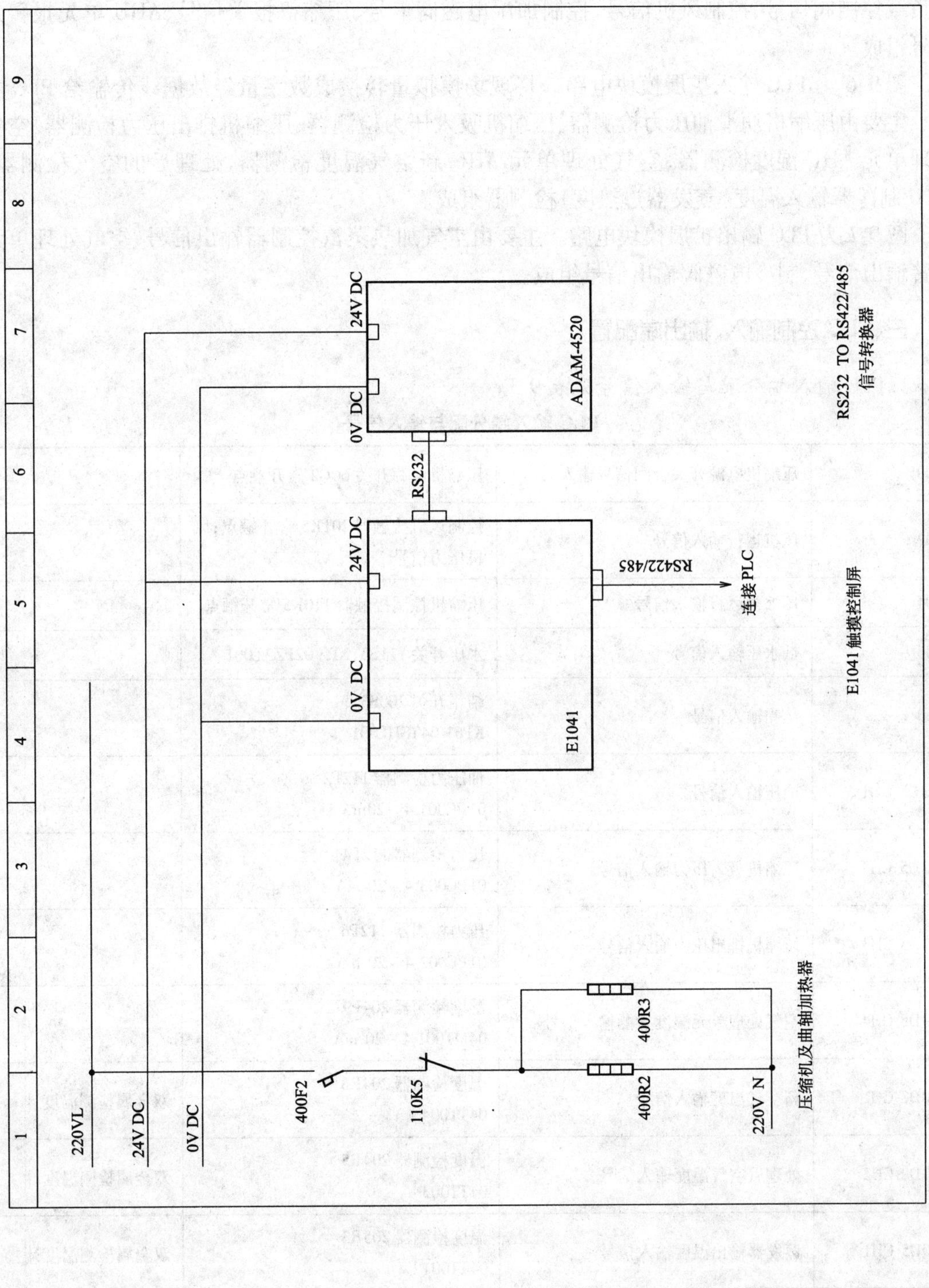
1
2
3
4
5
6
7
8
9
220VL
24V DC
0V DC
400F2
110K5
400R2
400R3
220V N
压缩机及曲轴加热器
0V DC
24V DC
E1041
RS422/485
连接PLC
E1041触摸控制屏
RS232
0V DC
24V DC
ADAM-4520
RS232 TO RS422/485
信号转换器

图 9-4　触摸屏电源电路、压缩机及曲轴加热器电路

换器(ADAM)处理后,再通过数据线 RS422/485 传输给 PLC 主机。

图 9-5 为 PLC 输入电路、输出电路。输入电路由压缩机合闸信号、风机运行输入信号、压缩机运行输入信号、低水压输入信号、冰冻开关信号组成。输出电路由控制压缩机信号、压缩机负载控制阀信号、控制风机信号、控制加湿电磁阀信号、压缩机报警信号、AHU 单元报警灯信号组成。

图 9-6 为 PLC 输入扩展模块电路。将现场模拟量转换成数字量经数据线传输给 PLC 主机。主要由压缩机润滑油压力检测器、压缩机吸入压力检测器、压缩机排出压力检测器、空气处理单元 AHU 湿度检测器、空气处理单元 AHU 新空气温度检测器、处理后的空气检测器、AHU 制冷器输入温度(蒸发器过热度)检测器组成。

图 9-7 为 PLC 输出扩展模块电路。主要由空气加热蒸汽控制器输出信号、空气处理单元报警输出信号、制冷电磁阀输出信号组成。

三、PLC 控制输入、输出端配置

1. PLC 输入端分配与输入信号见表 9-3。

PLC 输入端分配与输入信号　　表 9-3

X00	压缩机电源开关合闸信号输入	压缩机电源开关 60Q2 常开触点	
X02	风机运行输入信号	控制风机接触器 201K5 常开触点;风机压力信号	
X04	压缩机运行输入信号	压缩机控制接触器 110K5 常开触点	
X06	低水压输入信号	水压开关 111S5,KP2 02PZAL001	
X10	结霜输入信号	结霜开关 200S5 KP61 04TSHL001	
103D5 CH1	油压输入信号	油压力检测器 112P2 01PC001 4 ~ 20mA	
103D5 CH2	压缩机吸入压力输入信号	压力检测器 112P4 01PC003 4 ~ 20 mA	
103D5 CH3	压缩机排出压力输入信号	压力检测器 112P6 01PC002 4 ~ 20 mA	
103D5 CH4	空气处理单元湿度检测输入信号	湿度检测器 204P9 04MT001 4 ~ 20 mA	
100D8 CH1	新空气温度输入信号	温度检测器 204R3 04TT004	双金属检测温度计
100D8 CH2	处理后空气温度输入信号	温度检测器 204R5 04TT003	双金属检测温度计
100D5 CH1	蒸发器输出温度输入信号	温度检测器 205R3 04TT001	双金属检测温度计

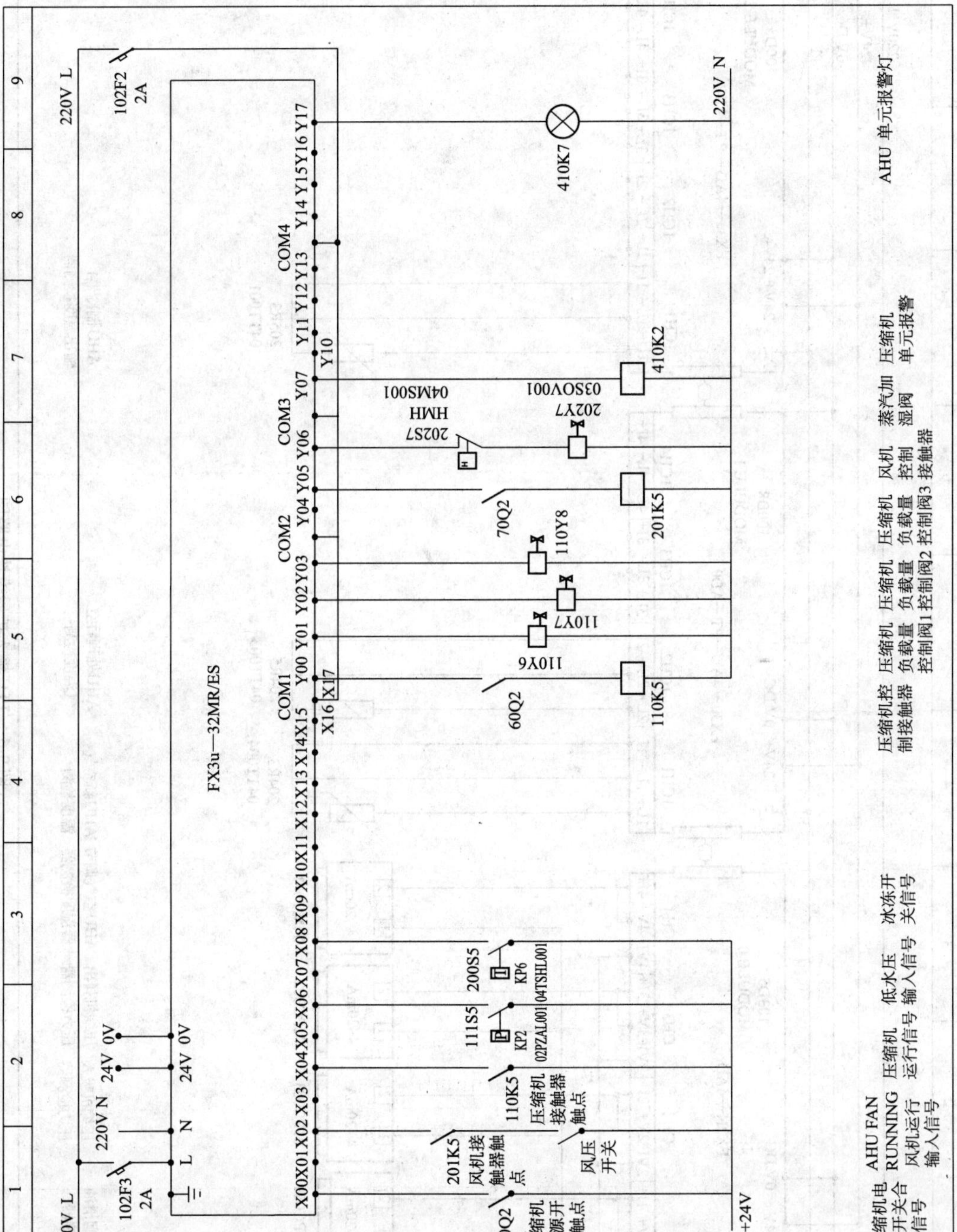

图 9-5　PLC 输入、输出电路图

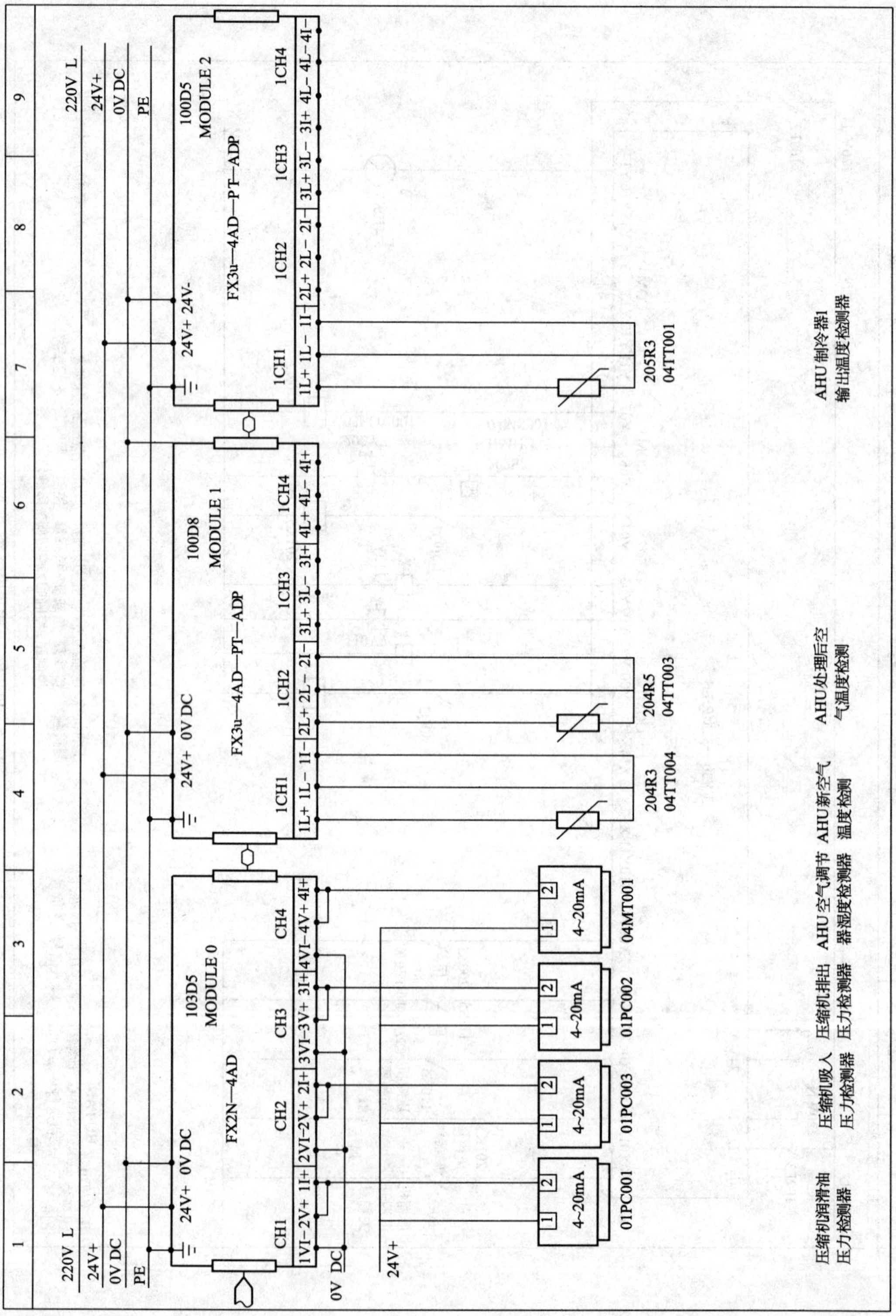

图 9-6 PLC 输入扩展模块电路图

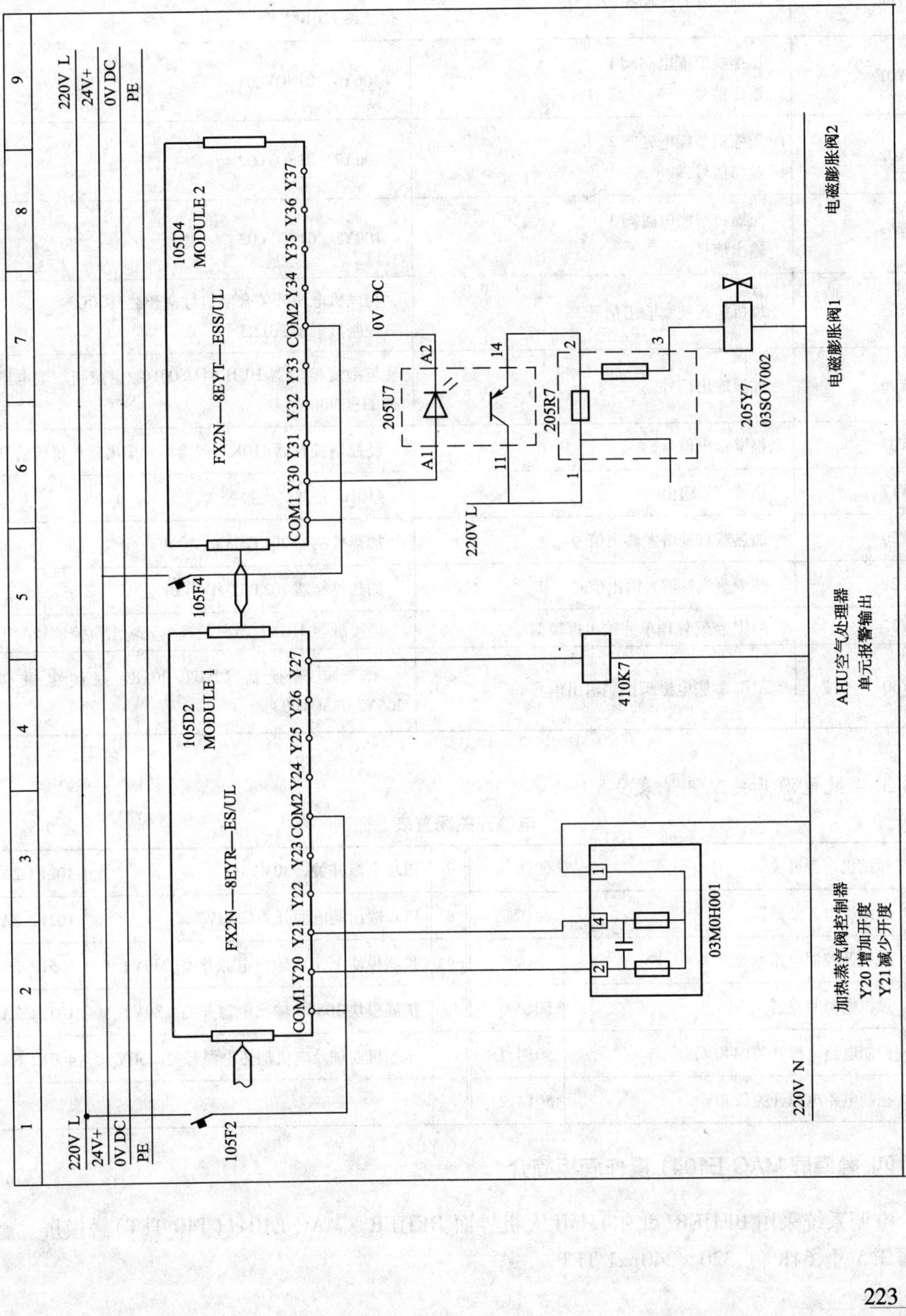

图 9-7　PLC 输出扩展模块电路图

2. PLC 输出端分配与输出信号见表 9-4。

输出端分配与输出信号 表 9-4

Y00	压缩机运行控制输出信号	与电源开关常开触点 60Q2(内部连锁触点)控制接触器 110K5
Y01	压缩机节能电磁阀 1 输出信号	100Y6 01SOV001
Y02	压缩机节能电磁阀 2 输出信号	100Y7 01SOV002
Y03	压缩机节能电磁阀 3 输出信号	100Y8 01SOV003
Y05	风机运行控制输出信号	与风机电源开关合闸信号常开触点 70Q2 控制接触器 201K5
Y06	加湿输出信号	与湿度检测器 HUH 04MS001 触点控制加湿电磁阀 03SOV001
Y07	报警输出信号	经控制接触器 410K2,制冷单元输出延伸报警信号
Y17	报警信号输出	410H5 公共灯光报警
Y20	加热蒸汽量增大输出信号	加热控制器 202T203MVA001
Y21	减少蒸汽量增大输出信号	加热控制器 202T203MVA001
Y27	AHU 空气处理单元输出报警信号	经接触器 410K7,空气处理单元输出报警信号
Y30	AHU 膨胀电磁阀控制输出信号	经光电转换器 205U7、205R7 控制电磁阀 205Y7 03SOV003

3. 系统电源开关配置见表 9-5。

电源开关配置表 表 9-5

1	压缩机电源开关	60Q5	7	PLC 电源开关(230V)	102F3 2A
2	压缩机电源断路器	60Q2	8	PLC 输出端电源开关(230V)	102F2 2A
3	风机及控制电路电源开关	50Q2	9	扩展模块 105D2 输出电源开关(230V)	105F2 2A
4	风机电源断路器	50Q5	10	扩展模块 105D4 输出电源开关(230V)	105F4 2A
5	控制电路电源开关(440V)	50F4.1	11	压缩机曲轴及电机加热电源开关(230V)	400F2 6A
6	控制电路电源开关(230V)	50F4.2			

四、触摸屏 MAC E1041 操作面板简介

空调系统采用 BEIJER(北尔)HMI 人机界面 BEIJER MAC E1041(T40 TFT)触摸屏。触摸屏 3.5 寸,64K 色,320×240px1 TFT。

通过这个操作面板,操作者可以起动或停止风机、压缩机,可以显示所有测量阀的数值、阀设置的工作点、设置的极限数值。触摸屏上设置的项目见表9-6。

触摸屏上设置的项目　　表9-6

移动键(PLANT)	按下这个键进入PLANT主菜单	
符号键	按下符号键进入下拉菜单	
状态文本键(MANUAL)	显示对象的工作状态	压缩机工作状态
输入区域	选择相应区域:数字、字母等	设置温度值
监测显示	显示相应阀值	如实际温度
按钮	起动/停止	如起动/停止压缩机
PS键	温度开关闭合/打开键	
PT键	湿度开关闭合/打开键	

触摸屏 MAC E1041 操作面板简介如下:

(1)有四个输入区域:数字输入区域、字母输入区域、选择框输入区域、确认框输入区域。有的输入区域有通过密码,密码为"YORK"。

(2)快捷键:主菜单键见表9-7。

表9-7

主菜单键	返回主菜单	
总视图键(PLANT OVERVIEW)	跳到总视图	
报警清单键	显示报警清单	
压缩机键	显示压缩机状态	
AHU键	显示AHU单元状态	
同一(部件)菜单键	显示相同的下一个部件	如从显示阀1到显示阀2
同级键	进入同级另一个项目	如从控制到监控状态

五、工作过程分析

该控制系统主要由日本三菱PLC一台FX3u—32MR/ES为主机,配有一台FX2N—4AD输入模块(模拟量转换为数字量)、两台FX3u—4AD—PT—ADP输入模块(输入模拟量转换为数字量)、一台FX2N—8EYR—ES/UL(数字量输出)、一台FX2N—8EYT—ESS/UL输出模块(数字量输出)为扩展单元。各控制端口配置情况已由分配表详细说明。系统工作模式由通过人机交互控制器MAC E1041选择进行工作。

(1)工作准备:合上表9-8开关,图9-4中的油加热器开关不能合,只有在系统停止状态下,才能允许油加热开关400F2合下,一般在系统工作前10个小时通电,以保证有足够的油温,润滑油才更好地工作。

表 9-8

1	压缩机电源开关	60Q5	图 9-3
2	压缩机电源断路器	60Q2	图 9-3
3	风机及控制电路电源开关	50Q2	图 9-3
4	风机电源断路器	50Q5	图 9-3
5	控制电路电源开关(440V)	50F4.1	图 9-3
6	控制电路电源开关(230V)	50F4.2	图 9-3
7	PLC 电源开关(230V)	102F3　　2A	图 9-5
8	PLC 输出端电源开关(230V)	102F2　　2A	图 9-5
9	扩展模块 105D2 输出电源开关(230V)	105F2　　2A	图 9-7
10	扩展模块 105D4 输出电源开关(230V)	105F4　　2A	图 9-7

(2)通过 MAC E1041 触摸屏设置温度、湿度、压力工作点值和工作极限值,一般产品出厂时,系统工作值、极限值已设定好,不用另行调整。工作时间、日期等可根据需要调整。

(3)夏季降温工作。由 MAC E1041 触摸屏选择工作模式,可自动工作方式,可手动工作方式。

①选择手动制冷降温工作方式时,系统执行手动降温工作程序。图 9-5 PLC FX3u—32MR 输出端 Y05 输出触点闭合,接触器 201K5 线圈通电,图 9-3 中的 201K5 主触点闭合,风机起动运行工作(在降温、升温、通风工况下风机都必须工作)。冷却降温系统工作情况不受温度检测器设定的工作点值限制,由定时器设定的时间来限制工作时间(由使用者根据需要设定定时器时间),即在使用者需要工作时间内一直处于制冷状态,图 9-7 PLC 扩展模块 FX2N—8EYT 输出端 Y30 输出高电位,经光电转换器使制冷器膨胀阀(03SOV002)一直开启,制冷剂一直通过冷却器进行制冷,直到设定时间到,图 9-7 中的 PLC 扩展模块 FX2N—8EYT 输出端 Y30 输出低电位,经光电转换器使制冷器膨胀阀(03SOV002)关闭,停止手动制冷工作。

手动制冷工作时压缩机制冷系统则根据吸入压力大小自动起动和停止压缩机。由压力检测元件把压力信号经转换器 01PC003 变换为 4~20mA 电流信号,由图 9-6 扩展模块 FX2N—4AD 输入端 CH2,转换为数字信号给 PLC FX3u—32MR,经程序判别,当压缩机吸入端压力高于起动值时,由图 9-5 中 PLC FX3u—32MR 输出端 Y00 触点闭合,接触器 110K5 线圈通电,图 9-3 中的 110K5 主触点闭合,压缩机起动运行。当吸入压力低于设定值时,图 9-5 中 PLC FX3u—32MR 输出端 Y00 触点断开,接触器 110K5 线圈断电,图 9-3 中的 110K5 主触点断开,压缩机断电,停止制冷运行。压缩机如此反复工作。

②选择自动工作方式时,系统执行自动制冷降温工作程序。图 9-7 中的制冷器膨胀阀 03SOV002 由 AHU 单元制冷器输出端制冷剂经图 9-6 中热度检测器 04TT001 调节。空气温度增加,制冷剂过热度增加。空气温度减小,制冷剂过热度也减小。图 9-6 中的检测器 04TT001 的电阻值随制冷剂过热度变化而变化,过热度信号转换成 4~20mA 电流信号,经图 9-6 中输入模块 FX3u—4AD 输入端 CH1 送给该模块转换成数字信号,经数据线送给图 9-5 中 PLC

FX3u—32MR。经 PLC FX3u—32MR 执行程序与设定值进行比较判断，当检测数值大于设定值时（过热度增加），图 9-7 中 PLC 扩展模块 FX2N—8ERT—ESS/UL 输出端 Y30 输出的脉冲信号宽度（占空比）增大，即宽度增加，单位时间内电磁阀增加打开时间，相当于制冷剂流量增大，制冷能力增加，供风温度下降。当检测数值小于设定值时（过热度减小），FX2N—8ERT 输出端 Y30 输出脉冲宽度减小，单位时间内电磁阀打开时间减小，制冷剂流量降低，制冷能力下降，供风温度增加。如此反复调节使供风温度保持在一定的范围内。

压缩机制冷系统工作情况与手动制冷工作方式基本相同。当制冷系统负荷量增大时，PLC 控制系统根据负荷量的大小使图 9-5 中 FX3u—32MR 输出端 Y01、Y02、Y03 触点分别相应闭合（断开），压缩机工作缸数相应增加（减少），压缩机输出制冷量增加（减少），以适应负荷变化时，制冷量也相应变化。这样压缩机自动调整工作负荷，减少能量消耗。

由于夏季空气湿度比较大，不用对空气进行加湿工作，特别是降温后湿度增加，应进行除湿工作，由除湿器来完成。不用人为控制。

（4）冬季加热升温工作和空气加湿工作。由 MAC E1041 选择工作模式，可自动加热、加湿工作方式，可手动升温工作方式。

①选择手动加热工作时，系统执行手动加热工作程序。图 9-5 中 PLC FX3u—32MR 输出端 Y05 输出触点闭合，接触器 201K5 线通电，图 9-3 中接触器 201K5 主触点闭合，风机起动运行工作（在降温、升温、通风工况下风机都必须工作）。图 9-7 中 PLC 扩展模块 FX2N—8EYR 输出端 Y20 触点闭合，经控制器 03MVA001，使阀打开，蒸汽进入加热盘管，对空气进行加热。加热时间由使用者通过图 9-4 中 MAC E1041 定时器设定时间，时间结束图 9-7 中 PLC 扩展模块 FX2N—8EYR—ES/UL 输出端 Y21 输出端触点闭合，使阀门关闭，停止加热工作。

手动加热工作时，加湿器工作情况由供风空气分配室图 9-6 中湿度检测器 04MT001 检测，将温度信号转换成 4～20mA 电流信号，再经 PLC 扩展模块 FX2N—4AD 输入端 CH4 输入，转换成数字信号给 FX3u—32MR，经执行程序与设定值进行比较，检测湿度值低于程序设定值时，图 9-5 中 PLC FX3u—32MR 输出 端 Y06 输出端触点闭合，且图 9-5 中结霜开关 04TSHL001 不动作，即没有结霜现象，图 9-5 中电磁阀 202Y7 通电，蒸汽加热阀门打开，进行喷湿工作。当 04MS001 检测湿度值高于设定值时，PLC FX3u—32MR 输出端 Y06 输出端触点断开，电磁阀 202Y7 断电，阀门关闭，停止喷湿工作。如此反复自动控制湿度。

②选择自动加热、加湿工作时，图 9-5 中 PLC FX3u—32MR 输出端 Y05 输出触点闭合，接触器 201K5 线通电，图 9-3 中 201K5 主触点闭合，风机起动运行工作（在降温、升温、通风工况下风机都必须工作）。新鲜空气温度由图 9-6 中温度检测器 04TT004、供风温度检测器 04TT003 将检测的温度信号经 PLC 扩展模块 FX3u—4AD 输入端 CH1、CH2 输入，并转换成数字信号送给 PLC FX3u—32MR 经执行程序分析判断，由图 9-7 中扩展模块 FX2N—8EYR 输出端 Y20、Y21 输出控制信号。当检测的温度值低于设定值时，扩展模块 FX2N—8EYR 输出端 Y20 触点闭合，经 03MOH001 输出信号使蒸汽阀开度增大，增大加热量。当检测温度低于某一设定值时，扩展模块 FX2N—8EYR 输出端 Y21 触点闭合，蒸汽阀开度减小，减小加热量。如此反复调整使温度保持在一定范围内。

在自动加热工作的同时，加湿工作也自动进行。自动加湿工作与手动加热方式下的加湿工作控制规律相同。不再说明。

(5)自然通风工作。自然通风工作一般是在春季、秋季。这两个季节温度一般在15～25℃之间，比较适合人员的工作、生活需要，不用进行加热或降温。但为保证空气的质量清新，对人员的生活和工作空间进行一定量的换气，也是必要的。这个季节PLC控制系统只执行通风程序，保证风机正常工作即可。控制比较简单。这里不再说明。

(6)全自动工作方式。控制系统全自动工作方式时，PLC控制系统根据温度检测信号、湿度检测信号、过热度检测信号等各种信号，与程序设定的数值相比较，然后执行相应程序，进行加热、加湿、降温、通风工作。在各种工况的情况下，根据检测数值的大小自动调节加热量大小、加湿量的大小、制冷量的大小，保证各种工况在一定的范围内稳定工作。如果外界环境温度低于15℃以下，系统执行加热程序，同时温度低于程序设定值时，进行加湿工作；如果环境温度在15～25℃之间，系统执行单独通风程序；如果环境温度高于25℃时，系统执行降温程序。

(7)船舶空调系统保护、报警、故障(表9-9)。

船舶空调系统保护、报警、故障说明　　表9-9

项　目	说　明
压缩机过载、短路保护	电源开关60Q2跳闸
压缩机绕组温度保护	内部开关断开控制压缩机接触器断电
风机过载、短路保护	电源开关70Q2跳闸
加热盘管结霜报警	温度太低结霜开关KP61动作
湿度传感器故障报警	湿度传感器04MT001或接线故障
户外温度传感器故障报警	温度传感器04TT004或接线故障
供风温度高报警	供风温度高于设定极限值
供风温度低报警	供风温度低于设定极限值
供风温度传感器故障	温度传感器04TT003或接线故障
冷却水低压报警	没冷却水或压力低
压缩机排出压力报警	排出制冷剂压力高于设定极限值
润滑油压力报警	润滑油系统故障、压力低
压缩机绕组温度报警	电机绕组温度高于极限设定值
润滑油传感器故障	润滑油传感器01PC001或接线故障
压缩机控制接触器故障报警	接触器110K5线圈断电
压缩机吸入压力传感器故障	压力传感器01PC003或接线故障
PLC电池电压低报警	更换电池
PLC不是运行模式	开关不在RUNING位置
PLC内部24V直流电源故障	内部电源故障与厂商联系

任务四　船舶空调系统试验

一、试车准备

(1)制冷设备及管系安装结束;管系清洁采用清洗剂或制冷剂的方法按照服务商要求以及用氮气冲净,确保管路没有杂质。

(2)冷凝器的海水管系已用海水进行通水效用试验合格。

(3)冷凝器上安全阀开启压力为2.3MPa。

(4)冷库密性试验结束。

(5)冷凝器安全阀开启压力整定为2.3MPa。

二、制冷剂 R404a 系统的气密试验

系统进行气密试验所用气体为氮气。空调系统采用 R404a 制冷剂,低压侧和高压侧的气密试验的规定压力为2.0MPa 和2.4MPa。

(1)关闭制冷压缩机排气阀与吸气阀,使氮气与加氟阀接通徐徐开启氮气瓶头阀,让氮气充入系统,使低压侧达到试验压力2.0MPa。

(2)将低压侧与高压侧隔断,即隔离热力膨胀阀、电磁阀、手动膨胀阀、隔离高低压继电器、压力表等自控仪表,继续充氮气使高压侧达到气密试验的规定压力2.0MPa,待稳定后,关闭瓶头阀并移开氮气瓶。

(3)当系统内达到2.4MPa 试验压力后,使系统保持试验压力24h,每隔8h 作一次记录。在此时间内若环境温度不变,压力也不应变化;若环境温度变化使系统内产生压力降,如压力降不变,压力也不大于0.034MPa,则可认为管系不漏。

(4)在系统承受压力期间,应进行观察有无漏气处,这时可用肥皂水涂在焊缝、连接管及阀等接头处,全面检查找出漏气地方,等修补完好后,再照上述方法作气密试验,直到符合要求为止。

三、制冷系统抽真空试验

应用抽真空法进行干燥及检查密性。

(1)选用一台真空泵,将其吸气端与制冷剂系统中加氟阀接头相连接,整个制冷管系中除压缩机车头上吸、排气截止阀关闭外,其余所有加氟阀全部开启。多次开动真空泵直到制冷剂系统抽到 -0.096MPa 以上时停车,随即关闭加氟阀静置8h。检查管路及制冷压缩机的真空密性、管路及压缩机的真空度应能保持在 -0.087MPa 以上。

(2)在上述试验结束后,关闭制冷压缩机的吸排气阀,用真空泵继续抽管路的空气,使真空度抽到一定要求值时停车,检查管路的真空密性。在静置24h 后真空度应保持在710mm 水银柱以上,即管路的真空度基本上保持在 -0.096MPa,则认为制冷管系基本上不漏,制冷剂系统的抽真空试验合格。

四、系统充制冷剂—氟利昂 R404a

制冷系统经气密试验、抽真空试验合格后,可充氟利昂 R404a,系统内充足 R404a,一台压

缩机约为160kg。润滑油60L。

五、自动控制调整试验

1. 高低压控制器动作试验

高压端:停车压力整定值为2.2MPa;

低压端:压力整定值为停车为0.07MPa,开车为0.14MPa。

高低压控制器的高压端是安全保护装置,当运转时排气压力超过2.1MPa时能自动切断电路而停车,并发出报警讯号;当排除故障,手动复位才能开车。低压端接入空调装置的自动控制回路,使空调装置处于自控状态。上述高、低端的动作试验各进行两次。

2. 油压差控制器动作试验

油压控制器的压力差整定值:0.25~0.35MPa。

润滑油压力应高于回气压力或曲轴箱压力,如果压缩机曲轴箱内油泵压力失压,此时压差控制器自动切断电源,压缩机停车。上述动作试验进行两次。

制冷压缩机自动卸载试验(重复两次)控制压力现场调节。

3. 温度控制器动作试验

温度控制器的温度整定值:断电25℃、复电28℃。

当回风温度达25℃时,温控器使电磁阀断电,切断制冷剂,压缩机进行卸载;当回风温度上升至28℃时,电磁阀通电,开始供入制冷剂制冷。在制冷过程中调节热力膨胀阀,使空调器内的蒸发管上凝水均匀。

4. 水压力控制器动作试验

水压力控制器的压力整定值为0.08MPa,当空调水泵运转,水管压力达到整定值,压缩机才能起动,否则压缩机停车。

六、空调试验条件

空调降温工况试验拟在舱外干球温度35℃,相对湿度为70%为宜。

七、单独通风试验

检查风机的通风量、风压、风速,风机电机的转速、电流、电压、功率。各项指标是否符合图纸要求。检查风管的泄漏情况。

八、空调降温效用试验

降温试验前,关闭各舱室通往外界门窗,开启有关阀门,起动通风机、海水泵和制冷压缩机,调试各舱室布风器和风量,然后试验降温效用,时间为6h。符合规定舱室温度为27℃+2℃,舱室相对湿度为50%。

试验时下列各项参数应每小时测量记录一次:

(1)舱室内、外的温度,相对湿度;

(2)回风温度;

(3)空调器的进、出风温度;

(4)制冷剂气体压力(高压、低压、油压);

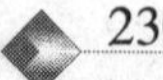

(5)制冷剂气体温度(吸入);

(6)冷凝器海水进、出温度;

(7)舱室内布风器出风温度;

(8)制冷压缩机电机和风机电机的转速、电流、电压。

试验结束后,测量制冷压缩机电机和风机电机的热态绝缘值不小于1μΩ,检查机舱集控台上制冷单元分显示器工作的正确性。试验机组一拖二工况。

九、空调采暖试验

采暖试验前应关闭各舱室通往外界的门窗,将空调器空气冷却器管内的R404制冷剂抽尽,然后关闭系统中有关R404管系中的阀件,此时起动风机,开启蒸汽阀,并观察双温包补偿式温度调节器的自动调节情况。采暖效用试验时间为6h,试验时检查各舱室的温度、湿度,各舱室温度、湿度应符合设计要求。

舱室温度:22℃ +2℃

舱室相对湿度:50%

试验时进行手动加湿试验,使空调舱室内的相对湿度达到设计要求。试验时如果环境条件和设计条件有差别,则允许只作空气加热器的加热试验。试验时下列各项参数每小时测量记录一次:

(1)舱室内温度、湿度;

(2)外界空气温度、湿度;

(3)回风空气温度;

(4)空气进、出加热器温度;

(5)舱室内布风器出风温度;

(6)蒸汽进加热器压力;

(7)空调风机电机的转速、电流、电压。

思考与练习 SIKAO YU LIANXI

9.1　简述船舶空调系统组成。

9.2　空调应设置哪些自动调节?

9.3　简述夏季空气调节过程。

9.4　简述冬季空气调节过程。

9.5　简述取暖过程工作要点。

9.6　简述船舶空调系统自动控制调整试验内容。

9.7　简述船舶空调系统降温效用试验流程。

第五部分　船舶防污系统的电力拖动控制

本部分中包含有三个项目,项目为“船舶焚烧炉系统的电力拖动控制”、“船舶油水分离器系统的电力拖动控制”、“船舶低硫油系统的电力拖动控制”。通过本部分的学习,学会电气控制系统的组装和调试;能对照船舶防污系统的电气原理图排除电路常见故障;会撰写船舶防污系统的电气控制系统检修维护报告书。

项目十　船舶焚烧炉系统的电力拖动控制

● **教学目标**

能力目标

1. 能安装与调试船舶焚烧炉系统的控制线路;
2. 对照船舶焚烧炉系统电气原理图排除电路常见故障;
3. 能撰写船舶焚烧炉电气控制系统检修维护报告书。

知识目标

1. 了解船舶焚烧炉系统的作用、结构、分类;
2. 学会识读船舶焚烧炉的电气系统图、原理图、接线图及规范;
3. 会分析船舶焚烧炉系统的控制线路;
4. 会船舶焚烧炉系统的调试及故障排查。

情感目标

1. 具备良好的职业道德;
2. 具备严谨的工作态度;
3. 具备良好的环保意识;
4. 具备团队合作精神。

任务一　焚烧炉系统组成及主要功能认识

一、焚烧炉的作用

焚烧炉是船舶上用于焚烧货油舱和燃油柜清理出的废油、舱底油水分离器产生的废油、油水分离器分离出来的废油、油水分离机分离的油渣以及船内垃圾,包括塑料类的固体垃圾和污水处理装置排出的污泥等的重要防污设备。

焚烧炉系统应具有使用安全可靠、点火容易、体积小、热容量大(耗能少)、操作简单并具有手动、自动控制功能。废物焚烧后,排除的气体无色、无臭。残余物无毒、无菌、不能造成二次污染等特点。所以焚烧炉是大型船舶的必备设备。是各船级社检验项目设备。

二、焚烧炉系统的工作过程

船舶上产生的一些废物必须经过高温焚烧,才能转化为对环保无害的烟气和灰渣。船上废物经预处理后供给焚烧炉焚烧,经过冷却、净化的烟气和残剩的灰渣分别排出舷外。液体废物预处理一般是指液体废物注入焚烧炉前,在污油柜内把各种液体废物掺和在一起,通过搅拌、粉碎和加热,形成热值较为稳定的均质乳状液,保证燃烧的稳定性。废物在炉内能否完全、有效地焚烧,主要取决于炉内的温度和燃烧的产物停留的时间。焚烧炉的排烟须经冷却稀释,才能排出船外,否则不附和防污安全规范,为防止烟气或火焰外漏,焚烧炉通常在负压下工作。

焚烧炉系统的热平衡,其产生的热量是焚烧废物产生的热量和燃烧辅助燃料产生的热量之和,支出热量是排出烟气的热量和焚烧炉体散入四周介质的热量之和,为了建立和维持炉膛高温(一般在 850 ~ 1150℃之间),加入热量必需等于支出热量。在热平等的各项中,支出热量一般变化不大,而加入热量因废物的种类、含水率变化而变化。为使热量维持平衡,维持炉内温度在一定范围内,在调节废物加热量的同时,改变辅助燃料的加入量是调节焚烧炉热量平衡最常用的方法。为焚烧一定量的废物,当加入的废物发热值很低时,应补充适当的辅助燃料是必要的。

三、焚烧炉的种类

(1)焚烧炉按燃烧器不同分为旋转喷嘴式焚烧炉、压力雾化式焚烧炉、滴下旋转式焚烧炉等几种。

(2)焚烧炉按燃烧对象不同分为:①以燃烧废油为主的焚烧炉;②以燃烧废油、油棉纱头、食品废物、液体废物(污水处理装置排出的污泥)为主的焚烧炉。

(3)按用途分,一种是焚化废油、污泥及各种固体垃圾的专用焚化炉;另一种是与辅助锅炉合并起来使用的焚化炉。与辅助锅炉合并起来使用的焚化炉既能焚化污水、污油、污泥及各种污染物,又能利用燃烧的热量产生蒸汽供船舶需要。

四、焚化炉的组成、各部分作用

焚烧炉系统一般由燃烧室本体(包括二级压力雾化式柴油燃烧器、污油泥燃烧器、污油泥计量装置、频率变换器、电器控制箱)、烟气风机、烟气风门、污油泥柜(包括液位继电器、温度继电器、污泥柜控制箱、污泥循环泵等组成)。焚烧炉的基本组成见图 10-1 所示。

1. 燃烧本体

燃烧本体是由钢结构箱体、耐火砖、绝热材料和燃烧系统组成。是固体垃圾和污油焚烧的地方。

焚烧室是一个圆柱形腔体,被燃烧物质在燃烧室内因螺旋气流作用,增大燃烧产物在炉膛内停留时间,保证被燃烧物的充分焚化。钢结构件内层与耐火砖砌成的构件间为一层硅酸铝

绝热材料，钢结构由二层钢板组成，形成空气冷却夹层。本体的顶部安装一台一级柴油燃烧器，固体废物由其点燃燃烧，在柴油燃烧器内，已安装了污油燃烧喷嘴，该喷嘴燃烧污油。当炉膛温度升至850℃以上时，便可以开启污油燃烧器工作。污油燃烧器的喷嘴，从结构上保证了污油直接雾化燃烧，不必事先将其过滤，其最大通过固体颗粒直径可达4mm。燃烧室在负压下工作，既保证了操作间的安全，又保证燃烧火焰还会喷出。

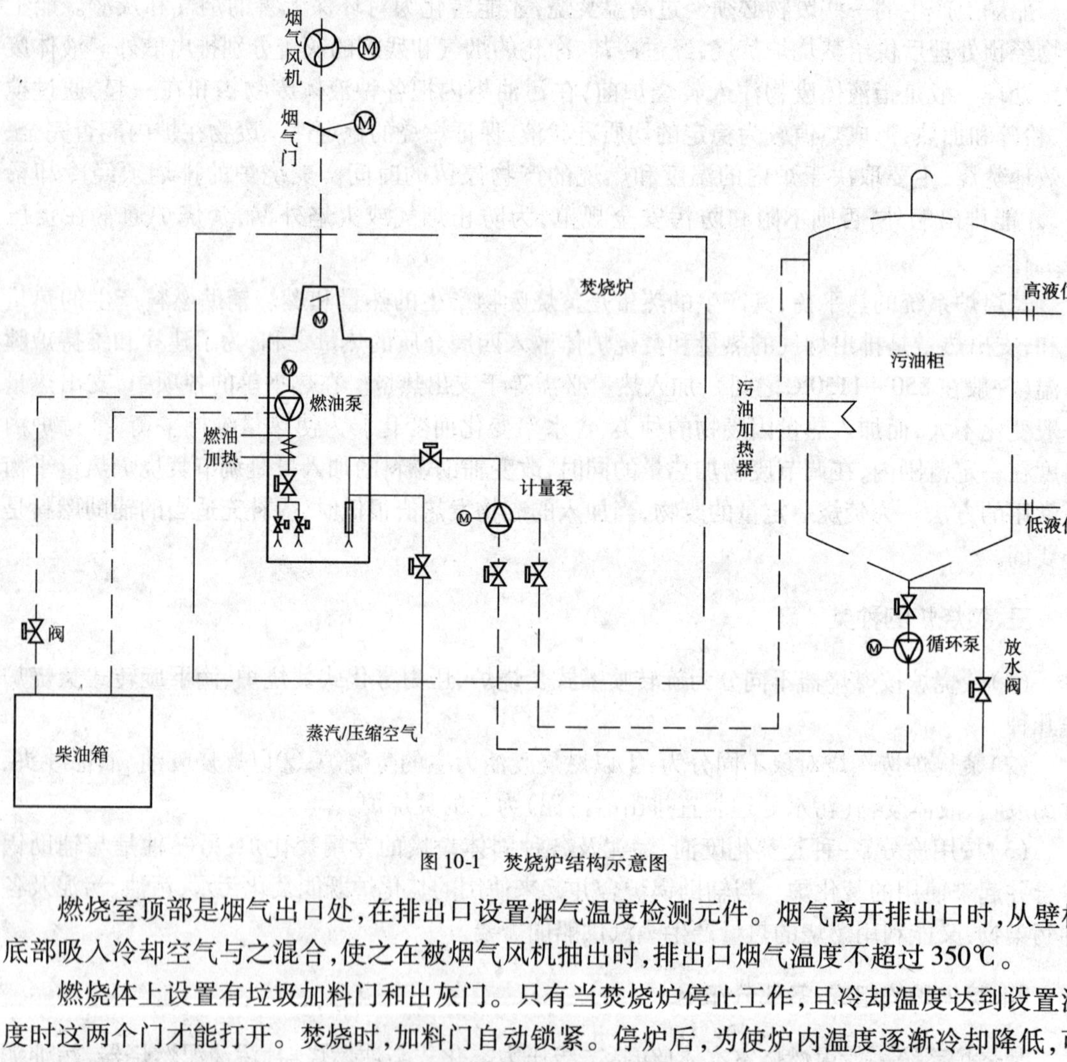

图10-1　焚烧炉结构示意图

燃烧室顶部是烟气出口处，在排出口设置烟气温度检测元件。烟气离开排出口时，从壁板底部吸入冷却空气与之混合，使之在被烟气风机抽出时，排出口烟气温度不超过350℃。

燃烧体上设置有垃圾加料门和出灰门。只有当焚烧炉停止工作，且冷却温度达到设置温度时这两个门才能打开。焚烧时，加料门自动锁紧。停炉后，为使炉内温度逐渐冷却降低，可通过温控装置及延时运行烟气风机4小时的方法保证炉温低于220℃才能开启料门。

燃烧室设有温度检测元件，用以测量燃烧室内温度，用于PLC自动控制。

燃烧室设有光敏元件，用以检测火焰燃烧情况。在加料门处配有一观察窗口，操作者从此观看燃烧室中垃圾总量和系统运行情况。

燃烧室设有压力检测元件，用以测量炉体内的压力大小，用于PLC自动控制。

燃烧室配有二级柴油辅助燃烧器，柴油辅助燃烧器由燃烧点火器、风门和柴油泵、燃油加热器等组成。配有一个污泥燃烧器采用蒸汽或压缩空气喷嘴进行雾化，与辅助燃烧器安装在

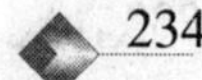

同一壁板上。燃烧器工作情况由时序器控制，辅助燃烧器工作到炉温 800℃时，污泥变量泵将柜中废液输送到燃烧室中。辅助燃烧器依据污油中含水量多少决定是否工作。燃烧器运行由 PLC 监控。

电控箱安装在焚烧炉上，主要包括保险丝、起动按钮、PLC 的操作面板。操作面板配有 LED 显示和燃烧模式选择键。燃烧过程由程序控制器、光敏电阻、温度控制器控制。为确保使用安全，炉上装有安全保护装置。

2. 烟气引风机

烟气引风机一般安装在风道上，主要作用为：①风机工作时，将外界空气从焚烧炉本体下部引入炉体的夹层中，使炉体表面温度不高于环境温度 20°左右，并且将这些空气向上与炉膛高温烟气充分混合，使排烟温度迅速冷却到 350℃以下。②引风机工作使炉膛形成负压，保证燃烧火焰不外溢，确保燃烧安全。③引风机工作时通过炉膛耐火砖间的通风孔向炉膛送入新鲜空气使焚烧过程进一步完全。

3. 烟气风门

烟气风门受电控箱控制，通过炉膛真空压力控制器，测量炉膛负压力大小，自动调节烟气管中的烟气流量。可以直接从电控箱面板的真空压力控制器读取炉膛风压，并调节压力到设定点。

4. 污泥柜

污泥柜为焚烧炉服务，用于存放和加热污油。主要由柜体、污油循环泵、开关阀、温度控制器、液位开关、温度计、蒸汽电磁阀、蒸汽加热盘管等组成。

使用时起动输送泵，将污油输送到污油泥柜中，输送泵与高液位开关连接。当污油泥液位到达高液位开关时，输送泵自动停止。

污泥柜中设有温度检测元件，通过温度控制器对污泥进行加热控制，确保污油温度在设定范围内(60～90℃)。一般有蒸汽加热或电加热。当温度达到最低点时进行加热。

污泥柜上装设两个控制阀(取样点)检查污泥柜中污油泥的液位。较低的用于放泻污油泥中的水。

循环泵安装在污油柜下部。此泵将一部分污油泥输送到焚烧炉中，另一部分通过回流管系返回到污泥柜中，保证污油泥和水混合充分。同时泵具有对污油进行粉碎和搅拌作用。当达到最低液位时，污泥柜上的低液位开关自动断开，将停止循环泵工作。

任务二　OG200CS 船用焚烧炉的电力拖动实例

一、OG200CS 船用焚烧炉系统的主要性能参数

LZMW-Team tec(Golar)OG200CS 型焚烧炉主要用于船舶上废油及固体垃圾的焚烧。焚烧炉设计参数见表 10-1、燃烧器设计参数见表 10-2、烟气风机设计参数见表 10-3、烟气风门设计参数见表 10-4、污泥柜设计参数见表 10-5、污泥循环泵设计参数见表 10-6、污泥计量泵设计参数见表 10-7、柴油预热器设计参数见表 10-8、电气控制箱设计参数见表 10-9。

焚烧炉设计参数 表 10-1

型号	OG200CS	
处理量： 相当于：	400.000kcal/h(465kW) 50L/h IMO 污油。(49kg/h) 固体垃圾:400L/炉 加料斗容积:55L 30L/h 污水	(cal 热量单位) IMO(20% 含水量) IMO 02 级(IMO 国际海事组织)
炉膛温度：	最高温度:1200℃ 工作温度:850～1150℃	
烟气温度：	最高温度 350℃ 工作温度 250～340℃	
表面温度：	不高于环境温度 15℃	
功率消耗	15kW	船上供电
负压	10～35mmWC(毫米水柱)	炉膛负压
总重量	3210kg	
外形尺寸	1697×1883×1894(长宽高)	

燃烧器设计参数 表 10-2

型号	F-50-45-T	制造商:Fremo
柴油耗量	18-28L/h	两种喷嘴： 2.5gph60° + 4.5gph45°(流量单位 Gallons Per Hour 加仑/每小时)
油泵	J4-CCC-1002	工作压力 16bar(bar 压力单位) 最大压力 21bar
电机	380/440V 50/60Hz,1.55/0.63kW	2800/3400rpm(每分钟转数)
点火变压器	230V/10000V	
重量	30kg	
外形尺寸	845×539×387(长宽高)	

烟气风机设计参数 表 10-3

型号	DN300 一级离心风机	设计最高承受温度 450℃
处理量	8000m³/h 300℃时	总背压 150mmWC
电机	380V/440V,50/60Hz,7.5/8.7kW	1450/1750rpm
重量	326kg	
外形尺寸	1020×1040×1030(长×宽×高)	

烟气风门设计参数　　表 10-4

型号	焊接钢质风门，带调节器	
尺寸	DN 400/300	
风门电机	GBB131.1E　24V　5VA	驱动力 200N，转动 90°所需时间为 150s
重量	68kg	
法兰间距	300mm	

污泥柜设计参数　　表 10-5

容量	净容量 1,100/1,700/2,0001	
试验压力	圆柜：1bar　方柜：0.2bar	
腐蚀保护	内层涂有生沥青环氧涂料	
法兰规格	NP16	
重量	490/566/605kg	
外形尺寸		见尺寸图

污泥循环泵设计参数　　表 10-6

型号	40WYXH-6-20
处理量	6m^3/h 2bar discharge pressure
电机	380/440V，50/60Hz，2.2/2.53kW，2840/3470rpm

污泥计量泵设计参数　　表 10-7

型号	变频控制螺杆泵以控制污油量
电机	220V，50/60Hz，0.37/0.43kW
控制速度	320 ~ 1500rpm

柴油预热器设计参数　　表 10-8

型号	TH200
额定功率	380/440V，50/60Hz，2kW

电气控制箱设计参数　　表 10-9

型号	钢制控制箱
绝缘等级	IP55
重量	56kg

二、OG200CS 船用焚烧炉系统电气原理图

OG200CS 船用焚烧炉系统电气原理图如图 10-2 ~ 图 10-7 所示。

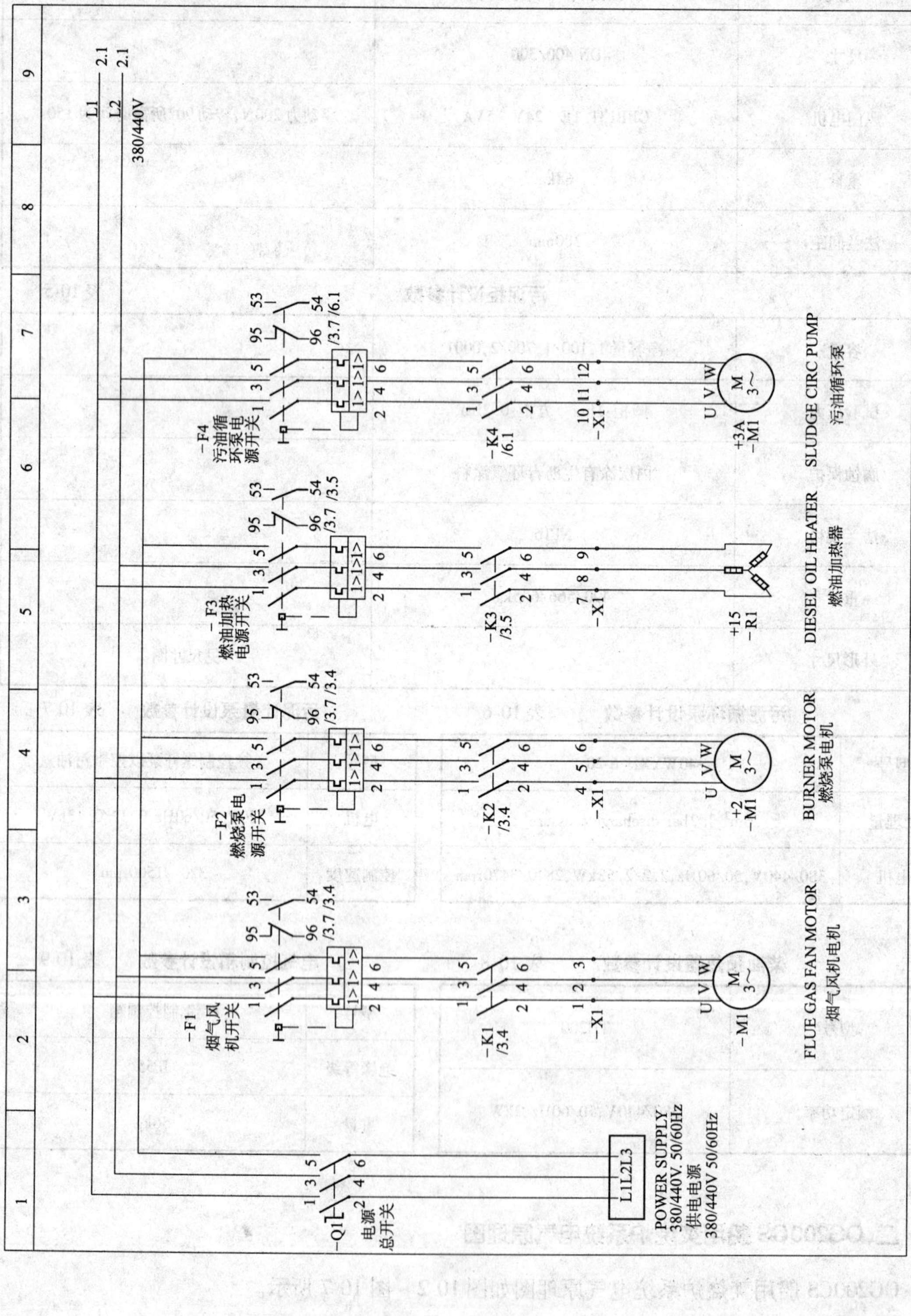

图 10-2　主电源及电机控制主电路图

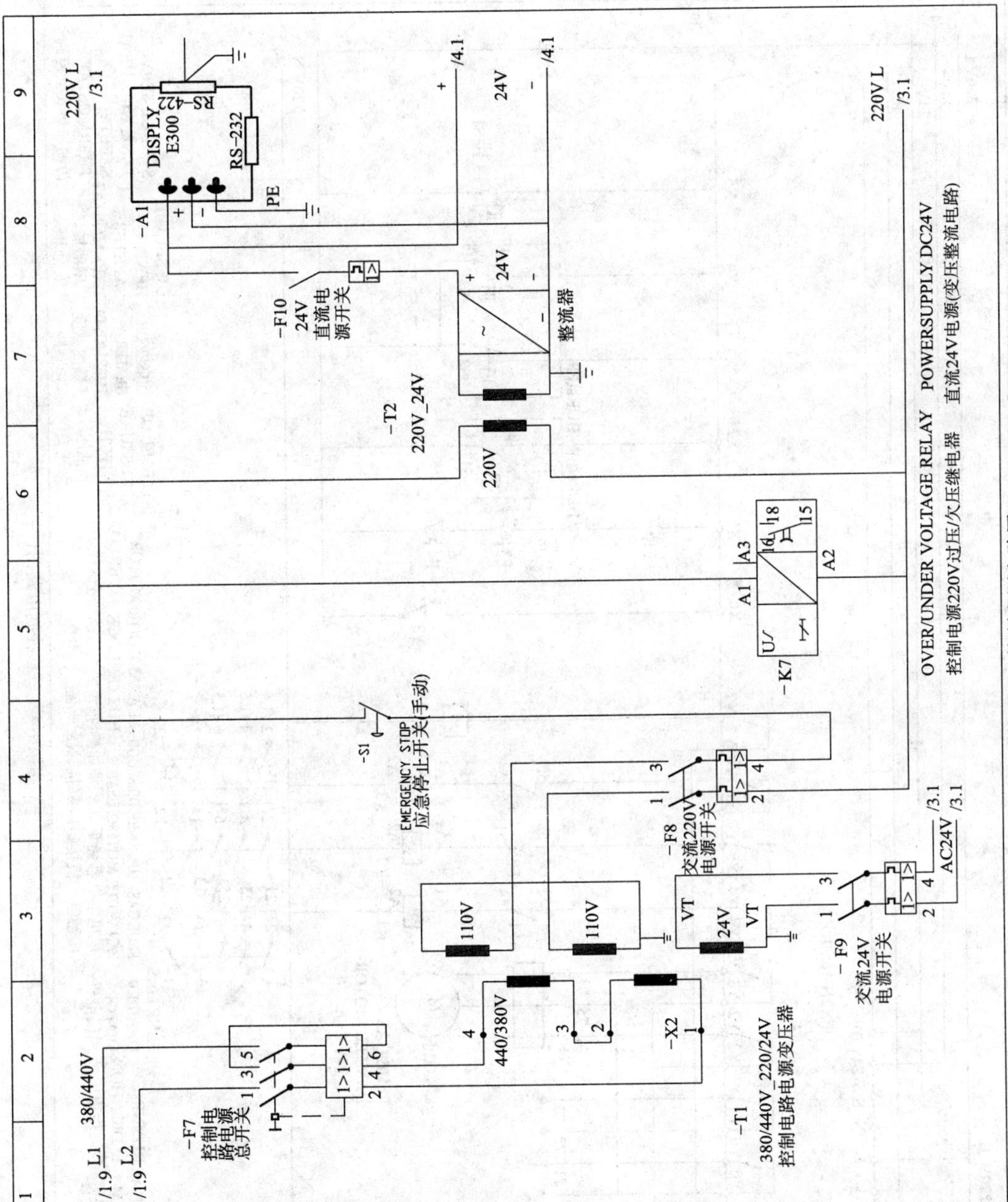

图 10-3　控制电源电路图

1 2 3 4 5 6 7 8 9

L1 /1.9
L2 /1.9
380/440V
-F7
控制电路电源总开关
1>1>1>
-T1
380/440V_220/24V
控制电路电源变压器
440/380V
-X2
110V
110V
VT 24V VT
- F9
交流24V电源开关
AC24V /3.1 /3.1
-F8
交流220V电源开关
-S1
EMERGENCY STOP
应急停止开关(手动)
-K7
A1 A2 A3
OVER/UNDER VOLTAGE RELAY
控制电源220V过压/欠压继电器
220V L /3.1
-T2
220V_24V
220V
整流器
24V
-F10
24V直流电源开关
POWERSUPPLY DC24V
直流24V电源(变压整流电路)
-A1
DISPLY E300
RS-422
RS-232
PE
24V + - /4.1 /4.1
220V L /3.1

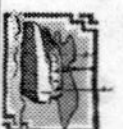

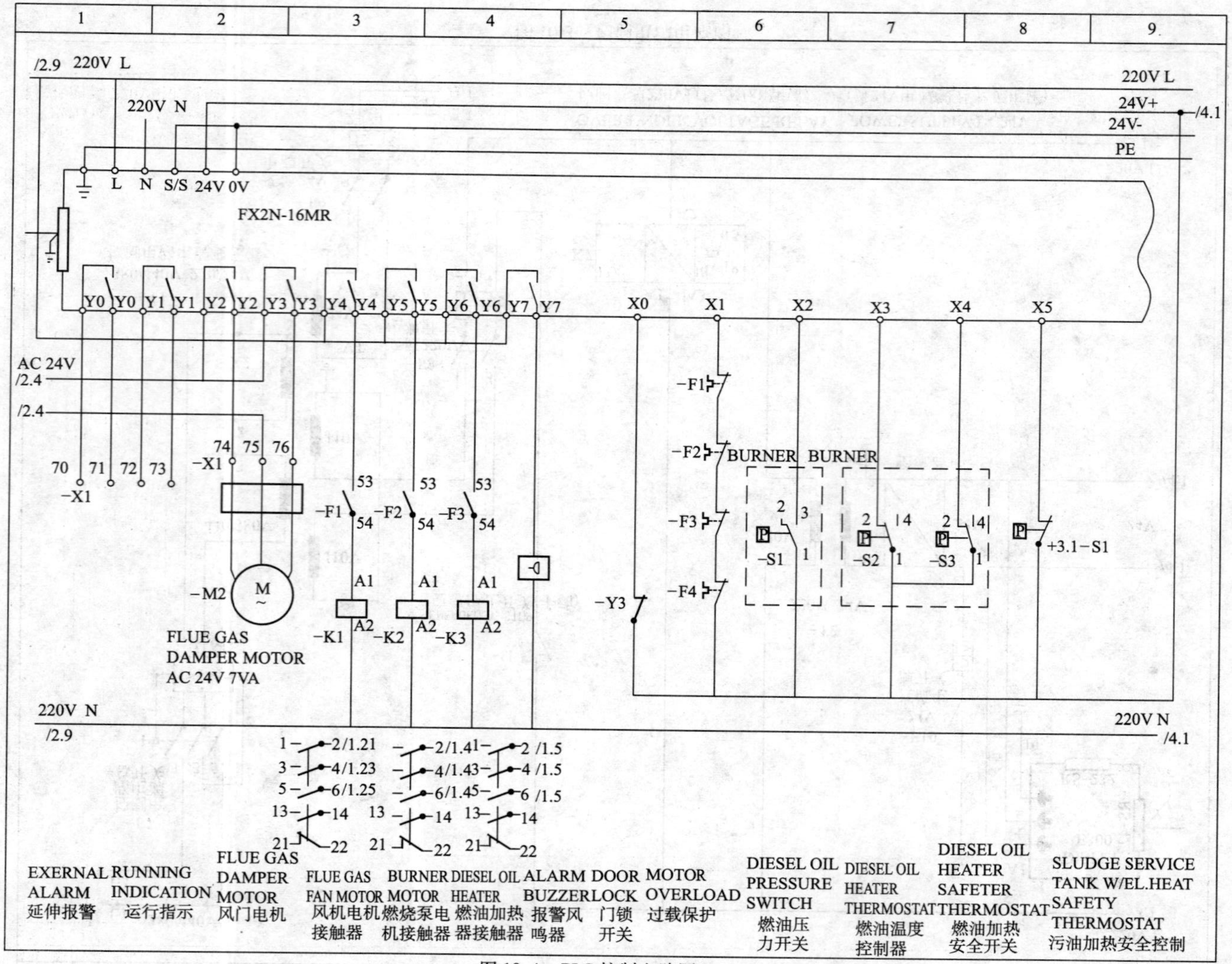
1
2
3
4
5
6
7
8
9
/2.9 220V L
220V N
220V L
24V+
24V-
PE
/4.1
L N S/S 24V 0V
FX2N-16MR
Y0 Y0 Y1 Y1 Y2 Y2 Y3 Y3 Y4 Y4 Y5 Y5 Y6 Y6 Y7 Y7
X0 X1 X2 X3 X4 X5
AC 24V
/2.4
/2.4
70 71 72 73
−X1
74 75 76
−X1
−M2
M
FLUE GAS
DAMPER MOTOR
AC 24V 7VA
−F1 53 54
−F2 53 54
−F3 53 54
A1 A2 −K1
A1 A2 −K2
A1 A2 −K3
−F1
−F2
−F3
−F4
−Y3
BURNER BURNER
−S1
−S2
−S3
+3.1−S1
220V N
/2.9
220V N
/4.1
1−2/1.21
3−4/1.23
5−6/1.25
13−14
21−22
2/1.41
4/1.43
6/1.45
2 /1.5
4 /1.5
6 /1.5
EXERNAL ALARM
延伸报警
RUNNING INDICATION
运行指示
FLUE GAS DAMPER MOTOR
风门电机
FLUE GAS FAN MOTOR
风机电机接触器
BURNER MOTOR
燃烧泵电机接触器
DIESEL OIL HEATER
燃油加热器接触器
ALARM BUZZER
报警风鸣器
DOOR LOCK
门锁开关
MOTOR OVERLOAD
过载保护
DIESEL OIL PRESSURE SWITCH
燃油压力开关
DIESEL OIL HEATER THERMOSTAT
燃油温度控制器
DIESEL OIL HEATER SAFETER THERMOSTAT
燃油加热安全开关
SLUDGE SERVICE TANK W/EL.HEAT SAFETY THERMOSTAT
污油加热安全控制

图 10-4 PLC 控制电路图(一)

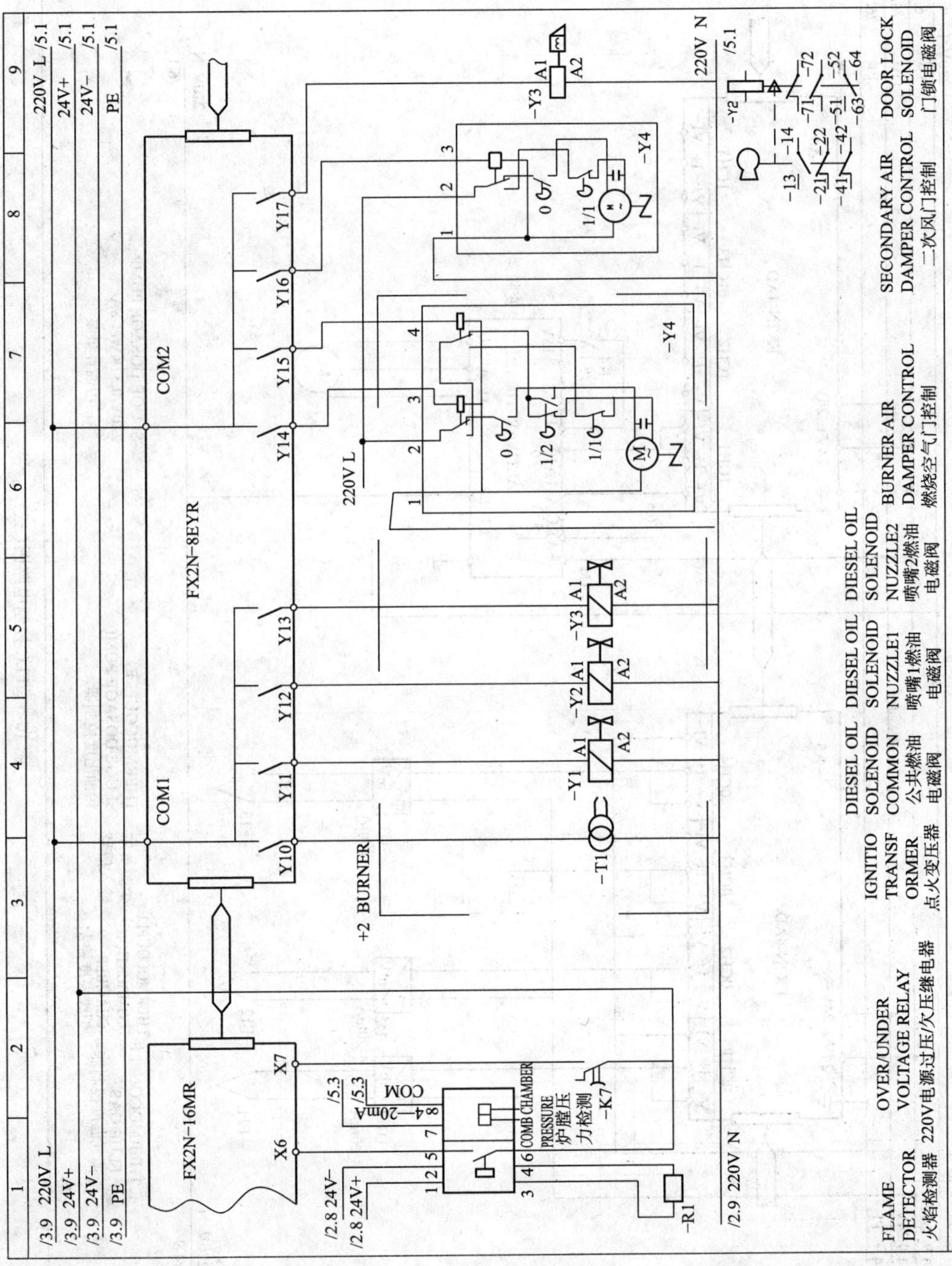

220V L
24V+
24V−
PE
FX2N−16MR
FX2N−8EYR
COM1
COM2
X6
X7
Y10
Y11
Y12
Y13
Y14
Y15
Y16
Y17
+2 BURNER
220V L
220V N
COMB CHAMBER PRESSURE
炉膛压力检测
4−20mA
COM
−K7
−R1
−T1
−Y1
−Y2
−Y3
−Y4
A1
A2
FLAME DETECTOR
火焰检测器
OVER/UNDER VOLTAGE RELAY
220V电源过压/欠压继电器
IGNITIO TRANSFORMER
点火变压器
DIESEL OIL SOLENOID COMMON
公共燃油电磁阀
DIESEL OIL SOLENOID NUZZLE1
喷嘴1燃油电磁阀
DIESEL OIL SOLENOID NUZZLE2
喷嘴2燃油电磁阀
BURNER AIR DAMPER CONTROL
燃烧空气门控制
SECONDARY AIR DAMPER CONTROL
二次风门控制
DOOR LOCK SOLENOID
门锁电磁阀

图 10-5　PLC 控制电路图(二)

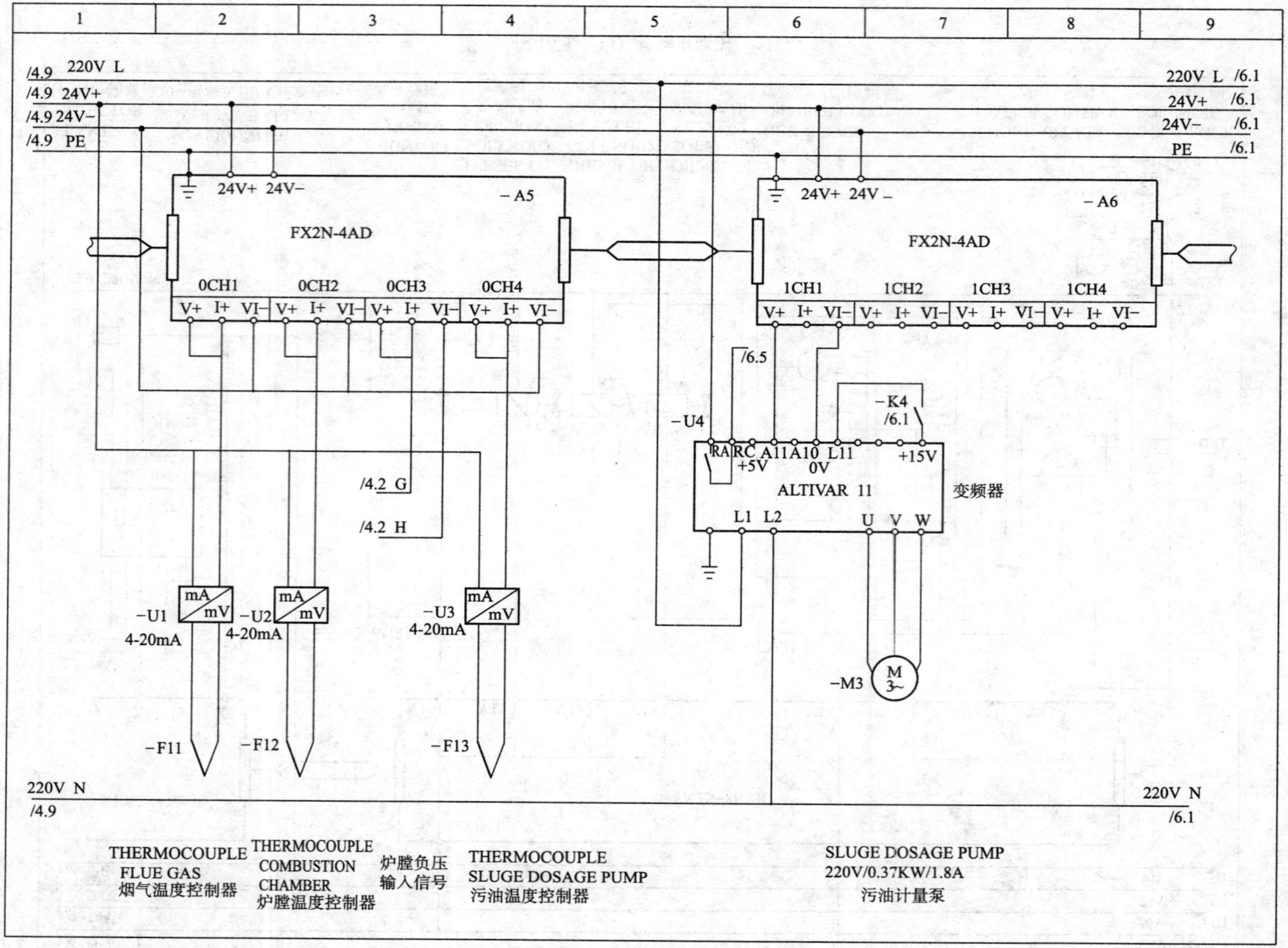

THERMOCOUPLE FLUE GAS 烟气温度控制器

THERMOCOUPLE COMBUSTION CHAMBER 炉膛温度控制器

炉膛负压 输入信号

THERMOCOUPLE SLUGE DOSAGE PUMP 污油温度控制器

SLUGE DOSAGE PUMP 220V/0.37KW/1.8A 污油计量泵

图 10-6 PLC 控制电路图(三)

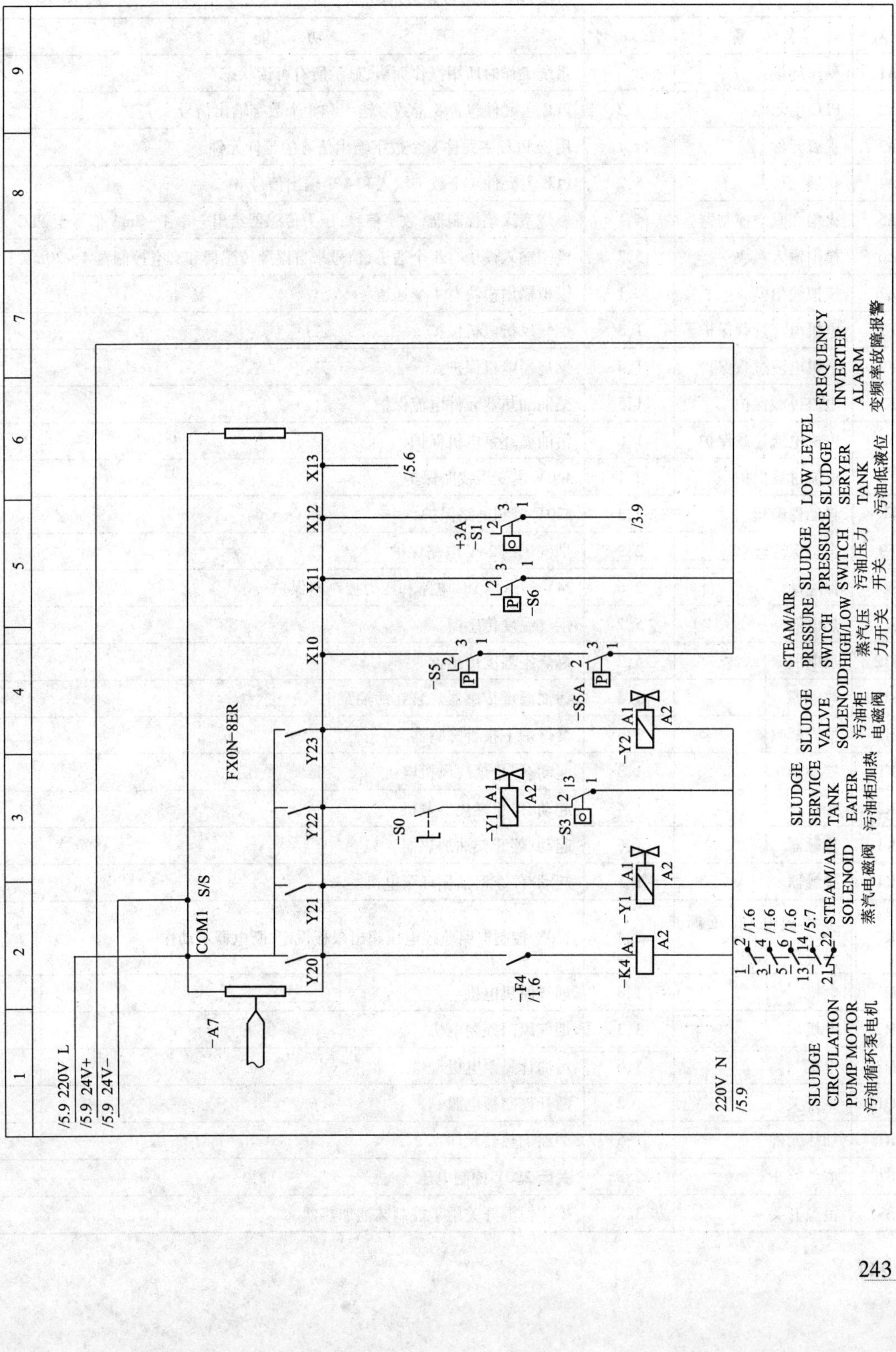

1 2 3 4 5 6 7 8 9

/5.9 220V L
/5.9 24V+
/5.9 24V−

−A7
COM1 S/S
FX0N−8ER
Y20 Y21 Y22 Y23 X10 X11 X12 X13

−S0
−F4 /1.6
−Y1 A1 A2
−S3 2 13 1
−S5 2 3 1
−S5A 2 3 1
−S6 2 3 1
+3A −S1 2 3 1
/5.6
/3.9
−K4 A1 A2
−Y1 A1 A2
−Y2 A1 A2

220V N
/5.9

1 2 /1.6
3 4 /1.6
5 6 /1.6
13 14 /5.7
21 22

SLUDGE CIRCULATION PUMP MOTOR 污油循环泵电机
STEAM/AIR SOLENOID 蒸汽电磁阀
SLUDGE SERVICE TANK EATER 污油柜加热
SLUDGE VALVE SOLENOID 污油柜电磁阀
STEAM/AIR PRESSURE SWITCH HIGH/LOW 蒸汽压力开关
SLUDGE PRESSURE SWITCH 污油压力开关
LOW LEVEL SLUDGE SERYER TANK 污油低液位
FREQUENCY INVERTER ALARM 变频率故障报警

图 10-7　PLC 控制电路图(四)

三、OG200CS船用焚烧炉系统元件说明及输入输出端布置

电子电气元件说明见表10-10，输入信号设置见表10-11，输出信号设置见表10-12。

电子电气元件说明表　　表10-10

符　号	名　称	线　号	功　能
-A1	操作终端	2,8	系统工作时所用操作面板，显示所有可读状态
-A2	PLC主元件	3,2	PLC主元件包含8个数字输入和8个数字输出信号
-A3	扩展元件	4,4	用于PLC主元件8个数字输出信号的延伸元件
-A4	扩展元件	5,2	PLC主元件4个数字输入和4个输出信号
-A5	火焰和真空控制器	4,1	燃烧室火焰控制器，数字信号；压力传感器给出一个4~2mA信号至PLC
-A6	模拟输入模块	5,7	模拟输入模块有4个通道，信号来自温度传感器和真空控制器4~20mA
-A7	模拟输出模块	6,1	模拟输出模块有4个通道
-F1	电机电流过载保护	1,3	烟气风机电机保护
-F2	电机电流过载保护	1,4	燃烧器电机保护
-F3	电流过载保护	1,5	柴油加热器元件电流保护
-F4	电机电流过载保护	1,6	污油循环泵电机保护
-F7	电流过载保护	2,1	440V主变压线路保护
-F8	自动保险丝	2,3	220V控制电路保护
-F9	自动保险丝	2,3	烟气风门24V电路保护
-F10	保险丝	2,6	24V显示用DC电路和压力控制器保护
-F11	热电偶	5,2	烟气温度传感器
-F12	热电偶	5,2	燃烧室温度传感器
-F13	热电偶	5,4	污油温度传感器。装在污油泵上
-H1	报警蜂鸣器	3,5	焚烧炉上报警蜂鸣器
-K1	接触器	1,3	起动/停止烟气风机电机
-K2	接触器	1,4	起动/停止燃烧器电机
-K3	接触器	1,6	起动/停止柴油加热器
-K4	接触器	1,5	起动/停止污油循环泵电机
-K7	单相过压/低压断电器	2,4	220V控制电路监控电压超出限板设定，断电器不动作
-M1	电机	1,3	烟气风机电机
-M2	电机	3,3	烟气风门控制电机
-M3	电机	5,6	污油计量泵电机
-Q1	主开关	1,2	断开控制板电源
-R1	加热元件	1,5	柴油加热器元件
-S1	应急停止	2,3	关闭220V控制电压
-S3	恒温开关	3,8	工作恒温开关用于控制柴油加热器

续上表

符　号	名　　称	线　　号	功　　　能
-S4	恒温开关	3,8	柴油安全恒温开关(手动设置)
-S5	压力开关	6,4	压力开关报警并在低蒸汽/空气压力时停止
-S6	压力开关	6,4	压力开关报警开在低污油压力时停止
-T1	变压器	2,2	控制变压器,440、380/220、110、24
-T2	电源	2,5	显示和压力控制输出4~20mA
-U1	温度传感器	5,2	烟气温度传感器输出4~20mA
-U2	温度传感器	5,3	燃烧室温度传感器输出4~20mA
-U3	温度传感器	5,4	污油计量泵油温传感器输出4~20mA
-U4	变频器	5,5	污油计量泵变速频率控制
-Y2	电磁门锁	4,9	燃烧室温度高于220℃,垃圾门锁一直锁定
-Y5	电磁阀	7,2	蒸汽/空气电磁阀用于污油雾化喷嘴
+2-M1	电机	1,4	燃烧器电机
+2-R1	光敏电阻	4,1	光敏电阻监测燃烧室中火焰
+2-S1	压力开关	3,7	柴油压力低,燃烧器停止,柴油压力开关报警
+2-T1	点火变压器	4,4	控制柴油燃烧器的点火
+2-Y1	电磁阀	4,5	控制柴油喷嘴1和2的电磁阀
+2-Y2	电磁阀	4,6	控制柴油喷嘴1的电磁阀
+2-Y3	电磁阀	4,5	控制柴油喷嘴2的电磁阀
+2-Y4	燃烧器风门电机	4,7	控制柴油燃烧器风门
+3-M1	电机	1,6	污油循环泵电机
+3-S1	液位开关	6,5	污油柜低液位开关

输入信号设置表　　表10-11

输　入	FIG(FIGURE)	说　　明	FIG(图)	线　号
X0	-A2	燃烧器运行,门锁微动开关动作,垃圾门和观察门锁定	-Y2	3,6
X1	-A2	电机过载,保护断电器动作	-F1/-F4	3,7
X2	-A2	柴油压力开关,在正常压力下动作	+2-S1	3,7
X3	-A2	柴油温度低于设定点时,柴油加热器温度开关动作	-S3	3,8
X4	-A2	柴油温度低于设定点时,柴油加热温度安全开关动作	-S4	3,8
X5	-A2	在低于设定点时,带电加热器污油柜的高温安全温度开关动作(手动重新设定)	+3.1-S1	3,9
X6	-A2	在燃烧室火焰正常时,火焰控制器的火焰信号动作	-A5	4,1
X7	-A2	电压高/电压低,在(110/220V)正常时动作	-K7	4,2
X10	-A7	蒸汽/压缩空气压力开关,正常压力时动作	-S5	6,4
X11	-A7	污油压力开关,正常压力时动作	-S6	6,4
X12	-A7	污油低液位开关,正常液位时动作	+3-S1	6,5

续上表

输　入	FIG(FIGURE)	说　明	FIG(图)	线　号
X13	－A7	变频器故障。在正常情况下动作	－U7	6,6
0CH1	－A4	烟气温度传感器模拟信号(4～20mA)	－U1	5,2
0CH2	－A4	燃烧室温度传感器模拟信号 4～20mA)	－U2	5,3
0CH3	－A4	燃烧室负压的压力传感模拟信号 4～20mA)	－A5	5,4
0CH4	－A4	污油泵污油温度传感器模拟信号 4～20mA)	－U3	5,5

输出信号设置表　　表 10-12

输　出	FIG	说　明	FIG	线　号
Y0	－A2	外部报警,在正常情况下接触器关闭(可更改)		
Y1	－A2	在烟气风机运行时输出信号(关闭接触器)		3,2
Y2	－A2	烟气风门关闭的输出信号	－M2	3,3
Y3	－A2	烟气风门开启的输出信号	－M2	3,3
Y4	－A2	烟气风机开启的输出信号	－K1	3,4
Y5	－A2	燃烧器电机起动输出信号	－K2	3,4
Y6	－A2	柴油加热器起动输出信号	－K3	3,5
Y7	－A3	本机报警蜂鸣器输出信号	－H1	3,5
Y10	－A3	点火变压器输出信号	+2-T1	4,4
Y11	－A3	柴油电磁阀输出信号	+2-Y1	4,5
Y12	－A3	喷嘴 1 电磁阀输出信号	+2-Y2	4,5
Y13	－A3	喷嘴 2 电磁阀输出信号	+2-Y3	4,6
Y14	－A3	燃烧器内门 1/2 开启的输出信号	+2-Y4	4,7
Y15	－A3	燃烧器风门最大开启的输出信号	+2-Y4	4,7
Y16	－A3	二次风门开启输出信号	－Y3	4,8
Y17	－A3	电磁阀门锁输出信号	－Y2	4,9
Y20	－A7	污油计量泵电机输出信号	－K4	6,1
Y21	－A7	蒸汽/压缩空气电磁阀输出信号	－Y4	6,2
Y22	－A7	污油柜加热器输出信号(蒸汽加热或电加热)		6,3
Y23	－A7	备用		5,3
1CH1	－A6	变频器(0—10V)模拟输出信号	－U4	5,76
1CH2	－A6	备用	－Y1	5,7
1CH3	－A6	备用		5,7
1CH4	－A6	备用		5,8

四、OG200CS 船用焚烧炉系统的操作面板 MAC E300

操作面板由一个 240×64 的 LCD 图文显示屏和一个 26 键的键盘组成。控制面板直接与 MELSECFX2N 的 PLC 相连。控制面板的功能:选择燃烧器模式,设置所有参数比如温度和时间等。显示运行条件、温度、压力、燃油耗量、时间等。操作面板功能见表 10-13。

操作面板功能表　　表 10-13

序　号	内　　容	功 能 说 明
1	运行指示	显示运行状态的 LED
		LED 说明文字标签
2	显示屏	显示屏是一个 240×64 的 LCD 图文显示屏，带有明差异背景
3	键　盘	功能键的说明文字标签
		显示功能键状态的 LED
4	功能键　如果选定相应子菜单（选中相应的局部功能键）	选定各种燃烧器模式 局部功能键在单独的分段中定义和作用，其说明显示在功能键上方的显示屏上
5	数字键 0 ~ 9	用于输入数值
6	LIST	用于显示报警表
7	PREV	用于返回上一分段菜单
8	ACK	用于确认列表中的一项报警记录
9	方向键	用于在菜单或对话框中移动光标
10	MAIN	用于返回主菜单
11	ENTER	用确认设定值和下一行/层
12	CLEAR	用于删除光标左边的字符

五、OG200CS 船用焚烧炉系统工作原理

本系统电路通过手动控制元件有：主电源开关 – Q1；燃气风机电源开关 – F1；燃烧电机电源开关 – F2；燃油加热器电源开关 – F3；污泥循环泵电机电源开关 – F4 ；控制电路总电源开关 – F7；220V 电源开关 – F8；24V 交流电源开关 – F9；24V 直流电源开关 – F10；应急停止开关 – S1；污泥加热开关 – S0。

控制系统自动化工作程度很高，采用日本三菱公司标准 PLC，包括基础组件 FX2N – 16MR（8 位输入/8 位输出）、扩展组件 FX0N – 8ERY（8 位输出）、特殊模块 FX2N – 4AD（4 位模拟输入）、特殊模块 FX2N – 4DA（4 位模拟输出）、扩展组件 FX0N – 8ER（4 位输入/4 位输出）5 个组件。扩展组件和特殊模块固定的扩展电缆连至基础组件。除上述开关是手动之外，其他所有继电器工作都是由 PLC 通过程序控制。因此系统工作之前必须将上述开关合上。燃气风机电动机、燃油加热器、燃烧泵电动机、污油循环泵电动机及其它电器元件都是通过 MAC E300 操作面板设置参数、通过 MAC E300 操作面板功能选择、通过检测元件的状态条件、再通过程序运行来控制其工作状态。主要工作模式及工作过程如下：

1. 起动前

图 10-2 主电源开关 – Q1 扳到 ON 的位置，将图 10-2 中的 – F1、– F2、– F3、– F4，图 10-3 中的 – F7、– F8、– F9、– F10、– S1 和图 10-7 中的 – S0 都扳到合闸状态。操作面板得电，相应文本信息显示在图 10-3 中的 MAC E300 的屏幕上。

2. 除渣/加料工作

(1)检查焚烧炉,确定焚烧炉里没有火焰状态。

(2)在图10-3中操作面板MAC E300上,按"LOADING/SLAGGING"(加料/除渣),即选择了加料/除渣工作模式,功能键上的绿色发光二极管亮。触摸控制屏通过数据线传达室输给PLC信号,PLC执行除渣/加料程序。

(3)图10-4中PLC FX2N—16MR输出端Y2、Y3输出信号,Y2、Y3输出端触点闭合,风门电机得电运行,关闭烟气风门30秒钟,同时图10-3 E300显示屏显示DAMPER CLOSING(风门关闭)。

(4)30秒钟后,图10-4中PLC FX2N—16MR输出端Y4输出信号,Y4输出端触点闭合,控制风机接触器-K1线圈得电,图10-2中K1主触点闭合,风机开始启动工作。

(5)图10-5中PLC扩展输出模块FX2N—8EYR输出端Y17输出信号,Y17输出端触点闭合,电磁阀-Y3得电,焚烧炉门电磁阀动作,门可以打开。

(6)E300显示屏显示LOADING/SLAGGING,表明焚烧炉处于加料/除渣工作状态,现在可以进行加料/除渣操作。

(7)将焚烧炉的加料门和出灰门打开,并清除炉膛内的灰渣。焚烧炉底部的燃烧室空气入口必须清理干净,保持空气进入通畅。

(8)处理工作结束后,按下操作面板E300上的"STOP"键,PLC退出LOADING/SLAGGING工作程序,停止该工作模式。

3. 焚烧固体垃圾工作

(1)选择加料/除渣模式:同除渣/加料工作操作过程,将固体垃圾装载到燃烧室,不同的垃圾充分混合装入,潮湿的固体垃圾放在顶部,关闭炉门。

(2)按下触摸屏MAC E300上"STOP"键,结束"LOADING/SLAGGING"(加料/除渣)模式,PLC停止执行加料/除渣工作程序,烟气风机停止。屏幕显示READY,表明准备好。

(3)设定燃烧时间:通过触摸屏MAC E300,选择PROGRAM SELECT菜单设定时间。输入0~9999min,如果选择持续燃烧设定为9999 min,直到按下STOP键为止时,燃烧才能结束。

(4)选择固体燃烧模式:通过触摸屏MAC E300,按下"SOLID WASTE"键,SOLID WASTE功能指示灯亮。屏幕显示SOLID WASTE 5s。操作面板通过数据线把信号传输给PLC FX2N—16MR,PLC开始执行固体燃烧程序。

(5)图10-5 PLC扩展模块FX2N—8EYR输出端Y16输出信号,Y16输出端触点闭合,风门电机控制单元得到控制信号,二次风门打开。

(6)图10-4中PLC FX2N—16MR输出端Y6输出信号,Y6输出端触点闭合,控制燃油接触器-K3线圈得电,图10-2中-K3主触点吸合,燃油加热器开始工作,E300显示WTG FOR OIL TEMP(等待燃油温度),直到图10-4中温度开关-S2动作,PLC输入端X3有信号输入,表明燃油温度符合要求。PLC执行下一步程序。

(7)图10-4中PLC FX2N—16MR输出端Y4输出信号,Y4输出触点闭合,控制风机接触器-K1线圈得电,图10-3中-K1主触点闭合,烟气风机启动工作,PLC执行燃烧器控制程序。此时风机、燃烧器运行指示灯亮。燃油供给系统正常工作。燃烧过程根据燃烧室温度检测器送到图10-6中PLC扩展模块FX2N—4AD输入端0CH2数值大小、烟气温度检测器送到

图 10-5 中 PLC 扩展模块 FX2N—4AD 输入端 0CH1 数值大小、炉膛压力检测器送到图 10-5 中 PLC 扩展模块 FX2N—4AD 输入端 0CH3 输入数值大小情况，PLC 执行程序进行比较判别，然后通过图 10-4 中 PLC FX2N—16MR 输出端 Y4 控制风机工作，通过图 10-5 中 PLC 扩展模块 FX0N—8EYR 输出端 Y11、Y12、Y13 选择相应的燃烧等级，通过图 10-5PLC 扩展模块 FX0N—8EYR 输出端 Y14、Y15 输出信号控制风机电机，自动选择风门开度。燃烧等级如表 10-14 所示。

燃烧等级表 表 10-14

燃烧级别	喷嘴工作状态	燃烧器风门工作状态
0	INGEN	最小
1	DO 1	最小
2	DO 2	1/2
3	DO 1 +2	最大
4	DO 1 + S	1/2
5	DO 2 + S	最大
6	DO 1 +2 +S	MAX
7	SL	1/2

(8)当燃烧室的火焰监测器通过图 10-4 中 PLC 输入端 X6 信号为 1 时，即燃烧正常时。则信号显示为 BURNER STAGE NO1(一级燃烧)，扩展模块图 10-5 中 FX0N—8EYR 输出端 Y12 输出触点闭合，喷嘴 1 电磁阀得电，扩展模块 FX0N—8EYR 输出端 Y14 输出触点闭合，燃烧器风门在开启最小位置。炉膛压力控制在 28mmWC。

(9)燃烧器的其他燃烧等级由炉膛温度和烟气温度情况，由程序自动选择。

(10)如果炉膛温度在 60s 内上升低于 25℃，焚烧器将自动调整燃烧等级。①由一级燃烧变为二级燃烧；②由二级燃烧变为三级燃烧；③三级燃烧时再关闭二次风门；④三级燃烧状态下。炉膛负压逐渐降到 10 mmWC(毫米水柱 - Millimeter Water Column)，在 60s 内炉膛最小负压以 2 mmWC 上升。如果烟气温度上升超过 330℃，或炉膛温度上升超过 1000℃，控制器停止工作，调整结束。⑤如果烟气温度上升超过 340℃，或者燃烧室的温度上升到 1150℃以上时，逻辑控制起动，在 60s 内燃烧器燃烧等级将下降。当温度下降到低于 335℃或炉膛温度下降到 1140℃时，控制器重新起动。

(11)停止运行：燃烧炉运行到达设定时间后，或按下操作面板 MAC E300 上的“STOP”键。PLC 停止执行固体燃烧程序，燃烧器将停止燃烧。PLC 自动执行冷却程序起动工作，E300 屏幕显示 COOLING。

(12)当燃烧室温度低到 170℃时，烟气风机停止运行，此时图 10-5 中 PLC 扩展模块 FX0N—8EYR 输出端 Y17 输出信号门锁得电，门可以打开，PLC 固体燃烧程序执行完毕。焚烧炉可以重新加料进行下一轮工作。

4. 污油柜加热工作

(1)合上图 10-7 加热开关 - S0，通过触摸屏 MAC E300，按下“SLUDGE HEATER”键(污油加热器)，E300 显示屏功能键上的相应绿色指示灯亮。触摸屏 MAC E300 通过数据线把选择

功能信号传输给 PLC FX2N—16MR，PLC 执行污油加热程序。

(2)图 10-7 中扩展模块 FX0N—8ER 输出端 Y22 输出信号，Y22 输出端触点闭合，如果污油柜温控器 - S3 测量温度低于规定值时，蒸汽加热电磁阀 - Y1 得电，蒸汽通过管路进入污油柜开始污油泥加热。

(3)如果污油柜液位过低，将在屏幕显示“LOW LEVEL SL TANK”(污油液位低)，图 10-7 中 FX0N—8ER 输入端 X12 的低液位开关 - S1 断开，则 FX0N—8ER 输出端 Y22 输出信号为 0，加热电磁阀 - Y1 断电，加热器断电，加热工作停止。当加热温度达到设定上即值时，图 10-7 中的恒温器 - S3 断开，加热电磁阀 - Y1 断电，停止污油加热。

(4)在污油柜加热工作过程中，按下触摸屏 MAC E300 上的“STOP”键，加热工作停止，或断开图 10-7 中的手动开关 - S0，也可使加热工作停止。

(5)在手动起动加热器时，按下触摸屏 E300 上的“SLUDGE HEATER”键，加热器停止工作；按下“STOP”键加热器也将停止工作。

(6)在手动起动加热器时，焚烧炉会在原设定的燃烧时间内连续工作，加热器在原设定时间到达后仍继续工作。

5. 污油循环泵工作

(1)按下触摸屏 MAC E300 上的“SLUDGE PUMP”键，相应绿色指示灯亮。触摸屏 MAC E300 通过数据线将控制功能信号送给 PLC，PLC 执行污油循环泵程序。

(2)图 10-7 中的 PLC 扩展模块 FX0N—8ER 输出端 Y20 输出信号，Y20 端输出触点闭合，控制污油泵接触器 - K4 线圈得电，图 10-2 中的 - K4 主触点闭合，污油泵开始工作。

(3)当污油柜油位过低时，在屏幕上显示“LOW LEVEL SL TANK”(污油液位低)，图 10-7 中的 FX0N—8ER 输入端 X12 的低液位开关 - S1 断开，则 FX0N—8ER 输出端 Y20 输出信号，Y20 端输出触点断开，接触器 - K4 线圈断电，图 10-2 中的 - K4 主触点断开，循环泵停止运行。

(4)手动开启循环泵时，按下触摸屏 E300 上“SLUDGE PUMP”键后循环泵停止工作；按下触摸屏 E300 上“STOP”键后，循环泵也停止工作。

(5)如果手动起动污油泥泵，焚烧炉将在原设定的燃烧时间内连续工作，污油循环泵在设定的时间内连续运行，直到焚烧炉停止工作。

6. 焚烧污油工作

(1)将污油泥柜加满，按下触摸屏 MAC E300 上的“SLUDGE HEATER”键(污油加热器)，“SL HEATER”绿色指示灯亮，触摸屏 MAC E300 通过数据线将控制功能信号送给 PLC FX2N—16MR，PLC 执行污油加热程序。图 10-7 中的 PLC 扩展模块 FX0N—8ER 输出端 Y22 输出触点闭合，蒸汽加热阀 - Y1 得电打开，蒸汽通过管路进入污油泥加热。加热器开始加热污油直到加热到设定的温度，图 10-7 中污油温度控制器 - S3 断开，停止加热。

(2)将污油柜底部的水放掉(放掉之前需将污油泥静置一夜)。再按下触摸屏 MAC E300 上的“SLUDGE PUMP”(污油循环泵)键启动循环泵，图 10-7 中的 FX0N—8ER 输出端 Y20 输出触点闭合，控制污油循环泵的接触器 - K4 线圈得电，图 10-2 中的 - K4 的主触点闭合，污油循环泵开始工作，显示屏上“SL PUMP”指示灯亮，表明循环泵开始工作。检查污油压力表的压力，确保在 0.2bar 左右，如果需要，可用旁通阀调整压力。

(3)检查雾化蒸汽/空气的压力，是否在 6 ~ 8bar 内，如果使用蒸汽，冷凝水必须通过装在

污油柜设备接水盘上下的阀来排放。空气/蒸汽雾化的手动调节阀的开启应处在1/2~1圈。

(4)关闭炉门,选择燃烧时间(同固体垃圾燃烧第3项)

(5)按下触屏上"SLUDGE"键,相应绿色指示灯亮,指示灯显示5s。

①如果污油柜液位低,图10-7中的FX0N—8ER输入端X12的低液位开关-S1断开,在屏幕上显示"LOW LEVEL SL TANK"(污油液位低)5s,然后回到READY显示。

②如果污油温度低于80℃,则会显示"WTG FOR SLUDGE TEMP"(等待污油温度),污油柜加热器和循环泵将会起动工作。

③当图10-4中的温度开关-S2达到设定的柴油温度时,通过FX2N—16MR输入端X3,PLC执行下一步程序,WTG FOR OIL TEMP(等待柴油温度)显示将停止。

(6)上述项正常时,PLC执行污油燃烧程序,FX2N—16MR输出端Y4触点闭合,控制风机接触器-K1线圈得电,图10-2中-K1主触点闭合,烟气风机起动。燃烧室负压控制在35mmWC,图10-6中PLC扩展模块FX2N—4AD通过0CH3输入端检测炉膛压力大小,当炉膛压力达到要求时,燃烧器起动。PLC通过检测燃油回路、污油回路、蒸汽/空气回路工作条件是否符合要求,相应控制烟气风机、燃烧器、污油加热器、污油循环泵及各相应电磁阀等,焚烧炉进入焚烧污油工作状态。触摸屏E300上相应指示灯亮以及运行指示灯亮。

(7)火焰通过图10-5中的光敏电阻-R1的监测,显示"BURNER STAGE NO 3"(三级燃烧),图10-5中的PLC扩展模块FX0N—8EYR输出端Y11、Y12、Y13输出触点都闭合,相应电磁阀都得电,喷嘴1、2同时工作,燃烧器和风门都处于最大位置,燃烧室负压在12 mmWC。当燃烧室温度(通过图10-6中PLC扩展模块FX2N—4AD输入端0CH1输入炉膛压力信号)超过650℃,污油计量泵起动速度为320RPM(污油计量泵由图10-6中的PLC扩展模块FX2N—4DA输出端1CH1输出信号控制,程序根据燃烧室的温度大小,经扩展模块2FXN—4DA输出模拟控制电压信号给变频器,变频器控制计量泵转速,从而控制污油流量),柴油喷嘴1关闭,2打开,污油控制计数器设定为2。BURNER STAGE NO 4显示在屏幕上。

(8)如果烟气温度(通过图10-6中PLC扩展模块FX2N—4AD输入端0CH2输入烟气温度信号)超过330℃或燃烧室温度超过1000℃,燃烧室负压控制到28 mmWC。

(9)如果烟气温度超过340℃或燃烧室的温度超过1150℃,污油计量泵将减小转速,从而减小污油进料量,使温度降低到最大允许范围内。当烟气温度降到335℃或燃烧室温度降低到1140℃以下时,计量泵又开始增加转速。

(10)当到达设定的燃烧时间以后,焚烧炉停止运行。

当按下触摸屏E300上的"STOP"键,焚烧炉也将停止运行。

当污油柜液位低下限时,焚烧停止运行。

(11)系统自动执行COOLING(冷却)程序。待燃烧室温度低于170℃,风机停止。门锁可以打开。

7.焚烧固体垃圾/污油工作

(1)打开炉门,装入固体垃圾,关门。

(2)按下触摸屏E300 "SL SLUDGE"键。"SL SLUDGE"绿色指示灯亮。显示5s。

①如果污油柜液位低,图10-7中的FX0N—8ER输入端X12的低液位开关-S1断开,在屏幕上显示LOW LEVEL SL TANK(污油液位低)5s,然后回到READY显示。

②如果污油温度低于80℃，则会显示“WTG FOR SLUDGE TEMP”（等待污油温度），污油柜加热器和循环泵将会起动工作。

③当图10-4中的温度开关-S2达到设定的柴油温度时，WTG FOR OIL TEMP（等待柴油温度）显示将停止。

（3）上述项正常时，烟气风机启动。燃烧室的负压控制在35mmWC，燃烧器启动。燃油回路、污油回路、蒸汽/空气回路工作条件符合要求，相应控制阀门打开，焚烧炉进入焚烧污油工作状态。烟气风机、燃烧器、污油加热器、污油循环泵的指示灯亮以及运行指示灯亮。

（4）首先燃烧器按焚烧固体垃圾程序执行：焚烧固体垃圾中8~10项。

（5）二次风门关闭，炉膛负压下降为12 mmWC。

（6）然后燃烧器按焚烧污油程序执行：焚烧污油中8~11项。

六、污油控制说明

自动污油逻辑控制是专门用于控制污油燃烧，以达到焚烧最大污油量和消耗最少的柴油量的目的，并且保持燃烧室的温度在850℃以上。对于污油的燃烧程序污油的质量是一个很重要的因素，主要是含水量多少。温度限制见表10-15。

温度限制 表10-15

650℃（CCTSS）	开始燃烧污油	850℃（CCTSO）	允许单独燃烧污油的温度
640℃（CCTSS）-（HCCTS）	温度下降到此值时，污油停止燃烧，用程序计数器2增加污油	840℃（CCTSO）-（HCCTS）	启动柴油辅助燃烧器，用程序计数器2增加污油量
800℃（CCTSS）+（HCCTLA）	燃烧室低温报警位	870℃（CCTSO）+（2XHCCTS）	超过此温度时，污油程序计数器将下降一级

1. 污油燃烧控制

执行污油燃烧程序，火焰在光敏电阻的监测下显示BUENER STAGE NO 3（三级燃烧），喷嘴1、2同时工作，燃烧器和风门开启最大。当燃烧室温度超过650℃时，污油燃烧器启动，喷嘴1关闭，喷嘴2打开，污油计量泵启动，转速320rpm运转5min，控制污油量。

（1）650~850℃。如果污油质量好，温度则会上升。如果30s内温度上升大于0℃，污油泵转速增加3rpm。每隔30s焚烧炉自动对温度取样测定，如果温度上升，则转速再增加3 rpm，这样温度一直升到850℃。燃烧器级为4或5，如果污油含水量过高或含有化学成分，温度是很快降到640℃，则污油计量泵将停止，燃烧器变到STAGR NO 3。用污油程序计数器2来增加。当温度达到650℃以上，污油燃烧器重新起动，燃烧器等级取决于程序计数器。

在计数器显示12（STAGE NO 6）时，而温度未到850℃时，将不允许增加污油量。低温报警系统在温度第一次超过850℃时起动，当温度将到800℃时开始报警。

（2）850℃以上。在温度上升超过850℃时，污油燃烧器等级将增加一级：STAGE NO 4变为STAGE NO 7；STAGE NO 5变为STAGE NO 4；STAGE NO 6变为STAGE NO 5。

温度下降到840℃，则用增加燃烧器等级和污油程序计数器2，如果在STAGE NO 6，则污油泵转速则会减少3rpm，污油泵最少转速为320 rpm。如果温度超过850℃，污油可再次增加。

(3)870℃以上。当炉膛温度超过870℃以上,用污油程序计数器1来逐渐减少污油泵速度,相应减少柴油消耗并且增加污油焚烧处理量。污油计量泵的最大转速是1000 rpm。

2. 燃烧器控制

在焚烧炉系统中PLC、火焰保护、真空控制器和光敏电阻等是燃烧器的主要控制元件。通过这些控制元件自动实现自动燃烧控制。

(1)启动次序(START UP SEQUENCE):

①0~15s　　起动风机和燃烧器马达。

②15~35s　　点火变压器通电点火。

③25s　　柴油电磁阀打开。

④35s　　点火变压器断电。火焰稳定。

如果火焰熄灭或火焰很小将会停止起动。

(2)燃烧器启动故障或运行故障:

①燃烧室火焰亮:在预扫气时间内(0~25s),燃烧室内应该无火焰。如果由于某种原因导致燃烧室有火焰或火光,或发生某种故障,火焰监视回路将显示WAITING FLAME IN CHAMBER(等待炉膛火焰)。燃烧器的起动将被延迟到无火焰信号时。

②无火焰:如果在安全时间内35s或正常运行时,没有火焰信号,焚烧炉控制箱将显示报警信号FLAME FAILURE(点火失败)。燃油供给将被断开,并且燃烧器将会自动关闭。

七、故障分析

1. 故障分析(表10-16)

故障分析表　　表10-16

现　　象	原　　因	处理方法
1. 操作面板死机 操作面板MAC E300的正常功能见面板功能介绍	1. 主电路电源; 2. 应急停止开关打开; 3. 变压器保险丝故障; 4. 熔断器故障	检查主开关; 检查主电源;检查开关-S1; 检查熔断器-F7和-F8; 检查熔断器
2. 报警	1. 报警系统见报警功能; 2. PLC装置或棒延伸的装置故障	见报警系统; 参见PLC PX2N介绍
3. 柴油燃烧时的火焰/烟不正常 污油泥燃烧时火焰/烟不正常	1. 光敏电阻表面有污物; 2. 光敏电阻损坏; 3. 喷嘴堵塞或损坏; 4. 燃烧器风门设定不正确; 5. 燃烧器有污物; 6. 点火失败; 7. 电磁阀损坏或线圈损坏; 8. 污油泥喷嘴损坏; 9. 压缩空气/蒸汽控制阀关闭或故障; 10. 污油泥计量泵定子损坏; 11. 污油泥压力高	清理光敏电阻; 更换光敏电阻; 清理或更换喷嘴; 检查风门功能及位置; 清理雾化板和管路; 调整电极; 更换电磁阀或线圈; 检查并清理或更换喷嘴; 调整阀门(1/2或1/1); 更换定子; 调整压力(0.2bar)

续上表

现　　象	原　　因	处 理 方 法
4. 烟气温度高； 燃烧污油； 燃烧固体垃圾	1. 污油泥计量泵定子渗漏； 2. 柴油电磁阀渗漏； 3. 冷却空气进口堵塞； 4. 面板冷却槽被灰尘堵塞； 5. 喉砖进风口堵塞； 6. 压力过低； 7. 热理电偶损坏； 8. 转换器损坏； 9. 变频器损坏； 10 固体垃圾热值太高	更换定子； 更换电磁阀； 清理冷却空气进口； 清理面板狭槽； 清理喉砖； 抽风失败； 更换热电偶； 检查输入电流，更换热电偶； 检查变频器电流； 停止加料，堵塞焚烧炉底部的四个进风口
5. 炉膛温度高	1. 与烟气温度高相同； 2. 烟气出口堵塞； 3. 炉膛砖层之间狭缝堵塞； 4. 起动焚烧炉时炉膛温度太高	参见烟气温度高； 清理烟气出口； 清理砖层污物； 等待炉膛温度下降 850℃以下
6. 蒸汽压力低/高	1. 蒸汽/压缩空气压力低于 1.5bar； 2. 蒸汽/压缩空气压力高于 4.5bar	增加蒸汽/压缩空气压力； 降低蒸汽/压缩空气压力； 检查污油喷嘴； 检查蒸汽管路是否堵塞
7. 抽风失败	1. 烟气风门没有打开； 2. 热电偶套管渗漏； 3. 压力传感器损坏； 4. 炉门垫圈损坏； 5. 风机皮带故障； 6. 风机电机运转方向不对	检查电气线路和熔断丝－F9； 检查套管并重新修理； 更换压力传感器； 检查炉门垫片； 收紧或更换皮带； 纠正风机电机运转方向
8. 低/高电压	输出电压过高或过低； （+10%～－13%）	检查供电电源。如果报警发生并已经复位重新设定，供给电压仍过高/过低，焚烧炉将不起动，起动指令发出后，操作面板上将显示"READY"
9. 温度上升；无法控制	1. 装载的物料热值过高； 2. 污油泥计量泵定子损坏； 3. 污油速度控制不工作； 4. 柴油电磁阀渗漏	关闭停止加料，底角通风口； 更换定子； 检查污油计量泵速度； 更换电磁阀

2. 燃烧级别（表 10-14）

焚烧炉烟气最高温度为 375℃，炉膛温度最高为 1200℃，烟气工作温度为 250～340℃，炉膛工作温度为 850～1150℃。

八、报警系统

报警显示：当产生报警时，其内部声音报警装置动作，报警信号传递到船上的报警系统。

操作面板将显示 ALARM,并在第 4 行显示报警原因。红色 LED 灯将一直闪烁,直到外接报警信号激活。

(1)所有报警分项显示,按 LIST 键可显示报警目录。显示屏从当前报警条开始,显示以往报警记录,光标指示在第一行。移动光标至报警内容栏,并按 ACK 键报警消除,公共报警接触器重新设定,内部蜂鸣停止。

上下移动光标,选择相应的报警记录。按 LIST 键移回上一级菜单。

(2)Alarm disply 报警显示说明见表 10-17。

Alarm disply 报警显示说明 表 10-17

报警内容	设定点	动作状态	备注	说明
FLUE GAS TEMP HIGH	375℃	持续	-F11	烟气温度高于设定温度
COMB CHMBR TEMP HI	1200℃	持续	-F12	燃烧室温度高于设定温度
COMB CHMBR TEMP LO	800℃	运行	-F12	温度下降低于正常操作温度
MOTOR VERLOAD	XA[1]	运行	-F1,-F2 -F3,-F4	继电器断开
DOOR NO CLOSE	—	运行	-Y2,-Y3	门微动开关没关闭
DRAUGHT FAILURE	-5mmWC	运行	-A5	燃烧室压力下降低于设定点
DIESEL OIL TEMP LOW	5min 10min	运行 起动	-S3	加热器元件延时动作
DIESEL OIL TEMP HIGH	90℃	运行	-S4	安全热动开关断开(需手动设定)
DIESE OIL PRESS LOW	11bar	运行	+2S1	柴油泵压力低
FLAME FAILUER	—	运行	+2R1	火焰太小或无火焰
LO/HIAIR PRESS	220V ±10%	持续	-K7	控制电压高于/低于正常 10%
STEAM/AIR PRESS	1.5bar	污油程序	-S5A	蒸汽/空气压力低
STEAM/AIR PRESS LOW/HIGH	4.5bar	污油程序	-S5B	蒸汽/压缩空气压力低/高
SLUDGE PRESS LOW	0.05bar	污油程序	-S6	污油压力低
FREQ INV FAILURE	—	污油程序	-U4	变频器工作失败
SLUDGE TEMP LOW	50℃	污油程序	-F13	污油泥温度低
SLUDGE TEMP HIGH	95℃	污油程序	-F13	污油泥温度高
SL. TANKTEMP HIGH	110℃	污油程序	+2S4	安全热动开关断(需要手动设定)
FGT CIRCUIT FAIL	—	持续	-U1	开启传感器电路(断开)
CCT CIRCUIT FAIL	—	持续	-U2	开启传感器电路(断开)
COMM ERROR	—	持续	-A1/-A2	PLC 至 E300 操作板连接失败

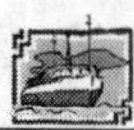

九、使用说明

1. 使用前准备

(1)检查焚烧炉炉膛底部的进风口,清理灰渣;

(2)检查焚烧炉的各阀门,开关处于正常位置;

(3)打开电源,控制箱电源指示灯亮,加料门锁指示灯亮;

(4)报警复位,按燃烧停止/复位按钮。

2. 安全防护说明

(1)燃烧室底部通风口必须畅通,固体垃圾不能充分燃烧;

(2)注意加热和冷却速度,否则耐火砖或其他耐火材料造成裂纹,甚至大面积脱落,燃烧室损坏;

(3)燃烧室温度上限为1150℃,烟道温度上限350℃。低于此值不损坏焚烧炉。超过温度极限(燃烧室1200℃,烟道温度400℃)系统报警。否则损坏焚烧炉。

任务三　焚烧炉系统试验

一、试验前准备

(1)检查设备各接线及管路连接是否正确。

(2)测量本系统各电动机绝缘电阻不大于1MΩ,测量记录起动和工作电流。

(3)检查各电机转向、各设备参数。

(4)准备废油,供试验用。用量按64kg/h。

二、试验项目

(1)报警点检测:

①失电、电源电压低或应急停炉:报警。

②点火装置油压低或断火:报警并停炉(400kPa,模拟)。

③风机异常:报警并停炉(炉内压力高—100Pa,模拟;风机过载14.4A,模拟)

④点火异常:报警并停炉(燃烧器马达过载,1.1A,模拟);

⑤废油温度低:报警并停炉(80℃,模拟);

⑥排气温度过高:报警并停炉(350℃,模拟);

⑦燃烧室温度过热:报警并停炉(1200℃,模拟);

⑧燃烧室温度高:燃烧器停止(1100℃,模拟);

⑨燃烧室温度低:燃烧器起动(1000℃,模拟);

⑩排气温度高:燃烧器停止(320℃,模拟);

⑪排气温度低:燃烧器起动(310℃,模拟);

⑫燃烧室温度过低:报警并停炉(850℃,模拟);

⑬污油泥柜液位低:报警并停炉(220mm);

⑭污油柜液位高:报警;

⑮投料口开连锁:停炉;

⑯燃烧器开连锁:停炉。

(2)检查集控室内运行指示、组合报警、应急停炉功能。

(3)用破布或木材做焚烧固体试验。

(4)燃烧柴油5min。

三、运行结束

焚烧炉运行结束后,测量热态绝缘电阻,并做好记录。

SIKAO YU LIANXI

10.1　简述焚烧炉组成及各部分作用。

10.2　焚烧炉膛为何要有一定的负压?

10.3　焚烧炉分哪些燃烧级别?

10.4　简要说明固体垃圾焚烧过程。

10.5　污油燃烧是如何进行的?

10.6　燃烧器是如何控制的?

10.7　控制功能有哪些测试内容?

10.8　OG200CS船用焚烧炉采取了哪些安全功能措施?

10.9　OG200CS船用焚烧炉常见故障有哪些?

10.10　OG200CS船用焚烧炉试验哪些报警点需检测?

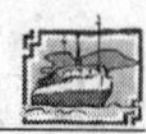

项目十一 船用油水分离器系统的电力拖动控制

● **教学目标**

能力目标

1. 能安装与调试船舶油水分离器系统的控制线路；
2. 对照船舶油水分离器系统的电气原理图排除电路常见故障；
3. 能撰写船舶油水分离器系统的电气控制系统检修维护报告书。

知识目标

1. 了解船舶油水分离器系统的作用、结构；
2. 学会识读船舶油水分离器系统的电气系统图、原理图、接线图及规范；
3. 会分析船舶油水分离器系统的控制线路；
4. 会船舶油水分离器系统的调试及故障排查。

情感目标

1. 具备良好的职业道德；
2. 具备严谨的工作态度；
3. 具备良好的环保意识；
4. 具备高度责任感。

任务一 船用油水分离器系统的工作原理

船舶舱底水中混有各种油、淤泥、杂质和其他沉积物。这种污水，特别是含油类较多的污水如果不加处理直接排放至船外，会造成航行水域和停泊水域的严重污染。国际海事组织(IMO：International Maritime Organization) MARPOL(International Convention for the Prevention of Pollution from Ship 国际防止船只污染公约) 73/78 防污公约规定：凡 10 000 总吨及以上的任何船舶，应装有滤油设备和当排出物含油的质量分数超过 15×10^{-6}(15 ppm)时能发出报警并自动停止含油物排放的装置。

目前，安装在船舶上的油水分离器，主要是利用物理处理方法，将污水中的油分分离出来。它的自动控制任务包括水中含油浓度的监测、浓度超标报警、分离后满足标准的污水排出舷外以及被分离出来的污油自动排放到污油柜中等。

一、油水分离系统的组成

1. 油水分离系统的组成

图 11-1 所示为某 5 400 TEU 集装箱船舶上油水分离系统组成示意图。整个油水分离系统主要由污水柜、污水泵、油水分离器、污油柜、油分浓度监测报警器、三通电磁阀和气动三通

球阀组成。

在油水分离器正常工作期间，污水泵（BILGE PUMP）将待分离污水从污水柜（BILGETANK）抽至油水分离器。经过油水分离器分离处理的污水从分离筒的底部排出，由油分浓度检测报警器（BILGE ALARM）测定其中的含油浓度。当水中含油的质量分数低于 15×10^{-6}（15 ppm）标准时，三通电磁阀获电，气动三通阀去舷外的通路被打开，将经过分离处理的污水排至舷外。一旦水中含油的质量分数超过 15×10^{-6}（15 ppm）标准时，监测报警器发出报警信号，同时三通电磁阀失电，气动三通阀关闭去舷外的通路，停止向舷外排水，经分离处理的污水回至污水柜。

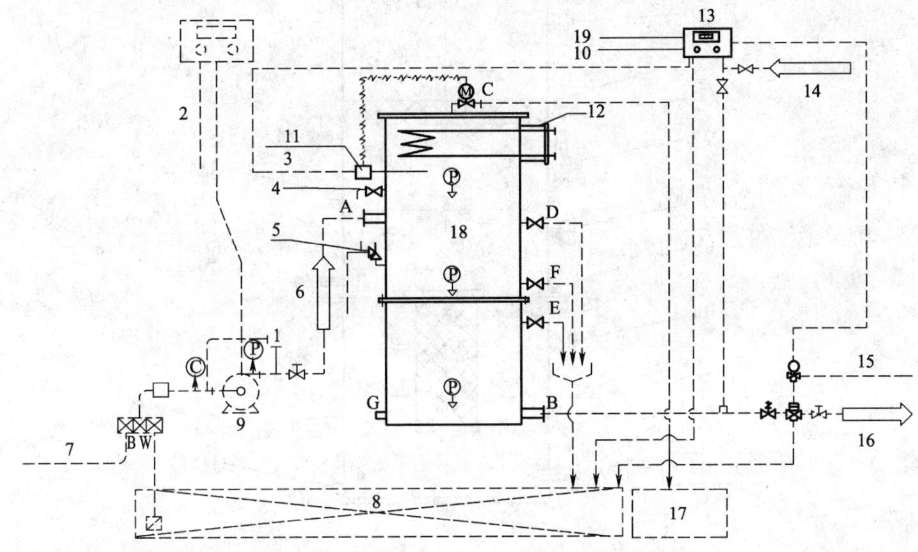

图 11-1　油水分离系统

1-控制箱；2-电源；3-传感器电源；4-测试阀；5-安全阀；6-污水进口；7-海水；8-污水柜；9-污水泵；10-电源；11-油位传感器；12-蒸汽加热器；13-报警单元；14-淡水进口；15 气源；16-污水出口；17-污油柜；18-分离筒；19-报警信号

2. *油水分离原理*

图 11-2 所示为该系统所采用的 SMT—5A 型油水分离器内部结构示意图，它以重力分离作为粗分离，聚合和过滤吸附作为细分离。

待分离的污水由污水泵从污水柜中送至油水分离器，污水从分离筒 1 上部的进水管 8 进入分离筒。粗大油滴依靠相对密度（比重）差上浮，进入分离筒上部的集油腔而与水分离，含有细小油滴的污水继续自上而下、由外向里流向由金属丝网制成的聚合装置 4。在聚合装置中，细小的油滴逐渐聚合成大油滴，获得足够的浮力后，进入分离筒上部的集油腔。在聚合装置中无法聚合成大油滴的微小油滴随污水流至分隔板 5 下侧的由聚乙烯材料制成的油水分离膜柱 6，微小油滴不断聚合成足够大的油滴，浮出油水分离膜柱最后进入集油腔。这样，污水柜中的污水经过重力、聚合装置和油水分离膜柱的处理，可基本上除去油分，从出水管 9 排出。

在油水分离器工作期间，上部集油腔内被分离出来的污油会逐渐增多，油水分界面会随之下移，油水分界面由单电极式检测控制器 11 监测。当油水分界面下移至电极棒以下时，检测控制器将自动使电动阀 12 获电打开，把集油腔内的污油排至污油柜中。污油柜中的污油或送至焚烧炉烧掉或加热浓缩。

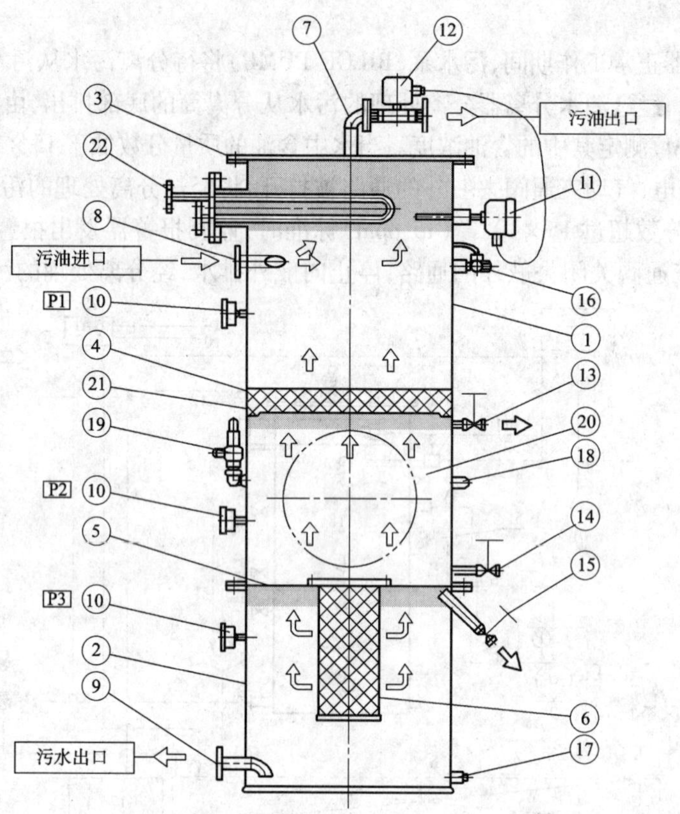

图 11-2 SMT—5A 型油水分离器内部结构示意图

1-上部筒体;2-下部筒体;3-顶盖;4-聚合装置;5-分隔板;6-分离膜柱;7-污油排放管;8-进水管;9-出水管;10-压力表;11-检测控制器;12-电动阀;13,14,15-阀;16-测试阀;17,18-泄放口;19-安全阀;20-检修口;21-多孔板;22-蒸汽加热器

3. 日常使用要点

(1)油水分离器安装或大修后首次起动的准备。打开单电极式油水分界面检测控制器 11 的电源,由于电极棒处于空气中,因而排油电动阀被打开,检测控制器接线盒内的指示灯灭。打开阀 13 和 15,起动污水泵,将清洁海水送至油水分离器。当有水从阀 13 和 15 流出时,关闭这两只阀。当分离筒内水位上升至电极处时,排油电动阀被关闭,指示灯被点亮,按下油水分界面检测控制器 11 接线盒内的强制排油"FORCED OIL DISCHARGE"按钮(即复位按钮)约 1 min,将分离筒上部集油腔内的空气排尽,然后停止污水泵,进入正常的起动。

(2)油水分离器的起动。起动污水泵,向分离筒送待分离的污水,如果停用时间超过 1 周,则在向分离筒送待分离的污水之前先向分离筒送 10 min 清洁海水。按下油水分界面检测控制器 11 接线盒内的强制排油"FORCED OIL DISCHARGE"按钮约 10 s,将分离筒上部集油腔内的空气或污油排尽。打开阀 13 和 15 排出分离筒内的污油和空气。油水分离器进入正常运行状态后,调节分离筒顶部的蒸汽阀开度,使分离筒内部的污水温度处于 40 ~ 60℃之间。认真查看压力表 Pl、P2 和 P 3 的读数,一旦 P1 和 P2 之间的压力差大于 0. 03 MPa. 需要用 40 ~ 60℃的温水清洗油滴聚合装置,而 P2 和 P3 之间的压力差大于 0.1 MPa,需要用煤油清洁该油水分离膜柱。

(3)油水分离器的停用。在油水分离器停止运行之前,首先打开该系统中的海水进口阀,用海水清洗分离筒。10 min 后,打开接线盒,按下油水分界面检测控制器 11 的强制排油"FORCED OIL DISCHARCE"按钮约 10 s,将分离筒上部集油腔内的空气或污油排尽,打开阀 13 和 15 排放分离筒内的污油和空气。最后停止污水泵。在油水分离器停用期间,分离筒内必须充满海水,同时严禁打开加热器的蒸汽阀,以免损坏分离筒内壁涂层。

二、自动排油控制

SMT—SA 型油水分离器采用 KRV—22N 型单电极式检测控制器控制集油腔中污油的自动排放,其工作原理如图 11-3 所示。

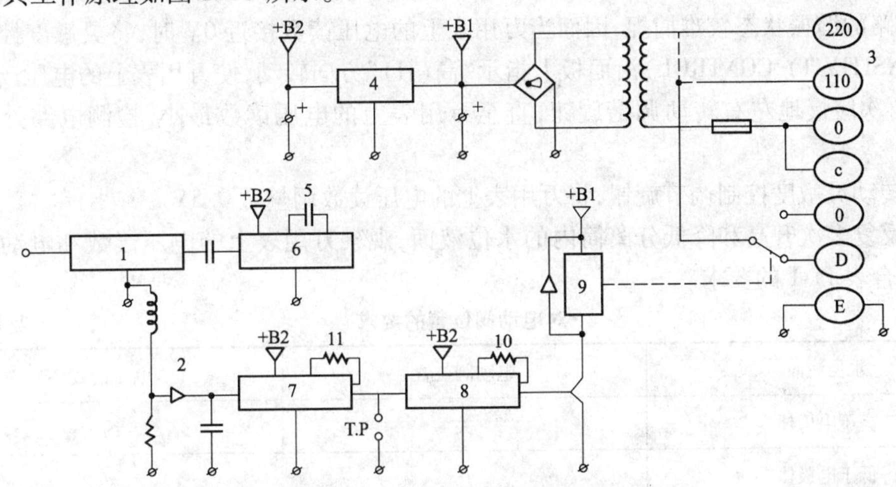

图 11-3　KRV—22N 型单电极式检测控制器功能框图

1-检测电路;2-输入电路;3-交流电源;4-稳压电路;5-调谐电路;6-振荡电路;7-放大电路;8-比较电路;9-继电器;10-延时调节;11-灵敏度调节

检测和控制电路直接安装在其接线盒内,与电极棒组合为一个整体,控制位于油水分离器顶部的电动阀的打开和关闭。电极棒安装在油水分离器的上部处,它的位置决定了集油腔中油水分界面变化范围的下限高度。

1. 自动排油控制原理

电极棒作为电容器的一个电极,而油水分离器的壁作为另一个电极,两者构成一个完整的电容器。当电极棒处在污油或空气中时,由于污油的电介常数很大,导电性能很差,相当于在电容上并联了一个很大的电阻,因而电容值较大;当电极棒处在污水中时,由于污水的电介常数较小,导电性能较好,相当于在电容上并联了一个较小的电阻,因而电容值较小。可见,油水分界面在电极棒附近的上下波动将使电容值发生变化。

整个油水分界面检测和控制电路由电源电路(POWFR SOURCE)、振荡电路(OSCILLATION CIRCUIT)、检测电路(DETECTION CIRCUIT)、放大电路(AMPLIFIER CIRCUIT)、比较电路(COMPARISON CIRCUIT)和输出继电器(RELAY)组成。当电极棒位于油污中时,检测电路处于谐振状态,放大电路的输出最小,经过比较电路和输出继电器打开污油出口,将污油排至污油柜中;当检测电极位于油水中时,检测电路远离谐振状态,放大电路的输出较大,经过比较电路和输出继电器关闭污油出口,避免将污水排至污油柜中。

2. 调整方法

在油水分离器的安装过程中或对单电极式检测控制器进行检修后，必须对检测控制器作如下调整：

(1)将电极棒清洁干净，在分离筒上装妥，确保分离筒内的水位液面低于电极棒。

(2)将万用表置于10VDC档(万用表的输入阻抗应大于20kΩ)，把万用表的测试棒插入检测控制器接线盒内电路板上的TP测试孔中。

(3)合上单电极式检测控制器的电源，同时沿逆时针方向转动定时器旋钮(TIMER)至极限位置，将延时调整至0s。

(4)缓慢左右转动调谐旋钮(TUNING TRIMMER)，使万用表上的电压读数逐渐减小。由于检测电路的谐振状态较难捕捉，因而当万用表上的电压读数接近0V时，将灵敏度控制调节旋钮(SENSITIVITY CONTROL)沿面板上指示"高(H)"方向转动，使万用表上的电压读数增加至3V。再次缓慢地左右转动调谐旋钮，直至万用表上的电压读数最小，检测电路处于谐振状态。

(5)转动灵敏度控制调节旋钮，将万用表上的电压读数调整至0.5V。

(6)反复多次升高和降低分离筒内的水位液面，观察万用表上的电压读数和电动阀的动作是否符合表11-1的要求。

对电动阀位置的要求　　表11-1

水位液面	电动阀位置	电压读数/V
高于电极棒	关	约15
低于电极棒	开	约0

(7)使分离筒完全充满海水，将延时调节旋钮转至中间位置，延时时间设置为5s，整个调整过程完毕。

三、油分浓度检测报警器

在油水分离器的自动控制系统中，油分浓度检测报警器是最重要的设备。它随时检测分离后污水中含油的质量分数是否超过国际海事组织规定的15×10^{-6}(15 ppm)标准，一旦超过，会立即发出声光报警并停止向舷外排放污水。SMT—5A型油水分离器采用FOCAS—1500C型油分浓度检测报警器，图11-4和图11-5分别为其结构示意图和电路原理框图。

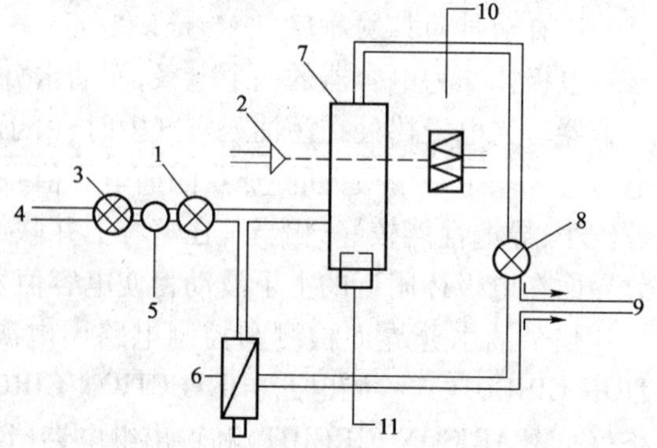

图11-4　油分浓度检测报警器结构框图

1、8-电磁阀；2-光源；3-滤器；4-进口；5-压力开关；6-压力调节器；7-检测体；9-出口；10-感光元件；11-超声波振荡器

1. 主要技术参数

检测周期：　约17 s；

检测范围：　$0 \sim 30 \times 10^{-6}$($0 \sim 30$ ppm)；

检测压力：　$0.02 \sim 0.3$ MPa；

被测污水温度：$2 \sim 45$℃；

环境温度：　　0～55℃；

最大湿度：　　90%；

污水流量：　　0.0002～0.003 m^3/min

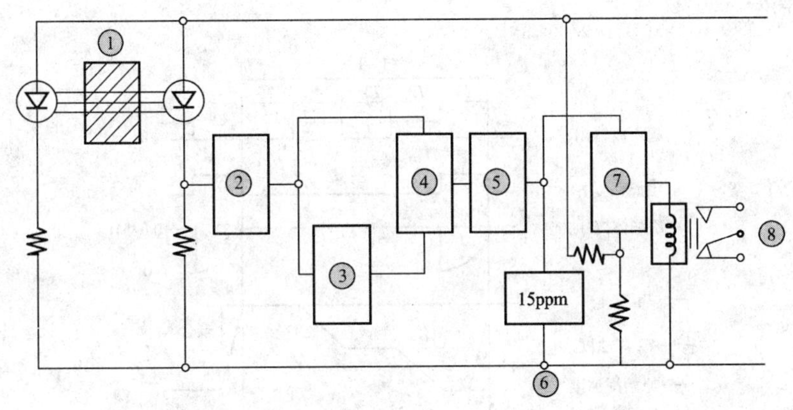

图 11-5　油分浓度检测报警器电路框图

1-转换器；2-放大器；3、5-记忆单元；4、7-比较器；6-浓度显示；8-报警输出

2. 结构及检测原理

FOCAS－1500C 型油分浓度检测报警器依据水中油分影响混浊程度（透光程度）的基本原理来检测水中油分，它是由检测体（Detection cell）、光源（Light throwing）、感光元件（Light receiving）、超声波振荡器（Ultrasonic wave vibrator）、压力调节器（Pressure regulator）、压力开关（Pressure switch）和电磁阀（Solenoid valve）组成的。当被检测污水的压力大于 0.02 MPa 时，污水经滤器（Filter）和电磁阀进入检测体，在检测体内由超声波振荡器将其乳化。在恒定光源的照射下，感光元件的输出与被乳化的污水的混浊程度（透光程度）有关，因此感光元件的输出直接反映了污水中的含油浓度。当其质量分数超过规定的上限值 15×10^{-6}（15 ppm）时，油分浓度检测报警器发出声光报警。为了在超声波振荡器工作期间，尽可能地减少检测体中污水产生的气泡对检测精度的影响，该装置配备了恒压阀，以确保在检测期间污水的压力保持恒定。

为了克服被测污水中洗涤剂和悬浮物对混浊度检测精度的影响，采用两次测量的方法，如图 11-6 所示。第 1 次测量的时间是 T2，在这段时间内超声波振荡器发出的超声波（Ultrasonic wave output）仅能使被检污水中的洗涤剂（Detergent）和悬浮物（Suspended solid matter）乳化（Turbidity）。当达到稳定的混浊度时，感光元件输出一个反映污水中洗涤剂和悬浮物浓度的电信号，经放大单元（2）后，该信号被存储在电路的记忆单元（3）中。第 2 次测量的时间是 T4，在这段时间内超声波振荡器发出的超声波使被检污水中的油分乳化。当达到稳定的混浊度时，感光元件输出一个反映污水中洗涤剂、悬浮物和油分浓度的电信号，该信号被送至电路的放大单元（2）。比较单元（4）将放大单元中的信号与先前存储在记忆单元中的信号进行比较，求出两者的差值，此差值即反映了水中油分浓度。

四、油水分离器的电气控制

如图 11-7 所示，电路电源为三相 380V、50Hz 交流电源，控制回路的电压为交流 220V 及 6.3V。电路中，与油分浓度监测计相结合对油水分离器进行控制，以使分离后的水中含油量达到规定的标准。

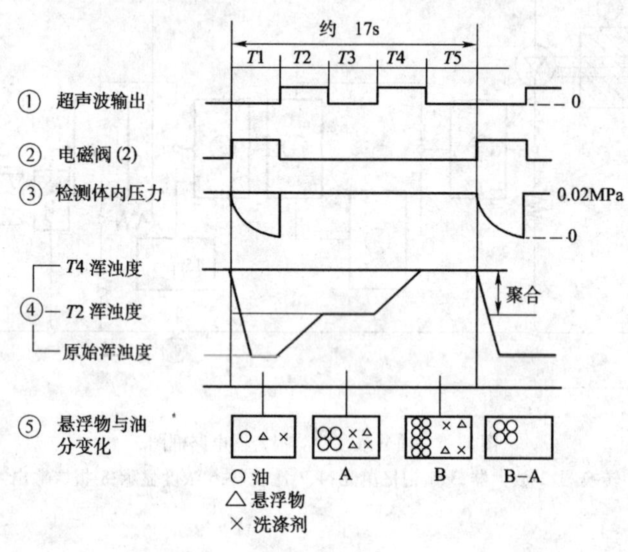

图 11-6 检测周期

1. 油水分离器电气控制原理分析

合上电源开关 QS，按下启动按钮 S2，交流接触器 KM1 通电吸合，污水泵电机运转，运行指示灯 H3 亮，装置进水，同时接通加热和排油部分的控制回路。

(1)自动排油控制。污水泵电机运行后，将排油方式旋钮 S5 置于手动位置，待装置中水位到达装置的顶部使装置内空气全部排出后，再将排油方式旋钮置于自动，当集油室内油层不断增厚，使油水分界面下移至低于液位电极 P1 时，液位继电器 K3 处于高电平导通状态，电磁阀 Y1 通电排油，排油指示灯 H1 亮。排油后油层减少，油水分界面上升至液位电极 P2 时，液位继电器 K4 低电平截止，电磁阀 Y1 失电停止排油，排油指示灯 H1 熄灭。

(2)加热温度控制。加热方式旋钮置于自动位置，当液体达到上限值 40℃时温度控制器 S3 动作（相 - 上两点闭合），中间继电器 K1 通电，其常闭触头 K1 断开，接触器线圈 KM2 失电，主触点 KM2 断开，电加热器 E1 停止加热，同时控制蒸气加热电磁阀 Y3 也关闭；当液体温度低于 20℃时（下限），温度控制器 S3 动作（相 - 下两点闭合），接触器线圈 KM2 通电，电加热器通电加热，同时蒸汽加热器电磁阀 Y3 通电，蒸汽加热器（图中未标出）也工作。温度控制器的上下限值可根据实际情况自行设定。当液位继电器 K3 处于自动排油状态时，自动或手动温度控制功能自动停止加热，防止刚开机时因装置内无水造成电加热器过热烧坏。

(3)防止空转控制。当污水柜无水时，为防止装置空转，进水管装有一真空压力控制器，当真空压力表 P 读数升至 0.06MPa 时，该装置自动停机。

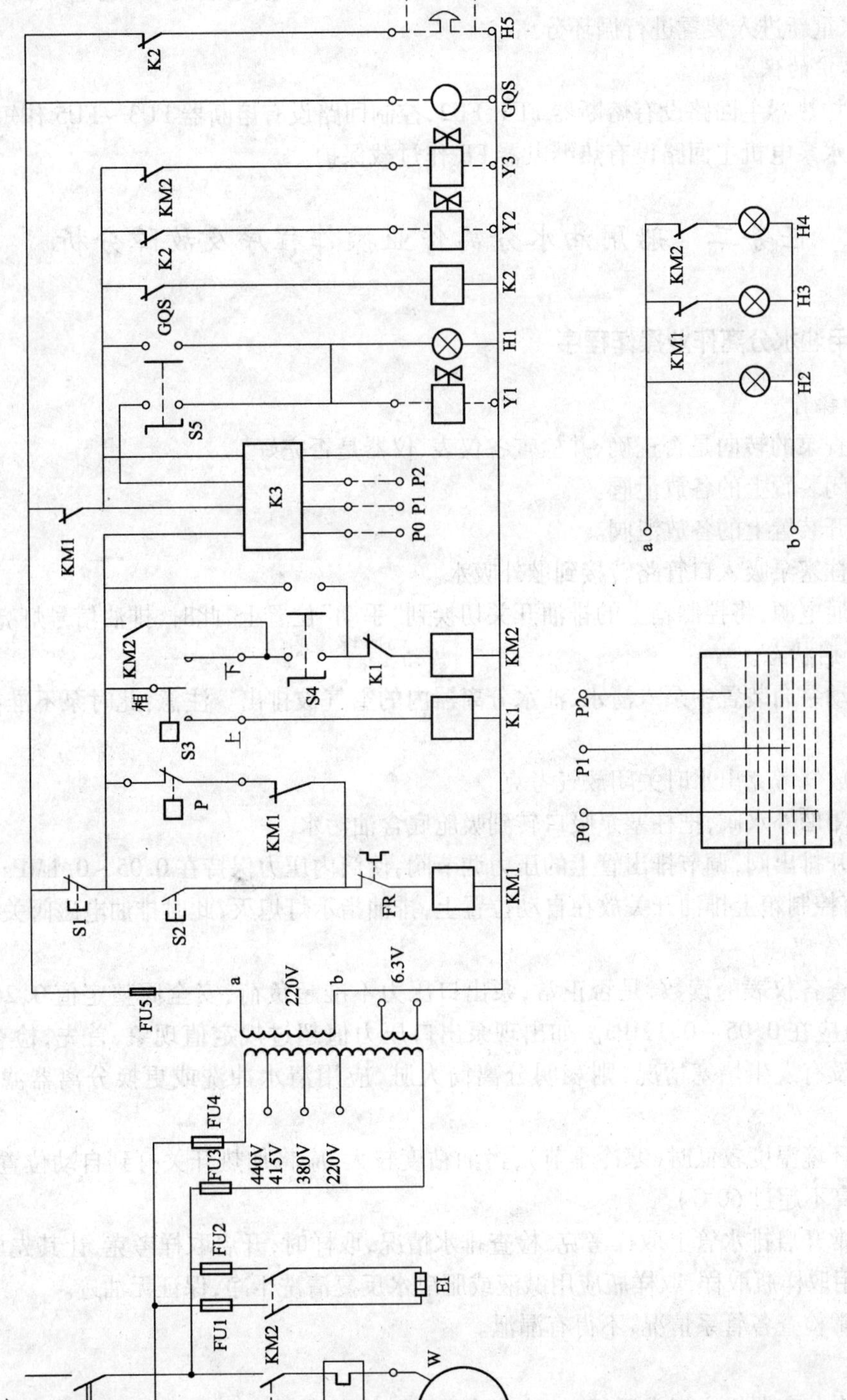

图 11-7　油水分离器的电气原理图

(4)当油分浓度计检测的油分浓度超过15mg/l时,油分浓度计(GQS)动作,触头GQS闭合,控制箱内中间继电器线圈K2得电,K2常开触点闭合,回油电磁阀Y2通电开启,使不合格的含油污水重新进入装置进行循环分离。

2.电路中的保护

(1)电加热器主回路设有熔断器FU1、FU2,控制回路设有熔断器FU3~FU5作短路保护。

(2)污水泵电机主回路设有热继电器FR作过载保护。

任务二　船用油水分离作业操作程序及故障分析

一、船用油水分离作业操作程序

1.起动操作

(1)检查泵的转向是否正确,并检查各仪表、仪器是否完好。

(2)关闭装置上的各放泄阀。

(3)打开装置上的各放泄阀。

(4)把柱塞泵吸入口管路转接到舷外吸水。

(5)接通电源,将控制箱上的排油开关切换到“手动”位置上,此时,排油信号灯亮,排油电磁阀处于开启状态。

(6)起动泵向装置中泵入清水,油水分离器内的空气被排出。注意:此时泵不准在无水状态下运转。

(7)当放气考克出水时关闭放气考克。

(8)关闭舷外水阀,把柱塞泵吸口转到吸舱底含油污水。

(9)打开排出阀,调节排出管上的压力调节阀,使筒内压力保持在0.05~0.1MPa。

(10)将控制箱上排油开关放在自动位置上,排油指示灯熄灭,此时排油电磁阀关闭。

2.运行管理

(1)检查各仪表的读数,是否正常,泵出口压力不准超负荷,安全阀整定值0.26MPa,排出管压力值应在0.05~0.1MPa。如出现泵出口压力值超过规定值现象,首先,检查管路是否堵塞,如没有发生堵塞情况,则表明分离筒太脏,应用清水冲洗或更换分离器滤芯,清洗分离器。

(2)当环境温度较低时(寒冷季节),污油粘度较大,应将加热开关打到自动位置,设定加热温度(最高不超过60℃)。

(3)经常开启排水管上取样考克,检查排水情况,取样时,开启取样考克,让其先放1分钟左右,然后用取样瓶取样,取样瓶应用碱液或肥皂水反复清洗干净,保证无油迹。

(4)经常检查各管系情况,不得有漏泄。

3.监控

(1)油水分离器投入正常运行时,油分浓度监测仪电源开关接通,实施监控。

(2)油水分离器停止工作后,油分浓度监测器的取样三通阀应切换到清水管上,用清水冲洗几分钟。

(3)运行时应注意避免油水分离器超负荷运行,以防低分离效果。分离器是否超负荷运行,可通过低位检验旋塞来检查,当低位检验旋塞有油流出时,立即排油,如自动排油装置失灵,改手动。本装置装有污油液位计,如油位到最低位时,应立即排油。运行中,如出口取样,发现取样瓶内有油迹,表示油水分离器已经污染,应立即停止工作并予以清洗。此外,还应注意泵的磨损情况,如漏泄太大,应修复。对泵的吸入滤器应经常清洗。

(4)当含油污水处理完毕后,将吸入口转到清水柜,连续运转15min,以冲洗装置,然后停泵,并关闭装置所有进出口阀门,关闭加热装置(旋钮打到"手动")。装置停止工作后,其内部应充满清水,以备下次起动。

二、常见故障的检查

图11-8~图11-11列出了油水分离器常见故障的检查流程和解决方法。

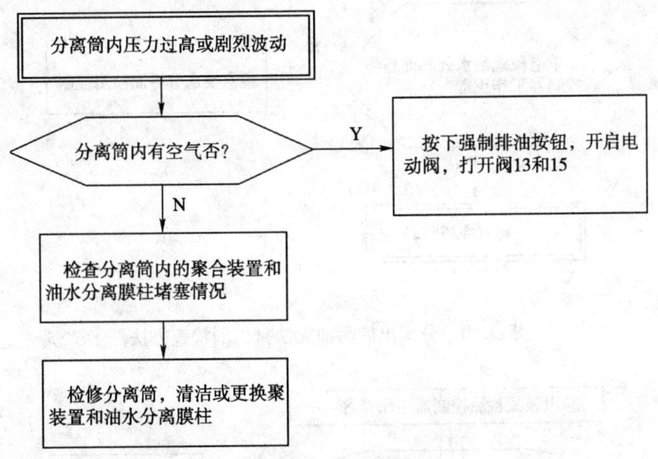

图11-8　分离筒内压力过高或剧烈波动的检查方法

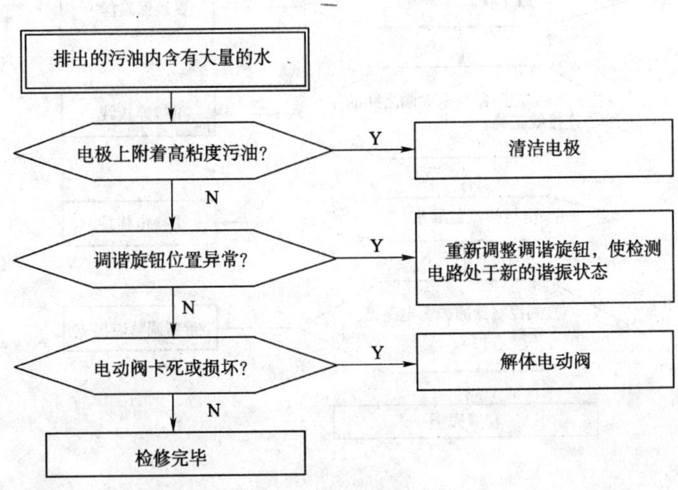

图11-9　排出的污油内含有大量水的检查方法

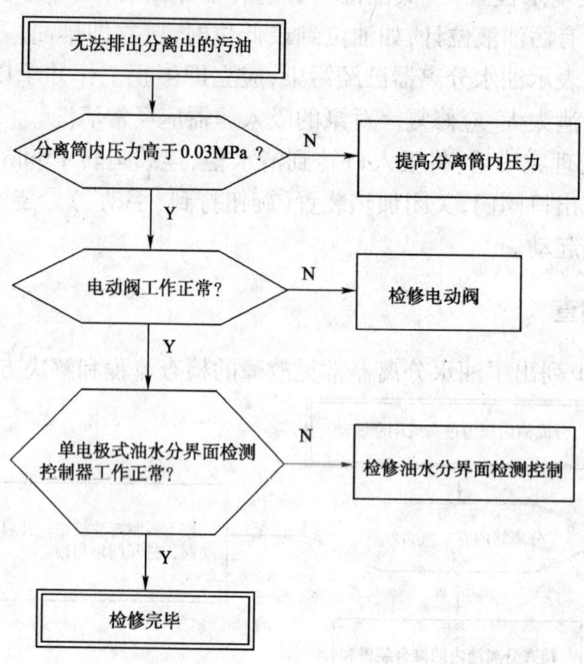

图 11-10　分离出的污油无法排出的检查方法

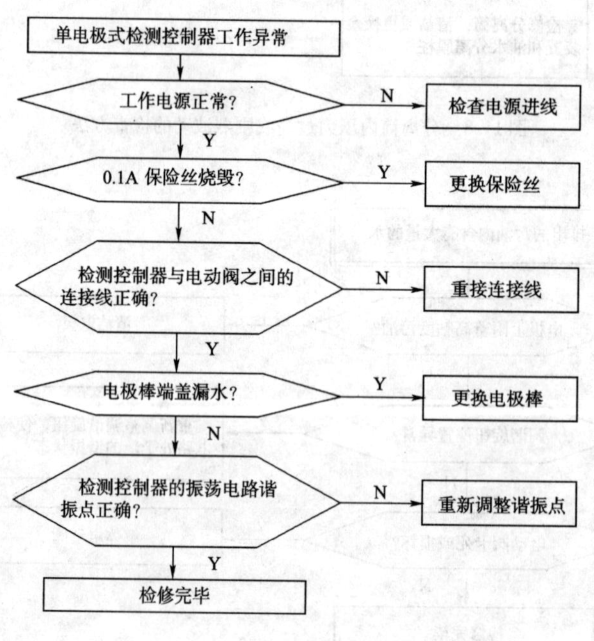

图 11-11　单电极式检测器工作异常的检查方法

思考与练习 SIKAO YU LIANXI

11.1　简述船舶油水分离器系统的作用、结构、及其油水分离原理。

11.2　简述船舶油水分离器系统的自动排油控制原理。

11.3　简述船舶油水分离器系统的电气工作原理。

11.4　简述船舶油水分离器系统的调试程序。

11.5　简述如何分析船舶油水分离器系统故障及其排查。

项目十二　船用低硫油系统的电力拖动控制

● **教学目标**

能力目标

1. 能安装与调试船舶低硫油系统的控制线路；
2. 对照船舶低硫油系统的电气原理图排除电路常见故障；
3. 能撰写船舶低硫油系统的电气控制系统检修维护报告书。

知识目标

1. 了解船舶低硫油系统的作用、结构；
2. 学会识读船舶低硫油系统的电气系统图、原理图、接线图及规范；
3. 会分析船舶低硫油系统的控制线路；
4. 会船舶低硫油系统的调试及故障排查。

情感目标

1. 具备良好的职业道德；
2. 具备严谨的工作态度；
3. 具备良好的环保意识；
4. 具备高度责任感。

任务一　船用低硫油冷却系统认识

为了减少船舶的排放污染，自 2005 年起，已经有多部国际规则生效，数个排放控制区（ECA）设立。最近，由加利福尼亚州和欧盟颁布的更为严格的新燃油含硫量规则已经确立并且开始实施。从 2009 年 7 月 1 日起，加州空气资源局（CARB）强制要求加州水域内的船舶使用船用柴油（MDO）和瓦斯油（MGO）。此外，从 2010 年 1 月 1 日起，船舶在欧盟港口停泊时，必须使用含硫量不超过 0.1%（质量百分比含量）的船用燃料油。

自 2009 年 7 月 1 日规则开始实施以来，美国海岸警卫队第 11 区的记录显示，与切换使用燃油有关的推进系统故障的发生情况有显著上升。旧金山沙洲引航协会报告了一则传闻，即发生发动机故障，发动机无法起动，及速度不稳定影响操纵性的问题明显增多。

一、船用燃料油的限值规定及其影响

1. 欧盟关于船用燃料油的限值规定及实施日期

表 12-1 列出了欧盟关于船用燃料油的限值规定，以及各项规定的实施日期：

表 12-1

船舶位置	从下列日期开始,船上使用的各种船用燃料油的含硫量限值			
	2010 年 1 月 1 日	2010 年 7 月 1 日	2012 年 1 月 1 日	2015 年 1 月 1 日
在欧盟国家及已执行 2005/33/EC 号指令的非欧盟国家的港口停泊的船舶	0.1%	0.1%	0.1%	0.1%
在排放控制区内,但没有停泊	1.50%	1.00%	1.00%	0.10%
在排放控制区外,但没有停泊	4.50%	4.50%	3.50%	3.50%

2. 使用低硫燃油对船舶设备的危害和不利之处

一般来说低硫油具有发热值较高、密度低、粘度低、润滑性差、闪点低、易气化等特点。对不适合使用低硫燃油设备,未经任何改造而使用低硫燃油的对设备的危害和不利之处包括:

(1)对锅炉的影响。停泊时需使用锅炉的船舶有:普通船舶,停泊时需使用小型辅锅炉产生的蒸汽加热燃油及杂用;油船/化学品船,卸货时另外还需大型辅锅炉产生蒸汽加热货物及驱动货泵;一些 LNG 船,蒸发的货物和 HFO 混合后作为燃料供主锅炉使用,卸货时也需锅炉产生蒸汽驱动货泵。

转换使用 MGO(Marine Gas Oil,低硫燃油)对设计使用 HFO(Heavy Fuel Oil,重燃料油)或 MDO(Marine Diesel Oil,船用柴油)的锅炉的影响表现在:

①使用 MGO 易产生锅炉点火故障、燃烧失败,特别是油船卸货期间的熄火对船舶卸货操作产生不安全影响和不便,要求船员掌握对此类故障排除的安全操作;

②MGO 挥发后导致点火失败,燃气积聚于炉膛/燃烧室,产生爆炸的危险,危及船舶及船上人员安全,对油船产生更大油污染事故;

③引起供油系统故障。

(2)对发电柴油机的影响。转换使用 MGO 对设计使用 HFO 或 MDO 的发电柴油机影响表现在:

①引起供油系统故障。

②采用飞溅润滑的发电柴油机的气缸润滑油(即曲柄箱滑油)有相应的总碱值,较长时间使用低硫燃油时需换为总碱值较低的柴油机气缸润滑油,以保证柴油机气缸得到良好的润滑。如果气缸油总碱值不合适,易产生机器加速磨损。对于交替使用高、低硫燃油的柴油机润滑油在适用性选用、维护管理方面提出了更高要求。

(3)对主机的影响。某些船舶,停泊时需使用主机驱动一些设备,如某些工程船等,使用 MGO 的影响基本和发电柴油机一致。不同的是,对采用独立的气缸润滑系统的主机,气缸润滑油便于转换,也需选用总碱值与之适应的气缸油,并需要改变气缸油的注油率。同样在气缸油的适用性选用、维护管理方面提出高要求。

3. 为满足使用低硫燃油的要求而需进行的相应改造

(1)对锅炉、柴油机的燃油转换装置、供油系统、燃烧装置、监控和显示系统进行相应的改造。应注意,对柴油机的改造如果涉及 MARPOL 附则 VI -《防止船舶造成空气污染规则》对氮氧化物(NOx)排放的要求,即涉及对氮氧化物排放有影响的柴油机构件的改造、替换、调整,应按《船用柴油机氮氧化物排放控制技术规则》的要求,船级社重新检验合格;

(2)根据低硫燃油的粘度、润滑特性选取合适的锅炉、柴油机燃油泵;

(3)使用低硫燃油不需要加热,必要时锅炉、柴油机燃油系统加设冷却器;

(4)设置、分隔锅炉、发电柴油机的低硫燃油(MGO)的舱柜,并保证 MGO 和原 HFO、MDO 舱柜(包括燃油储存柜、沉淀柜,日用柜等)的设置、分隔、舱容、舱柜保护等符合要求;

(5)对采用独立的气缸润滑系统的柴油机,设置、分隔与使用低硫燃油相适应的气缸润滑油柜;

(6)设置、改装相应的燃油、气缸润滑油舱柜的附属管系和系统,包括燃油存储、驳运、净化、加热/冷却、供给、循环等系统,气缸油供给系统。

目前,新造船已具备有足够的低硫燃油储存舱柜来存放低硫燃油,同时,安装了一些设备厂商提供的满足主机,副机,锅炉等烧低粘度燃料的设备。主机副机锅炉厂商等也对部件进行了改造,以更适应 MGO 和 MDO 与 HFO(Heavy Fuel Oil)的转换。

含硫量低于 0.1% 的燃油运动粘度大部分在 2~4cst(40℃),根据原油产地和提炼工艺的不同,粘度会有变化。按国际标准对 MGO 的定义(ISO8217:2005),这种燃油最显著特点是在 40℃运动粘度最小为 1.5cst,最大粘度为 6cst。定义 40℃下粘度为 1.5cst 的 MGO 在 2cst 时温度接近为 22℃,在 3cst 时,温度接近 2℃。

长期以来,船舶柴油机以高粘度重油为燃料,柴油机(主机、辅机)生产厂家根据实际使用经验设计使用燃油喷射粘度为 10~15cst。过低的粘度会导致喷油器、高压油泵等这些运动部件由于润滑性能变差而加快磨损,甚至咬死等事故。为了避免事故产生,一方面,一些化学品厂商正在研究生产低硫油添加剂,以便改善低硫油的润滑性能;另一方面,为了能够满足运动部件的润滑,柴油机制造厂家建议采取降低进机温度的办法以便提高燃油粘度,进机的粘度不宜低于 2cst,即最低温度可能要达到 22℃。现今船舶冷却系统中,中央冷却淡水普遍用来冷却主副机空冷器,滑油,缸套水,空压机,空调制冷,锅炉冷凝器等船舶设备,由于中央冷却水的温度一般为 36℃左右,用这样的冷却水不能使 MGO 温度达到 22℃,所以,添加一台专门的冷却装置来保证 MGO 的进机粘度是一个简单可行的解决方法。

低硫油冷却系统应运而生,其根据降温原理,用制冷装置来冷却淡水,然后淡水通过热交换器来冷却 MGO,一般将燃油的温度降低到 10~15℃左右,使其粘度增加 2cst 以上,满足船用柴油机和供油系统的要求。该系统现广泛用于各种类型的客船、货船、石油平台等。

二、低硫油冷却系统描述

图 12-1 为低硫油冷却系统原理示意图。如图所示,低硫油冷却系统主要由 1 台船用冷水机组、1 套冷媒水泵模块、电气控制箱、1 套水、油换热系统组成及 1 只电动柴油/低硫油转换阀组成。下面具体介绍低硫油冷却处理系统三个子系统:船用冷水机、冷媒水泵模块和水、油换热系统。

1. 船用冷水机组

船用冷水机组主要功能部件有:压缩机、冷凝器、蒸发器、高压压力表、低压压力表、油压压力表、水压压力表、高压控制器、低压控制器、油压差控制器、水压控制器、膨胀阀、干燥过滤器、视液镜、安全阀、温度传感器、防冻温控器、热气旁通阀、PLC 电气控制箱、靶式流量控制器、单球橡胶接头、冷却水进出口温度计、冷却水进出口压力表等。如图 12-2a)所示,其中,压缩机随机配制冷剂、船用油槽、曲轴箱加热器、电机过载保护器、排气超温保护等。压缩机能自动进行能量调节,一般为 0、33%、66%、100%。冷凝器一般采用卧式壳管式,散热材料为铝黄铜管,采用复合管板,端盖材料为铸铁(带防腐锌块)。蒸发器的散热材料为高效紫铜管。

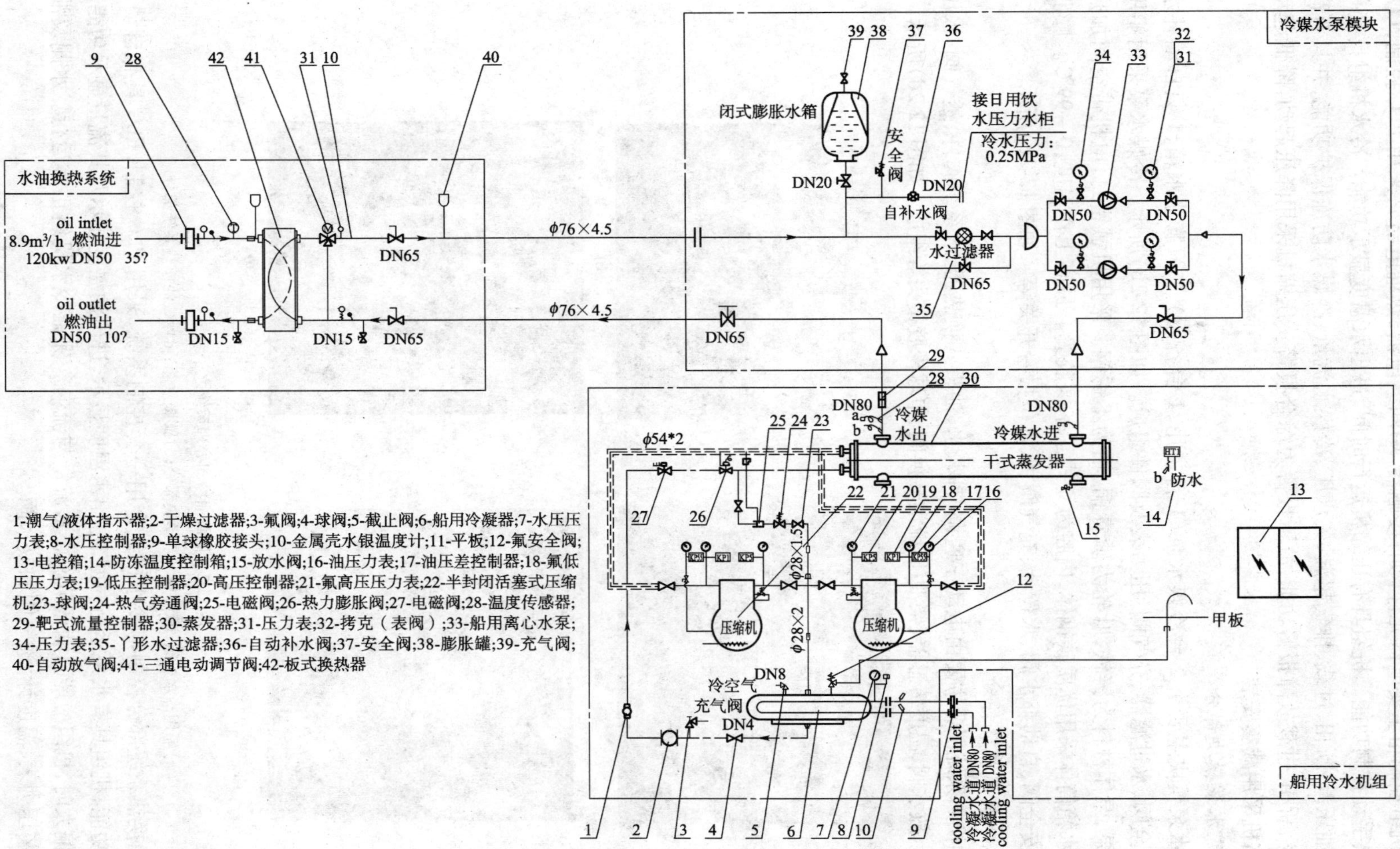

1-潮气/液体指示器;2-干燥过滤器;3-氟阀;4-球阀;5-截止阀;6-船用冷凝器;7-水压压力表;8-水压控制器;9-单球橡胶接头;10-金属壳水银温度计;11-平板;12-氟安全阀;13-电控箱;14-防冻温度控制箱;15-放水阀;16-油压力表;17-油压差控制器;18-氟低压压力表;19-低压控制器;20-高压控制器;21-氟高压压力表;22-半封闭活塞式压缩机;23-球阀;24-热气旁通阀;25-电磁阀;26-热力膨胀阀;27-电磁阀;28-温度传感器;29-靶式流量控制器;30-蒸发器;31-压力表;32-拷克（表阀）;33-船用离心水泵;34-压力表;35-丫形水过滤器;36-自动补水阀;37-安全阀;38-膨胀罐;39-充气阀;40-自动放气阀;41-三通电动调节阀;42-板式换热器

图 12-1 低硫油冷却系统原理示意图

冷水机组控制箱主要电器元件(如:接触器、中间继电器、热继电器),采用 PLC 控制,PLC 具有自动、手动控制功能。机组具有压缩机运行时间、进出水温度显示功能。冷水机组具有高压、低压、油压差、断相、过载、排气超温、欠水压、冷媒水流量、冷媒水防冻保护功能,并具有高压、油压差、断相、过载故障报警功能,故障报警为综合报警。压缩机采用降压起动,降低起动电流,压缩机采用减震安装。

2. 冷媒水泵模块部分

冷媒水泵模块主要由 2 台冷媒水泵(1 台主用,1 台备用)、1 只膨胀水箱、1 只自动补水阀、1 只安全阀、水过滤器、充气阀、压力表及阀件组成。如图 12-2b)所示。冷媒水泵采用船用立式离心泵,泵体材料为铸铁,叶轮为磷青铜,轴为不锈钢。采用机械密封,电机带空间加热器。膨胀水箱筒体采用优质碳钢体,内腔为立式丁基橡胶囊。最高工作温度:0 ~99℃。膨胀水箱配有安全阀、自动补水阀、水位计、充气阀、低水位报警开关等。如图 12-2c)所示。

3. 水、油换热系统部分

水、油换热系统部分主要由电动三通调节阀、水、油板式换热器、水系统阀件、透气阀、水压表、温度计、放水阀、温度传感器、柴油/低硫油转换阀、单球橡胶接头等组成。如图 12-2d)所示。

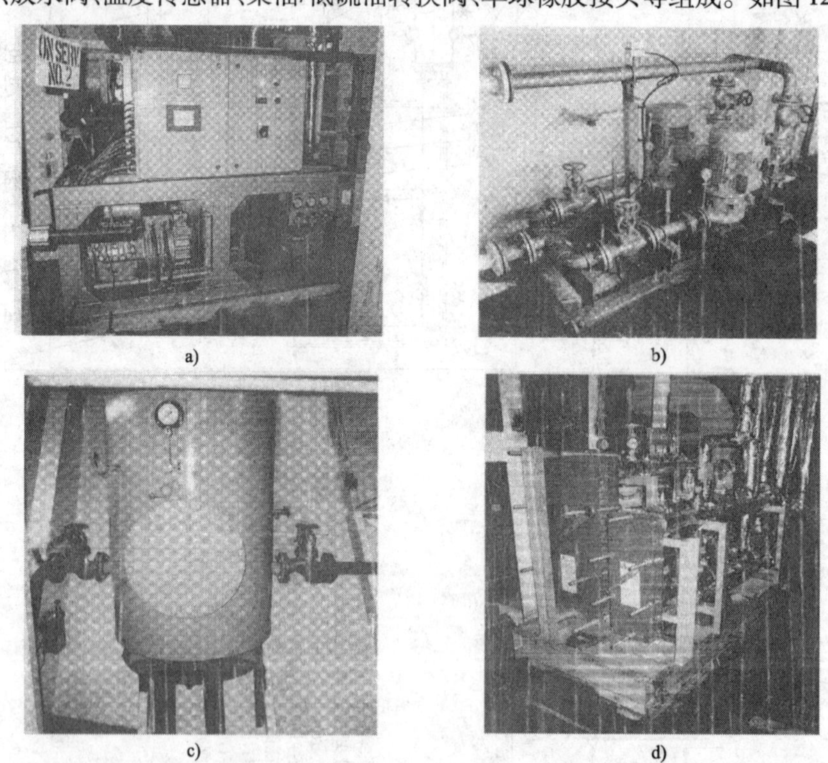

a) b) c) d)

图 12-2 低硫油冷却处理系统之子系统

a)船用冷水机组;b)冷媒水泵模块部分;c)膨胀水箱; d)水、油换热系统部分

水、油换热系统部分控制与冷水机组合用一套控制系统,采用 PLC 控制,PLC 具有自动、手动控制功能;机组具有水泵运行时间、进出水温度显示、进出油温度显示及其流量显示功能;油路流量偏大时,机组应能自动调节冷媒水流量与流向。保证冷水机组正常运行。水侧及油侧均需安装压力表、温度计、透气阀和放水阀。

低硫油冷却处理系统与空调系统工作原理相似，其船用冷水机子系统的压缩机完成对制冷剂的压缩工作，即：把制冷剂从气态变为液态，由于在压缩过程中会产生大量的热量，需要在冷凝器中通过冷却水的热交换将这部分热量带走，然后，制冷剂流入干式蒸发器。冷媒水泵模块子系统的主要作用是提供冷媒水，冷媒水进入干式蒸发器后，由于制冷剂的作用，冷媒水出口温度设置在7℃左右，进入水、油板式换热器。在水、油换热子系统中，将45℃左右的低硫油热油通过水、油板式换热器，低硫油的热量被冷媒水带走，降低油温到10～15℃之间。其粘度达到船舶柴油机使用要求。

低硫油冷却系统的三个子系统，采用同一电气控制箱进行PLC控制。在运行过程中，实时监控三个系统的压力、温度和流量，根据三个变量采用模糊控制技术调整压缩机和水泵及三通阀的状态。PLC具有自动控制功能，以确保工况稳定。

三、低硫油冷却系统电气原理图分析

1. 压缩机电气原理分析

(1)压缩机电路正常运行。图12-3所示，电路中有两台压缩机，其中1台主用1台备用。合上开关1QF、2QF(3QF为备用)，HL1电源指示灯亮。触摸屏能够完成对压缩机和各种泵的启停及其加热器启停控制。当一切保护均不动作，通过触摸屏TP177B起动压缩机，如图12-5所示，PLC控制输出端继电器线圈1K12得电，如图12-3所示，1K12常开触点闭合，接触器线圈1KM1得电，1KM1主触点闭合，压缩机得电开始运转，同时，时间继电器1KT线圈得电，开始计时，1KT常开延时闭合触点经过整定时间后闭合，接触器线圈1KM2得电，1KM2主触点闭合，压缩机全部绕组投入运行，即全压起动完毕。由上述分析可知，压缩机属于降压起动。

若要关闭压缩机，从触摸屏上直接停止压缩机即可，并要求为压缩机关闭吸入阀门。

(2)压缩机报警电路：

①电源异常报警。电路中，PLC接通船舶电网上级断路器，相序保护器等对三相电源电压、相序进行监测，当电源输入异常(电压过高、电压过低、缺相、逆相、三相电压不平衡等)，如图12-3所示，继电器线圈K失电，常开触点K断开，继电器线圈K1失电，如图12-5所示，继电器K1常开触点接入PLC输入端，由于继电器线圈K1失电，K1常开触点断开，PLC控制输出端继电器线圈1K11得电，如图12-3所示，1K11常开触点闭合，进行综合报警，发出保护动作分断压缩机。如图12-3所示，如电源供电正常，则电路不报警，压缩机正常工作。

②压缩机过载报警。如图12-3所示，线路中的热继电器1FR、2FR可对两台压缩机(一主用一备用)进行过载保护。当出现压缩机过载情况时，热继电器1FR(备用2FR)动作，其常闭触点断开，使控制电路失电，从而使压缩机停止运转。这就避免了压缩机因过载造成的损坏。同时，继电器线圈1K9(备用2K9)失电。如图12-5所示，继电器1K9(备用2K9)常开触点断开，PLC控制输出端继电器线圈1K11得电，如图12-3所示，1K11常开触点闭合，进行综合报警。

③滑油压差异常报警。如图12-3所示，接触器1KM2常开触点闭合，此时油压已经建立，压差继电器开始对润滑油压差进行实时监控，在油压正常情况下，压差继电器触点1OP闭合，继电器线圈1K7处于得电状态，如图12-5所示，PLC输入端1K7常开触点闭合，PLC控制输出端继电器线圈1K11失电，如图12-3所示，1K11常开触点断开，报警电路不报警。否则，当油压不正常时，报警电路发出报警警告。

④其他电路报警。如图 12-3 所示，电路当中还提供防冻保护（防冻保护：制冷剂在 0 摄氏度以下，进行保护，使压缩机不工作）、冷媒水流保护（冷媒水流保护：当冷媒水流量低，判断正常运行的水泵出现故障，起动备用泵，待冷媒水流量恢复正常后，原泵切除。其传感器安装在两套水泵出口总管路上）、冷却水压保护（冷却水压力低，不能起动压缩机。其传感器安装在中央淡水冷凝管路进出口处）、制冷剂高压保护（进行超压保护用）、制冷剂低压保护（进行能量阀的调节）、排气超温保护（对压缩机排气温度进行保护，温度超过设定值，压缩机停止工作）等。一旦所测值超过设定的正常范围，例如：如图 12-3 中，压缩机工作工程中，如果产生制冷剂高压，继电器线圈 1K5 失电，如图 12-5 所示，PLC 输入端 1K5 常开触点断开，PLC 输出端进行报警并执行保护停机动作，避免管路超压。

如图 12-5 所示，PLC 相应的输入端对应各中间继电器（即：如图 12-3 中，检测电源状态继电器 K1、防冻继电器 K2、冷媒水流继电器 K3、冷却水压继电器 K4、高压继电器 K5（一主用一备用）、低压继电器 K6（一主用一备用）、油压差继电器 K7（一主用一备用）、超温继电器 K8（一主用一备用）、压缩机过载继电器 K9（一主用一备用）、接触器 KM1（一主用一备用））的常开触点，一旦出现异常情况，相应继电器失电，其常开触点断开，通过 PLC 内部编程控制，经延时确认，故障无法排除，其输出端继电器线圈 1K11 得电，1K11 常开触点闭合，进行综合报警，同时，PLC 控制执行保护停机动作，保护压缩机不受损害。

（3）加热电路。如图 12-3 所示，合上电源 1QF，由于接触器线圈 1KM2 处于失电状态，1KM2 常闭触点闭合，曲轴箱加热器为压缩机进行加热去湿工作，驱除其内部潮气，保证电机绕组冷态绝缘性能。接触器线圈 1KM2 得电后，接触器 1KM2 常闭触点断开，保证曲轴加热器压缩机运行期间不工作。

2. 冷媒水泵电气原理分析

（1）冷媒水泵电路正常运行。如图 12-4 所示，为冷媒水泵电气原理图，与压缩机采用同一电气控制箱进行 PLC 控制，对于水泵系统，水泵起动前，通过触摸屏起动水泵空间加热，如图 12-5 所示，继电器线圈 1K15 得电，如图 12-3 所示，1K15 常开触点闭合，对 1# 水泵进行空间加热。合上 4QF，电源指示灯 HL（WH）亮。通过触摸屏 TP177B 起动水泵，如图 12-5 所示，PLC 控制输出端继电器线圈 1K16 得电，如图 12-3 所示，1K16 常开触点闭合，接触器线圈 3KM 得电，如图 12-4 所示，3KM 主触点闭合，1# 冷媒水泵启动运行。同时，如图 12-5 所示，PLC 输出端继电器 1K15 线圈失电，如图 12-3 所示，1K15 常开触点断开，水泵空间加热器失电，即：冷媒水泵启动后，水泵空间加热器停止加热。

（2）冷媒水泵电路保护。如图 12-4 所示，热继电器 3FR、4FR 对两台冷媒水泵电机（一主用一备用）进行过载保护。当冷媒水泵电机在运行中出现过载情况时，如图 12-3 所示，热继电器 3FR（备用 4FR）动作，其常闭触点断开，使控制电路失电，从而使冷媒水泵电机停止运转。这就避免了冷媒水泵电机因过载而造成的损坏。同时，继电器线圈 1K10（备用 2K10）失电，如图 12-5 所示，PLC 输入端 1K10 常开触点断开，PLC 控制输出端继电器线圈 1K11 得电，如图 12-3 所示，1K11 常开触点闭合，进行综合报警。

同理，如图 12-5 所示，启动水泵后，接触器 3KM（备用 4KM）常开触点接入 PLC 输入端，若出现故障，常开触点断开，PLC 控制输出端继电器线圈 1K11 得电，如图 12-3 所示，1K11 常开触点闭合，进行综合报警。

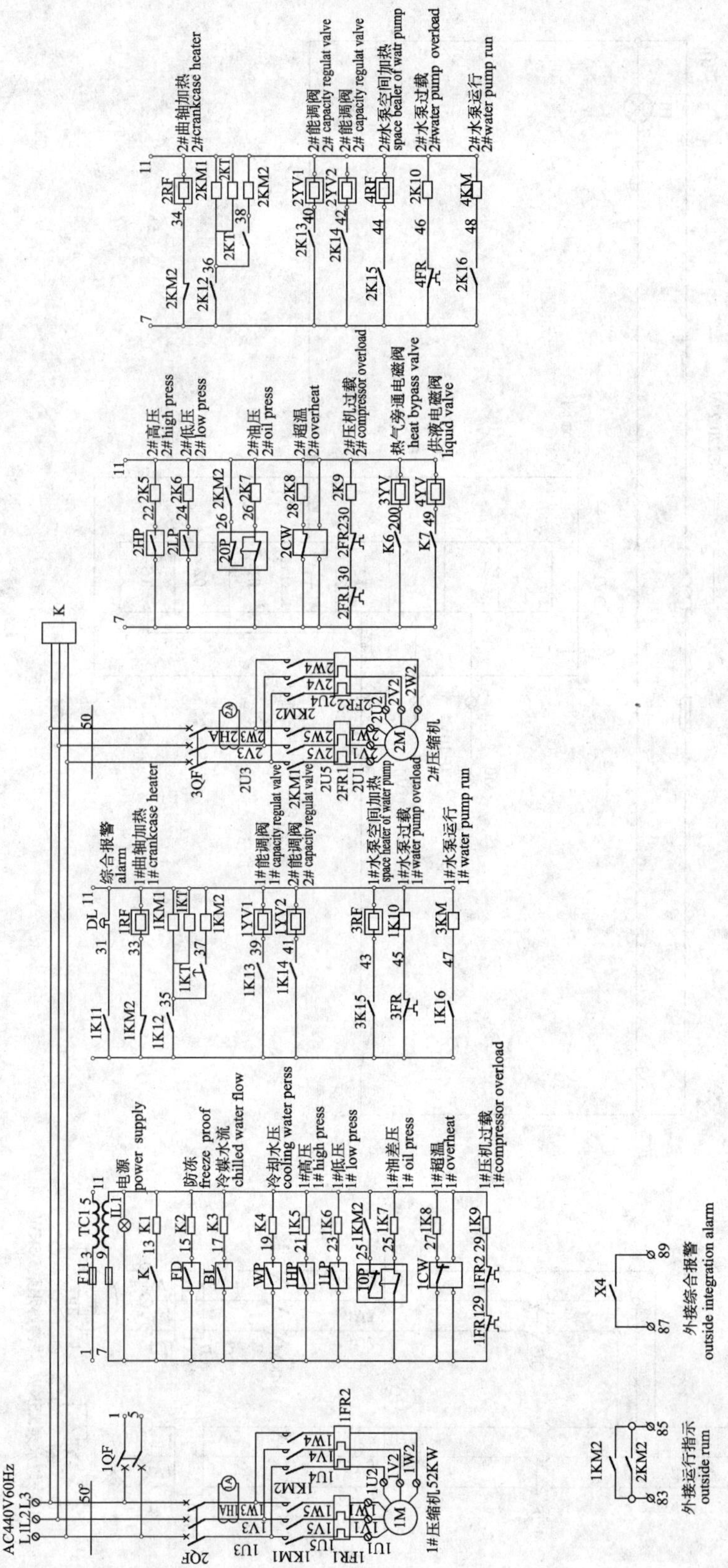

AC440V60Hz
L1L2L3

1#压缩机52KW

电源
power supply
防冻
freeze proof
冷媒水流
chilled water flow
冷却水压
cooling water perss
1#高压
1# high press
1#低压
1# low press
1#油差压
1# oil press
1#超温
1# overheat
1#压机过载
1#compressor overload

综合报警
alarm
1#曲轴加热
1#crankcase heater
1#能调阀
1# capacity regulat valve
2#能调阀
2# capacity regulat valve
1#水泵空间加热
space heater of water pump
1#水泵过载
1#water pump overload
1#水泵运行
1# water pump run

2#压缩机

2#高压
2# high press
2#低压
2# low press
2#油压
2#oil press
2#超温
2#overheat
2#压机过载
2# compressor overload
热气旁通电磁阀
heat bypass valve
供液电磁阀
liquid valve

2#曲轴加热
2#crankcase heater
2#能调阀
2# capacity regulat valve
2#能调阀
2# capacity regulat valve
2#水泵空间加热
space bealer of watr pump
2#水泵过载
2#water pump overload
2#水泵运行
2#water pump run

外接运行指示
outside rum

外接综合报警
outside integration alarm

图 12-3　低硫油电气控制原理图(一)

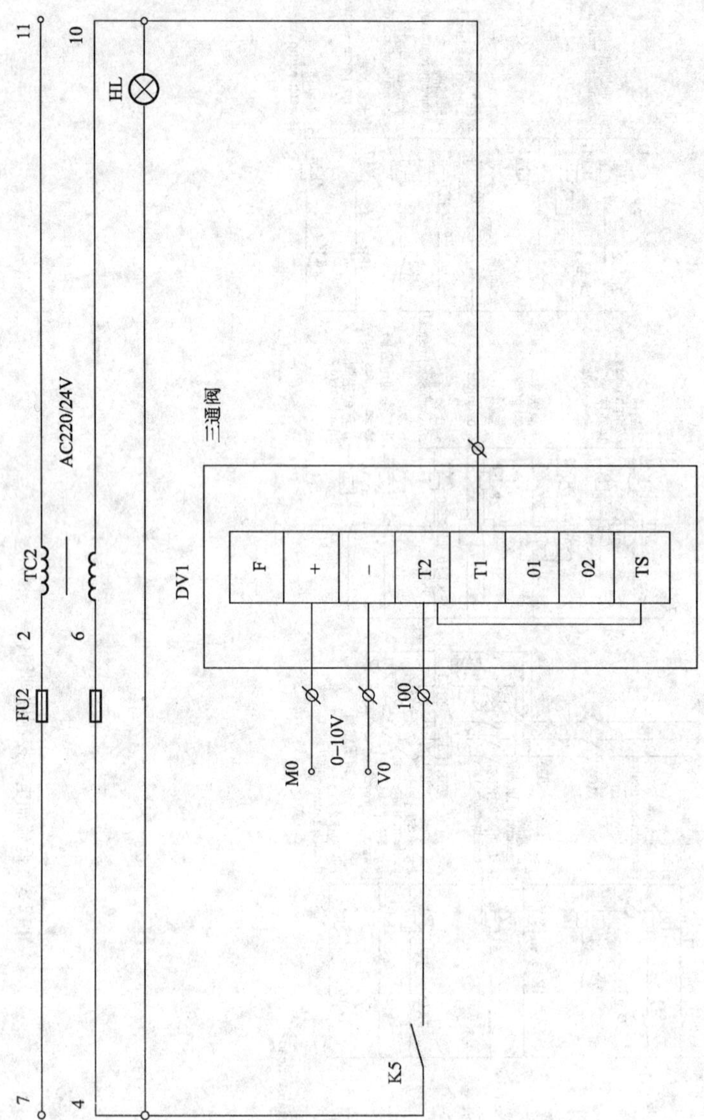

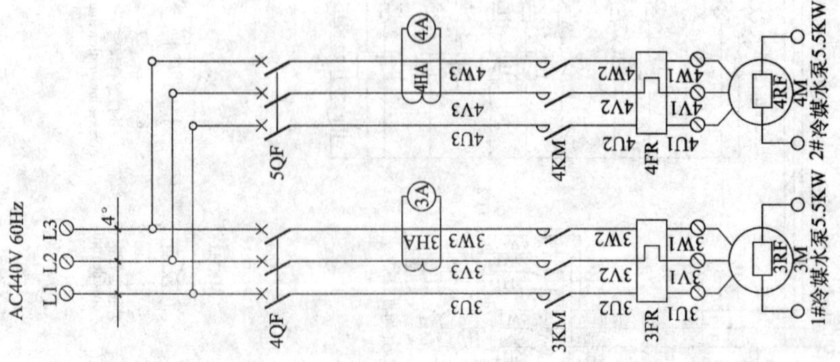

图 12-4 低硫油电气控制原理图(二)

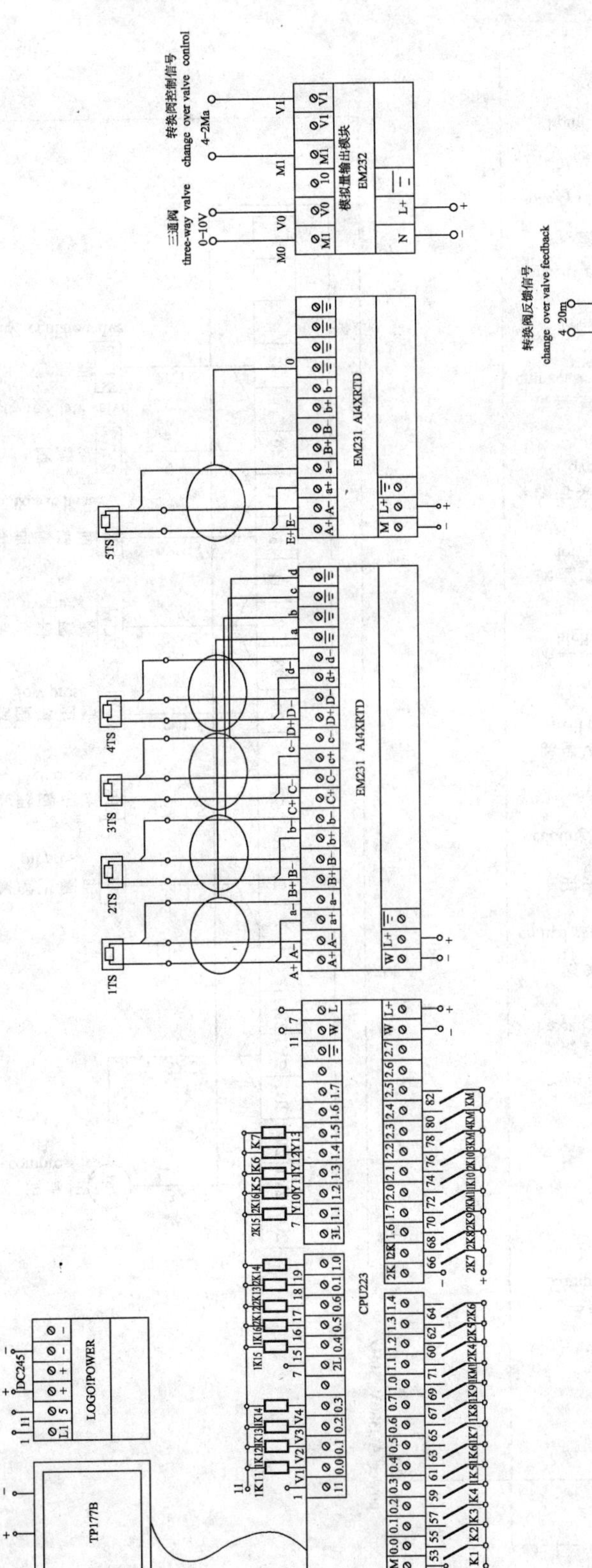

图 12-5　低硫油输入输出接口

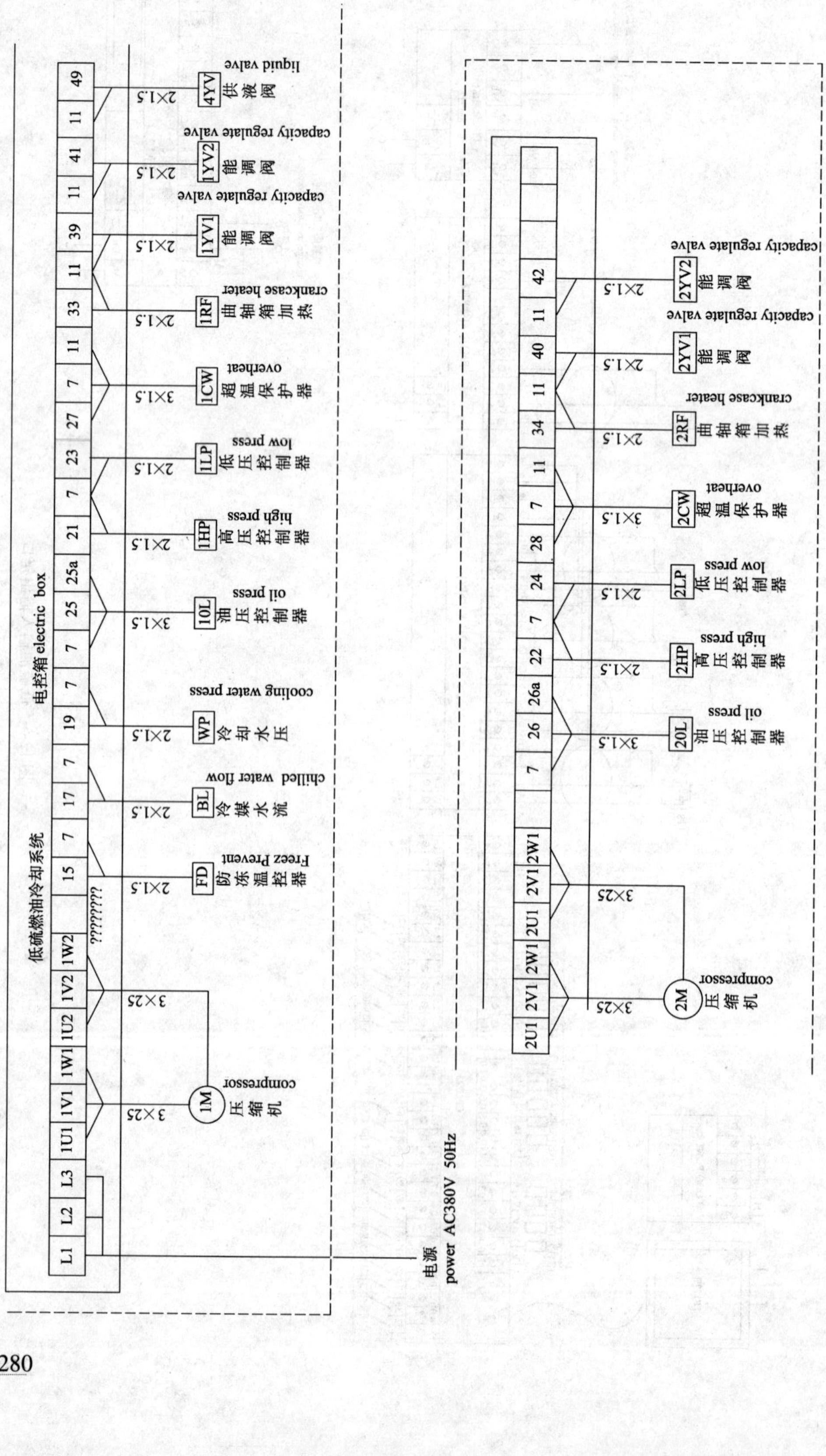

低硫燃油冷却系统

电控箱 electric box

L1	L2	L3	1U1	1V1	1W1	1U2	1V2	1W2		15	7	17	7	19	7	7	25	25a	21	7	23	27	7	11	33	11	39	11	41	11	49

????????

3×25 1M 压缩机 compressor

3×25

2×1.5 FD 防冻温控器 Freez Prevent

2×1.5 BL 冷媒水流 chilled water flow

2×1.5 WP 冷却水压 cooling water press

3×1.5 10L 油压控制器 oil press

2×1.5 1HP 高压控制器 high press

2×1.5 1LP 低压控制器 low press

3×1.5 1CW 超温保护器 overheat

2×1.5 1RF 曲轴箱加热 crankcase heater

2×1.5 1YV1 能调阀 capacity regulate valve

2×1.5 1YV2 能调阀 capacity regulate valve

2×1.5 4YV 供液阀 liquid valve

电源
power AC380V 50Hz

2U1	2V1	2W1	2U1	2V1	2W1		7	26	26a	22	7	24	28	7	11	34	11	40	11	42			

3×25 2M 压缩机 compressor

3×25

3×1.5 20L 油压控制器 oil press

2×1.5 2HP 高压控制器 high press

2×1.5 2LP 低压控制器 low press

3×1.5 2CW 超温保护器 overheat

2×1.5 2RF 曲轴箱加热 crankcase heater

2×1.5 2YV1 能调阀 capacity regulate valve

2×1.5 2YV2 能调阀 capacity regulate valve

图 12-6 低硫油系统外部接线图(一)

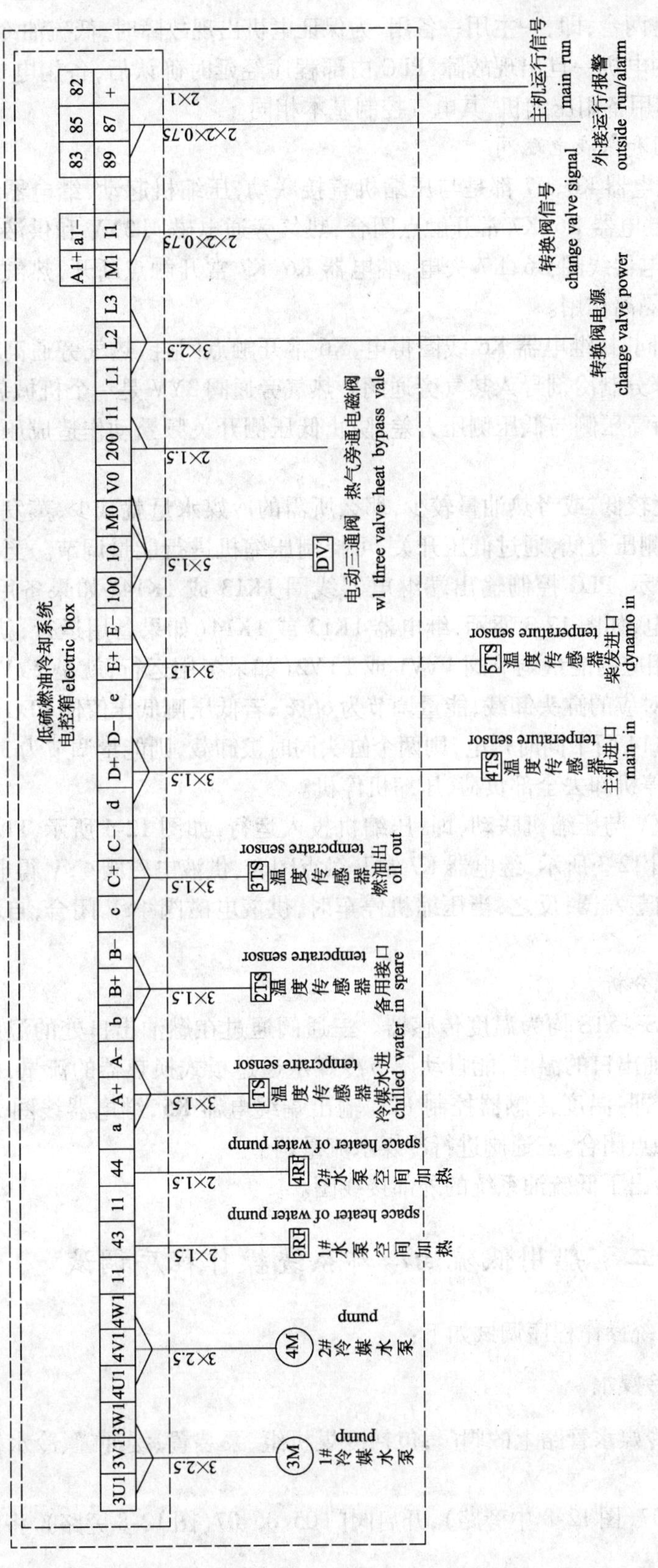

低硫燃油冷却系统
电控箱 electric box

3U1 3V1 3W1 4U1 4V1 4W1 11 43 11 44 a A+ A− b B+ B− c C+ C− d D+ D− e E+ E− 100 10 M0 V0 200 11 L1 L2 L3 A1+ a1− M1 I1 83 85 82 89 87 +

3×2.5 3M 1#冷媒水泵 pump

3×2.5 4M 2#冷媒水泵 pump

2×1.5 3RH 1#水泵空间加热 space heater of water pump

2×1.5 4RH 2#水泵空间加热 space heater of water pump

3×1.5 1TS 温度传感器 tempcratre sensor 冷媒水进 chilled water in

3×1.5 2TS 温度传感器 tempcratre sensor 备用接口 spare

3×1.5 3TS 温度传感器 tempcratre sensor 燃油出 oll out

3×1.5 4TS 温度传感器 temperature sensor 主机进口 main in

3×1.5 5TS 温度传感器 temperature sensor 柴发进口 dynamo in

5×1.5 DV1 电动三通阀 wl three valve

2×1.5 热气旁通电磁阀 heat bypass vale

3×2.5 转换阀电源 change valve power

2×2×0.75 转换阀信号 change valve signal

2×2×0.75 外接运行/报警 outside run/alarm

2×1 主机运行信号 main run

图 12-7　低硫油系统外部接线图(二)

压缩机和水泵都是两台,即,一主用一备用,为保证电机出现故障时,低硫油冷却系统能够正常工作。正在使用的电机一旦出现故障,PLC 内部程序经延时确认后,备用电机投入运行,如图 12-3 所示,如果起用备用压缩机,其电气控制基本相同。

3. 热气旁通电磁阀和供液电磁阀

如图 12-5 所示,继电器 K6、K7 都是与压缩机直接联动,压缩机起动,继电器线圈 K6、K7 得电,如图 12-3 所示,继电器 K6、K7 常开触点闭合,热气旁通电磁阀 3YV 和供液电磁阀 4YV 打开。压缩机停车,继电器线圈 K6、K7 失电,继电器 K6、K7 常开触点断开,热气旁通电磁阀和供液电磁阀闭合,起隔离作用。

(1)在压缩机起动同时,继电器 K6 线圈得电,K6 常开触点闭合,热气旁通高压侧电磁阀 3YV 得电开启。高压部分制冷剂导入热气旁通阀。热气旁通阀 3YV 是一个机械装置,在设定压力下一定范围内平衡高压侧与低压侧压力差,防止低压侧开关频繁动作造成压缩机频繁能量调节。

如果系统热油温度较低,或者热油量较少,那么所需的冷媒水量就减少,蒸发器内蒸发量下降,造成制冷剂低压侧压力低,通过低压开关,可控制压缩机进行能量调节。当持续出现低压侧低压,如图 12-5 所示,PLC 控制输出端继电器线圈 1K13 或 1K14(如果备用运行,就是 2K13 或 2K14)任一得电,如图 12-3 所示,继电器 1K13 或 1K14(如果备用运行,就是 2K13 或 2K14)常开触点闭合,相应的能量调节阀 1YV1 或 1YV2(如果备用运行,就是 2YV1 或 2YV2)得电,能量调节电磁阀对应的缸头卸载,能量调节为 66%;若低压侧低压值使 PLC 控制输出端继电器线圈 1K13 和 1K14 两个同时得电,则两个缸头同时被卸载,则能量调节为 33%,如果仍持续低压,压缩机自动停机卸去全部负荷,压缩机停机。

(2)供液电磁阀 4YV 与压缩机联动,即:压缩机投入运行,如图 12-5 所示,PLC 输出端继电器线圈 K7 得电,如图 12-3 所示,继电器 K7 常开触点闭合,供液电磁阀 4YV 得电开启,制冷剂通过热力膨胀阀流向蒸发器;反之,当压缩机停车时,供液电磁阀 4YV 闭合,自动将管路制冷剂隔离。

4. 三通阀电气原理分析

如图 12-5 所示,1TS ~ 5TS 均为温度传感器。三通阀通过在燃油出口处的温度传感器进行控制,根据冷却器燃油出口的温度,能自动调节冷媒水通过板式换热器的流量,以便将油温控制在需要的范围内。即:温度传感器控制 PLC 输出端继电器 K5,继电器线圈 K5 得电,如图 12-4所示,K5 常开触点闭合,三通阀进行冷媒水流量调节。

图 12-6、图 12-7 给出了低硫油系统的外部接线图。

任务二　船用低硫油冷却系统操作程序调试

船用低硫油冷却系统操作程序调试如下:

一、为冷却系统充冷媒水

第一步:打开所有冷媒水管路上的阀门,包括冷煤机组、泵装置、缓冲罐、冷水机组之间的阀门。

第二步:关闭阀门 07(图 12-8 中旁路),开启阀门 05、06、07(图 12-8 旁路),将淡水从淡水

箱慢慢充入冷媒水系统。步骤六用于在调试或保养情况下，必要时的快速充水。

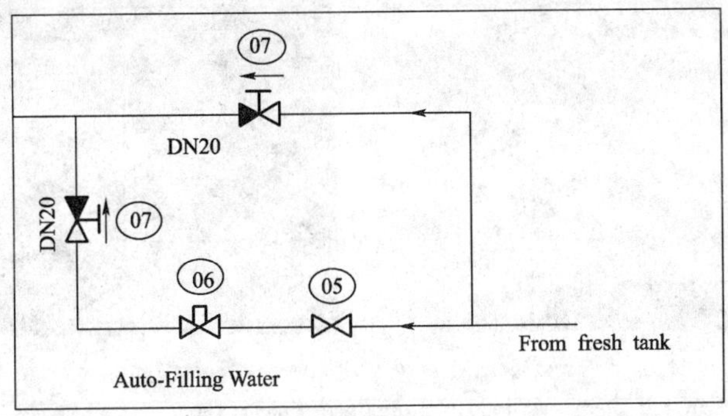

图 12-8　充冷媒水

第三步：打开缓冲罐上的手动排气道，以排出罐内空气，当水漏出时，关闭这个阀门，意味着罐内应经充满淡水。

第四步：打开冷媒水管路上手动排气道，以排出在冷媒水系统内的空气，并在水漏出时关闭这一阀门，意味着冷媒水系统已经充满了淡水。

第五步：自动补水阀，图 12-8 中的标号 06 阀门，阀门 06 的下游压力通常应被调节到 2.0bar，而泵在运行过程中的吸入压力要求在 0.5 ~ 1.0 bar。

注意：在第一次调试期间，制造商的售后服务工程师已经调节阀门 06，以保持下游压力到 2.0bar。当然，制造商的售后服务工程师有权视现场情况来调节下游压力的设定值，以确保泵系统的最佳运行。

第六步：(备用)以防阀门 06 堵塞或快速充液要求，旁路阀门 07 也是有用的。然而，由于船上淡水箱的压力将会大于冷却水管路(低压端)的工作压力，下游压力必须控制在 2.0bar，此外，当冷却水管路的压力超过 3 bar，安全阀为了卸压将自动工作排水。当充水工作结束，旁路阀门 07 必须关闭。

注意：如果机舱内温度低于 0℃，缓冲罐、冷媒器的蒸发器和管路等的冷媒水必须流出，否则在冷却水系统内部将会发生冷冻现象，将会对设备及管路造成损害。

二、泵装置操作

打开或关闭泵：

第一步：打开在冷媒水管路上的所有系统阀门，包括在冷媒机组、泵装置、缓冲罐和冷水机组之间的阀门。

第二步：如图 12-9 所示，按下控制屏上的打开或关闭按钮以打开或关闭泵系统。

第三步：在泵运行期间，从泵身的卸载部分，排气工作必须做，直到没有气体排出，同时在吸入端和卸载端建立压差。

第四步：检测泵装置的吸入及卸载压力。吸入端的工作压力是 0.5 ~ 1.0bar，卸载端的工作压力通常是 4 ~ 6bar(泵的卸载压力在不同情况下会有所不同)。

注意：只有一泵开启，其他泵备用。

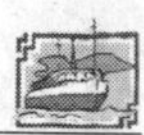

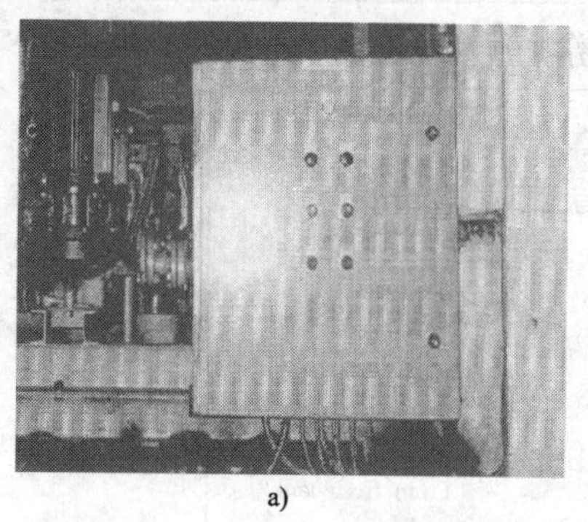

a)

b)

图 12-9　泵和制冷系统的控制屏

三、冷却机组和燃油温度控制

三通阀安装在冷却水线内，而温度传感器安装在换热器油出口处。燃油出口温度将由 OKONOFF 控制器控制，参见图 12-10。

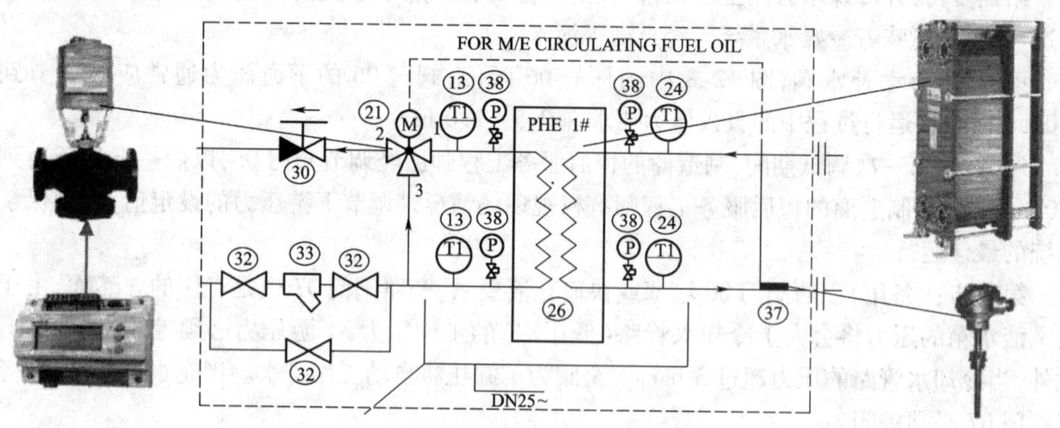

图 12-10　燃油冷却机组的温度控制原理图

控制器包括四个基本模式“WORK”正常操作模式；“INPUT”设定模式；“OUT”设定模式；“PID”参数设定模式。每个基本模式被分为几个从属模式（介绍略）。

四、冷媒机组操作

1. 首次或者长期停用后（比如说：几个月后）运行压缩机

由于长时间停用，许多制冷剂可能累积在低压线，为防止起动压缩机后从曲轴箱漏油，应遵循下面步骤。

第一步：在压缩机起动之前，压缩机的油曲轴箱必须通电 8h。确保曲轴箱的温度高于周围温度 20℃。

第二步：打开冷却水管路的中止阀，检测制冷冷凝器的水流量。必须确保在制冷冷凝器中建立起大约 20～30kPa 的水压降。

第三步：检测进入冷凝器的水压，在水压控制器上设置的最小数据是 0.5～1.0bar，当水压

低于0.5～1.0bar时，水压控制器关闭压缩机；而当水压大于1.0～1.5bar时开启装置。

第四步：启动在冷却水管路上的泵，并打开流量开关。

第五步：从关闭位置转到开启状态，打开吸入阀门。

第六步：在液体制冷剂线上关闭液体阀门。

第七步：根据“冷却装置自动控制的设定”表格（本书略），设定停止压缩机的吸入压力和开启压缩机的吸入压力。

第八步：起动压缩机并等待，直到压缩机停止在上面步骤七的低压设定值。

第九步：压缩机停止后，打开压缩机吸入阀门并慢慢打开在液体制冷剂线上的液体阀门。

第十步：压缩机将再次自起动。

第十一步：允许系统运转几分钟，直到压缩机停止在低温冷却水设定值。

第十二步：压缩机停止后，根据冷却装置自动控制的设定，为停止压缩机的吸入压力重新设定设定值。

第十三步：压缩机会自动再次重起动。

2. 为正常起动运行压缩机

第一步：在压缩机起动之前，压缩机的油曲轴箱必须通电8h。确保曲轴箱的温度高于周围温度20℃。

第二步：打开冷却水管路的中止阀，检测制冷冷凝器的水流量。必须确保在制冷冷凝器中建立起大约20～30kPa的水压降。

第三步：检测进入冷凝器的水压，在水压控制器上设置的最小数据是0.5～1.0bar，当水压低于0.5～1.0bar时，水压控制器关闭压缩机；而当水压大于1.0～1.5bar时开启装置。

第四步：起动在冷却水管路上的泵，并打开流量开关。

第五步：根据“冷却装置自动控制的设定”表（本书略），设定停止压缩机的吸入压力，和开启压缩机的吸入压力。

第六步：打开在液体制冷剂线上的液体阀门。

第七步：打开在压缩机上的卸载阀门。

第八步：起动压缩机，并慢慢完全打开吸入阀门。

3. 停止压缩机

第一步：（为长期停用）：在液体线上关闭液体阀门直到压缩机在低压处停止，此外，转到下面二、三步。

第二步：从配电盘的触摸屏上停止压缩机。

第三步：为压缩机关闭吸入阀门。

五、为制冷机组添加制冷剂（推荐通过检查视镜添加）

1. 检查液体管路上的视镜

如图12-11所示，视镜位于制冷系统液体管路上。如果系统被适当的填充，液体制冷剂水流就会清晰的流过视镜。气泡或者闪光通常表示系统制冷剂的不足。

液体流动所形成的清晰视镜是制冷剂最小的加载量。

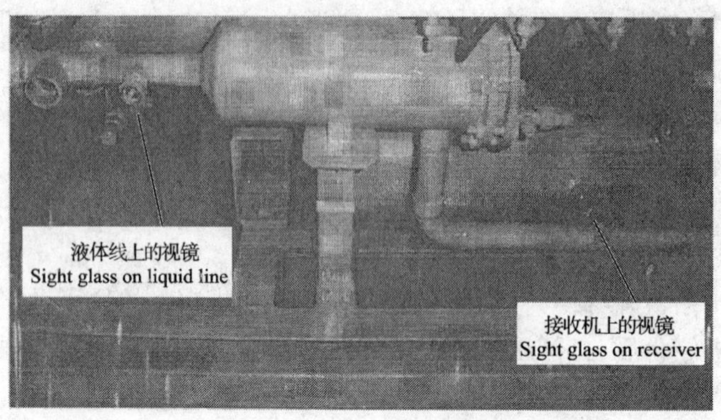

图 12-11　液体线上及接收机上的视镜

2. 检查在接收器或冷凝器上的视镜(没有接收器系统)

过充液系统将导致高泄液温度,高冷凝压力和高运行成本等。

检查在接收器或冷凝器(没有接收器系统)上的视镜,在视镜底部的冷却剂的液面定义为冷却剂充液容量的最大值。

3. 填充冷却剂的步骤

第一步:如图 12-12 所示,将充液软管连到充液阀上,并将残留在充液软管内的空气排出。

第二步:设定停止压缩机的吸入压力为 0.5 ~ 1.0bar。

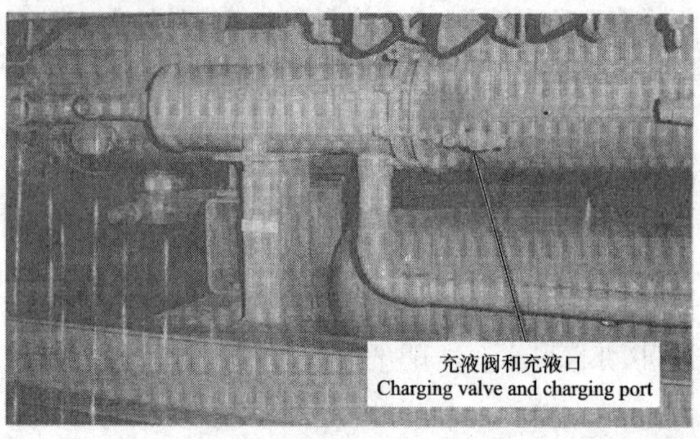

图 12-12　充液阀

第三步:起动压缩机。

第四步:关闭在液体管路上的中止阀,以使吸入压力降低。

第五步:慢慢打开冷却剂的充液阀来充气态的冷却液。如果需要比较大的充液量(大于 7kg),颠倒冷却液的汽缸并直接倒液态冷却剂。

第六步: 一直高度注意油面和充液时间。如果油面达到视镜的底部,或者充液时间达到 5min,停止充液阀,快速打开液体管道的中止阀,然后油面将会再次升高,否则,会导致有失去润滑的危险。

第七步:重复步骤四 ~ 六,直到充液量达到要求。

第八步:重新设置低压控制器的设定值,并让系统运行大约10min。

注意:在充冷却剂过程中,冷却泵和冷却环节应该运行在正常操作状态!不要通过装置低压端或者放液阀维护端充液体冷却剂。为防止失去润滑,不允许系统在没有视镜指示油面的情况下运转。

思考与练习 SIKAO YU LIANXI

12.1　简述使用低硫燃油对船舶设备造成的影响。

12.2　简述船舶低硫油系统的结构及其作用。

12.3　简述船舶低硫油系统的电气工作原理。

12.4　简述为冷却系统充冷媒水步骤。

12.5　简述运行首次或者长期停用的压缩机步骤。

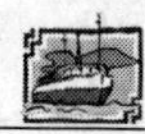

参考文献

[1] 史际昌.船舶设备及系统[M]. 大连:大连海事大学出版社,1998.

[2] 赵殿礼,张春来.船舶电气设备管理与工艺[M].大连:大连海事大学出版社,2010.

[3] 张海根.机电传动控制[M].北京 :高等教育出版社,2001.

[4] 施春红.船舶电气设备及自动控制[M].哈尔滨:哈尔滨工程大学出版社,2002.

[5] 邓志良,刘维亭.电气控制技术与PLC[M]. 南京:东南大学出版社,2002.

[6] 许实章.电机学[M].北京:机械工业出版社,1982.

[7] 华中工学院.船舶电力系统[M].北京:国防工业出版社,1982.

[8] 曾兆钰.电机与船舶电气设备[M].大连:大连海事大学出版社(内部发行).

[9] 方显进.船舶控制电器与线路[M].哈尔滨:哈尔滨船舶工程学院出版社,1990 .

[10] 王兆义.可编程控制器实用技术[M].北京:机械工业出版社,1994 .

[11] 郑华耀.船舶电气设备及系统[M].大连:大连海事大学出版社,2009.

[12] 武汉河运学校,等.船舶电气设备[M].北京:人民交通出版社,1979.

[13] 费千.船舶辅机[M].大连:大连海事大学出版社,2008.

[14] 陈海泉.船舶辅机[M].大连:大连海事大学出版社,2010.

[15] 刘明伟.船舶电力拖动[M].北京:人民交通出版社,2006.